从新手到行家

水晶收藏与选购

吴师傅 著

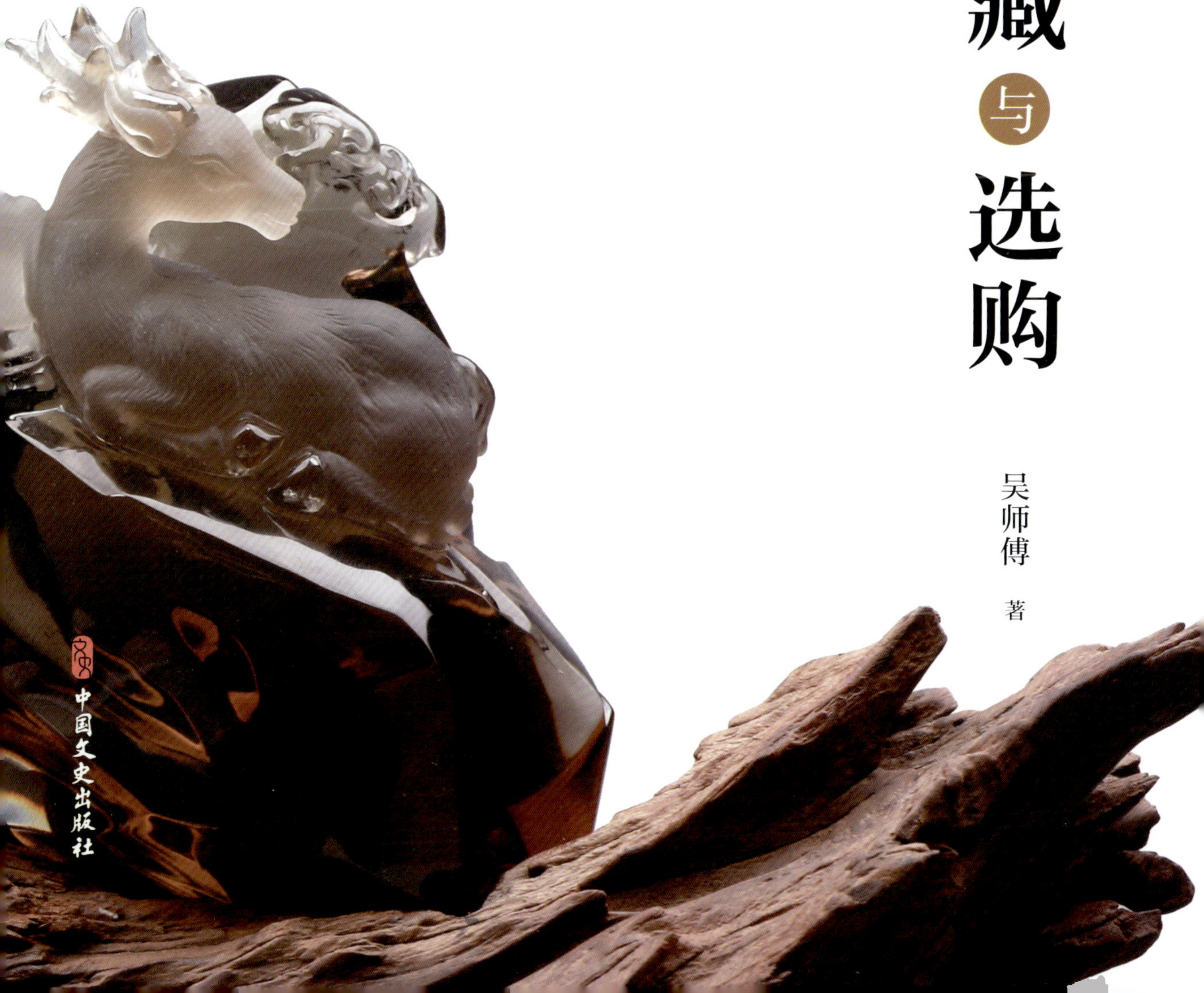

中国文史出版社

图书在版编目（CIP）数据

从新手到行家：水晶收藏与选购 / 吴师傅著. --
北京：中国文史出版社, 2021.9
ISBN 978-7-5205-3228-0

Ⅰ. ①从… Ⅱ. ①吴… Ⅲ. ①水晶—收藏—中国②水晶—选购—中国 Ⅳ. ①G262.4②F768.7

中国版本图书馆CIP数据核字(2021)第196926号

责任编辑：卜伟欣

出版发行：中国文史出版社

社　　址：北京市海淀区西八里庄69号院　　邮编：100142
电　　话：010—81136606　81136602　81136603（发行部）
传　　真：010—81136655
印　　装：廊坊市海涛印刷有限公司
经　　销：全国新华书店
开　　本：710mm × 1000mm　1/16
印　　张：18
字　　数：365千
版　　次：2022年3月北京第1版
印　　次：2022年3月第1次印刷
定　　价：98.00元

中国玉雕艺术大师 张玉成

序言一

水晶，晶莹剔透，洁净靓丽，是宝玉石家族中重要的一员。

“玉不琢不成器”，但是“水晶不琢亦成器”。天然水晶除了用作雕刻佛教造像、人物、动物、器皿、山水、花鸟等各种精美的艺术作品外，还有很多原材料经过打磨后做成水晶球、景石、眼镜及各种饰品供人们欣赏、收藏，其品种丰富，颜色多姿多彩，深受人们喜爱。

东海水晶闻名中外，从30年前的提篮销售到今天的世界水晶之都，东海县才真正发展成为世界水晶的集散地。不仅给人们创造了经济财富，还形成了浓郁的水晶文化，将当代美学文化理念深深融入了水晶艺术创作之中，打造出了天然水晶独特的文化个性和文化氛围，进而推进了水晶文化产业的蓬勃发展。

本人从事水晶玉石雕刻创作30多年，对水晶有着深厚的感情。水晶不但是我们创作艺术作品的载体，更是中华民族艺术长河里一朵绚丽的浪花，蕴含着中华文化的精髓。尤其是近二三十年来的探索历练，经过几代水晶人的努力，给水晶文化注入了新时代的人文理念，水晶艺术作品及工艺品在大众消费市场和艺术品收藏界已形成重要影响。

由于天然水晶产地广泛，品种多样，对于非专业从事水晶行业的大众人士，很难在短时

间内了解与辨别。因此，收藏水晶时，人们总是“怕买假、怕买贵、怕买到品质不好”的水晶，这为收藏水晶及行业发展都带来一些不利的影响。吴清峰是一个热爱水晶的年轻人，他带领团队用了十多年坚持不懈的努力，认真研究水晶文化，大量查阅国内外水晶资料，并且一直在水晶市场上向同行前辈们学习和了解水晶知识，积攒了很多实用的水晶收藏信息，以此撰写了大量的水晶收藏心得文字，同时还调研拍摄了海量的图片资料，编辑成书，希望能够为越来越多的水晶爱好者和水晶从业者提供有益的参考。

水晶行业发展至今，还有很多人对天然水晶不太了解，需要每个从事和热爱水晶的人共同去努力，为东海水晶文化产业的发展贡献力量。

在此，向吴清峰团队成功出版这本水晶参考书表示祝贺，同时希望此书能为更多喜爱水晶的人士提供一些有价值的参考！

中国玉雕艺术大师　张玉成

中国玉雕艺术大师张玉成、张立成创作《千手观音》

序言二

江苏海洋大学艺术设计学院院长　申居留芳

水晶晶莹剔透、色彩斑斓，这是大家对水晶的普遍印象。

一直以来，水晶在我们的认知里，被认为是世界上最纯洁的东西。象征着纯洁、坚贞。种类繁多、形态各异的水晶似乎天生就自带一股神秘色彩，阳光照射下的水晶，内部光芒幽幽流转，欲语还休，仿佛充满了故事。

于是，古人发现了水晶，并在水晶上赋予了一个又一个美丽的故事。

东海是水晶之乡，这里也流传着一个古老的传说：

从前有一个男孩和一个女孩，他们青梅竹马，男孩在很早的时候就暗恋女孩，但女孩并不知道。后来，他们长大了，女孩告诉男孩，她订婚了。男孩很伤心，每天都在深夜里吹笛子，每吹一首曲子就落下一滴眼泪，当他落下九千九百九十九滴眼泪的时候，终于感动了天神。天神说可以帮他实现一个愿望，男孩说希望自己能够永远守护女孩。

于是，天神把男孩的眼泪变成一条水晶项链，然后把男孩的灵魂装进水晶项链中。水晶项链飞进女孩的家里，静静地躺在女孩的梳妆台上，女孩在结婚的那天戴上了这条水晶项链，从此幸福地生活着。

纯洁的爱，永恒的守护，美丽的神话传说为东海水晶平添了一层浪漫色彩。看到这里，你是否也和我一样迫不及待地想要去了解水晶呢？

水晶到底是怎样形成的？

怎样判断水晶的好坏？

怎样加工水晶？

怎样收藏水晶？

这些问题都能在小吴的这本书里找到答案。让我们一起打开通往水晶的大门，一起去破解我们心中的一个个疑惑。

认识小吴及他的团队还是在 9 年前，时光如梭，仿佛就在昨天。

那时候他带领一帮弟兄在东海做水晶生意，真可谓是白手起家，从一个小店铺开始，自己设计、自己销售，渐渐地发展到现在的规模。

他对水晶有一种特殊的情感，不仅是真正热爱这种宝石，更是对家乡的热爱和眷恋。正是对水晶的这份感情和热爱，促使他把自己的研究、收藏经验分享给读者，目的是普及水晶知识，让更多的人感受到东海水晶的魅力，在收藏水晶的过程中少走弯路，让价格亲民的水晶作品能够被更多的人了解和收藏。

申屠留芳

2021.4.18

目　录

入门篇

进阶篇

常识篇

加工篇

收藏篇

水晶市场中的相关宝石

入门篇

近年来，水晶行业发展迅猛，热爱收藏水晶的朋友越来越多。

天然水晶以美丽娇艳的颜色、晶莹剔透的晶体和美好丰富的寓意深受人们喜爱。

相较动辄过万的四大彩宝，天然水晶被誉为“平民宝石”，收藏门槛非常低。

但是，目前的水晶市场鱼龙混杂，真假参半，各种水晶名称和品质评判标准并不规范，市场上出现了大量假冒伪劣水晶制品，这让水晶爱好者在收藏时非常苦恼。

很多朋友喜欢水晶，却不知道如何收藏水晶，更不知道如何评判一件水晶作品的好坏，如何鉴别水晶的真假，这为水晶行业的健康发展带来了很大的阻碍。

因此，通过学习来提高自身收藏鉴赏能力，成为人们收藏水晶的必经之路。

在目前的国家标准中，对水晶的名称仅提供了水晶、烟晶、芙蓉石、紫水晶、黄水晶、发晶等名称，而市场中广泛使用的绿幽灵、红幽灵、钛晶等水晶名称，国家标准中并未更新提及，本书将采用水晶市场中广泛公认的水晶名称进行介绍，希望国标能够根据目前水晶市场发展的现状，尽快修订和完善。

水晶到底是什么

“水晶”二字，顾名思义，它是一种像清水一样透明清亮的矿物晶体，它的外表晶莹剔透，冰清玉洁，这是大多数人认为的水晶外观特征。

然而，实际上大多数的天然水晶并没有那么晶莹剔透，也并非都是无色透明。

人们第一印象里的水晶，和第一次接触的水晶成品，大多是玻璃制品。如大家常见的水晶灯、水晶杯、水晶奖牌和施华洛世奇水晶等都是玻璃制品。

说到这里，有的朋友就会疑惑，既然是玻璃制品，那它们为何可以用水晶这个名称在市场里流通呢？

按照我国对宝石名称使用的国家标准，水晶特指天然水晶，其他仿水晶制品在宣传时要加上材质属性作为前缀，如玻璃水晶、合成水晶等，但商家在实际商业宣传中，并没有严格遵照这项国家标准。

因此，造成了今天人们对水晶这个概念的混淆。

本应是特指“天然水晶”的一个名词，却变成了所有具备清澈透明特征产品的形容词。

天然白水晶晶簇

天然水晶的主要成分是二氧化硅，它是在特殊的地质条件下形成的矿物晶体，受到不同致色离子影响而呈现不同颜色，如紫色称为紫水晶，黄色称为黄水晶，茶色称为烟晶、茶晶、墨晶等。

如果含有其他包裹物则形成不同种类的包裹体水晶，如含有金色发丝的称为金发晶；含有绿泥石的称为绿幽灵；含有气体液包体的称为水胆水晶等。

水晶与其他玉石最显著的特征就是它的包裹体，美丽的包裹体水晶具有极佳的观赏性和科学研究价值，因记录了亿万年前地球的地质变迁，包裹体水晶也被称为地球的“天然博物馆”。

目前，市面上的天然水晶大概可以细分成60个品种，根据颜色和包裹物的不同，具体分为：白水晶、粉晶、茶晶、黄水晶、紫水晶、紫黄晶、绿水晶、绿幽灵、红幽灵、白幽灵、黄幽灵、彩幽灵、黑幽灵、金发晶、钛晶、红发晶、绿发晶、黑发晶、白发晶、银发晶、铜发晶、魔鬼发晶、白霜发晶、幽灵发晶、紫发晶、蓝发晶、白兔毛发晶、红兔毛发晶、灰兔毛发晶、黄兔毛发晶、绿兔毛发晶、胶花水晶、水胆水晶、蓝针水晶和各种共生矿水晶等。

这些水晶外观不同，颜色不同，包裹物也不相同，市场价格、真假鉴别方法和品质评判要点相似而不相同，在本书的后面章节中，我们将会一一论述。

此外，还有一批宝石，因晶体外观和水晶非常类似，目前也在各类水晶店内广泛销售，为方便读者了解，本书也将一并介绍，这类宝石有碧玺、石榴石、黑曜石、月光石、红纹石、舒俱来、虎眼石等。

天然巴西黄水晶原矿

天然水胆水晶

各种各样的共生水晶

各种幽灵水晶

合成紫水晶、合成黄水晶等水晶饰品

如何分辨水晶真假

如何分辨水晶真假，这也是晶友们问我最多的问题。

收藏水晶，最怕的就是买到假货，钱白花了，还影响心情。

我因为常在网络上帮晶友们鉴别水晶真假，从而也了解到目前网络上传播的很多不全面、甚至以讹传讹的所谓鉴别真假水晶的方法，这些方法不具有可操作性，有时甚至会让晶友们得到相反的答案，实在是误人不浅。

举例来说，网上说将水晶放在掌心里，如果感到冰凉就是天然水晶，反之就是假水晶。我要说，人的掌心又不是温度计，冰凉是一种感觉，而感觉是不能量化的，玻璃放在掌心也会感到冰凉。尤其是当前很多朋友是通过网络购买水晶，特别是在炎热的夏天，打开一个装在气泡膜里包装的水晶，姑且不论真假，它经过一定时间的密封，再加上运输过程不会曝晒在阳光下，打开不感到冰凉才怪。

又比如说，水晶具有双折射的特点，将一根发丝放在水晶下面，能看到两根头发的是天然水晶，反之则是假水晶。这是犯了说的不全面的毛病，水晶具有双折射的特性是对的，但要能通过肉眼看到双丝重影的现象，必须满足直径超过 3.8 厘米的纯净体水晶球的条件，满足不了这样的条件，是不可能通过肉眼观测到双丝重影的。可我们平常佩戴的水晶手链，珠子直径连 2 厘米都不到，通通观测不到双丝重影现象，按照这个方法去鉴定，岂不是误导人？

千层绿幽灵手链

我们如何分辨水晶真假

鉴于各位晶友手头一般都没有特别专业的仪器，我们介绍一点基础的、能够通过肉眼来辨别水晶真假的方法，但以下方法也不是万能的，只能筛选出一些特别“假”的水晶，很多造假高明的水晶，资质差一点的宝玉石鉴定机构都未必能测定出来。因此，对于很多通过肉眼也无法确定真假的水晶，建议去专业的宝玉石机构鉴定。

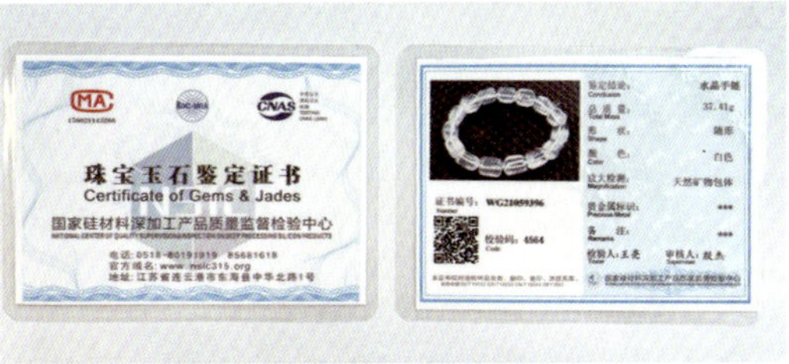

国家级水晶鉴定中心出具的《珠宝玉石鉴定证书》

根据我个人的经验，鉴定水晶真假要结合不同水晶品种的特点。我个人将水晶分为 8 大类，分别是：

1. 纯色水晶。

2. 幽灵包裹体水晶。

3. 发晶包裹体水晶。

4. 水胆水晶。

5. 胶花水晶。

6. 共生矿包裹体水晶。

7. 晶洞原矿类水晶。

8. 水晶市场中的相关宝石。

前面 7 种都好理解，最后一类，什么叫水晶市场中的相关宝石呢？

这是因为从矿物学角度来说，有很多宝石并不是水晶，如碧玺、石榴石等。但在今天的水晶市场中，它们已经被当作水晶来销售，形成一个既成事实，成为消费者心目中的水晶。

纯色类水晶之紫水晶

幽灵包裹体水晶

发晶包裹体水晶

水胆水晶

胶花水晶

共生矿包裹体水晶

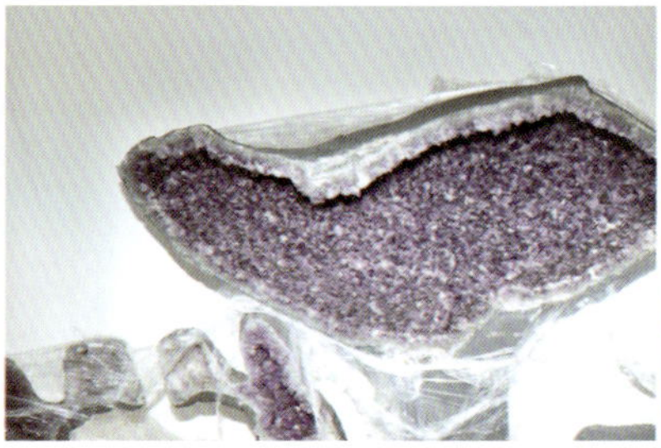
乌拉圭出产的紫晶洞

马达加斯加出产的水晶原矿晶簇

水晶市场中相关的宝石之碧玺

石榴石手链

也好比说，什么样的人才可以称为美国人？

所以，单纯用血统论来判断一种宝石是否为水晶，已经远远不能描述当下的水晶市场发展现状。因此，我把很多成分不是二氧化硅的宝石归类为水晶市场中的相关宝石，具体在本书的后面章节进行详谈。

先对水晶的品种进行归类，然后结合不同种类的水晶，对应不同的鉴别真假的方法。

先看第一类：纯色水晶

纯色水晶是指晶体内无其他矿物包体，仅带有不同颜色的天然水晶。目前已知的、天然的纯色水晶具体有 7 个品种，分别是白水晶、粉晶、茶晶、黄水晶、紫水晶、紫黄晶和绿水晶。不排除未来能够发现其他颜色的水晶，但目前已经发现的纯色天然水晶，仅此 7 种。所以，鉴别纯色水晶真假的方法就出来了：

第一，看颜色。白、粉、茶、黄、紫、紫黄和绿，这 7 种颜色入围天然纯色水晶，那么其他诸如红色纯色水晶、蓝色纯色水晶、橙色纯色水晶之类，几乎就不用细看，直接判断为假货。因为大自然中尚未发现，没有原料，何来成品？

这里需要注意的是，第 8 类水晶里，有海蓝宝、石榴石、碧玺等加入，它们也是具有晶体特征的纯色水晶，但商家一般不会主动把石榴石称作红水晶，把海蓝宝称作蓝水晶，因为纯色水晶的价格在所有水晶里是偏低的，市场不会拿价值高的品种冒充价值低的品种，不符合经济规律。

第二，看晶体。天然水晶在数亿年的发育形成过程中，受高温、高压、高热等复杂多变的地质条件影响，其晶体内部往往具有一定的生长纹理，如棉、裂等，而假水晶则往往极度纯净，因此收藏纯色水晶，具备棉、裂特征的，往往比较容易判断出真假。那么晶体极为纯净的纯色水晶，如何看真假呢？

合成黄水晶、合成紫水晶、合成蓝水晶

棉裂特征非常清晰的天然白水晶原矿

色带明显的紫水晶吊坠

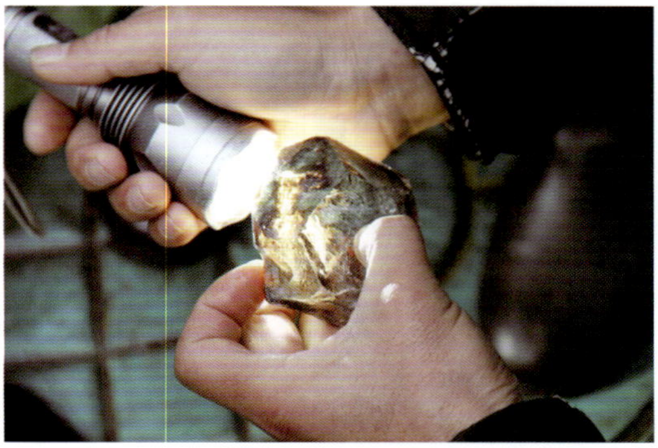
用手电筒照射观察幽灵水晶包裹体形态

第三，看色带。天然纯色水晶形成的地质环境复杂多变，往往因受热不均等原因而形成晶体深浅不一的外观，将纯色水晶放在白纸上，如能观测到深浅不一的特征，为天然水晶的可能性要大，这一点尤其适用于茶晶、紫水晶、黄水晶、紫黄晶和绿水晶。那么对于白水晶，或高仿的假水晶怎么办呢？

第四，测试硬度。天然水晶的莫氏硬度为7，假水晶一般都是玻璃仿冒，其硬度为5，将需要测试真假的水晶拿来划玻璃，如玻璃有损伤而待测的水晶无损伤，则是天然水晶。但这是一种暴力测试，水晶虽然硬度高，但脆性也大，操作不当很有可能导致水晶破损，需要谨慎。对于特别顶级的紫水晶、黄水晶、紫黄晶手链和戒面，建议去专业机构出具鉴定证书。

第五，感受重量。水晶的手感是石头，分量轻重适中，有的假水晶很轻或很重，那就值得特别注意了，它们往往是亚克力塑料或锆石仿冒的。

再看各种包裹体水晶

包裹体水晶主要包裹物是幽灵、发晶、水胆、胶花、共生矿。对于这些水晶来说，鉴别真假就相对容易了。具体的操作方法是：

第一，看包体。看包体主要是看内包物是完全包裹还是半包裹，如果是完全包裹，基本上有七成可能性是天然水晶；如果外表有裸露，摸起来有手感，此时就需要特别谨慎，仔细观察内包物是否为后加入的。目前市面上就有在白水晶内打孔，注入绿色泥沙造假成绿幽灵的案例，假的半包裹水晶，能够看到后期填补的痕迹。

第二，看颜色。这时要看有无改色、染色的痕迹。目前的水晶市场上，幽灵类水晶染色严重，不法商家通过颜料注入，将颜色卖相较差的水晶染色成颜色鲜艳的幽灵，仔细观察可以看到颜料的痕迹，在水晶的棉裂细缝处往往形成颜色堆积。发晶类不仅有颜色，还有高温烤色、炒蜡等，让发晶的颜色更鲜艳亮丽，提高卖相，它们是天然水晶材质，但不是天然颜色。

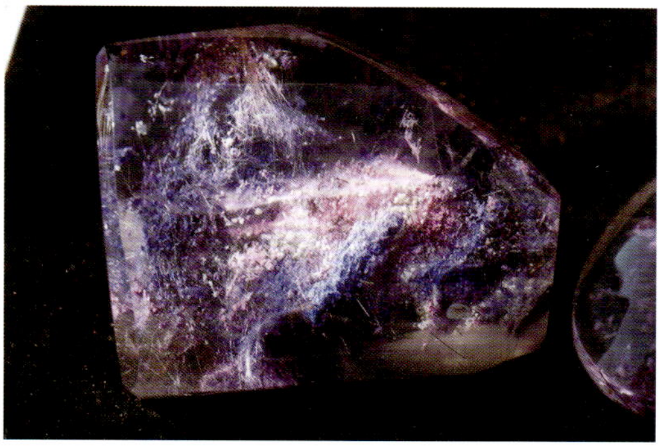
染色幽灵水晶

原矿晶洞

原矿晶洞的造假比较好识别，要特别注意的有两点：

各种颜色拼接在一起的水晶簇

第一，防止拼接。很多漂亮的水晶洞在开采或运输时破碎，往往会被商家粘合在一起，我们可以通过仔细检查原矿的边缘，寻找有无裂缝的痕迹。有的共生类水晶原矿，是商家为提高原矿的价值，将不同品种的矿物粘合在一起，造成稀有、特殊的感觉，来蒙骗生。收藏时要仔细检查是否有胶水黏合的地方。

第二，防止染色。目前，有大量的原矿，如紫晶洞，本身颜色很浅，卖相不好，商家通过喷漆染色的方法，让它们颜色鲜艳浓郁。收藏时可以使用小刀轻轻触碰表面，看是否有颜色涂层。对于一些通过辐照、高温等改色的矿物，建议收藏时去权威鉴定机构鉴定并取得证书，目前并没有特别简单的肉眼鉴别方法。

水晶市场中的相关宝石

水晶市场中的相关宝石，因品类众多，各有千秋，因此这些宝石的鉴别、鉴赏放在后面的章节进行详细介绍。

价位不断变高的碧玺

影响水晶价格的三大因素

我们行内关于水晶收藏有一句话，叫作没有最好，只有更好。看似是一句废话，实际上在收藏水晶次数变多之后，往往发现话虽简单，却非常有道理。天然水晶在地球上的蕴含量相对于其他宝玉石矿非常的大。因此，谁也不能断言将来能否发现更高品质的水晶，下面所述都是目前已经发现的水晶，如何评判品质优劣。

在具体介绍水晶品质之前，我们先要了解影响水晶价格的因素，它们分别是：

1. 人们的偏好。

2. 市场拥有量。

3. 水晶的品质。

在当前的水晶市场上，最能影响一件水晶产品价格的是人们的偏好。受历史及文化等因素影响，在数十种水晶中，最受人们喜爱的是碧玺、钛晶和绿幽灵，即使在其他条件均等的情况下，这3种水晶都比其他水晶价格要贵。

市场拥有量很好理解，物以稀为贵，这是亘古不变的真理，无须赘言。体现在水晶价格上，那就是稀有的水晶价格要高得多，甚至很多水晶孤品都是价值连城的，你愿意买，商家却未必愿意卖，体现了水晶的收藏的特殊性。

最后，才轮到品质发挥作用，水晶的品质决定了水晶的价值高低，但以上三点综合起来才能最终评判出一件水晶的价格高低。

评判水晶品质的五大标准

如何评判一件水晶品质的优劣，我在十多年的水晶收藏采买过程中，总结出了一套行之有效的公式，这个公式参考了钻石等宝玉石的评判标准，具体来说就是：

水晶的品质 =4C+ 观赏性

钻石4C品质评价体系具体是指颜色(Colour)、净度(Clarity)、切工(Cut)和克拉(Carat)，这套标准由GIA美国宝石研究院首创沿用至今，是当今宝石品质评判的最主要依据。

水晶的品质评判没有黑幕，因为公道都在人心，品质好不好，消费者用钞票来投票，真正好的水晶才有人愿意收藏和买单。具体来说，水晶的4C标准也是指：

颜色(Colour)

颜色越鲜艳越好。很多新手误以为水晶颜色越深越好，这不对，太深则黑，太浅则淡，最好的水晶颜色正如文学作品中描述的，增一分则深，减一分则淡，天姿国色，“浓妆淡抹总相宜”才是最好的。

净度(Clarity)

纯净度越高越好。水晶的纯净度也被称为“水

紫水晶多圈手链

天然黄胶花黄财神水晶吊坠

天然白水晶钻石切面裸石

颜色极佳的绿幽灵和白幽灵同心锁情侣吊坠

晶体非常纯净的白水晶切面吊坠

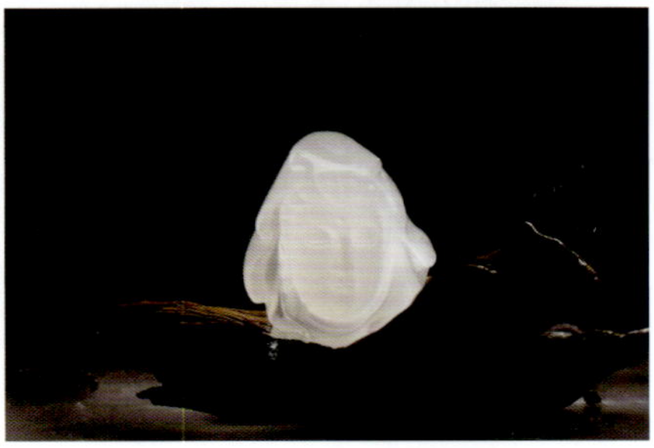
雕工极佳的白水晶观音造像

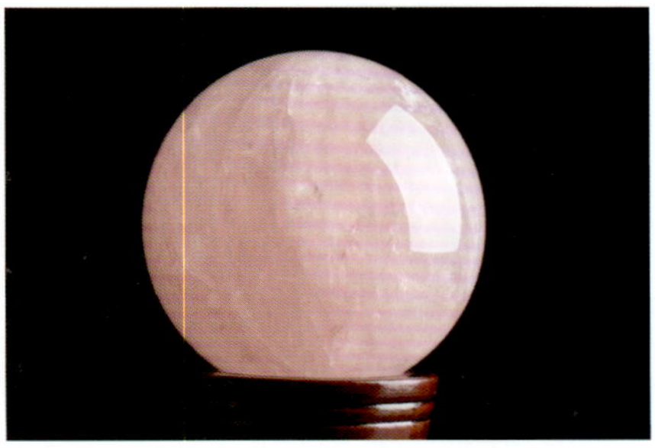
直径达 15 厘米的粉晶球

头”，如清水般纯净透亮，资深收藏家将纯净的水晶称为“水青”色，像湖水般质感清冽，玻璃则质感清浮，宛若云泥。

切工 (Cut)

切工在水晶中，我们统称为“做工”，水晶的款式繁多，有切珠，有雕刻，有切面，有做球，有磨柱，等等，统称为“做工”，做工越细致，越完美，则品质越好。做珠做球力求珠圆玉润，做雕刻则自然生动如法，做切面则比例适中光芒璀璨，做磨柱则切抛爽利，外观宜人。

克拉 (Carat)

克拉为钻石或宝石的重量单位，其重量越大，价值越高。自然界出产的水晶，体积越大，存量越少，物以稀为贵，又以大为最，大则可以称王称霸，成为水晶中的奥斯卡。在其他标准同样的情况下，重量越大，价值越高，但在其他标准不同的情况下，重量大只是一个加分项。品质要综合全部指标来进行评判。

水晶的品质评判公式是 4C+ 观赏性，观赏性是水晶最有魅力、最有特色的一个指标，相当于选美中的看才艺，演员中的看演技，这个指标也是水晶品质标准中占分最大的一个指标，甚至在特殊情况下，在其他几个指标不佳的情况下，依然可以成就一块高品质的水晶，就好比有的演员长得不帅，依然可以成为好演员。

观赏性

水晶的观赏性主要是看它是否象形，水晶中的包裹体繁多，共生矿物种类也很多，它们在水晶内部形成一定的图景，有的如国画，有的像建筑，有的像人物，有的像数字，有的像风景，有的像金字塔，有的像千层山，有的像满天星，因天然形成，让人倍感新奇，因此象形水晶的观赏性极佳。

另外，还有很多水晶的色带也颇具看点，如紫

内部像亭子一样的水胆露晶中晶

六射星光粉晶手链

水晶形成核辐射警告的图案，很多胶花水晶可以俏色设计为精妙的水晶作品，这些丰富的颜色也可以令水晶非常出彩。

带有拉丝棉的白水晶球

除此之外，水晶的宝石光学效应也具有极佳的看点，如粉晶中的星光效应，容易观测到六射、十二射、十八射，甚至二十四射星光宝石效应，发晶中的猫眼效应，炫彩效应；彩虹水晶中的彩虹效应；蓝针水晶中的蓝针效应；等等，也具有极佳的观赏性。

人们评价观赏石水晶，赞它为立体的画，无声的诗，可见水晶的观赏魅力！

水晶中的很多棉、裂，在特殊情况下也具有观赏性，如水晶球中的拉丝棉，很像是云雾缥缈，这种按照纯净度来说属于失分项的特征，在一定情况下反而歪打正着成为美丽的图卷，成了加分项。

水晶的观赏性是有一千个收藏家就有一千个“哈姆雷特”，能够在水晶中发现特别的美，这件水晶的价值就会有很大的提升。

综上所述，水晶的品质评判公式是 4C+ 观赏性，这五大标准组成了一个木桶，品质好的水晶不能有太明显的短板，综合各个指标都极好的水晶，就是人们追求的完美水晶。

水晶名称的命名规则

在当下的水晶市场里，各类水晶的细分品种不下 60 种，常见的水晶有白水晶、粉晶、紫水晶等，人们可以根据水晶的外观直观的认识它们的品种。但是也有一些水晶名称为银钛、草莓晶、超七等，这些水晶的命名就让人感到云里雾里，摸不着头脑。甚至，还有一些商家会提供一些诸如：桃花晶、橘子晶、梨子水晶等奇怪的名称，更是让消费者搞不清楚，也不太敢问，担心一问商家就暴露了自己是个外行。

因此，了解水晶的命名方式，是水晶爱好者收藏水晶的必修课。

极光 23 水晶

目前的市场里，水晶是一种统称，是一个宝玉石的细分品类。

目前的国家标准里只提供了水晶、紫晶、黄晶、烟晶、芙蓉石（粉晶）、绿水晶、发晶和水胆水晶这几个规范名称，所有的水晶在出具国家级鉴定证书时，给出的鉴定结论只能在以上几个名称里选，而我们常收藏的各类水晶，则被归类为市场名称，当作一种约定俗成的叫法。

如果这个叫法得到了整个水晶市场的公认，那么在鉴定证书的备注栏里，鉴定机构一般会加上一句，俗称“某某”水晶。

但是在水晶市场中，目前已经形成了一套被广泛运用的水晶命名方式，这个命名方式主要依据四点：一是根据水晶外观的最大特征进行命名；二是根据国外水晶名称的叫法进行翻译；三是根据水晶的产地进行命名；四是商家为了制造信息不对称的杜撰。

比如我们常见的水晶，基本上都是根据水晶外观的最大特征进行命名的，具体分为以下几类：

一、纯色水晶类，根据颜色来命名

其特征是，这种水晶内部无其他矿物包裹，仅仅是带有颜色的水晶晶体。

示例：

1. 白色（其实是无色）水晶称为白水晶。

2. 茶色水晶称为茶晶。

3. 黄色水晶称为黄水晶。

4. 粉色水晶称为粉晶。

5. 紫色水晶称为紫水晶。

6. 紫黄色水晶称为紫黄晶。

7. 绿色水晶称为绿水晶。

纯色水晶一共有 7 种，目前自然界尚未发现其他的纯色水晶。同时这也是鉴别水晶真假的一大依据，比如纯色的红水晶、蓝水晶等，必然是人造的假水晶。

白水晶

茶晶

黄水晶

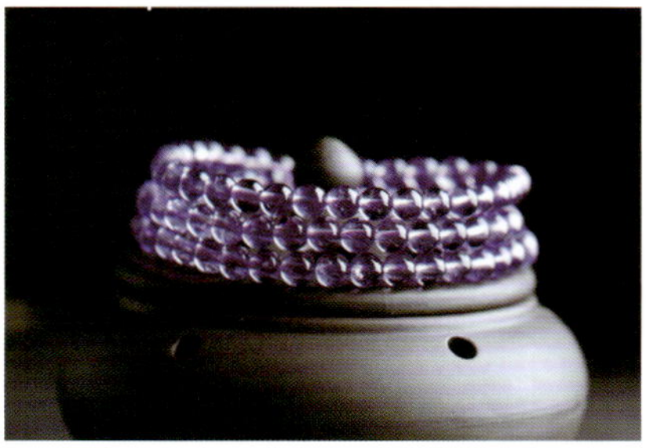

紫水晶

紫黄晶

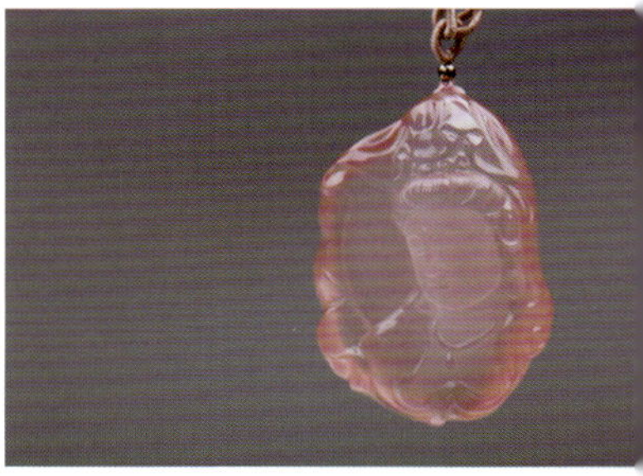

粉晶

二、发丝类包裹体水晶，按照其发丝颜色或外观形态命名

其特征是，如果颜色特点突出，则按“某色＋发晶”来命名；如果发丝形态突出，则按“形态＋发晶”来命名；如果颜色和特征都突出，则按“某色＋形态＋发晶”来命名。总之，一定是选择最大的特征来命名。

示例：

用“某色＋发晶”来命名的水晶名称

1. 白色的发晶称为白发晶。
2. 银色的发晶称为银发晶。
3. 金色的发晶称为金发晶。
4. 红色的发晶称为红发晶。
5. 黑色的发晶称为黑发晶。
6. 绿色的发晶称为绿发晶。
7. 紫色的发晶称为紫发晶。
8. 铜色的发晶称为铜发晶。
9. 蓝色的发晶称为蓝发晶。

白发晶

金发晶

红发晶

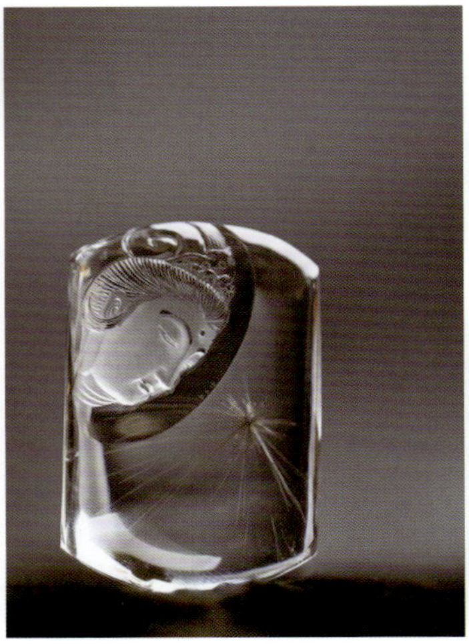

银发晶

绿发晶

紫发晶

黑发晶

铜发晶

蓝发晶

按“形态 + 发晶”来命名

10. 发丝像魔鬼刀枪剑戟的发晶称为魔鬼发晶。

11. 发丝含钛量高的称为钛晶。

如果颜色和特征都突出，则按“某色 + 形态 + 发晶”来命名

12. 银色且含钛量高的发晶称为银钛。

13. 铜色的顺发发晶称为铜顺发晶。

14. 白色幽灵和发晶长在一起称为霜雪发晶。

15. 粉晶、幽灵和发晶长在一起称为粉幽灵发晶。

16. 白色兔毛状发晶称为白兔毛发晶。

17. 黄色兔毛状发晶称为黄兔毛发晶。

18. 红色兔毛状发晶称为红兔毛发晶。

19. 绿色兔毛状发晶称为绿兔毛发晶。

20. 蓝色兔毛状发晶称为蓝兔毛发晶。

21. 赤铁矿包裹体发晶称为骨干发晶。

目前已知的发晶，大概就是以上这些，其他颜色的发晶自然界目前暂无发现和产出。

魔鬼发晶

钛晶

银钛

铜顺发晶

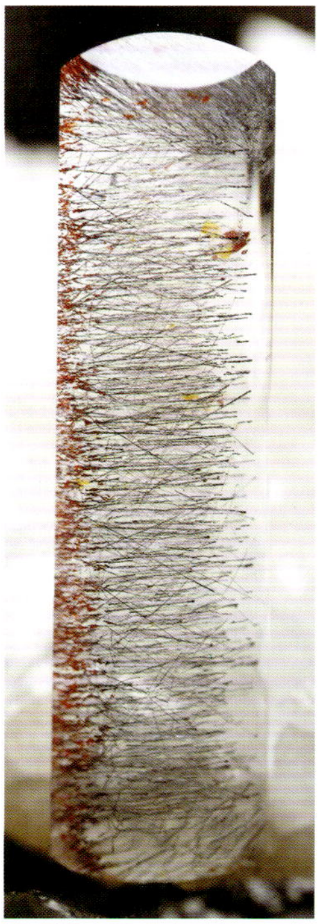
骨干发晶

绿兔毛发晶

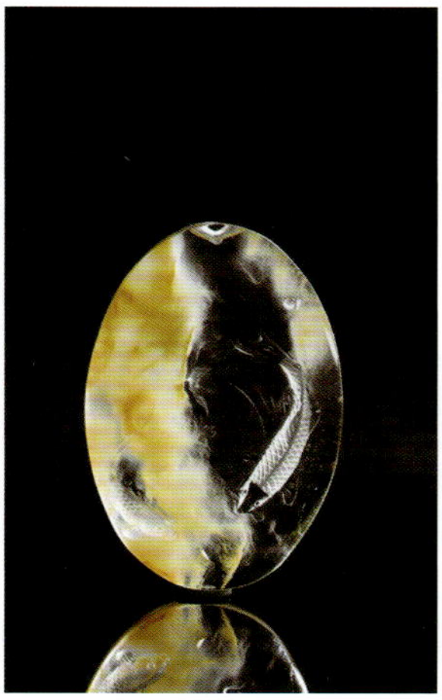
黄兔毛发晶

霜雪发晶

蓝兔毛发晶

红兔毛发晶

白兔毛发晶

三、幽灵类包裹体水晶，以“幽灵”的颜色命名

其特征是水晶内部包裹着不同颜色的火山灰泥，形成了颜色丰富的幽灵包裹体水晶。

示例：

1. 绿色的幽灵水晶称为绿幽灵。

2. 红色的幽灵水晶称为红幽灵。

3. 黄色的幽灵水晶称为黄幽灵。

4. 白色的幽灵水晶称为白幽灵。

5. 蓝色的幽灵水晶称为蓝幽灵。

6. 黑色的幽灵水晶称为黑幽灵。

7. 彩色的幽灵水晶称为彩幽灵或花幽灵。

8. 包含红绿黄白 4 种颜色，象征春夏秋冬 4 种季节的幽灵水晶称为四季幽灵或春夏秋冬幽灵。

绿幽灵

红幽灵

白幽灵

黄幽灵

彩幽灵

四季幽灵

四、胶花类包裹体水晶，以胶花的颜色来命名

胶花水晶的成因有三类，一是水晶受高温和撞击，在原矿表皮内侧形成的断面上出现黄色或黄色的胶花；二是水晶内部断面反射光线形成的彩虹光，称为彩虹胶花；三是内部侵入其他矿物元素，形成鲜艳的红胶花、黄胶花和彩胶花。

示例：

1. 黄色的胶花水晶称为黄胶花水晶。

2. 红色的胶花水晶称为红胶花水晶。

3. 白色的胶花水晶称为白胶花水晶。

4. 彩色的胶花水晶称为彩胶花水晶。

5. 彩虹色的胶花水晶称为彩虹胶花水晶。

目前自然界出产的胶花水晶就是以上几种，如果看到蓝色和绿色等胶花水晶，则为染色水晶。

黄胶花水晶

白胶花水晶

彩虹胶花水晶

红胶花水晶

彩胶花水晶

五、水胆类包裹体水晶，包裹着某种特征的水胆，就叫某水胆水晶

行内把水胆内部的形态称为“相”，这些“相”的组成为气体、液体、固体和油四种。根据不同“相”的构成，对水胆水晶进行不同的命名，如最常见的包含气体和液体两相包裹体的称为水胆水晶，包含液体和固体的称为流沙水胆等。

示例：

1. 包含液体或气液两相包裹体的水晶称为水胆水晶。

2. 包含气体、液体、固体三相包裹体的水晶称为流沙水胆。

3. 水胆和其他矿物共生的水晶称为某水胆，如绿幽灵水胆。

4. 包含油的水晶称为油胆水晶。

5. 含气体的水晶称为水胆露水晶，意为水胆像露珠一样蒸发跑掉了。

水胆水晶产量较少，其包体内部往往伴随着大量的棉裂，因此棉裂多的水晶，往往也会跑水，从水胆变成水胆露，这点在收藏时要格外注意。

水胆水晶

六、包裹蓝针红针类的包裹体水晶，以针的颜色来命名

这种包裹体水晶，内部会或明或暗的出现一些羽毛状、针状的包裹体，因此被称为蓝针水晶或红针水晶。

蓝针水晶

七、共生矿类包裹体水晶，以共生矿的性质来命名

目前已知的水晶共生矿物有二三十种，水晶会和方解石、铜矿、云母矿、铅锌矿、碧玺、石榴石等共生在一起，与什么矿物在一起，一般就称为某某石水晶。

示例：

1. 包裹方解石的水晶称为方解石包裹体水晶。

2. 包裹黄铜矿的水晶称为黄铜矿包裹体水晶。

3. 包裹云母矿的水晶称为云母包裹体水晶。

类似水晶还有数十种，这里不再一一列举。

方解石包裹体水晶

八、树晶，这是一种内部包裹树形包裹体的水晶

树晶是水晶在发育形成过程中，有其他矿物元素侵入，形成了松枝、小树和海草等造型，目前统称为树晶，这是象形水晶观赏石的一种，艺术价值极高。

黄铜矿包裹体水晶

树晶

绿云母包裹水晶

九、疗愈水晶，根据水晶原矿形态命名

国外常用水晶进行疗愈，这些特殊的水晶原矿像中草药一样，都有自己的专属称谓。

示例：

1. 原矿具有两个尖头的水晶称为双尖水晶，这种水晶尤其以美国产地的赫基蒙最清透，因此也被称为赫基蒙水晶。

2. 原矿表皮粗糙嶙峋像鳄鱼表皮的水晶称为鳄鱼骨干水晶。

3. 原矿超细超长的水晶称为激光能量柱水晶。

4. 原矿尖头处六个面形态完全一样的水晶称为发电水晶。

5. 原矿尖头处最大的面有七条边的水晶称为通灵水晶。

6. 原矿上有平行四边形结构的水晶称为时光隧道水晶。

7. 原矿尖头处由三角形和七边形组成的水晶称为道水晶。

8. 原矿表面有众多平行线纹理的水晶称为列木利亚水晶。

以上是根据水晶外观等特征进行命名的水晶，下面几种水晶是**根据国外的水晶名称，直接翻译过来的水晶名称**，这些水晶首先发现于国外，因此国内直接将国外的水晶名称翻译过来使用。

示例：

1. “极光 23 水晶”是英语“Auralite23”的直译，原因是该种水晶包含 23 中矿物，颜色很像极光，于是将这两个特点组合成了这种水晶的名称。

2. “超七”或“超级七”水晶是英语“Superseven”的直译，超七是指这种水晶包含 7 种水晶矿物，能量超级强大而得名。

3. “士多啤梨”水晶是英文单词“Strawberry”的音译，“Strawberry”的意思是草莓，所以这种水晶也称为草莓晶。

极光 23 水晶原矿

超七水晶手链

草莓晶手链

除了国外名称翻译，市场上还有很多水晶**直接使用产地进行命名**，这是因为某些水晶在一些产地产量大，品质好，因此经过市场的运转，形成了一些约定俗成的叫法，其命名方式为“产地＋水晶名称”。

示例：

1. 乌拉圭出产的紫水晶极为著名，因此浓郁优质的紫水晶往往称为乌拉圭紫水晶。

2. 巴西出产的黄水晶量大且优质，因此浓郁漂亮的黄水晶往往被称为巴西黄水晶。

3. 中国江苏东海出产的水晶，被称为东海水晶。

4. 马达加斯加出产的粉晶，被称为马岛粉晶。

5. 莫桑比克出产的粉晶，被称为莫粉。

6. 美国赫基蒙出产地双尖水晶，被称为赫基蒙水晶。

7. 中国云南贵州出产的水晶，被称为云贵水晶。

这些根据产地命名的水晶，往往代表着该种水晶的极高品质，也是质量优秀的代名词。这就像大闸蟹之于阳澄湖，葡萄干之于吐鲁番一样，经过多年市场发展，形成了良好的市场口碑。

乌拉圭出产的紫水晶手链

巴西出产的黄水晶手链

东海出产的彩色幽灵水晶原矿

莫桑比克出产的粉晶原矿及吊坠成品

马达加斯加出产的粉晶原矿及手链

很多不法水晶商家，为了获得超额的水晶利润，往往会根据水晶的外观特征，人为的杜撰出一些让人啼笑皆非的水晶名称，将水晶爱好者忽悠得云里雾里，诸如桃花晶、云雾晶、梨晶等不知所云的名称，吴师傅在这里建议大家在收藏水晶时，注意询问商家产品的规范名称、市场俗称，切勿乱买某些商家宣传的所谓独家水晶，那些基本都是骗人的。

染色玉髓冒充的西瓜碧玺，市场也有商家称之为西瓜水晶

以上是水晶的命名规则，估计看到这里有很多朋友奇怪，为什么水晶市场里的碧玺、石榴石、月光石等品种，吴师傅没有罗列在其中呢？

这是因为，根据目前的国家标准，只有成分是二氧化硅且是透明的晶体，这样的矿物宝石才是水晶。而其他很多矿物宝石，虽然颜色鲜艳，晶体也非常纯净通透，但是因为矿物成分不是二氧化硅，因此不能称为水晶。

但是这些不是水晶的矿物宝石，目前已经广泛的在水晶市场中销售，成为人们心目中广义的水晶，因此它们的命名方法，吴师傅也在这里讲一下。

这些已经进入水晶市场的矿物宝石，具体包含的品种有碧玺、石榴石、月光石、红纹石、青金石、黑曜石、虎眼石等。

橙红石榴石项链

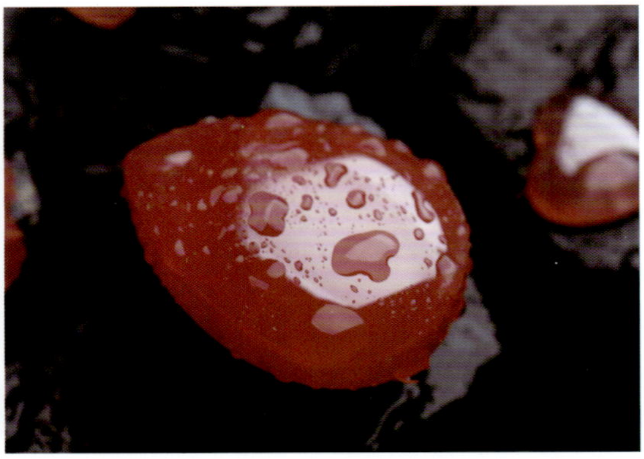

冰种红纹石吊坠

阿富汗青金石手链

天然黄虎眼石手链

它们的命名方式基本有 3 种，和水晶的命名相似。

第一种是根据其外观命名，比如石榴石就是外观像石榴籽一样红润的石头，红纹石就是红色带有纹理的石头，青金石就是蓝色带金星的石头，虎眼石就是像老虎眼睛一样的石头，这都是根据石头的外观进行命名。

第二种是这种宝石本身有自己的历史传承，传到现在成为市场约定俗成的叫法，比如碧玺、黑曜石等。

彩虹碧玺手链

黑曜石匕首

第三种是根据外文音译，如“拉利玛”就是英语“Larimar”音译过来的。

以上就是水晶的命名规则，当然，以上所述并不是水晶的全部，自然界随时都有可能发现新的水晶品种，我们要在水晶收藏中学习水晶，不断了解更多的水晶品种。

拉利玛（海纹石）雕刻乌龟小摆件

水晶的产地有哪些

水晶的产地众多，早在公元前3500年，古埃及人就已经在阿斯旺附近开采水晶矿。目前，全世界的水晶主产地是南美洲的巴西、乌拉圭，北美洲的美国和加拿大，非洲的马达加斯加、赞比亚、莫桑比克和南非等国家，亚洲的中国江苏东海、越南、缅甸和巴基斯坦，等等。

在国外，巴西是一个水晶王国，其水晶储量及产量、出口量占世界总量的90%，其水晶资源集中分布在东南部的米纳斯吉拉斯地区。

在国内，除了上海、天津、宁夏等地未见报道外，其他省、市、自治区都有产出，矿床数量达109处之多。但作为宝石原料开采的并不太多，优质的水晶主要分布于江苏、四川、海南、内蒙古、山东、广西、广东和青海等地。其中水晶矿资源蕴含量最大的地方在江苏东海。

东海的水晶主要以无色透明晶体为主，也有紫晶、烟晶、乳白晶及粉晶等。东海水晶在形态上粗而短，形体大。单个晶体如“水晶大王三兄弟”较罕见。晶体外表常为棕黄、灰褐色的薄膜所包裹。1998年，国家建委材料科学研究院和上海硅酸盐研究所分析表明，东海水晶的最大优势反映在化学成分上的高品位。据国家建委材料科学研究院光谱分析，东海水晶二氧化硅含量高达99.99%以上，质量全国第一，世界之最。东海水晶的主要品种有以下几种：

无色水晶

无色水晶晶体无色透明，常被称作白水晶。主要产地在东海县石湖乡池庄、牛山镇张谷、牛山镇曹林、牛山镇牛山、驼峰乡南榴、白塔埠镇马小埠等地。

茶晶

茶褐色、烟黄色的水晶称为茶晶，是东海水晶较多的品种之一。主要分布于东海县青湖镇新庄、石梁河镇树墩一带。

紫水晶

紫水晶是一种呈淡紫到浓紫或葡萄色的水晶。东海县储量较少，主要分布在曲阳乡曹庄、石湖乡池庄一带。

发晶

发晶晶体含纤维状、针状包裹体。发晶颜色呈褐色、红色、橙色、金黄色、绿色、银白色。东海县的发晶主要是金黄色和银白色，产地在房山镇芝麻坊、牛山镇曹林、驼峰乡南榴、曲阳乡曹庄。

绿幽灵

绿幽灵是白水晶内部包裹着绿色幽灵，有的呈绿莲状，绿色均匀，颜色艳丽。主要产自东海县平明镇安营村。

粉晶

粉晶是一种粉红色芙蓉石。其成分、结构物理性质与水晶一样，只是透明度差一些，东海县有零星产出。

优质水晶矿的开采，带有很大的运气成分。国内“水晶大王三兄弟”的发现是极为偶然的，而在开采过程中稍有不慎，也会破坏掉一件大水晶。

上面这些信息也可能会给大家带来一种错误认知，就是水晶出产量很大，也很容易得到。但现实情况不是这样的，作为一种矿物宝石资源，水晶的特性和其他宝石是一样的，那就是不可量产、不可再生。

比如邻国缅甸，虽然是翡翠的重要产区，但是绝对不是像煤炭那样，到了矿区直接一铲子一铲子往上挖即可。

在国外，虽然很多水晶矿区的开采条件较好，但是大部分水晶都是深埋于荒无人烟的地下，发现、开采、挖掘、运输，每个环节都充满着艰险和不确定性。每个国家，每个矿区，一般只能出产一种或几种水晶矿，而当下的水晶品种超过60多种，这些水晶原矿大部分都是由东海人从全世界各地寻找和采购，然后海运回国内，在江苏东海进行加工和集散。

缅甸出产的白水晶原矿

天然水晶原矿

水晶的学术概念

中文名称：水晶

英文名称：Rock Crystal Quartz

化 学 式：SiO_2（二氧化硅）

晶　　系：六方晶系（Hexagonal System）

莫氏硬度：7

比　　重：2.35 克 / 立方厘米

双折射率：高 1.553，低 1.544，具有叠影效果

光 泽 度：玻璃光泽

断　　口：贝壳状

色散为 0.013，光性为非均质体

水晶的一般特性

较大的弹性

压电水晶薄片用作机械震动时能耐久，而不会被破坏，故能广泛应用于无线电工业。

抗压性

水晶在不同受力方向能承受最大压力。在垂直光轴的方向上，每平方厘米为 27400 千克；在平行光轴的方向上，每平方厘米为 28000 千克。

脆性

水晶的脆性较大，易被破碎为粉末。水晶与玻璃比较导热性较好，与其他矿物比较则较差。水晶的线膨胀系数较小并具有方向性。

耐酸和耐碱性

水晶是一种化学性质很稳定的矿物，它仅溶于氢氟酸，其余的酸对水晶不起作用。碱对水晶在不同温度下有不同的溶解作用。水晶在常温常压下不溶于水。

压电性

在水晶一端加以压力时，另一端放出电荷。当水晶以交流电通电时，晶体会以一个非常高速、稳定，且固定的频率膨胀、收缩，即振荡。当把水晶体切割到一定大小、厚薄时，其振荡的频率就可被控制了，由此又发现水晶有贮存记忆、传递、扩大、转换及聚焦等功能。正是因为这一原理，制造了各种晶体元器件，广泛用于电子工业和导弹等武器制造。

很高的透明度

水晶透光范围在 200—500 纳米，即水晶除能透过全部可见光外，对红外光、紫外光约有 70% 的透过能力。

水晶的发育形成原理

纯色水晶形成原因

水晶形成首先需要具备五大条件：

1. 充裕的生长空间。

2. 水晶种子。

3. 富含二氧化硅的热液。

4. 一定的温度、压力。

5. 生长时间。

自然界中，发育的节理裂隙及断层是水晶生长的良好空间。花岗岩发育或变质作用强烈，可提供充足的热液，这种热液本身就具备较好温度与压力。时间因素更易获得。地球上不乏具备这些条件的区域。

天然水晶是大自然的产物，它生于地下，形成过程需要上亿年的时间。水晶生长在地壳深处，通常都要经历火山和地震。在形成过程中凝结了巨大的热量和力量，然后由种子水晶将其释放出来。种子是由一个单一的硅原子在高温高压的作用下，与两个在高温状态下的水原子或周围的蒸汽中释放出来的氧原子组合而成。原子组合以后就形成了带有单一水晶细胞的二氧化硅，所有的水晶都是由这种物质组成的，其副产品为氢。

在上亿年的漫长岁月中，如果条件允许，这一单一种子就开始生长，但周围的流体必须含有适量的硅和水或是长期处于高温高压下的蒸汽。当原生的流体慢慢地渗入到二氧化硅的第一个细胞上时，这个细胞就开始衍生出另外一个和自己一模一样的细胞，但在复杂的水晶结构中一次只能形成一个原子。

水晶体内的每个细胞形态都是重复相同的，每个细胞自身都是一颗小水晶，每个细胞都像前一个细胞一样有着相同的形态。这样水晶就搭起一个复杂的三维结构架——“水晶架”因此而得名，其几何构成极其规律。就这样日积月累，渐渐的一块纯净透明的天然水晶就形成了。

它的天然状态呈多棱形，通常是六棱形，长到最佳点就逐渐变细。

在自然环境中，由于水质、温度、压力等条件一直在变化当中，很难得达到理想状况。因此，水晶的形成通常需要相当长的地质年龄。而地质年龄动辄以亿万年为计算基数，这也是天然水晶之所以珍贵之处。

当然并不是每块天然水晶都是完美的，在生长过程中它有可能受到周围铁、铝等大量物质的侵入，出现色泽上的变化。

比如铝会使水晶变成烟灰色，这样的水晶被称为烟水晶；铁会使水晶变成暗粉色，这样的水晶被称为粉晶。

除此之外高强度的辐射也会影响水晶的生长和色泽，只有在没有射线和其他追踪元素的地方，才有可能长出百分之百纯净透明的水晶。

常见的无色水晶，形成温度为 200—350℃，属中温热液形成，而紫晶形成温度为 160—180℃，温度较低。该类水晶矿床产于俄罗斯、巴西、乌拉圭、印度、美国、中国等国家。白水晶、黄晶、紫晶和烟晶的形成与中酸性岩浆期后的热液活动有关，以脉状产出，分布于花岗岩、正长岩及其外围的石英岩、石英长石砂岩、千枚岩及片岩等岩石中，受构造裂隙控制，以充填方式形成。

人们在习惯上，把不透明、岩石状的二氧化硅结晶体称为石英，而透明的称为水晶。

包裹体水晶形成原因

水晶在形成自己的晶体过程中，往往因为频繁的地质运动，形成了最具水晶特色的包裹体观赏石，这类包裹体水晶的形成原因一般有三类：

1. 在水晶结晶的地方先存在一些物质，水晶结晶的时候把这些物质包裹在里面，这类包裹体俗称“全包裹体”。这类包裹体所形成的各种景象。大多保持了水晶结晶时的原状，也就是说保存了几亿年的原状，极少受到自然环境的影响，因为大自然改变的大多是水晶石的表面。

2. 在水晶结晶后，由于晶体受到地球引力的影响而产生裂隙。晶体外的一些物质通过水晶的裂缝渗透到水晶内部，形成了各种景象。这些渗进水晶内的物质俗称“半包裹体”。我们可以看到物质渗进水晶的痕迹，常被称为“通道”。这种包裹体所形成的景象相对较易受自然环境和时间的影响。

3. 因某些其他的矿物与水晶体共生，或由于其他物质侵蚀而附着于水晶表面，或者是水晶受自然环境的影响，在水晶体表面出现腐蚀现象，形成了一些景象或图案，这种景象或图案俗称“皮景”。

水晶清澈透明，有足够的硬度，内含物丰富多彩。从气体、液体到各种矿物质，甚至宝石，均可被包裹于水晶内。各种包裹体所形成的景象丰富，色彩鲜艳。另外，水晶包裹体所形成的景象大多是立体的，有些甚至是可以运动的（水胆），可通过水晶表面从多角度全方位进行欣赏。有的水晶还可出现特殊的光学效应。一些好的包裹体水晶，除了供观赏的内容——由包裹体所形成的景象外，其余部分是通透纯净的。

水晶颜色的形成原因

水晶的颜色，可分为无色、乳白色、紫色、黄色、粉色、红色、绿色、紫黄色、烟色、茶色和黑色等。

根据矿物的致色理论，水晶的颜色属于他色。所谓他色，即矿物中的混入物，如带色杂质、气液包裹体等，这些外来物质与矿物本身的成分结构无关，由这种因素引起的颜色称为矿物的他色。下面简要介绍水晶的致色原因：

无色水晶为纯净的二氧化硅结晶体；

紫水晶的紫色，因成分中含有微量的 Fe^{3+} 和 Mn^{2+} 而致色；

黄水晶的黄色，因成分中含有微量的 Fe^{2+} 和结构水 H_2O 而致色；

粉晶的粉红色，因成分中含有微量 Mn^{2+} 和 Ti^{4+} 而致色；

红水晶的红色，因成分中含有极其细微的红色包裹体矿物质而致色；

蓝水晶的蓝色，因成分中含有细微金红石针状晶体的丁德尔散射效应而致色；

绿水晶的绿色，因成分中含有微量的 Fe 而致色。或是由于含大量微细的包裹体绿泥石等矿物而致色；

双色水晶的紫色和黄色，双色是由于水晶内的双晶所致色，紫色和黄色分别发育于双晶单体中的 r 面和 z 面；

烟晶的烟色至棕褐色以至黑色，因成分中含有微量的 Al^{3+} 而呈烟色；黑色是由受放射性影响而产生的游离 Si 引起的；

乳水晶的乳白色，因含细分散的气、液包裹体而致色。

上述的水晶颜色，是指天然形成的颜色，而不包括人为的颜色。目前市场上有五颜六色的“水晶制品”，相当一部分是仿冒的所谓水晶制品，看颜色就可以鉴别出来。

水晶的性质及应用

天然水晶具有聚焦折射、储存数据、传递信息、能源转换和能量扩大五大性质，同时，水晶还具有良好的弹性、抗压性、耐酸耐碱性、压电性和极高的透明度。人们根据水晶这些特性，进行了广泛的应用。

压电水晶

早在 1880 年，居里夫妇首先发现了水晶的压电性，就是在水晶的一端施以压力时，另一端会出现释放电荷的现象。但在当时，他们专注于其他科目，未对此深入研究。

直到 1922 年，有一位西方的科学家 W.G.Cady 再度以水晶做实验，他在居里夫妇研究成果的基础上，对水晶的压电性继续深入研究。当他对水晶通电时，发觉晶体有膨胀的现象，电流停止后，晶体又会缩回原样；通交流电时，晶体以一种高速、稳定的速率在膨胀、收缩着，这就是后来所称的“振荡”。当晶体被仔细切割成一定的长宽、厚薄时，这种振荡的频率又可以被精准地控制。这种精心加工的晶体就是振荡芯片。从此，人类开启了一个新的时代。

利用水晶特性生产的石英谐振器是无线电子工业设备的关键元件。特点是具有高度的稳定性，灵敏度和相当宽的频率范围，可普遍装置在无线通信的发射器、接收器及无线电测量仪器中，如无线电报、无线电传真、无线电视、无线广播等。还广泛应用于人造地球卫星、导弹、超音速飞机、火箭、舰艇、雷达、电子计算器、石英手表以及各种远距离操纵、跟踪、导航等设备之中。

20 世纪 90 年代，出现了微型石英谐振器，在蝇头大小的谐振器内含有的水晶切片薄如蝉翼。江苏东海晶体材料厂技术人员竟将 1.8 厘米长的水晶棒切成 80 片圆晶片，可见其精密的程度。它的出现加速了电子产品现代化进程，使“大哥大”、电脑等体积越来越小，电视机、调控器的“心脏”更趋简单。全世界的需求量，每年在以数亿计的速度增长。

光学水晶

利用水晶透明度高的特性，人们选择出很多光学水晶。这种水晶晶体纯净、无色透明，其内部无双晶、节瘤、各种包裹体、棉、裂隙和蓝针，根据水晶的特殊光学性能，作为光学材料：

一是做成各种仪器镜头，能通过紫外线在黑暗中照相、观测，在云雾中拍摄及远距离照相；

二是做成光谱仪的棱镜、透镜，用以测定矿物元素的含量；

三是做成石英滤光镜，可观察拍摄太阳；

四是做成紫外线灯，用来杀菌治病；

五是做成旋光计镜头，用以测定旋光物质浓度和含量；

六是做成望远镜显微镜，大可观测天体，小可看到细菌和细胞。

熔炼水晶

天然水晶经过高温熔炼提纯后，称为熔炼水晶。熔炼水晶具有耐高温、耐酸碱性能，用于石英玻璃行业，制作石英玻璃管材，器皿，光学玻璃，合成水晶原料，还广泛应用于电子，化工，冶金，通信，汽车，机械制造，医学器皿和仪器工业。

新中国成立以来，东海 105 矿、东海光学仪器厂根据国家需要开发加工水晶制品，为国家尖端科学作出了重要贡献。

合成水晶

合成水晶也称人造水晶，是在天然水晶资源越来越稀少的情况下，现代高科技的产物。

它是一种仿照自然界天然水晶形成所需要的特定条件，用人工的方法合制而成的。采用的是世界通用的水热法合成水晶工艺。目前，运用水热法合成工艺，已生产出茶、紫、绿、黄、红、黑等彩色水晶。水热法合成的水晶，除能见到晶体中的晶种及正规的六方柱和六方锥体，晶面呈不平的阶梯状外，其物理、化学性质及内部结构均与天然水晶没任何区别，而且杂质和缺陷相当少。因此，合成水晶及其制品进入工业品市场后，很快就得到了认可。

总而言之，水晶已与工业结下了不解之缘，水晶的作用已到了无处不在、无时不在的地步。

现在，电视机、计算机、移动电话和网络通信产业迅速扩大使用范围和频率。但不管这些产业如何发展，如电视机从黑白到彩色，从模拟到数字，电信的发展趋势从电信网络数字化、综合化的基础上向智能化、移动化、宽带化和个人化方向发展，始终都离不开水晶片制成的元件。

水晶在军工武器方面的运用

第一次世界大战期间，法国舰队受到德军潜艇的沉重打击。法国物理学家郎之万利用水晶压电效应的原理，把水晶片接在交流电上，便能频频发生奇异的超声波。超声波一旦遇到障碍物，就会相应发出返回信号。不久，压电水晶制成强力超声波辐射器得到应用，使法军很容易测得德军潜艇的距离，从而使德军潜艇有了克星而遭到重创。

第二次世界大战期间，科技的迅速发展和战争的刺激，参战国的武器和军用设备随之飞快扩张和提高等级，消耗了大量水晶。仅 1945 年，美国一个国家就用掉了压电水晶 500 多吨。苏联水晶供不应求，不得不将博物馆里的水晶展品、工艺制品拿出来切割使用。天然水晶远远不能满足社会需求，其结果一是推动和加快了合成水晶的生产发展，二是加剧了占领国对被占领国的水晶掠夺。

日本 1939 年侵占东海县后，强迫农民修筑徐海公路，挖出的水晶全部掠走。还迫使农民挖水晶，强买或掠走。南京劝业会展览的东海县房山大水晶，在日军占领南京后也被其掠去。

在现代武器运用中，利用水晶晶体的特性可以激发出高能量光束，强大且高度平行，用以制作激光武器，摧毁来袭的导弹，等等。

水晶的细分品种之一钛晶，其内部蕴含的钛元素，可以加工成为钛合金，使之具有良好的物理性能，更是航空航天、军舰等特殊钢材的重要材料。

水晶在饰品、艺术品方面的应用

水晶因晶莹透亮的外观、冰清玉洁的质感而深受人们喜爱，人们将水晶加工成喜爱的饰品、常用的器皿、各类艺术摆件，还可以用来制作供奉的佛像。天然水晶在饰品方面的应用，最早可以追溯到石器时代，那时，先民们就已经使用水晶制作水晶项链。从近年来的考古发现上看，古代人们佩戴的水晶饰品有水晶项链、水晶玦、水晶吊坠等，可见古人加工水晶饰品的技艺已经很高。

据 2015 年 9 月的新闻报道，在西安一座未遭盗扰的唐贵妇墓中，考古学家发现了一条共有 92 颗水晶珠的完整水晶项链，这串水晶珠大小不一，均呈扁球形，由两端向中间对钻成孔。吊坠一端大一端小，其中小端嵌入金扣之中，形成坠饰，可见唐朝加工水晶饰品的工艺高超，不仅能够克服极高的水晶材质，还使用了镶嵌的手法。

改革开放以来，水晶行业蓬勃发展，目前已经可以将水晶加工成各类手链、吊坠、戒面、项链、把玩件、雕件等产品。

东海水晶

水晶是东海已经探明的矿产资源之一，东海土地面积 2248 平方千米，蕴藏着 37 种矿产，有 29 种非金属矿物。其中石英矿物蕴藏量 3 亿多吨，产量占全国 80%，质量居全国乃至世界第一。

目前，东海已经发展成为中国水晶之都，世界水晶集散地。人们总结出东海及东海水晶拥有多项水晶行业之最。

一、东海大贤庄遗址为中国最古老的水晶遗址之一

我就出生在大贤庄村，小时候经常听人说，外面的人到村西的水库边上寻找水晶石器。我们那时经常在山上放牛、耕种，能遇到大大小小的石头，后来在县里的博物馆中也看到了很多类似的石头，被标注为石锤、石刀等，我们当时错过了很多先民留下的石器。

据考古学家研究，东海水晶石玲珑剔透，有面、有棱、有角，非常坚硬和美丽，早就被人类所发现，是人类开发利用最早的石头之一。早在 1 万多年前，居住在东海县山左口乡大贤庄地区的古人类就利用东海的石英与水晶石制作了很多石器。经北京古人类研究所鉴定，证明它们是旧石器时代的产物。

二、东海水晶单体体量全国第一

全国开采的上万吨水晶石中，东海水晶个头最大。1958 年，东海挖出了一块大水晶石重达 4.35 吨，现存于北京地质博物馆，可称得上中国的水晶晶体之最。1982 年，在东海县驼峰乡南榴村挖出重达 2.1 吨的“大水晶二王”。1995 年 1 月 25 日，在东海县曹林村又挖出了一块大水晶，重达 1.99 吨，安放在东海水晶博物馆，称为东海的“水晶三王”。平时出土数十千克的水晶石更不在话下，所以说中国水晶数东海水晶个头最大。

吴师傅和巨大的水晶原矿

三、东海水晶贮藏量全国最大

东海民间传说，本地到处是水晶。挖地时能挖出水晶，盖房子挖地基时也经常挖出水晶，挖河搞水利工程挖出水晶也不足为奇，可见东海水晶之丰富。据地质部门勘探，东海县境内均有水晶出土，但贮藏量最多的是中南部的牛山、曲阳、安峰、种猪场、安营、驼峰、白塔埠飞机场一带，面积约 250 平方千米。东海 30 米以下埋藏的水晶，据专家估测约 30 万吨。

四、东海水晶产量全国最高

据 1986—1989 年间的统计，全国共产出水晶 3001.2 吨，而其中东海县产出的水晶就达 2148.3 吨，约占全国水晶产量的 71.58%，也就是说东海水晶的产量为全国水晶的一半以上，所以说东海县有中国水晶之乡、中国水晶之都的称号。又据 1950—1990 年的统计资料，40 年来东海县共产出石英、水晶石计 250 万吨，其中水晶总计 15 万吨。

五、东海水晶质量全国最好

衡量水晶质量好坏的指标，主要是二氧化硅含量，二氧化硅含量越高水晶质量越好。经分析，东海水晶二氧化硅含量均为 99.99% 以上，总的杂质元素含量小于 22.57%ppm，所以东海水晶质量最好。1976 年 9 月 9 日，毛泽东主席逝世，东海县人民怀着对毛主席的无限敬仰，不顾辛劳，加班加点，贡献了纯净高质量的水晶 32.2 吨，为毛主席水晶棺的铸造作出了重大贡献。一些知名的光学水晶厂家、工艺用品水晶厂家、熔炼用品水晶厂家均争购东海水晶，特别是日本、韩国采购量很大，原因就是东海水晶质量最好。

六、世界最大的水晶集散地

东海水晶甲天下，世界水晶聚东海，东海县发展水晶行业有独特的地方优势。东海水晶行业经过多年的发展、成长，已形成了健全的网络体系。在全国，有水晶贸易的地方，就有东海人在经营水晶。经过几十年的艰苦努力，东海县已成为中国乃至世界的水晶集散中心。东海县有 30 万人从事水晶开采、加工和销售。东海县在国外采购水晶原石的人员超过 3000 人。正如百姓所讲，凡有水晶产出的地方，就有东海人的足迹。他们把世界各地的水晶采购回来，经过加工生产成为水晶饰品、工艺品再销售到世界各地。东海已成为世界最大的水晶集散地。2016 年 9 月，东海被评为“世界水晶之都”。

七、中国最专业的水晶博物馆

中国东海水晶博物馆是当前中国境内规模最大、等级最高、唯一以水晶为主题的专业性博物馆，位于东海县行政中心西侧、东海县牛山街道中华路与晶都大道交会处，濒临美丽的西双湖畔，属新城区的核心腹地，规划用地 52 万平方米，建筑面积 29 万平方米，总投资 3 亿元。主要建设内容为一栋单体综合性博物馆，建筑结构为框架结构，地下 1 层地上 5 层，地上 1 层至3层为水晶博物馆展厅，4层为历史博物馆展厅，5层为办公区，于2013年9月28日正式对外开放。截至2016年底，共接待国内外游客近160万人次。2015年1月，被中国工艺美术协会授予“中国水晶博物馆”荣誉称号。同年7月，被中国地质博物馆列为东海分馆。同年12月，获批国家4A级旅游景区。

八、世界最大的水晶城

世界上最大的水晶城是东海水晶城。中国东海水晶城始建于1992年，后经扩建，占地面积3万多平方米，建筑面积约5万平方米，设摊位3000多个，当时年交易额超过20亿元。2016年2月2日，东海新水晶城正式投入运营。新水晶城主体分为地下1层和地上4层，包括1、2、3号交易主馆、主入口广场、淘晶广场。可容纳8000家水晶商户，其中1号、2号馆5000余家，淘晶广场3400余家。至2016年底，1号、2号馆有3500家商户入驻，淘晶广场有3300余家商户入驻。据统计，2016年水晶城日均游客流量达到3万人次，国庆黄金周期间，游客接待量达到33万人次。2016年，新水晶城市场交易额100亿元。

九、东海聚集了行业最多的水晶人才

经过东海县政府多年培养及招引政策，东海目前培养了一大批本地的水晶雕刻名师，建立了水晶行业完善的人才培养体系。同时用极为优惠的政策吸引了全国各地的水晶雕刻大师，在东海安家落户、潜心创作，为水晶行业发展提供了强大的艺术支持。

东海水晶大集

说起东海水晶大集，那可是全国独一份以水晶为主要交易对象的集市。

吴师傅赶大集的次数已不可胜数，基本上只要有时间，就会去集市上去逛逛。从 2009 年至今，通过赶水晶大集，吴师傅学到了很多水晶收藏的知识，也在集市上吃过亏，买过假货。

水晶大集上鱼龙混杂，各种水晶货品都可以在大集上进行交易，天然水晶、优化处理水晶、合成水晶、熔炼水晶、玻璃水晶等，有原矿也有成品，有雕刻的毛货，也有精美的饰品，林林总总，是淘水晶和练习眼力的好地方。

记得刚开始在水晶博物馆工作的时候，我们常在集市收摊的时候，去水晶原矿交易的地方捡拾一些水晶小碎渣，这些小碎矿是卖原矿的老板在搬运水晶的时候，水晶原矿之间互相撞击碰掉下来的。这些小水晶碎渣，卖原矿的老板毫不在意，但是我却如获至宝，拿回去仔细观察水晶内部的晶体，观察天然棉裂的形态，用来划玻璃做硬度的小实验，感受天然水晶的外观和物理性质。

大集上人来人往，摊位挨着摊位，最开始逛大集的时候，没有经验。有一次，一不小心将一个摊位上的水晶踢飞了，这件水晶当即被碰撞出一个大缺口，幸好当时的老板很好说话，表示修一下还可以继续卖，基本不影响销售，因此只让我赔了一点加工费，这也是东海人朴实可爱的一点，很少遇到在集市上讹人的情况。当然，这也让我吸取了教训，在人挤人的集市上淘水晶时，首先要保证安全，不要碰坏别人的水晶。

还有一次，我在水晶集市上碰到了一件非常精美的绿幽灵水晶，里面的绿幽灵包裹体像龙卷风的外观，非常好看。我一问价，没想到还特别便宜，我内心狂喜，以为遇到一个不懂货的老板。这里要多说一句，水晶大集上的摊主，大多是农民出身，他们农忙时干农活，农闲时加工水晶，买卖水晶只看成本，而不懂水晶的艺术价值，因此常常把好水晶卖成白菜价。因此，我立即觉得是要捡漏了，赶忙付款将这个龙卷风绿幽灵买了下来，但是买完之后又感觉有点不对劲，因为天然的绿幽灵如果长得这么好看，断然不会卖得这么便宜。我拿在阳光下仔细观看，内部包裹体颜色自然，看不出有什么不对劲的地方。但是在底部，这件绿幽灵是半包裹，底部有一部分裸露，这个部分也有人为打孔，然后进行填充的可能。我越想越忐忑，狐疑不定，最终还是决定找摊主一问究竟。摊主倒也爽快，他说这就是人工做进去的，而我在购买之前，也没有问他真假。我要不问，他就不说，我要问，他就直说，这也是很多大集上老板交易的“潜规则”，当我得知这是一件人造的绿幽灵时，我当即表示这不是我要的水晶，摊主也爽快的给我退货了。

常赶水晶大集，就能淘到最新加工出来的水晶，当然也可以了解最新的水晶优化处理及造假的方法。关于水晶造假，一部分原因是商家追求商业利益，另一部分原因也是收藏水晶的人太过于追求完美。当人们认为“梅花以曲为美，直则无姿”的时候，梅花就不能自然生长了。人们对水晶有各种不合理的要求，如晶体完美、颜色鲜艳、大红大绿等，而自然界的水晶满足不了人们的要求，那商家为了迎合买家的需求，就只能不惜代价去优化和处理了。

所以，要想收藏到更多纯天然的水晶，就一定不能过于苛求水晶的完美。

介绍了这么多，一定有读者朋友们希望亲自逛一下水晶大集，这里给大家介绍一下各个水晶大集的特点。

经过东海水晶市场多年的发展，目前整个东海一共形成了四个水晶大集，其中新水晶市场大集、奔牛水晶大集、天成水晶大集位于县城内，曲阳水晶大集位于县城下面的村子里。

逢水晶大集的日子都有固定的地点、日期和规则，下面我们来具体介绍一下：

新水晶市场大集

新水晶市场大集逢集的地点位于东海水晶城北侧的淘晶广场，因为是从老水晶城搬迁过来，因此当地人习惯称之为“新水晶市场大集”，或“新水晶城大集”，以便与老水晶城区分。目前老水晶市场已经关闭。

东海水晶城淘晶广场

新水晶市场大集的逢集日期是农历有“四”和“九”的日子，比如农历初四、初九、十四、十九、二十四和二十九，每月这几个固定的日子，都进行水晶交易。

新水晶市场大集上的摊位最多，交易的水晶品种和款式最全，大集分为原矿区、球柱区、雕件景石区、水货区和手链区，内容最为丰富，品类最为齐全。也是外地淘晶的朋友们最值得赶的水晶大集。

新水晶市场大集水晶柱、水晶球和原矿区

奔牛水晶大集

奔牛水晶大集逢集的地点位于奔牛广场旁边的东海水晶国际珠宝城，因为集市围绕珠宝城设立摊位，因此当地人也称之为“珠宝城大集”，东海国际水晶珠宝城是东海目前第二大水晶交易市场，因此前来赶集的人也很多。

奔牛水晶大集上的钛晶吊坠

奔牛水晶大集逢集的日期是农历有“三”和“八”的日子，比如农历初三、初八、十三、十八、二十三和二十八，每月这几个固定的日子，都会在珠宝城边上进行水晶交易。

奔牛水晶大集对比新水晶市场大集，没有球和水晶柱，其他水晶品种都有，但是规模上也较新水晶市场大集要小一些。

天成水晶大集

天成水晶大集上交易的水晶原矿

天成水晶大集的逢集地点位于天成水晶大厦东侧，紧靠老水晶城和火车站，其规模较奔牛水晶大集又要小一些。

天成水晶大集的逢集日期是农历有“二”和“七”的日子，如农历初二、初七、十二、十七、二十二和二十七，每逢这些日子，人们就在这里摆摊进行水晶交易。

天成水晶大集的规模小，主要以原矿交易为主，并伴有零星的水晶雕刻品和水货吊坠等交易，整体规模很小。

曲阳水晶大集

曲阳水晶街

正在挑选收藏水晶原矿的人们

曲阳水晶大集位于曲阳赵庄东侧的曲阳水晶一条街，在这条街道上，人们主要进行水晶原矿的交易，这里附近几个村庄有众多去国外采购水晶原矿的老板，因此逐渐形成了专业的水晶原矿交易集市。

曲阳水晶大集的逢集日期是农历有“一”和“六”的日子，比如农历初一、初六、十一、十六、二十一和二十六，每逢每月这些日子，人们就带着水晶原矿来这进行交易。

在曲阳水晶大集上，基本没有成品，全部都是来自世界各地的水晶原矿，在这里，人们可以买到来自巴西的钛晶、白水晶，来自马达加斯加的粉晶，来自赞比亚的绿幽灵，来自中国云贵的水胆，等等，这里水晶原矿众多，大块小块均可尽情选择，是购买水晶原矿的好地方。

以上是东海 4 个水晶大集，每个大集都各有特色，每次去赶水晶大集，看到好看的水晶，吴师傅总是忍不住出手购买，因此常赶水晶大集的朋友笑言，赶水晶大集之前一定要做好预算，不然不知不觉就买了很多，直到掏光自己的钱包为止。

逛了这么多个水晶大集，吴师傅也积攒了几个在水晶大集上淘水晶的小经验：

一定要把整个大集先逛一遍再下手

如果在大集上看到一种以前没有见过的水晶，这个时候往往不要着急下手。一般情况下，水晶生意往往是多个人合伙来做，一个摊位上出现新品，就意味着至少有好几家会同时跟进，将整个大集都逛一遍，经过充分比价后再购买，往往更划算。不然，往往你这边刚买完，那边就出现了报价更便宜的水晶，让你扼腕叹息。

一定要选择多件目标，充分比较后再下手

如果将水晶进行“10 分制”打分的话，大集上大多数水晶可能只能打 6 分，有时候遇到一件能打 8 分的水晶，就会内心狂喜，忍不住下手。但往往我们的预算是有限的，买了一些水晶，就不能再买另一些水晶，所以下手之前一定要比较完所有的水晶，这样才能买完不后悔。

不懂水晶真假和价格就大胆地问

很多朋友担心自己是新手，逛水晶大集的时候会被宰，这其实大可不必，因为水晶大集上摊位众多，彼此之间竞争也很激烈。很多时候，摊主为了拉一个主顾，越是新手，往往让利空间越大。

另外，如果不会看水晶的真假，就大胆向摊主请教，咨询水晶材质的真假，是否能够出具珠宝玉石鉴定证书，是否能够保证纯天然正品。水晶大集上的摊主基本都会如实回答，因为这些摊位的老板都是固定摊位，不是流动打游击战的，答应是什么，就必须是什么，不然也会面临监管部门的监督和惩罚。

如果对水晶品质拿不准，也可以直接问摊主，卖水晶的老板们都会热情地解答。

总之，逛水晶大集，多逛多看，慢点下手，肯定会收获多多。当然，如果担心自己看中的水晶被别人抢先买走，也可以和摊主商量稍微预留，大多数摊主还是愿意预留的。

常识篇

水晶名称的变迁

古人云，石之美者为玉。这样对玉的定义，格局甚大，心胸甚广，兼容并蓄，英雄不问出处，美玉何论质地！

美丽的石头——水晶，古人称之为水玉、冰玉，如此而已，简单明了，有所见，即有所得。水玉，意谓似水之玉，唐代诗人温庭筠《题李处士幽居》写道："水玉簪头白角巾，瑶琴寂历拂轻尘。"

水玉一词最早频繁出现于《山海经》："又东三百里，曰堂庭之山……多水玉。""丹山出焉，东南流注于洛水，其中多水玉。""逐水出焉，北流注于渭，其中多水玉。"可见古人很早就发现水晶了。

司马相如《上林赋》曰："水玉磊砢。"描写了水晶的外观。水晶得名水玉，古人是看重"其莹如水，其坚如玉"的质地。

《山海经》中，水晶又被称作水碧："又南三百里，曰耿山，无草木，多水碧。"郭璞注："亦水玉类。"

也有人称水晶为玉瑛。

《符瑞图》载："美石似玉，水精谓之玉瑛也。"

意思是水晶这种美石，像玉一样，但是又比玉石清透，可以称为玉中精英。

水晶为何又称为水精？

《广雅》有巧解："水之精灵也。"水的精灵，这样的形容可谓精妙至极，返璞归真。

李时珍则说："莹洁晶光，如水之精英。"赞叹水晶为水的精华！

考察典籍，"水精"一名，最初见于佛书，后汉支曜翻译的《具光明定意经》说："其所行道，色如水精。"

后来，在安世高翻译的阿那邸化《七子经》中，水精被列为四大宝藏之一，支娄迦谶译成的无量清净《平等觉经》称，水精为七宝之一。

自此，佛家弟子确信，水晶会闪射神奇的灵光，可普度众生。于是水晶被尊崇为"菩萨石"。《谈苑》中说："嘉州峨眉山有菩萨石，形六棱而锐首，色莹而明澈，若泰山狼牙上饶水晶之类。"这里精确地指出了水晶原矿的外观特征，六棱带尖头，这是古人发现并记载的水晶矿，也证明水晶曾被称为菩萨石。

《庶物异名疏》中说：“水精出大秦国，一名黎难。”

结晶完整的水晶晶体，就如参差交错的马齿，所以人们又叫它“马牙石”。

先民们最早用它研磨成眼镜片，因而送它一个“眼镜石”的绰号。

水晶有通称，也有俗称。广州一带称水晶为晶玉，又名鱼脑冻，江苏东海县的老百姓发现水晶会“窜火苗”，于是给它起了个“放光石”的俗名。

从古至今，水晶的名称从冰玉、水玉、玉瑛、水精、菩萨石等相继变换，加上古时候水晶开采量小，更难被广泛佩戴和利用，因此导致今天很多人觉得水晶没有其他玉石历史悠久，实际上这也是一个误区。水晶以其晶莹剔透的质地和外观，得到玉瑛这样的高度评价，又被称为水的精灵，可见水晶的魅力。

在古代，水晶被当作玉石的一种，是玉中的精英。在现代，水晶也一直是玉石雕刻品种的一个热门品类。只是随着现代对宝玉石分类更加精细，人们才开始比较水晶与玉石的差异，但这种比较本身就是个伪命题。

水晶在中医上的应用

在中医药学家眼里，水晶是非常实用的名贵药材。

明代著名医学家李时珍在《本草纲目》中记载：水晶辛寒无毒，主治惊悸心热，还能治疗肺痈吐脓，嗽逆上气，益毛发、悦颜色。这段话是当前水晶市场里，各大水晶品牌最常引用的经典，表现水晶良好的保健功效。

古籍《博物要览》称“水晶性凉，能消眼火”，消除眼睛疲劳。这是水晶眼镜非常受欢迎的原因。

《神农本草经》药理研究认为，作为中医配方，水晶有兴奋中枢神经，镇静安神的作用，以及促进卵巢分泌机能。

《青囊秘方》《鸡峰普济方》《圣惠方》都认为水晶能益肺，止咳，利饮食。

《千金翼方》载有二方：“治风虚冷痹，诸阳不足及肾虚耳聋，益精保神。”一方是以白水晶 90 克，坩埚内火煅酒淬三次，入瓶中密封，勿泄气。每早温服一盅，以少饭压之。另一方是，白石英，磁石（火煅醋淬 5 次）各 150 克，绢袋盛之，浸一升酒中五六日。温服，将尽更添酒。

《简要济众方》载：治心脏不安，惊悸善忘，上膈风热化痰，以白水晶 30 克，朱砂 30 克同研为散，饭后每服 1.5 克，食后夜卧，金、银汤调下。治女子月经不调，乍多乍少，或前或后，时有腹痛，以成药紫水晶丸，饭前服，每服 2 丸。治痈肿，毒气，紫水晶火煅醋淬，研为末，生姜，米醋煎敷之。

《青囊秘方》载：治肾脏阳气衰微，津源不能上济与华池，频作渴者：白水晶 120 克，煎汤饮。或加枸杞子 60 克同煎。同书又载：治形寒饮冷，肺气冲逆，作咳作喘，或为啸呛或为冷怯：白水晶二两，日煎汤饮，一月平复。

《矿物本草》介绍，治腹坚胀满，世号石水：白石英 300 克，碎如大豆大，以瓷瓶盛，用好酒二斗浸，以泥重封瓶口。以马粪及糠火煮沸，以卯至午即住火。日可 3 度，暖 1 中盏饮之。

《鸡峰普济方》载有“白石英汤”，治肺虚少气，补虚羸，益肺，止咳，进饮食。

《圣惠方》还载有“白石英丸”，治五劳七伤，羸瘦，体热心烦，小便不利，夜多恍惚。

以上可见我国中医对水晶矿物利用的熟练程度，形成了治疗各种病症的具体方法，收录到典籍之中，请不要擅用，仅供水晶爱好者了解水晶知识。

小贴士

战国水晶杯和东海汉代水晶小佛像

水晶在古代的运用，从考古发现上，最少可以追溯到战国时期，1990 年 10 月杭州市半山镇石塘村出土一件水晶杯，敞口，平唇，斜直壁，圆底，圈足外撇。素面无纹，造型简洁，是迄今为止我国出土的早期水晶制品中最大的一件。2002 年列入禁止出国（境）展览的文物名单。

战国水晶杯

东海水晶文化的最早历史记录，当数 2000 年前海州汉代戴胜墓中出土的一座精雕细刻的水晶小佛像，还有两件水晶小饰品。水晶小佛像和孔望山摩崖造像一样证明了海上丝绸之路的存在和辉煌。考古界在地邻东海的扬州甘泉东汉墓中发现一个小巧的放大镜，这片圆形水晶凸镜，镶嵌在一个指环状的金圈内，能放大 5 倍。可见东海水晶进入科技和艺术领域曾有过的光辉。

水晶在疗愈上的应用

水晶在国内主要是被加工成各类饰品、艺术品或观赏石，但是在国外，则主要用于水晶疗愈。水晶疗愈中运用的水晶石有点像国内中医中的中草药，我们的中医会根据不同草药的药理，制作和搭配成不同的药方，进行各种疾病的治疗。同样，在国外，很多人使用特别的水晶进行精神和身体方面的疗愈。

这些特殊的水晶外观有不同的特征，因此也被赋予一个特别的名称，不同的疗愈水晶用途也不同。这些疗愈水晶原矿被运往国内后，往往被粗暴的加工和切割，但随着人们对疗愈水晶认知的加深，这些水晶的价值也逐渐被市场认可和接受。具体来说，这些疗愈水晶包括但不限于以下品种：

教堂水晶

教堂水晶，英文名为“Cathedral Lightbrary Crystal”，大教堂水晶就像是由许多房子所组成的水晶，每个部分都是一个独立晶体，同时与其他部分十分相似或完全一样。这些水晶房子就像是聚集在一起，彼此挨着，被一个较大的“母”水晶结合在一起。

由于许多可区辨的单尖体会融合成多种形状，因此教堂水晶的形状有时相当复杂。

在矿物学中，一个大晶体上有许多较小晶体连接且彼此交错，是由一种名为“双晶”（Twining）的现象所导致。就教堂水晶的情况而言，在水晶形成时，其内部结构产生一种双螺旋形旋转现象，国外认为它不仅能接收宇宙频率，也能接纳人类的思想。

通灵水晶

通灵水晶，英文名为“Channeling Crystal”，这种水晶的特征是原矿正面有一个很大的七边形面，而侧边会出现完整的小三角形。

在国外，人们认为七边形面代表着七项品质。组成七边形的每一条边代表一种美德，与其他 6 种美德相互平衡、和谐。这些美德是爱、知识、自由、显化（投射与创造的能力）、喜悦、和平与合一。当将这些美德整合进入一个人的存在时，接通真理的大门会打开，智慧于是奔流而出。

道氏水晶

道氏水晶，英文名为“Dow Crystal”，道氏水晶的外观特征是水晶尖端具有六个菱面，由三角形与七边形组成，显化了完美的几何形状。

在国外，人们认为道水晶结合了通灵水晶与传讯水晶的特质，使得道氏水晶可以用来表达最深刻的内在真实，也能用来接收、控制并投射设定好的讯息。组成道水晶尖端的菱面中，若非三角形就是七边形，而数字七正象征着个人向内在探索时，所能获得的无尽的内在真理，数字三则代表着三位一体，以及内在真理的表现与显化。

骨干水晶

骨干水晶，英文名为“Elestial Crystal”， 骨干水晶也被称为“鳄鱼水晶”，这是因为这种水晶原矿的表面很像鳄鱼的皮肤，粗糙嶙峋。

骨干水晶的外观特征是表面有许多蚀刻线层层堆叠，也可能有好几个尖端，或只有一个尖端，或根本没有尖端。外观和教堂水晶相似。

在国外，人们认为骨干水晶是为了协助支持地球目前正在发生的集体净化、疗愈与重新觉醒。它们拥有极大的力量，尤其是克服人类情绪的力量。它能同化地球上四大元素的生命力，以接受地球的滋养和照顾，尤其对那些不是这个地球土生土长的灵魂，可带来一种平衡与幸福的感受。骨干水晶会引领你至事物的核心，到达真理，来到本我基架的最底层。

伊希斯水晶

伊希斯水晶，英文名为“Isis Crystal”，其外观特征是有两对线条从底线上升起，最后交汇于一点处。

在国外，人们认为伊希斯水晶中蕴含着秘密，能借此将理解与抚慰的本质，传递到所有生命的试炼与磨难之中，帮助每个人走出情绪苦难的深谷。在交汇点上，五角形的结构成就了完美无缺的圆满，也展现出心智与情感在物质世界中取得平衡的可能性。

这种水晶下方的两条线，代表着生命中出现的冲突力量，这是为了让地球上的我们从经验中成长。它们牢牢地站在底线上，后者是物质领域的象征。上方交汇于一点的两条线，则告诉我们统合的秘密：当我们将自己内在对立的两面，结合为一个圆满的整体时，这时世界也将反映出统合的实相来。

寺庙水晶

寺庙水晶，英文名为“Devic Temple Crystal”，其外观特征通常是一个单一发电机，与其他水晶的区别是其晶体内部世界中的内含物，以及晶体表面上的刻痕。寺庙水晶的晶体可能会清楚展示进入的门户或通道，通过内部或尖端任何菱面有上升阶梯或线条的晶体。

在国外，人们认为寺庙水晶体现了纯粹魔法的元素，若经适当使用，便能提供一个通道，让天人得以经此进入物质界中，为生命提供洞见、智慧与祝福。寺庙水晶可作为个人神殿之用，在忙乱纷扰的现代生活中，可借由个人神殿的建立来召请天人降临。

时光隧道水晶

时光隧道水晶，英文名为“Time Link Crystal”， 时光隧道水晶时常被误认为窗子水晶，

这是因为这两种水晶外观相似，其区别在于，窗子水晶的晶体会有一个完美的钻石菱面，而时光隧道水晶中央则呈现长短边不相等的平行四边形。

在国外，人们认为时光隧道水晶具有独特且令人兴奋的专长：它就像是一座灵魂可以穿行的桥梁，让人能有意识地连接存在于其他时间与空间中的自我层面。

传讯水晶

传讯水晶，英文名为“Transmitter Crystal”，其外观特征是一个完美三角形位于水晶的正中央，三角形的两边是两个对称的七边形面。

在国外，人们认为水晶的七边形面，体现 7 种美德，分别是爱、知识、自由、显化、喜悦、和平和合一。 通过运用传讯水晶，可以让有意识的心智与宇宙智慧相连，并接收到个人与环境有关的特定资讯，或获得宇宙真理。

谭崔双映水晶

谭崔双映水晶英文名为“Tantric Twin Crystal”，其外观特征是水晶原矿共享一个基座，但尖端部分却是由两个独立个体所组成。尽管这两个尖端不见得一样高，但却拥有一对端点。

在国外，人们认为谭崔双映水晶拥有解开“合宜亲密关系”及与他人真正结合之秘密的钥匙。它的天然构造设计，能传达我们目前急需的“新方向”，以创造与自己及他人共享的关系。当谭崔双映水晶中的水晶光能进入人们的气场中之后，人们便有能力创造出联系关系的新形式。

窗子水晶

窗子水晶，英文为“Window Crystal”，其外观特征是水晶中心有一面是菱形窗子。

在国外，人们认为窗子水晶可以超越虚幻的身份，看见自我的本质。

地球保护者水晶

地球保护者水晶，英文名为“Earth Keeper Crystal”， 其外观特征是体积巨大，常常有一人之高。

在国外，人们认为地球守护者水晶经历了地球岁月的沧海桑田，储存了无数的生命经验，具体而坚实的陈述着生命、成长、演化与完美，令人无法忽视。其存在令人肃然起敬。而它的目的就是带领我们超越自己。

镭射水晶

镭射水晶，英文名为“Laser Crystal”，这种水晶最大的特征就是晶体棱线是破损弯曲的，晶体平面处通常只形成较小的棱角，然后逐渐扩大到底部，因而造成独特的曲线形。

在国外，镭射水晶，也叫镭射激光柱，被誉为“灵性手术刀”。它携带着远古列木利亚的神圣疗愈记忆，外观特征通常是又扁又平，末端呈一个小小的平面，晶体长而窄，但底部宽阔。使得能量在向上引导与射出时呈现出强烈而密集的镭射光。它通常被运用在精微能量体的手术之中，将能量导出并切断，是高阶水晶疗愈师必不可少的工具水晶。

以上 12 种疗愈水晶，经过多个世纪的发展，形成了广泛的受众和文化。

古诗中的水晶

古人歌咏水晶的诗词众多，吴师傅最喜欢引用的三首诗歌分别是屈原、李白和崔珏写的，恰好代表了水晶的功效、外观和观赏性。

先看屈原，他在《楚辞·九章·涉江》中写道：登昆仑兮食玉英，与天地兮同寿，与日月兮齐光。

古时富贵之人，锦衣玉食，现代有人翻译说，这是形容生活豪华奢侈。锦衣，自然是穿着锦做的衣服，玉食，其实是吃着玉作为食物。

有的朋友会有疑惑，屈原老先生这里说的是吃玉瑛，没有说吃水晶，和水晶有什么关系呢？

这里说明一下，我们古人对物品的命名，带有很大的经验主义，不同时期的人们对一件物品的命名都大有不同。玉瑛，就是玉中精英，是极好的玉。古人认为石之美者可谓玉，好看的石头都是玉，水晶就是好看石头中的精英，称为“玉瑛”。

屈原在这首诗里说，登上昆仑山服食水晶，希望与天地同寿，与日月同光。

这和大家心目中跳江的屈原形象非常不符，但是如果你阅读全诗的话，就会明白这是屈原说的气话，面对社会的黑暗而自己又无能为力，多想一走了之，修仙羽化，不再过问世间之事。

这也是中国传统读书人不满现实的选择之一，修仙避世，隐居终南。但是侧面说明，当时人们认为服食水晶，是有助于得道修仙的。

到了魏晋时期，当时的士人流行服用“五石散”，其中一石，也是水晶。

介绍完古人对水晶功效的看法，我们再来看看李白是如何描写水晶的。

玉阶怨

唐·李白

玉阶生白露，夜久侵罗袜。

却下水晶帘，玲珑望秋月。

在唐朝，水晶器皿已经出现，其中用水晶做珠帘，那是非常奢侈和精美的，大家想一下，月光如水，照射在晶莹剔透的水晶上，透过水晶帘看着秋天的月亮，影影绰绰，光影动人，这是一种多么醉人的美感。

在古代，水晶产量很低，流传下来的水晶古董更是稀少，但是我们依然能从古诗中，感受到古今相通的对水晶质感的喜爱。

如果说李白领略到了白水晶珠帘的美，那么还有一位唐代诗人，则是更资深的水晶收藏家，因为他的认知已经超越了纯色的水晶，有可能接触到了包裹体水晶，他在诗中这样写道：

水晶枕

唐·崔珏

千年积雪万年冰，掌上初擎力不胜。
南国旧知何处得，北方寒气此中凝。
黄昏转烛萤飞沼，白日褰帘水在簪。
蕲簟蜀琴相对好，裁诗乞与涤烦襟。

这里把水晶形容为千年积雪，万年老冰，握在手里冰凉，几乎拿不住了。问题是这水晶里，为什么有南国的风景也在里面呢，有可能是北方的寒冷之气将它们凝固其中，说明这是一块包裹体水晶。

这首诗，有的人将“旧知”理解为老朋友，但是古代文人大多热爱山水，寄情山水，包裹体水晶，尤其是幽灵水晶，恰如山水包裹在水晶之中，这也有可能是诗人的“旧知”，而且这些旧知是从哪里来的呢，是北方寒冷之气将他们冰封在水晶之中了。

水晶在古代就有千年冰的别名，人们误以为水晶是老冰千年不化，凝结而成，因此得到了这个诨名。

古人又有仁者乐山，智者乐水的说法，包裹体水晶山水交融，正可谓见仁见智，各有各的妙处，各有各人的喜欢。

除了这三首诗，还有一首诗让我印象深刻：

智达上人水精念珠歌

唐·欧阳詹

水已清，清中不易当其精。
精华极，何宜更复加磨拭。
良工磨拭成贯珠，泓澄洞澈看如无。
星辉月耀莫之逾，骇鸡照乘徒称殊。
上人念佛泛贞谛，一佛一珠以为计。
既指其珠当佛身，亦欲珠明佛像智。
咨董母，访朱公。
得之玓瓅群奇中，龙龛鹫岭长随躬。

朝自守持纤掌透，夜来月照红绦空。
穷川极陆难为宝，孰说砗磲将玛瑙。
连连寒溜下阴轩，荧荧泫露垂秋草。
皎晶晶，彰煌煌。
陆离电烻纷不常，凌眸晕目生光芒。
我来借问修行术，数日殷勤美兹物。
上人视日授微言，心静如斯即诸佛。

大家品一下，再品一下，这位诗人是多么崇拜那位智达上人，又是多么赞叹智达上人这件水晶佛珠，清透，圆润，天工，根本就是极品中的极品，晶莹剔透，有助修行，是法宝一样的存在。对水晶的赞赏，可谓是用尽华丽之词。

下面是一些古人描写水晶的诗词，供大家欣赏：

水晶帘不隔，云母扇韬铓。

——出自唐·杨巨源《和汴州令狐相公白菊》

头角未峥嵘，潜宫号水晶。

——出自宋·叶茵《琉璃砲灯中鱼》

粉薄涂云母，簪寒篸水晶。

——出自唐·吴融《个人三十韵》

明窗弄玉指，指甲如水晶。

——出自唐·晁采《子夜歌十八首》

弱蔓引修藤，垂旒泫水晶。

——出自宋·释文珦《蒲萄画》

融之岷不中，凛欲成水晶。

——出自宋·曾丰《取清苦廉正为韵课四古风呈漕使苏叔子》

又如倾水晶，一扫可数斛。

——出自宋·郑刚中《清明前三日将晚风雹大作枕上赋此》

千点红樱桃，一团黄水晶。

——出自南宋·文天祥《西瓜吟》

老不论圭瓒，寒於嚼水晶。

——出自南宋·方岳《次韵汪少卿赠别》

盘中水晶咸，井上梧桐叶。

——出自宋·楼璹《织图二十四首·窖茧》

地成银色界，门尽水晶帘。

——出自宋·强至《某近辱诸公光和前篇鄙思未已复自次元韵奉呈》

月明人竞往，踏破水晶街。

——出自宋·贺德英《赋雪》

拍拍水晶奁，皎皎珊瑚树。

——出自宋·陈允平《秦鸾曲》

唤醒蓬窗梦，身在水晶宫。

——出自宋·王炎《水调歌头》

初分马乳碧，聊别水晶寒。

——出自宋·李新《分蒲萄遗苏必强》

卷起水晶帘，明月清风我。

——出自宋·李用《题画·秋景》

潭潭水晶宫，滟滟赤金柱。

——出自宋·洪咨夔《大云寺同王翚父晚归》

鲛人机轴巧，织出水晶宫。

——出自宋·赵时韶《縠波》

日毂金钲赤，雪窦水晶寒。

——出自宋·程珌《水调歌头·日毂金钲赤》

将为水晶脍，聊悦苦吟口。

——出自宋·谢枋得《乞醢》

晴空行夜月，缓辔水晶宫。

——出自宋·邓肃《临江仙·春雪一瓯扶醉玉》

奉亲游宦喜，初向水晶宫。

——出自宋·徐玑《送赵状元赴湖州幕》

人间水晶域，万象梨花团。

——出自宋·释宝昙《中庭霜夜月明如昼效李长吉体》

波底水晶空，化出玉姮娥。

——出自宋·白玉蟾《白莲诗》

花开水晶瓶，叶排青琐窗。

——出自宋·许及之《白石榴》

茎抽银线细，根结水晶寒。

——出自宋·王辅《句》

徐浇白玉酿，笑折水晶莲。

——出自宋·朱翌《陪昆山邑游慧聚寺诗》

溪流水晶软，石栈云母粲。

——出自宋·王之道《四面山午饭澡雪尘土往太湖二首》

眼逢银色界，身落水晶宫。

——出自宋·曾丰《临安主人出冰块佐饮曾簿严宰同赋》

高低宝楼阁，盛之水晶盘。

——出自宋·洪咨夔《小雪前三日锺冠之约余侍老人行山舟发后洪入杜鹃自郑盖过阆山趋翔》

方随地脉转，稍觉水晶寒。

——出自唐·綦毋潜《茅山洞口》

天如琉璃钟，下覆水晶碗。

——出自宋·杨万里《四月十三日度鄱阳湖》

扶踈玉梵府，析薂水晶宫。

——出自宋·白玉蟾《寒碧》

天开银色界，人立水晶阙。

——出自宋·洪咨夔《和高续古省中雪》

晃晃银色界，滢滢水晶宫。

——出自宋·范成大《湖口望大孤》

不上广寒殿，便入水晶宫。

——出自宋·陈德武《水调歌头·莲衬凌波步》

故人应念我，折赠水晶球。

——出自宋·赵以夫《扬州慢·梁苑吟新》

恍若水晶溜，犹然宝鉴华。

——出自宋·赵良坡《雪水庵咏雪二十韵》

岂知水晶宫，阏藏神所司。

——出自宋·韩元吉《望灵山》

绿虚甘露结，红皱水晶圆。

——出自宋·郑刚中《幽趣十二首》

斜阳三百里，高甚水晶山。

——出自宋·徐照《信州水南》

王母阶前种几株，水晶帘内看如无。

——出自唐·于邺《白樱桃》

玉节金珂响似雷，水晶宫殿步裴回。

——出自唐·贯休《蜀王入大慈寺听讲》

凤凰池畔未归身，水晶宫里重游客。

——出自宋·毛滂《上湖宋余行老》

水晶帘箔云母扇，琉璃窗牖玳瑁床。

——出自唐·崔颢《邯郸宫人怨》

水晶帐开银烛明，风摇珠珮连云清。

——出自唐·嵩岳诸仙《嫁女诗》

行到下菰城畔望，水晶宫阙是湖州。

——出自宋·苏泂《苕溪杂兴四首》

湖外山光入座来，水晶宫阙翠屏开。

——出自宋·王之道《晚憩闻雷》

水晶楼阁奏金韵，翡翠帘栊振佩声。

——出自宋·唐士耻《凤山逸士周遇仙谣》

水晶宫畔西湖上，除却两邦无此清。

——出自宋·周必大《池阳四咏》

皓月殿中三度磬，水晶宫里一僧禅。

——出自唐·常建《题法院》

水晶宫名凡几区，此州绝景天下无。

——出自宋·王洋《已酉闰八月二十一日出南城游岘山壁间读东坡诗感而有作》

水晶阙冷禁城宽，兰櫂夷犹缓归去。

——出自宋·释居简《白蘋洲新楼曰溪山伟观》

广寒殿下银蟾飞，水晶宫中玉龙舞。

——出自宋·白玉蟾《三级泉》

奏罢六么花十八，水晶帘底赐金钱。

——出自宋·张枢《宫词十首》

黄色作桥通九霄，水晶为帘挂千尺。

——出自宋·留元崇《罗浮》

水晶帘动微风起，满架蔷薇一院香。

——出自唐·高骈《山亭夏日》

水晶宫开碧菡萏，金粟堆呼黄粟留。

——出自元·杨维桢《主之约诗，用宇文韵》

银色世界生梅花，水晶宫中明月华。

——出自宋·白玉蟾《赏梅感兴》

魏王绮楼十二重，水晶帘箔绣芙蓉。

——出自唐·崔颢《卢姬篇》

黄果玉焊春寸寸，水晶盐醋粟铢铢。

——出自宋·方岳《子鱼》

别有洞天三十六，水晶台殿冷层层。

——出自唐·章碣《对月》

琥珀盏红疑漏酒，水晶帘莹更通风。

——出自唐·刘禹锡《刘驸马水亭避暑》

弋水桥边接长官，水晶山色让清寒。

——出自宋·薛师石《送蒋肖韩赴弋阳》

水晶国里七宝山，别有天地非人间。

——出自元·杨维桢《寿岩老人歌》

水晶宫与人间相，把乞先生未点头。

——出自宋·刘克庄《病起窥园十绝》

水晶庭柱琉璃帐，客去同谁看月明。

——出自宋·无名氏《鹧鸪天·全似丹青揾染成》

闲读道书慵未起，水晶帘下看梳头。

——出自唐·元稹《离思五首》

紫玉乳圆秋结穗，水晶珠莹露凝浆。

——出自宋·张镃《鹧鸪天·咏二色葡萄》

坐看月从潮上出，水晶盘里夜明珠。

——出自宋·陶弼《潮月亭》

紫驼之峰出翠釜，水晶之盘行素鳞。

——出自唐·杜甫《丽人行》

鲞画园林春减色，水晶宫阙画添寒。

——出自宋·孔武仲《登涵晖亭》

水晶肉白縠皮红，色变香移味不同。

——出自宋·张无咎《句》

蓦地夜行见月影，水晶盘里走明珠。

——出自宋·白玉蟾《赠陈先生三首》

水晶宫闭月光铺，羯鼓声乾雨点粗。

——出自宋·宋白《宫词》

万斛跳珠撒一空，水晶光透影玲珑。

——出自宋·王阮《龟父国宾二周丈同游谷帘三首》

水晶帘外金波下，云母窗前银汉回。

——出自唐·沈佺期《古歌》

说到年华更羞怯，水晶帘下学箜篌。

——出自近代·苏曼殊《东居 三》

更忆瑶台逢此夜，水晶宫殿挹琼浆。

——出自唐·韩偓《洞庭玩月》

神鳌载弁青浮红，水晶宫阙神人宫。

——出自元·杨维桢《玄妙观重建玉皇殿诗》

月影殿开闻晓漏，水晶帘卷近秋河。

——出自唐·马逢《宫词二首》

胜地清无一点埃，水晶城裹小瑶台。

——出自宋·刘拯《涵晖阁》

一室虚明万境宽，水晶帘映下兰干。

——出自宋·缪鉴《月屋》

黄金台降中书敕，水晶宫请博士俸。

——出自宋·方回《闽中郑君炎南仲两魁乡赋比自霅教为昌化簿》

碧落承明公厌直，水晶宫阙更谁如。

——出自宋·李洪《和王侍郎中春即事》

霞衣葱佩来珊珊，水晶之宫绿玉盘。

——出自宋·林景熙《荷珠》

騕褭丝鞭归兴逸，水晶宫殿桂花香。

——出自宋·李思衍《妙高台》

要识香林家住处，水晶宫殿草离离。

——出自宋·释心月《偈颂一百五十首》

芝草本为人所上，水晶犹得气之偏。

——出自宋·曾丰《灵山》

水晶帘捲翡翠屏，何必蓬莱和阆苑。

——出自宋·白玉蟾《题诸葛绣香园》

水晶帘映宝灯明，海上移来不夜城。

——出自宋·程公许《元夕题灯龛四首》

云母屏开图画古，水晶帘挂洞门高。

——出自明·刘宗敏《咏黄山》

云母帐虚星采动，水晶宫冷露华凝。

——出自元·王逢《钱塘春感六首》

水晶盐是何人得，拜赐曾同御缥醪。

——出自宋·胡寅《和奇父叔夏雪五首》

并舞连歌意态新，水晶宫里向无尘。

——出自宋·韩元吉《以双莲戏韩子师》

白玉堂前绝世容，水晶帘薄透重重。

——出自宋·洪咨夔《次韵梅影》

不及吴江桥上望，水晶宫里揖嫦娥。

——出自宋·陈远《吴江太湖笠泽虹桥》

水晶不碍晴峰月，分付山灵夜莫收。

——出自宋·蔡必胜《玉泉瀑》

水晶世界琼梅阁，肯道人间不是仙。

——出自宋·许月卿《和子思弟韵寿母》

碧玉壶中丹叶舞，水晶宫里白云飞。

——出自宋·杨简《和陈大著追九日之集》

不假丹梯蹑霄汉，水晶盘冷桂花秋。

——出自唐·曲龙山仙《玩月诗》

展开咏雪六十字，水晶盘中明月珠。

——出自宋·田锡《酬陈处士咏雪歌》

月殿影开闻夜漏，水晶帘卷近秋河。

——出自唐·顾况《宫词五首·其二》

漫想故人行乐处，水晶宫里醉霞觞。

——出自宋·蔡戡《金坛灯市甚盛介卿见招不能往以诗谢之》

树影绕帘春尽静，水晶摇屋暮天寒。

——出自宋·吴芾《和陈泽民即事二首·其一》

绀色球儿让水晶，味甘如蜜冷如冰。

——出自宋·曾丰《值侯修学趣儒人稍急因遗莲花莲实西瓜于吾宗翔叔作诗以勉之三首》

月华网在蛛丝上，错认疏帘挂水晶。

——出自宋·赵汝腾《秋词》

晓上青原台上望，千门万户皆水晶。

——出自宋·杨万里《贺吉州李守腊雪》

宫殿钓帘看水晶，时当三伏炽炎蒸。

——出自宋·杨皇后《宫词》

西楼赏雪眼偏明，次第身疑在水晶。

——出自宋·邵雍《和商守登楼看雪》

花卑饤饾粲白英，不殊冰盘堆水晶。

——出自宋·沈与求《钱塘赋水母》

冷香入骨追琼液，秀色当筵莹水晶。

——出自宋·邓肃《从昭祖乞糖霜》

白蘯香细桂华清，彻底无痕漾水晶。

——出自宋·释绍昙《为月上人颂秋潭》

扶疏老蔓敷新叶，下盖累累紫水晶。

——出自宋·郑刚中《王能甫作葡萄一枝於圆扇之上戏作小诗报之》

下瞰寒溪凝水晶，孺子相呼同濯缨。

——出自宋·邓肃《遣兴》

玉殿重帘卷水晶，椒花柏叶圣人清。

——出自宋·毛滂《春词》

湘妃雨后来池看，碧玉盘中弄水晶。

——出自唐·郭震《莲花》

手持一枚寒水晶，十指击戛如玉鸣。

——出自宋·白玉蟾《赠琴客陆元章》

涧水流如活水晶，道傍一语唤人醒。

——出自宋·张镃《车中闻人说磎涧如水晶色口占一绝》

龙君雅欲助奇观，故把银瓶泻水晶。

——出自宋·郑国辅《瀑布》

树影参差斜入檐，风动玲珑水晶箔。

——出自唐·邵楚苌《题马侍中燧木香亭》

如何更费公搜索，缄送松煤与水晶。

——出自宋·刘克庄《东涧为余序后稿余以国帖唐碑古壶润笔反成□桃抛引小诗谢之》

三十馀年吟冷语，今年吟到水晶宫。

——出自宋·苏泂《热》

欲倩李牟携铁笛，月明度曲水晶宫。

——出自清·乾隆《烟雨楼用韩子祁诗韵》

出户忽看春雪下，六宫齐卷水晶帘。

——出自唐·和凝《宫词百首》

江城如在水晶宫，百粤三吴一苇通。

——出自宋·陈傅良《汪守三以诗来次韵酬之》

黄金双阙水晶宫，滟滟银潢贯碧空。

——出自宋·滕宗谅《月》

唤起睡龙行一雨，病身移入水晶宫。

——出自宋·舒邦佐《秋暑极炽而雨作凉气翛然》

除却金焦相伯仲，其他无此水晶宫。

——出自宋·黄敏求《游落星寺》

疑是玉姝离洞户，故垂千尺水晶帘。

——出自宋·郭印《清水舖瀑布》

好问素娥多折取，莫教闲占水晶宫。

——出自宋·李覯《宗人宅折桂堂》

一夜碧澜堂上坐，直疑身在水晶宫。

——出自宋·张逸《句》

旗影静移云母帐，剑铓微掣水晶营。

——出自宋·吴潜《邑令招讲上元故事与簿尉同赋二首其一》

山径晚陪琼玉佩，讼堂夜醉水晶帘。

——出自宋·程公许《邑令招讲上元故事与簿尉同赋二首》

殿阁园林都莹彻，云河不是水晶宫。

——出自宋·王仲修《宫词》

绛纱穿露水晶圆，笑杀荷花守红死。

——出自宋·汪元量《锦城秋暮海棠》

一节清如金掌露，十分明似水晶笼。

——出自宋·姚勉《奉饯万安赞府兄长之官》

公子喜陪苍玉佩，佳人笑指水晶球。

——出自宋·徐瑞《次韵仲退元日》

有念尽为烦恼相，无私方称水晶宫。

——出自唐·贯休《山居诗二十四首》

乌啄冰潭玉镜开，风敲檐溜水晶折。

——出自唐·无名氏《白雪歌》

白石砌成珠子径，黄茅里却水晶宫。

——出自宋·杨万里《留题筠庵以茅盖层出如蓑衣然》

清晖深射水晶宫，虚明澄澈蛟龙窟。

——出自宋·缪烈《狮子岩》

鴈穿银色界中去，人到水晶宫里回。

——出自宋·杨万里《雪中登净远亭四首》

云雾浅深山变态，风烟舒卷水晶光。

——出自宋·赵企《宿普圆寺二首》

主人夙有视仙骨，合住水晶天上宫。

——出自宋·刘过《寄湖州赵侍郎》

十分人鲊瓮头月，一片水晶宫裹秋。

——出自宋·洪咨夔《中秋秭归岸下》

疏帘不卷水晶寒，小屏半掩琉璃翠。

——出自宋·刘敞《踏莎行·蜡炬高高》

众苦不来寒暑尽，铁昆仑卧水晶宫。

——出自宋·释坚璧《偈颂二十一首》

含元殿上水晶宫，分明指出神仙窟。

——出自唐·钟离权《赠吕洞宾》

何必水边看丽人，何必水晶行素鳞。

——出自宋·方回《与孟能静饮联句复和三首》

三面俱江一面湖，古今画作水晶图。

——出自宋·白玉蟾《呈沈同知》

明日定知广寒殿，姮娥失却水晶梳。

——出自宋·白玉蟾《冬夕酌月三首》

鹿胎冠子水晶簪，长啸欹眠紫桂阴。

——出自唐·褚载《句》

琥珀盏中云母钟，琉璃光射水晶宫。

——出自宋·黄彦辉《元宵词二首》

蕊宫夜凉张署晏，仙姝散花水晶殿。

——出自元·孙华孙《池中白莲》

若是晓珠明又定，一生长对水晶盘。

——出自唐·李商隐《碧城三首》

又似瑶池乐棚下，鬼工遗落水晶藤。

——出自宋·曾丰《义宁产纯菜中秋大熟副以六绝送杨伯子》

初出海张红锦扇，到中天挂水晶球。

——出自宋·汪莘《中秋月五首》

请君拂去水晶尘，瀹茗一了抚然作。

——出自宋·白玉蟾《赠蓬壶丁高士琴》

借问玉皇香案吏，蓬莱何似水晶宫。

——出自宋·滕宗谅《寄会稽范希文》

三月不曾知笋蕨，梦魂敢到水晶鳞。

——出自宋·洪咨夔《晚食》

宾朋恣食水晶颗，残膏賸馥沾群儿。

——出自宋·袁燮《和李左藏荔支》

尘滓此时无一点，恍疑身在水晶宫。

——出自宋·喻良能《既游东山乘月登舟至曹娥江》

鹦鹉洲边家十万，晓来都在水晶宫。

——出自宋·阳枋《鄂渚大雪》

绉红纱护水晶团，驿骑飞来露未乾。

——出自宋·叶茵《荔枝》

水从陂上泻涧底，椎碎水晶声满耳。

——出自宋·杨万里《南溪细陂》

终夕玉堂魂梦冷，蜀江声绕水晶宫。

——出自宋·范祖禹《夜直闻御沟声》

珍珠帘卷水晶辍，不有铅华施紫绵。

——出自宋·韩晓《崇仁县后白莲花》

疑是老僧休念诵，腕前推下水晶珠。

——出自唐·李白《白胡桃》

绝忆水晶帘下立，手抛蝉翼助新妆。

——出自清·黄景仁《绮怀十六首》

婵娟醉眠水晶殿，老蟾不守余花落。

——出自宋·毛滂《对岩桂一首寄曹使君》

鼻观浮香谁领会，嫦娥夜泊水晶宫。

——出自宋·李石《扇子诗》

冰棹风船雪满篷，诗人醉卧水晶宫。

——出自宋·杨万里《明发青泥冲雪刺船三首》

百尺玉楼帘半卷，夜深人在水晶宫。

——出自宋·徐氏《诗一首》

琉璃庭釦水晶栏，宝树婆娑玉斧闲。

——出自宋·洪咨夔《续梦》

皎洁圆明内外通，清光似照水晶宫。

——出自唐·薛涛《十离诗·珠离掌》

清人如玉如兰荃，元是水晶宫裹仙。

——出自宋·郑侠《赠余纯臣通判》

半似一条琼玉带，合成五色水晶桥。

——出自宋·郑清之《虹出》

一似碧渊水晶宫，储得珍稀与奇宝。

——出自清·仓央嘉措《情诗其二》

满目尽成金色界，胜游宁羡水晶宫。

——出自宋·章才邵《进月堂》

禁署装成宝缨络，冰盘翦出水晶盐。

——出自宋·胡铨《禁直赐果》

体制先天太极图，灯笼真是水晶无。

——出自叶茵《琉璃砲灯》

宝藏如山席六宗，楼船千叠水晶宫。

——出自南宋·文天祥《哭崖山》

罢执霓旌上醮坛，慢妆娇树水晶盘。

——出自唐·李商隐《天平公座中呈令狐令公时蔡京在坐京曾为僧徒故有第五句》

人在画楼高处立，鹭鸶飞入水晶宫。

——出自宋·王镃《吴江旅思》

频向水晶帘外立，泉声那更杂溪声。

——出自宋·某子发《锦石岩》

是处皆为群玉府，谁家不似水晶宫。

——出自宋·方回《汉臣明府与公度使君话吾州山水之胜有诗次韵二首》

一夜清寒风结冻，分明身在水晶宫。

——出自宋·杨公远《冰梅》

手持奈此水晶粒，地积更诧云锦裳。

——出自宋·刘学箕《歊庭自三山送荔枝分韵得缃字》

日高慵卷水晶帘，犹带春醪红玉困。

——出自宋·苏轼《木兰花令》

生长元从琼玉圃，安排合在水晶宫。

——出自宋·张道洽《梅花》

神仙深入水晶宫，时饮醍醐清更醲。

——出自唐·吕岩《窑头坯歌》

风月平分古治中，挂帆直指水晶宫。

——出自宋·刘宰《送张晋望倅湖州》

溪上玉楼楼上月，清光合作水晶宫。

——出自唐·杨汉公《明月楼》

百千灯射水晶帘，尚觉游人意未厌。

——出自宋·韩驹《次韵馆中上元游葆真宫观灯》

九天飞坠水晶垂，不着人间一点埃。

——出自宋·留筠《水帘洞》

老夫却把水晶环，熔作南溪一溪水。

——出自宋·杨万里《南溪细陂》

翠滚玻璃万顷秋，长江又挂水晶球。

——出自宋·吴龙翰《浙江姚楼观水月》

路从琼液山前过，人在水晶宫上行。

——出自宋·吴珩《千顷山》

三十六鳞朝夜月，玉钗人在水晶宫。

——出自宋·周弼《女坟湖》

莫道洞深无兴会，莲花朵朵水晶台。

——出自宋·陈著《筠溪八景诗·设僧龙湫》

黟江新样水晶球，冰雪肌香体更柔。

——出自宋·韩元吉《去岁得黟江县牡丹数种今年开一枝盖白者谱中所谓水晶球也》

甘露落来鸡子大，晓风冻作水晶团。

——出自宋·杨万里《走笔谢吉守赵判院分饷三山生荔子》

昨夜赏花人酒醉，月中错认水晶杯。

——出自宋·王闰《白牡丹》

记取上元灯火夜，道人犹在水晶宫。

——出自宋·苏轼《欲往湖州，见孙莘老，别公辅、希元、彦远、醇之、穆仲》

瓜削水晶莲剖珠，象箸犀盘盛陈列。

——出自宋·黄庚《白酒歌为岩翁赋》

楼上美人相倚看，红妆透出水晶帘。

——出自唐·马逢《宫词二首》

不道独清冰氏子，炎天玉立水晶宫。

——出自宋·方岳《观荷》

鬓发未饶青箬笠，素鳞行簇水晶盘。

——出自宋·赵磻老《浣溪沙》

素娥懒驾水晶轮，此夕飞来夜欲分。

——出自宋·赵孟坚《送客》

种成满架日蕃衍，清似水晶甘若饴。

——出自宋·吴芾《王若夫谓水晶蒲萄本出其家求诗》

透骨洗清烟火气，满腔顿着水晶宫。

——出自宋·方岳《餐雪辘轳体》

仿佛层城鳌背上，万家帘幕水晶宫。

——出自宋·林景熙《舟次吴兴二首》

三十六窗明月夜，姮娥浑在水晶宫。

——出自宋·王珪《宫词》

客到但知留一醉，盘中只有水晶盐。

——出自唐·李白《题东谿公幽居》

洞以乳名云液涌，泉纡石出水晶寒。

——出自宋·谢逵《淳佑甲辰三月中浣奉诏经略同客张景东冯云从男公阐公阊游乳洞纪事》

漱泉枕石闲终日，满口水晶寒嚼瓜。

——出自宋·赵希逢《暑》

一团荡漾水晶盘，四畔青天作护阑。

——出自南宋·文天祥《出海》

湖山奔辏黛眉攒，湖水晶荧镜面寒。

——出自宋·王阮《寄范石湖五首》

中有高人倚空阔，绝疑不随水晶盘。

——出自宋·陈郁《秋潭为吴仲益赋》

昨夜云生拜初月，万年甘露水晶盘。

——出自唐·王昌龄《甘泉歌》

泉响风摇苍玉佩，月高云插水晶梳。

——出自北宋·黄庭坚《观化十五首》

涧石萦纡紫竹丛，晴云吹落水晶宫。

——出自元·邓文原《三月晦游道场山宿清公房与成父同行二首》

万境沉沉夜气严，广寒初下水晶帘。

——出自宋·王之道《和张文纪咏雪二首》

上岩拖下水晶帘，下岩击碎瑠璩派。

——出自宋·邓朴《舫斋》

地有仙家云母石，天然上界水晶宫。

——出自宋·李昴英《峡山全清阁》

涧底春冰偶不融，风前凝作水晶宫。

——出自宋·罗椅《寄危骊塘赠心古鉴二首》

马乳从他堆满盘，未如清嚼水晶寒。

——出自宋·楼钥《潚自剡川寄水晶蒲萄》

始觉舟移杨柳岸，直疑身到水晶宫。

——出自宋·卫泾《游溵湖》

秋吹动摇神女佩，月珠敲击水晶盘。

——出自唐·李绅《悲善才》

飐金排玉水晶宫，鸾佩霓襦笑相遇。

——出自宋·陈宗远《梦游月宫》

外面周遭苍玉笋，虚空幻出水晶楼。

——出自宋·杨万里《益公新作三层百尺新楼，署曰围山观，贺以唐律二章》

一夜雪寒重整过，碧琉璃瓦水晶钉。

——出自宋·方岳《雪后草亭》

国外如何看待水晶

水晶在国外很早就受到了人们追捧，他们将水晶与祭祀、神秘能量和养生等结合在一起，形成了自己特殊的水晶文化。

在古埃及，水晶是宗教祭祀的礼器和贵族身份的象征，古埃及的祭司，通常会在死者的额头上放置一块小水晶，希望借此让死者环视死后的世界。

紫水晶被古埃及人用作宝石，在古代大量用于雕刻凹版宝石。

希腊人认为紫水晶可以预防醉酒，而中世纪的欧洲士兵则穿着紫水晶护身符作为战斗中的保护品，因为他们相信紫水晶可以治愈人们并保持冷静。

英国国教主教佩戴主教戒指，通常镶有紫水晶。

吉卜赛人善于使用水晶球进行占卜，预测未知的世界，也有很多占卜师善于通过水晶灵摆来判断事物发展走向。

日本人将水晶制作成佛像，当作神佛来祭拜，现代的日本人喜欢将一块水晶放在贴身衣物里，认为这样做可以带来好运。

中世纪的欧洲，水晶比钻石还贵，拉斐尔在 1515 年创作的《披纱巾的少女》这幅作品里，里面的女主人公佩戴的就是黄水晶项链。

即使是现在的非洲，很多部落仍然保存着很多的古代色彩。在加纳酋长会客时，要戴上水晶一类材质的项链，胸前垂着一个金质三角，以示尊重。在肯尼亚，少女们脖子上缠绕着沉甸甸的水晶粒珠项链，长达几十圈，满满地堆在脖子上，她们认为这是一种表现美丽的方式。坦桑尼亚的马赛人，女子将彩色的水晶串珠拼成两三寸宽有各种花纹的扁平项圈，由大到小，一层层套在脖子上，年龄越大，层数越多，脖子全被箍住，肩膀也被铺满。扎伊尔的巴库图族妇女，颈上佩戴一串又一串的彩色水晶串珠项链，而男子则在脖子上系上一串锐利的豹牙，豹牙的大小和多寡表示他猎取豹子的头数，即象征无畏与力量。

在古希腊，妇女们除了用嵌有水晶、美玉或彩陶珠的项饰外，似乎不大爱用复杂的项链，这是因为古希腊人崇拜人体的自然美，而不愿意用其他东西来装饰自己。

14 世纪，袒露胸部的女服开始流行起来，水晶项链的地位就变得惹人注目了。

15 世纪，水晶项链开始变得更大更长，这是因为当时妇女的裙子很长，袖子也很长，为了和衣裙的长度相协调，项链也自然变长了。

16 世纪，可称为水晶项链的黄金时代，当时英国的伊丽莎白女王佩戴好几串水晶项链，长长短短、大圈小圈地交叉围绕在胸前，构成了美丽的图案，最长的一直到腰际。

18 世纪，可以把水晶磨成各种形状的多面体，水晶项链就成了高贵华美的贵妇人项饰。另外，当时还流行一种用黑天鹅制成的饰带，下边挂上十字架、勋章或水晶坠子。

在印度许多地方，水晶项链不仅具有装饰意味，更多地则作为仪式和风俗的象征，女儿完婚后，父母常常会给她戴上一条亮晶晶的水晶项链，只要小两口不分离，女儿就要佩戴终身。

另外，国外还有很多水晶方面的传说，如亚特兰蒂斯失落的文明，由此又形成了一整套的水晶疗愈及神秘学文化。

白幽灵银山包裹体水晶《达摩悟道》

加工篇

常见的水晶加工款式

很多朋友刚接触水晶这个行业，对这个行业还不算太了解。下面给大家介绍一下，当前水晶行业拥有多少水晶矿，用它们做什么，能够为这个行业带来多少可利用的产品，以及这些产品的目标客户和市场需求怎么样。

现代意义上的水晶行业发展历史其实并不长。新中国成立以前，水晶探测和开采条件有限，水晶原矿出产很少，且主要是制作水晶眼镜、水晶印章和水晶器物等供达官显贵使用。

新中国成立之后，国家在江苏东海设立了 105 矿等国营单位，专门进行水晶原矿的开采和收购。开采出来的水晶主要用于生产军事光学器材等，很少投入民用。改革开放以后，市场经济蓬勃发展，水晶饰品加工开始出现，市场出现了巨大的原矿缺口。

但是，水晶主产区江苏东海的水晶原矿被专家判定为鸡窝矿。所谓鸡窝矿，就是水晶原矿不像煤炭等矿产，可以采用机械化方式开采。鸡窝矿是一个形象生动的比喻，说明东海的水晶矿像母鸡下蛋一样，东一窝，西一窝，虽然储存量很大，但是开采比较困难。

水晶矿拥有极大的经济价值，本地老百姓非常热衷寻找和挖掘水晶矿。起初，老百姓在田间地头耕种、挖渠、劳作的时候就可以捡到水晶矿。后来则需要在特定的地点进行深度挖掘。一些老人回忆说，遇到蕴含水晶的石龙，就可以找到水晶矿石。但是石龙经常断断续续，在寻矿挖掘过程中，给本地的耕地、道路、河流、桥梁，甚至房屋都造成了极大的危害。因此，1990 年后，政府发文明令禁止开采。

一边是强劲的市场需求，一边是政府禁止开采。水晶行业面临“巧妇难为无米之炊”的困境。最先尝到水晶行业甜头的东海人，面临着没有原料加工的局面。也是在这个时候，很多商家大量使用玻璃冒充水晶。鼎盛时期，甚至连啤酒瓶底都供不应求。

好在天无绝人之路，有东海人偶然间听从非洲回来的人说，赞比亚、坦桑尼亚等国有很多水晶，当地人不把水晶当作好东西，甚至直接用来铺路。东海人一听，立马就来兴趣了，当即就有一批人前往海外淘水晶，以解国内强劲的水晶加工燃眉之急。

很多年后，东海县水晶商会秘书长周毅动情地说：“截至今天，在世界各地采贩水晶原石的东海人有上千人，他们当中有的被枪抵过脑袋，有的遭过抢劫或得上怪病……”

东海人冒着巨大的风险为水晶行业寻找出路。

今天，全世界的水晶，隔三岔五就有货柜通过海运的方式运抵国内。丰富的水晶品种如发晶、绿幽灵、紫水晶等，不断充实着水晶加工的原料供应。

很多新发现的水晶，如以马达加斯加为代表的粉晶，带有浓重的地理标志产品特色，开始在市场上广泛的售卖，它们被冠以马粉、莫粉等称号，成为优质水晶的代名词。

而江苏东海，已然发展成为世界水晶的集散中心，源源不断的水晶原矿运抵国内，加工成成品，再销售到世界各地，让东海成为“中国水晶之乡”和“世界水晶之都”。

从马达加斯加运抵的水晶原矿

目前，水晶行业加工生产的各种水晶品种，从世界各国源源不断的进口。

水晶原矿都是宝，虽然水晶原矿的产量、体积、品质不同，但它们都有不同的用途。正所谓“天生我才必有用”，每一种水晶原矿，都可以被深度加工和使用，成为人们需要的饰品和工艺品。

莫桑比克粉晶原矿

水晶原矿，根据纯净度来划分，最低等的被称为石英，石英是晶体完全不透明的二氧化硅，成分和水晶是一致的。但是因为完全没有透明的晶体，因此只能作为装修材料，或提炼硅粉。

带有晶体或鲜艳颜色的水晶原矿，都有加工利用的价值。

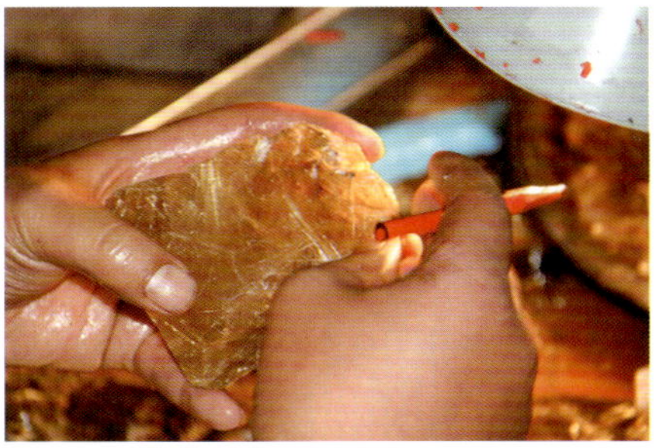

正在准备切割的钛晶原矿

珠料，顾名思义，是用来切割打磨水晶珠子的。能够成为珠料的基本条件是必须满足有晶体或有颜色，二者满足其一即可。但不是每一块有晶体或有颜色的原矿，都会被用来切割打磨珠子。

水晶加工的潜规则是“保重”，就是保证一块原矿加工后的重量，越大越好。这样说明利用率高。大的原矿不会故意切割成小的，这叫大材小用，加工大忌。同时，大的原矿因为产量较少，成本也会比小的珠料高很多。

尺寸较小的绿幽灵原矿珠料

用大料做小珠子，就是拿将军当士兵，是一种亏本的做法。

加工水晶珠子的工序很多，切割、打磨、倒角、抛光、打孔、分拣等，是一项非常专业的工作，也是当前最为主流的水晶加工方式之一。

切珠子的具体加工过程如下：

第 1 步：选料

选料就是将适合切珠的水晶原矿选出来，交给切料的工人进行切割打磨。

第 2 步：切料

切料就是将选好的水晶原矿切割成小方块，加工不同尺寸的水晶珠子，切割的小方块也不同。

第 3 步：倒角

水晶小方块切割好后，放入机器进行打磨，倒角。

第 4 步：滚圆

这些珠子还需要继续滚圆，直到水晶珠子珠圆玉润即可。

第 5 步：打磨

经过多次打磨倒角，这些珠子已经非常圆润了。

第 6 步：点孔

给珠子标上打孔的位置，准备进行打孔。

第 7 步：打孔

珠子打好孔后，将水晶珠子抛光，然后进行品质分级，最后准备串制手链。

第 8 步：串珠

不同级别的水晶珠子串成手链后，即可面市出售。

这是串好的粉晶水晶手链，珠圆玉润，品质很好。

吊坠料

做吊坠的起码要求是尺寸，这个尺寸要大于珠料。水晶珠子一般制作的尺寸是2—20毫米，吊坠料一般是20—60毫米，这个尺寸加工吊坠正合适。吊坠料一般品质要高于珠料，因为吊坠会被客户仔细端详，因此不能出现明显瑕疵。

同时吊坠料按个作为成品出售，溢价率也高于珠料。

加工水晶吊坠，往往是切割打磨为几何造型，如水滴形、无事牌、灵摆等。加工难度较低，也是当前主要的水晶加工款式之一。

黄水晶吊坠料

彩色幽灵水晶吊坠料

水晶观赏石吊坠料

做吊坠的第一道工序－切割

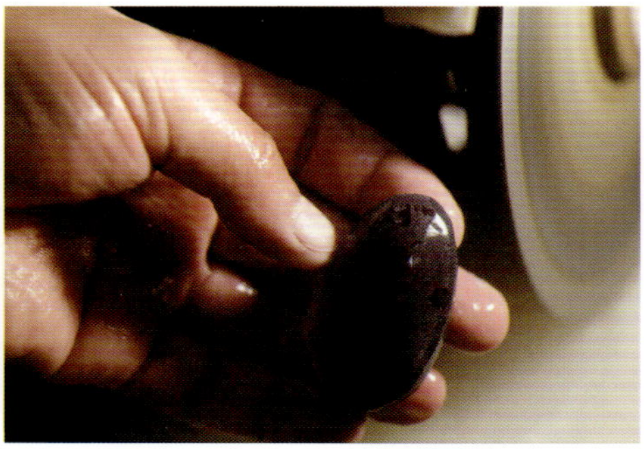

做吊坠的第二道工序－打磨

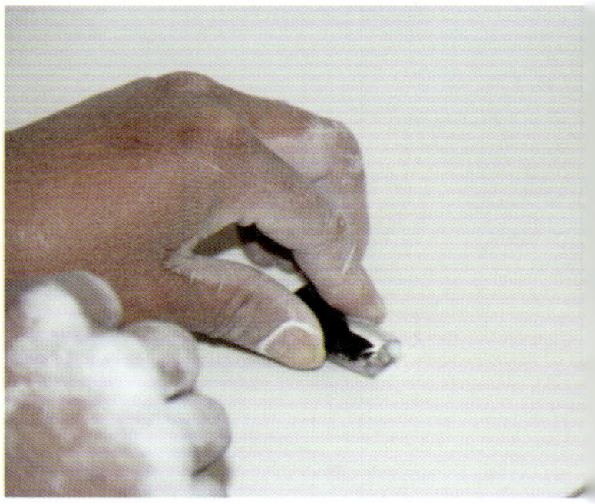

做吊坠的第三道工序－抛光

雕刻料

雕刻料是水晶原矿中的精品之一，其中雕刻又分为雕刻大件和小件，大件就是大摆件，小件往往是雕刻的吊坠和把玩件、印章等，水晶雕刻是水晶加工技术难度最高的，也是最能彰显水晶材质与人文艺术之美的。雕刻料是水晶雕刻的基础，材质好，雕刻出的水晶自然容易出效果。因此，一块晶体好，颜色好，尺寸够大的水晶雕刻料是每一个水晶雕刻师梦寐以求的。

水晶雕刻流派众多，比较有名的有京派宫廷风格、海派、苏工、河南工、福建工、瑞丽工等，不同流派的雕刻师创作水晶佛造像、俏色、人物、动物、花鸟等雕刻题材。水晶雕刻和玉雕文化一脉相承，都讲究“图必有意，意必吉祥”的创作理念，而水晶雕刻区别于其他材质雕刻，讲究“七分天然，三分人工”，多度进行水晶雕刻，则匠气太重，失去水晶的美感与灵性。

精品的水晶雕刻作品，往往给人以美的享受。

茶体金发晶水晶《菩提心》

手镯料

手镯是人们最喜爱的水晶产品款式之一。

一块原料如何恰好够出一个水晶手镯？尺寸一般在 7—40 厘米，拥有较好的晶体和颜色，则会被用于加工水晶手镯。水晶手镯溢价能力较强，也是最常见的水晶加工款式之一。

水晶手镯晶莹剔透，造型优美，尽显腕间风情。对水晶原矿的品质要求高，精品水晶手镯存量稀少，市场价值极高。

白水晶手镯成品

戒面料

戒面料是水晶原矿中品质顶级的，纯净度达到最干净，颜色达到最鲜艳，可谓是“寸土寸金”。戒面料一般搭配贵金属进行镶嵌，加工定制成精品的水晶饰品。

戒面料不一定都是做小戒面，也包含加工各种水晶切面的款式，如吊坠、球等。因工作工序相似，因此归入戒面加工领域。

紫水晶戒面料

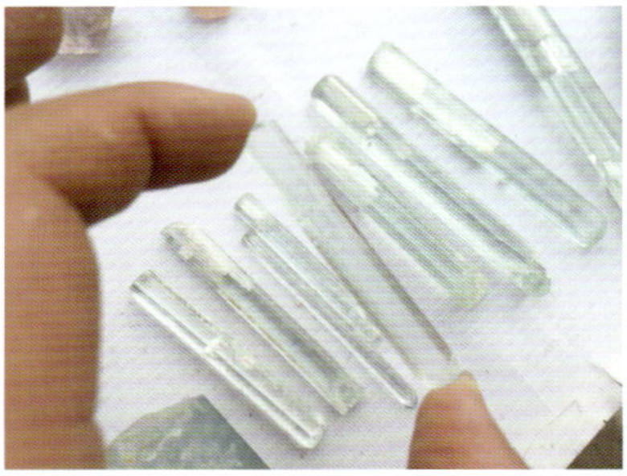
海蓝宝戒面料

加工好的黄水晶裸石戒面

原矿 & 晶洞 & 标本

有些原矿外观好看，切割打磨是一种浪费。还有的原矿品质较差，没有加工利用的价值，因此直接当作水晶标本或观赏石进行出售。无论是哪一种，都组成了今天原矿晶洞和标本市场的一部分。

这类水晶无须深入加工，保留自然风貌就是它们最大的特色，往往只需简单切割即可作为成品出售，水晶原矿在国外最为流行，作为水晶疗愈的矿物使用。国内常常和风水结合以找到卖点。

天然白水晶矿物标本

球 & 柱 & 心形等原料

球料为最广泛加工的水晶款式之一，做球就是做大号的珠子，好料子做球，成为硬通货，差料子做球，也容易走量，很多水晶做珠子，做吊坠，品质成色都达不到，因此经常切割打磨成水晶柱、水晶心等，再深入加工成其他产品。

水晶球、水晶柱、水晶心等产品外贸需求巨大，常面向欧美市场。

各种水晶款式的加工，以及水晶原矿的开采都会产生大量的边角料。这些边角料无法再切珠或雕刻，但是也有利用价值，一般是经过破碎和倒角，加工成水晶碎石，水晶碎石再加工成各种水晶工艺品。

海蓝宝柱料

白水晶柱料

茶晶球料

白水晶球料

天然白水晶球成品

结语

全世界数十种水晶原矿源源不断进入国内，为各种水晶款式的加工提供了丰富的可能和想象空间。从传统的工厂到客户加工模式，近些年逐渐流行私人定制模式。越来越多的水晶原矿和加工技艺的提升，为水晶销售提供了坚实的基础。

绿幽灵雕刻作品《悟道》

收藏篇

如何收藏白水晶

如何购买白水晶

白水晶在当前水晶市场，产量最大，产品款式最为丰富多样，具备极强的产品开发性，目前广泛地应用于水晶饰品、佛家造像、水晶眼镜等领域。白水晶产量大，体积较小的白水晶价格非常便宜，收藏门槛极低，非常适合初级水晶爱好者作为入门收藏。

如何收藏白水晶手链、项链

珠子内带有微微的细棉，为天然白水晶生长纹理，是肉眼可识别的天然白水晶标志之一。

天然白水晶手链

白水晶手链、项链是最为经典常见的水晶款式，在水晶市场尚未兴起的时候，就流行于大江南北。在 20 世纪 90 年代初期，东海家家都可以听到打磨白水晶珠子的声音，那时候加工一颗白水晶珠子的工费大概是 4 角钱，一串极品的白水晶项链大概是 300 元，20 世纪 90 年代的 300 元可比现在的 300 元值钱多了。当时的东海人拎着大包小包，走南闯北，将东海优质的白水晶带到全国各地，让人们领略到水晶的魅力。

白水晶手链、项链的热销，也让一些不法商人看到了商机，他们用玻璃替代天然水晶，加工成外观相似的水晶款式，直接扰乱、败坏了东海水晶的名声，造假水晶最鼎盛时，全县的啤酒瓶底都不够做的，因为啤酒瓶底比较厚，正好可以打磨成玻璃珠子。

近年来，随着水晶市场发展逐渐规范，新机器与工艺大量应用在水晶加工生产之中，东海的淘晶大军从世界各地源源不断的发回水晶原矿，导致产量最大的白水晶手链、项链产品价格急剧下跌，目前市场上的白水晶手链、项链，尺寸小的款式已经跌到几十元到上百元，而且收藏到天然白水晶的可能性已经非常大了。

收藏天然白水晶手链、项链制品，一般要注意以下两点：

1. 尽量从可信赖的商家处购买。

2. 如无可信赖的商家，尽量挑选带有微棉的珠子。带有微小棉裂的白水晶，不会影响水晶的品质，也能够避免买到玻璃。

目前，因白水晶产量大，其中东海本身就以大量出产高品质白水晶而闻名，价格低廉，利润很薄，愿意加工白水晶手链、项链的工厂已经大大减少，但白水晶原料多，每年都有新款式面市。早些年，市场上只能买到圆珠，现在，水晶工厂已经开发出 32 面、64 面、128 面的切面，外观非常璀璨。同时，一大批盘珠、鼓珠等特殊形状也被设计出来，而且价格都很亲民。

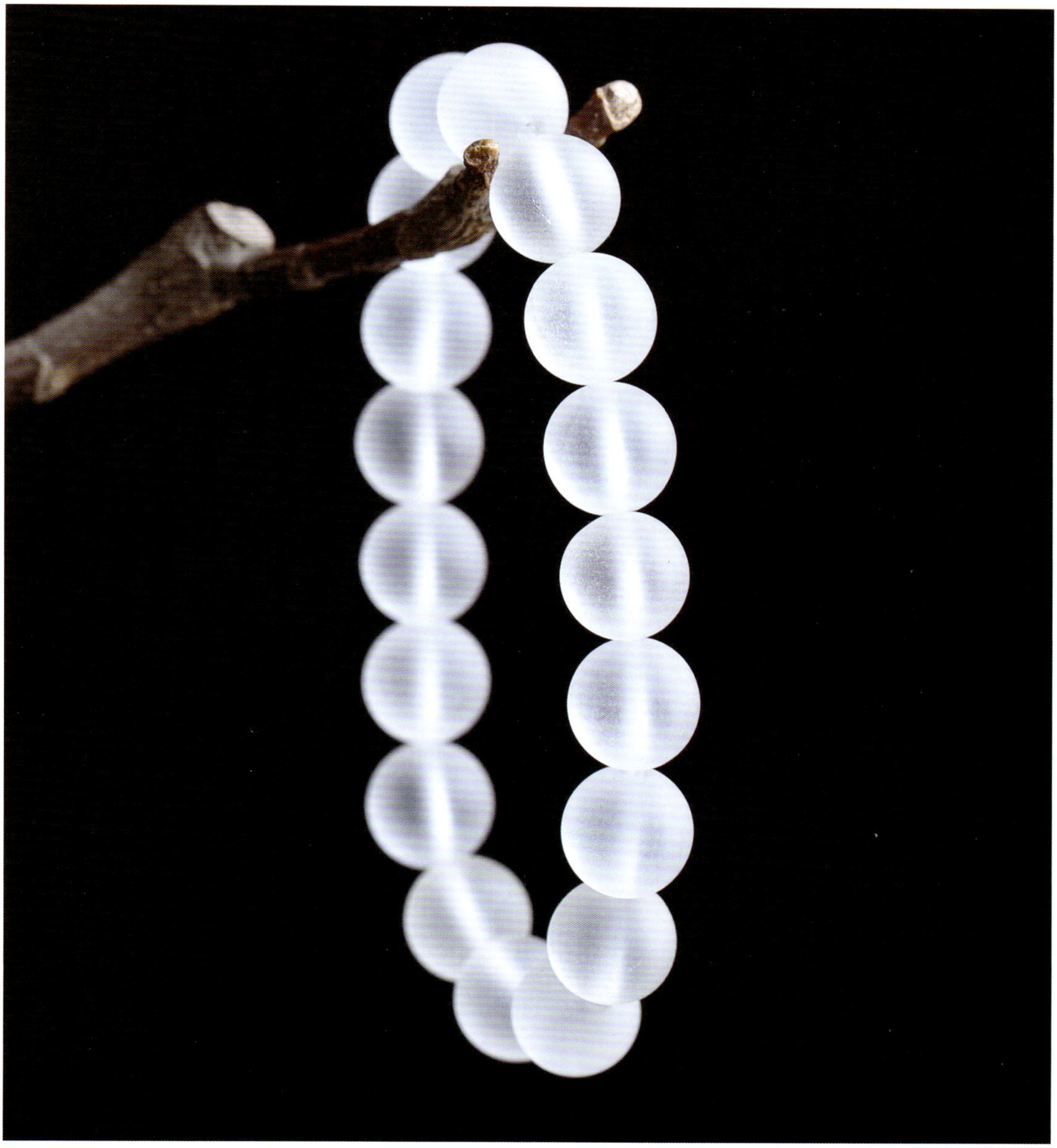

哑光款白水晶手链

如何收藏白水晶吊坠

在水晶加工中，工人们把水晶原料分为珠料、吊坠料、雕刻料和戒面料分别进行加工。其中珠子料最小，品质一般都差于雕刻料，戒面料最优质，一般可以达到纯净体。

白水晶的吊坠料一般用于加工成各种形状的吊坠，如水滴、大卫星、灵摆等，晶体较为纯净的会进行雕刻。但鉴于白水晶吊坠料相对便宜，使用的人工往往会超过原料本身的成本，目前市面上出现大量通过机器雕刻的成品，这些作品千篇一律，通过流水线生产加工出来，虽然是天然的白水晶，但其艺术与收藏价值大打折扣。从另一方面来说，通过机器雕刻出来的成品降低了加工成本，作为入门收藏也有好处。如果要收藏高品质的水晶吊坠，则要仔细观察水晶的做工，白水晶吊坠的做工区别，一般体现在四点：

1. 比例。做工好的白水晶吊坠比例匀称，差的作品则不周正。

2. 雕工。做工好的白水晶雕工自然细腻，差的白水晶雕工粗糙。

3. 打孔。做工好的白水晶打孔周正，位置恰当，差的白水晶打孔歪斜，粗糙不平。

4. 配件。好马配好鞍，做工好的白水晶配绳、配饰一般都会非常精美，差的则是胡编乱配。

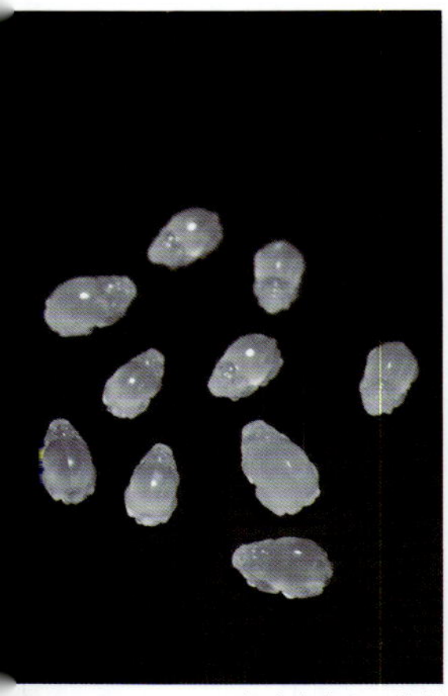
奶白色白水晶貔貅

奶白色白水晶平安扣

奶白色白水晶平安锁

白水晶文昌笔

奶白色白水晶狐狸

如何收藏白水晶雕件

白水晶产量大，一般被认为是所有水晶当中最为便宜的。但凡事不能片面的看，对于体积较小的白水晶首饰，它们的价格确实相对便宜。对于体积较大的白水晶雕件，则身价倍增，上升到艺术品的级别。在当前的水晶市场中，重量超过 20 千克的水晶雕件作品，八成以上都是白水晶，在评价水晶品质的六大标准里，体积越大，价值越高。因此达到一定体积的白水晶价值非常可观，例如，直径超过 10 厘米的白水晶纯净体水晶球，其价值会超过 6 位数。

大尺寸天然白水晶净球

收藏白水晶雕件，主要看三点：

1. 净度。净度几乎是衡量所有水晶作品最重要的一条标准，直接决定一件水晶作品的品质，特别在白水晶里，净度更是一件作品最基本的品质要求。

2. 雕工。目前在水晶市场里，人们最认可的雕工是国家级工艺美术大师，大师的作品有艺术品质保证也更容易受到藏家的认可。其次是省级工艺美术大师和其他具有专长的雕刻师们，在流派上，白水晶的雕刻一般分为福建工、河南工和苏工，近年来，东海本土的雕刻师吸收众家之长，逐渐形成自己的特色。雕工的鉴赏上，一般综合欣赏雕刻题材、雕工自然细腻程度及材质是否合理运用。

3. 体积。因白水晶产量相对较大，因此体积大一分，市场存量就少一分，体积越大越稀少，越具有收藏价值。

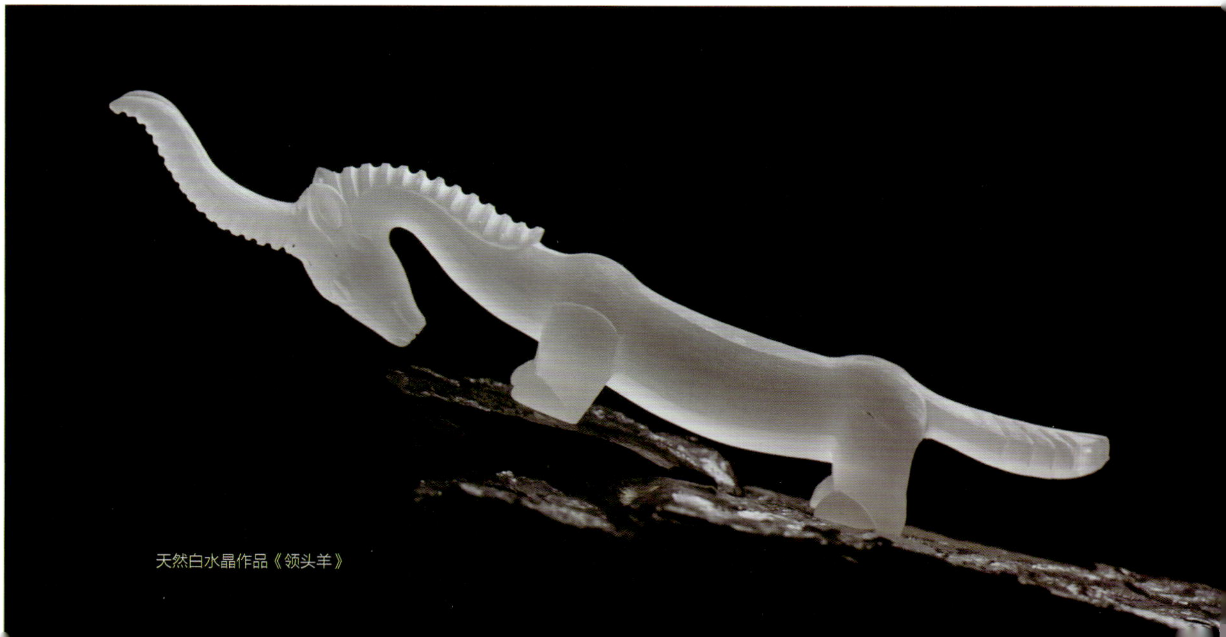

天然白水晶作品《领头羊》

其他款式收藏

鉴于白水晶产量相对较大，目前在综合价值上，最值得收藏的是白水晶雕件。而大量的白水晶手链、项链等饰品，一般都是作为装饰性需求，升值空间不大。对于戒面这样的款式，鉴于与钻石和玻璃之间区隔性不大，且体积越小，白水晶价值越低，最后往往落得加工出来连工费都不够的局面，因此近年只有超体量的白水晶作品，少有几克拉的白水晶戒面。

内部包裹彩虹胶花的天然白水晶吊坠

天然白水晶雕刻莲花款香插

莫桑比克芙蓉粉晶观音吊坠

如何收藏粉晶

粉晶是目前最受人们欢迎的水晶之一，综合各类水晶的销售量大概可以排进前 5 名。粉晶颜色粉嫩，外观可爱。人们认为粉晶的能量对应心轮，能够开阔心胸，提升人际关系，特别是吸引异性关注，能够带来桃花运，因此特别受年轻一族的晶友们喜爱。

粉晶根据质地，在市场里有五大品种，分别是：

1. 普通粉晶。颜色一般，晶体多棉裂杂质，价格低廉。

2. 冰种粉晶。颜色很浅，甚至接近白水晶，染色情况很严重。

3. 星光粉晶。冰种粉晶里的细分，具有六射星光宝石效应，价格在粉晶里处于中等，有星光看点。

4. 马岛粉晶。在马达加斯加最先被发现，后在非洲多地都有出产，晶体红肉较多，也多有白纹、杂质，品质较好者被称为果冻粉，目前是最受晶友欢迎的。

普通粉晶

冰种粉晶

马岛粉晶

星光粉晶

芙蓉粉晶

5. 芙蓉粉晶。又称莫桑粉，多产自莫桑比克，颜色红润娇艳，品质及价值最高，价格也最贵。

如何购买粉晶手链、项链

粉晶的手链、项链目前最受欢迎的是马岛粉晶，普通粉晶因品质较差，一般都是商家的促销产品，作为入门收藏很合适，可以了解粉晶的晶体特征，但作为收藏佩戴，品质则过于一般。冰粉在前些年比较流行，随着马岛粉晶被发现及大量面世，冰粉有逐渐淡化的趋势，并且因为冰粉本身颜色较差，非常接近于白水晶，工厂为提高卖相而进行染色，导致大量晶友出现佩戴不久掉色的现象，因此市场需求更加萎缩，目前已经很少有工厂继续生产粉晶产品。星光粉晶手链、项链目前仍然是不错的选择，星光效应需要在单一光源下才可以观察到，在正常的自然光下看不到璀璨的六芒星光。星光粉晶作为冰种粉晶的细分，也可以称作是冰种粉晶的升级版，其外观满足了晶友们对水晶冰透纯净的期待，且具备宝石效应，作为收藏是不错的选择。

马岛粉晶手链、项链的优点非常明显，那就是颜色粉嫩，价格亲民。但同样，马岛粉晶的缺点也非常明显，晶体往往不如冰粉和星光粉那么纯净透明，晶体里具有大量的棉裂和白絮，晶体颜色均匀娇艳的，价格不菲。但综合来说，马岛粉的手链、项链是最值得收藏的。

芙蓉粉晶的手链、项链产品市面上几乎没有，这是因为芙蓉粉晶的品质极高，颜色娇艳，价格相应也比较高。工厂里一般把芙蓉粉晶留作雕刻料，这样能够最大程度保证成品的体积，从而提升产品价值。打磨成珠子相比雕刻，则会产生较大的浪费。

最后，我们来总结一下购买粉晶手链、项链的注意要点：

1. 防止染色。粉晶里有太多染色的成品，要仔细观察晶体里是否有颜料堆积的痕迹。

2. 注意比重。目前有仿冒芙蓉粉晶的粉色锆石，颜色好看但比重很大，上手很沉，注意识别。

普通粉晶

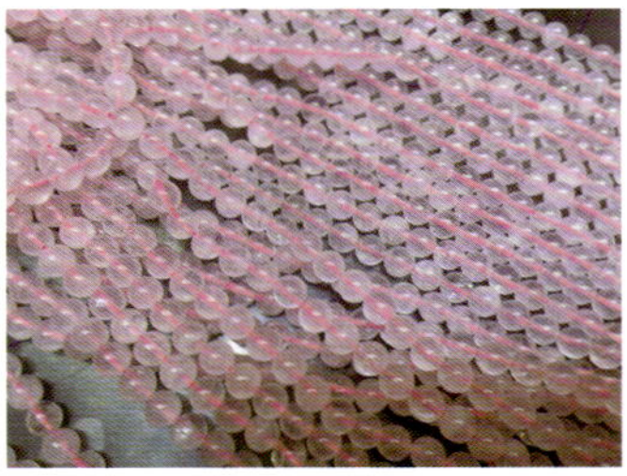

天然普通粉晶

严重染色冒充普通粉晶的粉玉髓

轻微染色冒充普通粉晶的粉玉髓

冰种粉晶

普通品质的冰种粉晶，颜色非常浅淡

晶体好的冰种粉晶，颜色浅，杂质少

颜色较好的冰种粉晶，颜色深，杂质多

染色冰种粉晶，颜色粉，晶体好

马岛粉晶

普通品质的马岛粉晶，颜色浅，白色棉絮杂质多

普通品质的老矿马岛粉晶，颜色深到发黑

马粉手链，颜色较粉，晶体不透，白棉明显，冰裂不明显

马粉手链，白絮减少，晶体透，但冰裂开始明显

中档马粉手链，没有白絮，晶体透，冰裂较多

高档果冻马粉，没有白絮，晶体透，冰裂较少

精品马粉，没有白絮，颜色鲜艳粉嫩，杂质少

精品老矿马粉，没有白絮，颜色极为浓郁，粉色中带一些深黑色调，杂质少

星光粉晶

颜色非常浅淡的星光粉晶

星光效果极为明显的星光粉晶

颜色粉，星光效果也非常好的星光粉晶

芙蓉粉晶

中等品质的芙蓉粉晶，颜色淡雅

高品质芙蓉粉晶手链，颜色娇艳

芙蓉粉晶手链也常见星光效应

玉髓染色冒充芙蓉粉晶，颜色粉，晶体不透明

如何收藏粉晶吊坠

在当前的水晶市场上，5 种质地的粉晶都有吊坠成品。粉晶作为低价水晶向中高价位过渡的晶种，通过五种质地的粉晶吊坠可以深刻地反映出来。在水晶行业内，我们普遍把价位较低的水晶按个数进行计价，如普通粉晶的吊坠，一般都是几元到几十元一个，冰种粉晶则是几十元到上百元一个，而高品质一些的星光粉晶、马岛粉晶和芙蓉粉晶，则是通过克重进行计价，这是产量大的水晶品种款式的计价方法，对于顶级的芙蓉粉晶，则又恢复了按个计价的方式，这是因为顶级粉晶市场拥有量极少，按斤论两的买卖方式已经不太适用于交易了，奇货可居，艺术魅力也大增，只能按照一件作品的价值进行衡量交易。

在水晶行内，收藏水晶有两个不成文的规则：

第一，量力而行。指的是收藏水晶要结合自己的经济能力，进行一个合理的预算，在明确了收藏预算的基础上进行收藏。比如，在明知道收藏不了特别贵重的水晶的前提下，和商家讲价磨价，谈妥价格之后却说不要了，这是非常犯忌讳的，这样做的后果就是当别人有好货时，就不愿意再拿出来给你看了。

第二，宁选凤尾，不要鸡头。这和我们传统观念不太相同，这是因为我们的收藏是有预算的，那么在一定的收藏预算里，我们怎么综合性的去对比，去挑选到适合自己的水晶呢？就品质来说，我们要综合去看一件水晶的颜色、净度、体积、做工等方面，如果预算有限，我们可以牺牲不太重要的某一方面，而选择相对重要的其他方面。比如收藏粉晶，我们只有1000元的预算，我们可以买到又大又好的普通粉晶、冰种粉晶、星光粉晶和马岛粉晶，但对于收藏芙蓉粉晶就比较吃力，可能只能买到颜色较为低档的芙蓉粉晶。但如果我们把选择的体积放小，我们可以选到较为优质的芙蓉粉晶小吊坠或戒面，经过设计或镶嵌就是一件精品，这就是凤尾，它是凤凰的一部分，但仍然气质卓然。这是我个人收藏上的建议。预算有限，又想保证品质，牺牲体积是相对最优的选择了。

在粉晶吊坠的具体收藏上，影响粉晶品质最为关键的两个因素是颜色和纯净度，二者相辅相成、缺一不可，颜色好而晶体不好，或晶体好而颜色不好，都不能称作极品粉晶。在收藏粉晶之前，我们已经了解到不同粉晶质地的特征，这些特征也决定了我们收藏粉晶的目的和需求。如果是普通的小饰品，可以选择普通粉、冰粉、星光粉和马岛粉，如果是有更高的品质追求，或是想拥有一个收藏级的藏品，则可以考虑芙蓉粉晶。

在具体收藏粉晶吊坠的时候，我们要特别注意以下几点：

1. 防止染色。鉴于粉晶颜色对品质的决定性意义，而造假手段里无法改变粉晶的纯净度，多数造假都是染色，通过染色提高粉晶的鲜艳度，达到提高卖相和卖价的目的。染色粉晶，经过泡水就会掉色，掉色后的粉晶颜色会变得很白，接近白水晶，这是因为染色品大多是冰粉。晶体里杂质较多的粉晶，如果进行染色，一般会在棉裂的缝隙里形成颜料堆积，可以看到特别不自然的颜料痕迹。

2. 款式选择。粉晶的颜色受体积影响很大，一个粉晶吊坠的尺寸越厚，颜色积累效果越好，鲜艳度就越高，因此在选择粉晶吊坠时，可以尽量选择厚度厚一些的款式。另外，粉晶的雕刻题材众多，特别是很多雕刻题材都有自己的特殊寓意，如雕刻的狐狸寓意是招桃花，雕刻的貔貅寓意是招财，雕刻的葫芦寓意是福禄等，符合“图必有意，意必吉祥”的创作理念，在佩戴时要先了解这些款式的寓意，以便符合收藏者的佩戴需求。

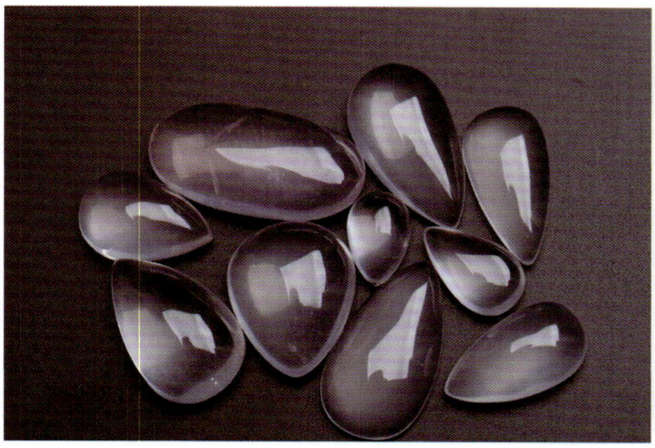
冰种粉晶吊坠

星光粉晶和芙蓉粉晶吊坠

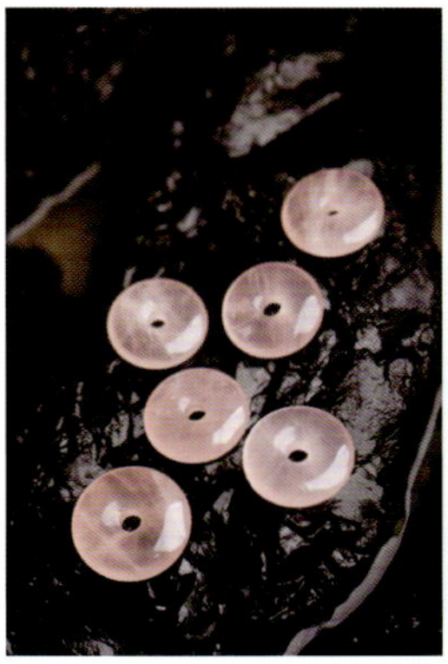
马粉平安扣

晶体内稍带杂质的芙蓉粉晶吊坠

品质极佳的芙蓉粉晶成品

如何选择粉晶雕刻品

无论是什么材质的水晶雕刻品，在收藏鉴赏上基本都是从以下三个方面入手：

1. 看材质。一件水晶作品是否值得收藏，要先看材质的品质，具体的鉴赏方法仍然是从颜色、净度和体积等方面入手，了解一件作品材质本身是否具有价值。

2. 看雕工。水晶雕刻上，有一句不成文的规矩，叫作“七分天然，三分人工”，说的是水晶材质本身已经极具观赏性，雕刻时不可过度创作，不可喧宾夺主，将天然水晶的材质之美与雕刻技法的人文之美结合起来，这样才是一件具有灵气、灵魂的水晶作品。在满足上面的创作原则基础之上，雕刻技法自然、神态姿态充满生命力则是一件好作品。

3. 看底座。好马配好鞍，一匹好马中不中用，不仅是马的问题，也有鞍的缘故。因此好作品的底座必然也是不会马虎的，好的底座风格上要与作品本身相互呼应，并且要能够衬托出作品本身的意境。

在具体挑选粉晶雕刻品的时候，要先了解粉晶雕刻料的情况，以便更好地作出选择，5 种质地的粉晶雕刻品，具体来说是以下现状：

普通粉晶：普通粉杂质极多，达不到雕刻创作的要求。

冰种粉晶：冰粉颜色较差，一般也不会进行精细创作。

星光粉晶：星光粉晶会雕刻成一些吊坠，大件很少。

马岛粉晶：马岛粉晶原料较为丰富，体积较大的原矿出产也很多，因此具备雕刻的条件，但大块的马岛粉晶往往伴生极多的白絮、棉裂，因此在选择马粉雕刻品的时候要特别注意作品整体的完整性。

芙蓉粉晶：芙蓉粉晶颜色娇艳浓郁，晶体纯净的原料也相对较多，因此最适合进行雕刻创作，在目前的粉晶市场里，芙蓉粉晶的优质成品相对较多，但芙蓉粉晶也有一个缺点，体积大的原矿很少，导致大件作品非常少见。一般超过两个拳头大的芙蓉粉晶作品都是凤毛麟角，

星光粉晶雕刻品美女

价格自然不菲。

如何选择其他粉晶款式

戒面：一般要选择厚一点的戒面，这样颜色积累更浓郁，净度越高越好。

球：棉裂越少越好，颜色越均匀越浓郁越好，完全纯净的大尺寸粉晶球价格高昂。

粉晶柱：注意颜色和晶体即可，市面上没有纯净的粉晶柱成品。

星光粉晶切面裸石戒面

颜色很粉的马岛粉晶戒指

马岛粉晶球，棉裂明显

芙蓉粉晶球，晶体颜色俱佳

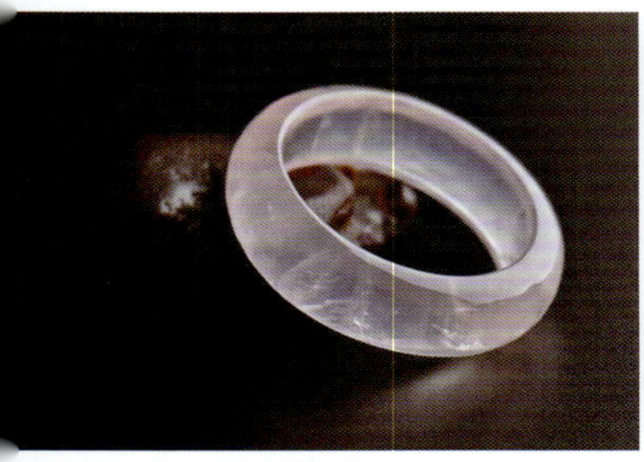
冰种粉晶手镯，晶体透，带明显杂质

冰种粉晶手镯，颜色粉，带明显杂质

马岛粉晶手镯，颜色粉，有明显杂质

茶晶手念珠

如何收藏茶晶

茶晶在众多水晶品种里相对冷门，这是因为茶晶和白水晶的产量相对最大，物以稀为贵，产量大的水晶往往比较便宜，这会给商家和水晶藏家带来两点影响：对于商家来说，价格便宜的水晶，缺乏深入设计加工的动力，利润太薄，这样会导致缺乏精品茶晶作品问世；对于水晶藏家来说，茶晶价格便宜会让人觉得低端，不够上档次，因此大众需求相对较少。

茶晶产量很大，但颜色深浅不一，因此也被人们称为烟晶、墨晶。

如何收藏茶晶手链、项链

茶晶原矿颜色深浅不一，这就给加工茶晶手链带来一个极大难题。一方面是茶晶产量较大，珠料便宜，在市场充分竞争之下，原料便宜的水晶，成品也自然卖不上价格；另一方面是茶晶颜色深浅不一，如果直接切珠加工生产，那么得到的成品颜色会非常不均匀，这是非常影响卖相的，也是珠宝领域的大忌。因为无论何种宝玉石，颜色不均，深浅不一，都是会降低品质的。

鉴于以上情况和问题，目前市面上的茶晶基本上都是进行过改色的。工厂通过一定的技术手段，把白水晶或颜色不均的茶晶，统一改色成颜色相近的茶晶珠子成品。其中，把白水晶改色成茶晶占据目前市场成品的绝大多数。

以上情况是从加工茶晶的工厂得知，但鉴于白水晶、茶晶产量很大，珠料便宜，因此国家对这一块改色要求并不严格，经过改色的茶晶也可以在鉴定中心出具天然宝石鉴定证书。

那么如何收藏到完全纯正天然的茶晶呢？没有其他好办法，因为工厂加工需要提高效率、降低成本，市面上绝大部分茶晶成品都是走流水线切珠加工出来的。收藏完全纯正天然的茶晶，只有通过亲自去工厂预定，并且能够接受颜色深浅稍微不同的成品，才能得到完全纯正的天然茶晶。

在具体收藏茶晶手链、项链的时候，需要注意的要点和白水晶类似：

1. 尽量选择晶体里稍微带有棉裂的；

2. 尽量选晶体里颜色深浅不一的，放在白纸上比较容易观察。

颜色深浅不一的茶晶手链

颜色深邃的茶晶福瓜手链

如何收藏茶晶雕刻品

当前茶晶产品的主要成品就是手链、项链和雕件。

茶晶手链、项链是通过流水线切珠加工而成，而雕件则基本上完全是手工加工的。雕刻料和珠料的品质要求完全不同，珠料要求颜色尽量相近，不同的茶晶原矿就不一定能满足这个要求。而雕刻料则不同，每件雕刻品都是独立的个体，因此不需要很多块颜色相近的原料，雕刻师们可以结合每块茶晶的特点进行创作，深则深茶，浅则浅茶，颜色并不会很影响茶晶的品质。

在选购茶晶雕刻品时，除了前文我们介绍过的要看材质的品质、雕工和底座外，还要看茶晶作品的颜色运用，一般来说，一块茶晶原矿的颜色深浅也有区别，因此深色浅色雕刻一件作品的什么部位，会直接影响一件作品的艺术性，值得仔细鉴赏。

茶晶雕刻羽毛，造型非常雅致生动

茶晶雕刻作品《鹿》

水晶的白体茶体之争

前文我们介绍，纯色水晶有 7 大类，分别是白水晶、粉晶、茶晶、黄水晶、紫水晶、紫黄晶和绿水晶。其中，白水晶和茶晶是市场拥有量最大的两种水晶，它们同时深刻影响着其他水晶品种，如包裹体水晶。包裹体水晶可以细分为 5 种：幽灵水晶、发晶、胶花水晶、水胆水晶和共生矿水晶，这 5 种包裹体水晶去包裹其他物质的主体，基本上是白水晶和茶晶。

由此，衍生出了白体发晶、茶体发晶、白体钛晶和茶体钛晶等，每一种包裹体水晶基本上都可以进行这样的细分。在当前市场上，白体水晶的价格一般会更高一些，而茶体水晶一般被认为有安定心神的能量。因此，具体来说白体茶体哪种好，我认为是没有特别大的意义，就观赏性来说，我们要结合具体的作品来看，无论什么颜色，经过好的设计和加工，能够让加工的人文之美和水晶的材质之美结合在一起，就是好作品；就水晶寓意来说，不同的水晶有自己不同的寓意文化，能够满足不同人群收藏水晶的需求，因此是萝卜青菜，各有所爱，没有必要抱有成见。

茶晶金发晶球

其他茶晶款式的收藏

茶晶吊坠：收藏到完全纯天然的茶晶吊坠相对容易，选购时尽量选择颜色深浅有变化的作品即可。

茶晶戒面：和白水晶相似，茶晶戒面市面上存量非常少，选择时注意一下晶体和做工即可。

特例情况

茶晶是目前水晶里，少数几种具有宝石效应的水晶之一。部分茶晶在单一光源的照射下，可以看到六射星光效应，这种茶晶市场存量极小，具有非同一般的收藏价值。

天然茶晶太阳镜

天然茶晶双尖切面柱

天然茶晶切面裸石戒面

产自巴西的天然黄水晶原矿

如何收藏黄水晶

黄水晶也是最受人们欢迎的水晶之一，可以进入天然水晶热销榜的前 5 名。

从颜色上来说，自然界中有红宝石、蓝宝石，但没有黄宝石，顶级颜色的黄水晶颜色浓郁，被人们誉为“黄宝石”。

从水晶文化上说，黄水晶被认为具有招偏财、调理肠胃的功效，因此深受人们喜爱，特别是喜欢投资股票基金的朋友，尤其钟爱黄水晶，期望带来意外之财。

目前，黄水晶的原矿主要来自巴西，这种黄水晶颜色高贵典雅，在水晶行业内形成了以“巴西黄”代指优质黄水晶的称谓。还有一些产自中国江苏东海、非洲等地的黄水晶，颜色呈现柠檬黄色，在水晶行业内形成了以“东海黄”的称谓。

黄水晶等有色水晶，颜色对于品质的决定意义非常重大，因此目前无论是东海黄还是巴西黄，都有较为广泛的改色现象。

如何收藏黄水晶手链、项链

目前市面上的黄水晶手链有 3 种：

第一类：天然巴西黄水晶。这是产自巴西的正宗黄水晶，其特征是具有颜色深浅不一的特征，俗称色带，购买巴西黄水晶时，可将手链放在一张白纸之上，如杲能观测到深浅不一的特征，则为天然的可能性大。同时，纯天然的巴西黄水晶往往会有棉裂等生长纹理，在不能保证商家信誉的情况下，尽量挑选带有少许棉裂、颜色深浅不一的成品，基本上为纯天然巴西黄水晶。当然，棉裂越多，天然的概率越大。

第二类：柠檬黄水晶。柠檬黄水晶珠料情况和茶晶类似，鉴于柠檬黄水晶颜色深浅差距较大，而且产量较小，为了让成品颜色均匀，同时提高产量及加工效率，柠檬黄水晶手链基本上是使用白水晶高温退热形成的，这种黄水晶成品颜色带有黑色的色调，价格略高于白水晶，作为入门级饰品可以，但达不到收藏级要求。

第三类：假黄水晶。当前市面上高仿最多的是人造水晶，俗称养殖水晶，养晶。它是模拟天然水晶的发育形成环境，通过在工厂人工培育生长的方法，快速形成的人造水晶。基于工厂里的环境极为稳定，因此形成的人造水晶颜色均匀，晶体纯净，它被拿来冒充极品的黄水晶，因为没有色带，因此在购买时可以分辨出来。同时，天然巴西黄水晶价格居高不下，往往达到数百元至数千元，而人造黄水晶价格则很便宜，还价就卖。购买时不要抱着贪小便宜的心理，一般也不会上当受骗。还有一种假水晶，俗称爆花水晶，爆花水晶是将天然白水晶进行高温爆裂，然后往水晶里面注入颜料，利用水晶新手对水晶知识一知半解，结合天然水晶具有棉裂的特征行骗。这种爆花水晶往往在裂缝处形成颜色堆积，收藏时也很好分辨。

天然巴西黄水晶

颜色极为浅淡的巴西黄水晶手链

颜色较黄，晶体多棉裂的巴西黄水晶手链

颜色较黄，晶体杂质较少的巴西黄水晶手链

颜色深黄，晶体多棉裂的巴西黄水晶手链

颜色深黄，晶体杂质较少的路路通切面款巴西黄水晶手链

颜色深黄，晶体极好的水滴切面款巴西黄水晶手链

颜色深黄，晶体极好的随意形巴西黄水晶手链

暴力黄车轮切款巴西黄水晶手链

颜色深黄原矿巴西黄水晶手链

暴力黄极为浓郁娇艳的圆珠款巴西黄水晶手链

晶体完美的圆珠款合成黄水晶手链

孔道很粗的圆珠款合成黄水晶手链

仿暴力黄巴西黄水晶手链的合成黄水晶

仿暴力黄巴西黄水晶貔貅手链的合成黄水晶

柠檬黄水晶

切面款柠檬黄水晶

狐狸款柠檬黄水晶

佛珠款柠檬黄水晶

带有少量杂质的柠檬黄水晶

如何购买黄水晶吊坠

黄水晶吊坠的情况与手链类似，但吊坠料的要求比珠料要求更高，需要块头更大，晶体更好的原料才具备加工条件，因此黄水晶吊坠在克价上往往高过手链。

在当前的水晶市场里，最值得收藏的黄水晶吊坠仍然是巴西黄水晶，收藏的方法和挑选手链的方法类似，仍然是要放在一张白纸上进行观察。同时在款式上，鉴于天然巴西黄水晶原料名贵，因此成品体积极大的影响价值，在具体加工过程中，工人们会尽可能将作品做得大一点，这就造成天然巴西黄水晶成品往往不是很周正规则，每两个天然巴西黄水晶成品几乎都是不一样的，这是尽量充分利用水晶原矿的缘故。而柠檬黄水晶吊坠成品则因为多数是白水晶改色而成，白水晶吊坠料价格便宜，因此舍得大手笔去料，保证作品的艺术性，因此会有两个以上非常接近的成品。特别是机器雕刻运用到水晶加工中之后，大量一模一样的柠檬黄水晶吊坠被加工出来，收藏价值逊色于天然巴西黄水晶。

假黄水晶吊坠成品，目前都是人造水晶，其特征是颜色完全均匀，晶体完全纯净，价格相对低廉，不符合市场行情，收藏购买时勿贪图便宜，就不容易上当受骗。

浅色黄水晶作品《象神》

染色粉晶、柠檬黄水晶、合成紫水晶钱袋

其他黄水晶款式收藏

黄水晶的质地为巴西黄水晶和东海黄水晶，在目前的水晶市场上，巴西黄水晶的大料极为罕见，直径超过 5 厘米的作品已经是凤毛麟角。因此关于巴西黄水晶的把玩件、雕件和水晶球，几乎都没有。市面上的大尺寸黄水晶作品，要么是东海黄水晶，要么是冰洲石等材质冒充。

东海黄水晶在收藏时，要特别注重上家的选择，因为优化处理的现象太过普遍。

顶级的巴西黄水晶会进行精细切割打磨，制作戒面，通过镶嵌设计的巴西黄水晶具有黄宝石般的美感。戒面加工品质要求极高，一般也不易观测到色带或棉裂，在收藏时尽量要求商家出具权威的珠宝玉石鉴定证书。

特例情况：

部分天然柠檬黄水晶也具有六射星光、十二射星光效应，极为璀璨，市场存量极少，具有非同一般的收藏价值。

柠檬黄水晶葫芦的星光效应

紫水晶原矿

如何收藏紫水晶

紫水晶颜色高贵浪漫，被誉为“爱情守护石”，传说可以守护爱情。在水晶热销榜上，紫水晶也经常进入热销排行前 5 名。

紫水晶的出产地众多，产量较大，最主要的产地分别有：巴西、乌拉圭和赞比亚等。在当前的水晶市场里，人们把颜色浓郁娇艳的紫水晶称为“乌拉圭紫”，把颜色较浅的紫水晶称为“巴西紫”，实际上这是非常简单的分类方法，其原理类似黄水晶，作为一种归类，这种分法是简单形象的。

如何收藏紫水晶手链、项链

紫水晶的颜色差距非常之大，虽然都是紫色，但它的紫色从接近白水晶的紫，到浅紫、中紫、深紫和黑紫，颜色过渡非常明显。和粉晶、黄水晶等有色水晶品质评判标准一样，影响紫水晶品质的关键因素同样是颜色和净度，二者缺一不可。

当前的紫水晶珠料，颜色浅的往往晶体可以不错，甚至达到纯净。而颜色深的，往往会有很多的棉裂，品质越好的紫水晶，颜色越鲜艳，晶体越好。

在紫水晶的收藏上，经常会有晶友问我，紫水晶颜色越深越好吗？这是一个误区，我们形容一种宝石的颜色，一般会用鲜艳，而不是深色。这是因为颜色深会显得黑，颜色浅会显得白，只有鲜艳度是最适合形容宝石颜色的，同样的道理也适用于其他有色水晶。纯净度却是越纯净越好。

在收藏紫水晶手链、项链上，我们要注意以下几点：

1. 观察颜色。对于晶体较为纯净透明的水晶，容易观测到紫水晶珠子深浅不一的晶体外观，对于颜色鲜艳浓郁的紫水晶珠子，容易观测到带有棉裂的晶体特征。

2. 观察晶体。紫水晶珠子要么颜色浅具备色带或棉裂，要么深具备棉裂。如果既无色带，也无棉裂，那么就非常有可能是人造水晶。

3. 对于高品质的紫水晶，我们无法通过肉眼判断，需要借助鉴定中心的仪器。

梦幻紫水晶圆珠手链

浅紫色多棉裂小珠子紫水晶手链

浅紫色纯净体圆珠紫水晶手链

浅紫色微棉裂切面款紫水晶手链

紫色宝石款切面纯净体紫水晶手链

中紫色纯净体圆珠紫水晶手链

浅紫色原矿随意形紫水晶手链

深紫色多棉款紫水晶圆珠手链

深紫色微棉款紫水晶圆珠手链

深紫色纯净体紫水晶圆珠手链

合成紫水晶圆珠手链

合成紫水晶圆珠手链

郁深紫色多棉裂小珠子紫水晶手链

浓郁深紫色多棉款圆珠紫水晶手链

浓郁深紫色接近纯净体的圆珠紫水晶手链

多白色棉絮棉裂杂质的薰衣草色紫水晶手链

石感较重的薰衣草色紫水晶手链

冰透款薰衣草色紫水晶手链

浓郁清透款薰衣草色紫水晶手链

染色玉髓仿冒薰衣草色紫水晶手链

如何收藏紫水晶吊坠

紫水晶吊坠成品目前主要有两种形态：

1. 晶体多棉裂。这是目前市场上最多的紫水晶吊坠成品，这种吊坠原料量大，因此价格便宜，收藏门槛低，可以作为入门收藏。

2. 晶体纯净。晶体纯净的紫水晶较难鉴别真假，市面上的人造紫水晶非常多，在购买时，我们要看紫水晶是否有深浅不一的色带，如有色带，则为天然的可能性很高，再看形状，和黄水晶的吊坠加工原理类似，紫水晶的吊坠料也比较名贵，因此成品体积越大，价值越高。天然纯净体紫水晶形状一般都是结合原矿加工出来，尽可能做得大一点，因此造像往往不是很规整，并且极少有两件紫水晶吊坠是一模一样的。假的紫水晶则可以量产。

紫水晶吊坠品质主要决定于颜色、净度和做工，颜色越鲜艳，晶体越干净，做工越好，越具有收藏价值。

浅色微棉款紫水晶吊坠

深色微棉款紫水晶吊坠

中紫色微微棉款紫水晶裸石切面

中紫色纯净体紫水晶香水

浓郁紫水晶镶嵌款吊坠

金字塔型紫水晶吊坠

合成紫水

如何收藏紫水晶雕件

紫水晶颜色高贵典雅，古人形容紫水晶“色若葡萄”，娇艳欲滴，高品质的紫水晶雕件是非常精美的。紫水晶虽然拥有大体积的雕刻料，但往往伴生较多的棉裂，尺寸超过 5 厘米以上的纯净体是几乎没有的，因此紫水晶雕件往往棉裂很多。

选购紫水晶雕件一般从以下几方面入手：

1. 看颜色。观察整个雕件的颜色，是否具有颜色均匀、浓郁、高贵的整体性美感，一般来说，体积较大的紫水晶摆件往往夹杂着很多白絮、杂质等，一尊紫水晶雕件颜色鲜艳漂亮的地方占比重越多，品质越好。

2. 看晶体。在水晶行业内，人们把一块水晶晶体纯净的部分称为好肉，好肉的体积越大，说明这块原矿的品质越高。反之，如果一点好肉都没有，则是大而无用，甚至只能称作石英。在紫水晶的摆件选择上，尤其以紫色好肉的体积，决定整件作品材质上的名贵程度。

3. 看做工。大块的紫水晶原矿很难保证整块都是鲜艳的紫色，因此在雕刻创作时，既要保证雕工的精美，也要保证工艺与材质的结合，有时需要利用俏色的工艺，将整块水晶之美做到最大化。

紫水晶雕刻作品《佛像》

其他紫水晶款式的选购

戒面：紫水晶戒面的选择，一般要借助仪器，因为肉眼已经很难分辨真假。

紫水晶球：紫水晶做球的原矿，一般都是棉裂较多的，选购时选择紫色好肉较多的，棉裂较少的紫水晶球为佳。

紫晶洞：紫晶洞是极具观赏性的原矿精品，我们将在后面的章节详细讲解。

紫水晶戒指

紫黄晶随意形手链

如何收藏紫黄晶

紫黄晶是一种水晶，两种颜色，堪称紫水晶与黄水晶双剑合璧。

紫黄晶被认为象征阴阳平衡，能够调和人际关系，代表智慧与财富，因此非常受人欢迎。在水晶市场上，很多商家介绍紫黄晶时都说，这是花一样钱买两样水晶，别具性价比，这是因为在水晶文化里，人们认为紫黄晶兼具紫水晶与黄水晶的功效。

紫黄晶和紫水晶、黄水晶相比，颜色较为接近。但品质优秀的紫黄晶没有同样品质级别的紫水晶或黄水晶颜色鲜艳。

如何收藏紫黄晶手链、项链

在写具体的收藏方法之前，首先严肃的感谢一下辛苦的切珠师傅。至于为什么，我会慢慢介绍。紫黄晶以一晶双色，紫黄合璧最为名贵，而在紫黄晶的原矿中，紫黄分布往往是随机的，做吊坠的时候，紫黄合璧在一件作品里还比较容易，可是对于一颗颗 6—14 毫米的珠子来说，要让每颗珠子实现半紫半黄，谈何容易？

因此，评判紫黄晶品质的第一条，也是最重要的一条标准出来了：颜色。这里看颜色和看其他水晶的颜色鲜艳度不同，这里看的颜色主要是紫黄二色在一颗珠子上占的比重，最佳比例自然是各占一半，如同阴阳鱼一样，次之紫黄二色此消彼长，多少都有，各有千秋，最次的就是一颗珠子全是紫或全是黄了。

除了看颜色，其他的收藏方法与其他纯色水晶方法上大同小异，仍然要挑晶体尽可能纯净的，但紫黄晶天生命运多舛，形成的地质条件更为复杂，因此才能形成一晶双色，结果也导致紫黄晶很难有纯净体。

浅色紫黄晶盘珠手链

浅色紫黄晶切片盘珠手链

中色紫黄晶切面路路通手链

中色紫黄晶路路通

深色圆珠和随意形紫黄晶手链

鲜艳浓郁色宝石切面款紫黄晶手链

紫水晶和黄水晶混搭

如何收藏紫黄晶吊坠

紫黄晶的吊坠料，首先要满足晶体尽可能干净的要求，不干净的一般都用来切珠子了，其次要达到一晶双色的外观效果。在挑选紫黄晶吊坠时，往往选择紫黄比例接近的，这样的品质最为优秀，值得收藏。相对来说，收藏紫黄晶吊坠产品还是很容易的。

紫黄晶平安扣吊坠

紫黄晶吊坠很少有雕刻的题材，这是因为无论是做人物还是其他题材，多变的颜色很难保证成品能出效果。试想一下，如果雕刻一个人物，左边脸是黄色，右边脸是紫色，那种感觉是有多怪异？

和紫水晶黄水晶原理相似，体积越大的紫黄晶，价值越高，因此紫黄晶吊坠的成品往往也是奇形怪状。

紫黄晶切面吊坠

如何收藏紫黄晶戒面

收藏紫黄晶戒面方法极为简单，就三点：

1. 颜色要浓郁。戒面级的水晶，品质都很任性，都达到了顶级，才有被加工成戒面的可能性，因此在选择时也有很大余地。

2. 晶体要干净。戒面晶体要是不干净，就没有太大收藏价值了，本身紫黄晶就是中端水晶，中等价位的宝石。

3. 要配证书。收藏戒面不配证书，要么是心够大，无所谓，要么是上家比较可靠。不然的话，还是不要跟市场较劲了。因为一颗假的紫黄晶戒面，成本真的很低。

紫黄晶戒面

绿水晶原矿

如何收藏绿水晶

绿水晶是自然界出产极为少量的一种纯色水晶，因内含镁铁化合物而呈现绿色，产量稀少，现在市面上多为人造绿水晶。天然绿水晶颜色是淡绿色，当下发现的天然绿水晶原矿大都尺寸较小，晶体多棉多裂，纯净体极少，因此绿水晶的加工和利用也不广泛，其成品大多以原矿的形式出售，偶尔有少量的水晶珠子和吊坠，但市场存量极少，因此不被大众所熟知。

天然绿水晶原矿的尺寸大多在 3—10 厘米，呈不规则的块状，表面嶙峋不平，颜色多呈现浅绿色。绿水晶手链尺寸大多在 6—10 毫米，极少有超过 10 毫米以上珠子被加工出来，市场价格和优质紫水晶差不多。

品质良好的绿水晶原矿，也会被加工成吊坠，进行雕刻或者打磨切割，但因绿水晶产量少，难以被大量加工利用，因此也很少被宣传，进而需求量更小，在水晶市场的影响力几乎可以忽略不计，只有资深的水晶发烧友才会寻找和收藏。

天然绿水晶非常少见，水晶市场中绿发晶、绿幽灵都是内部含有绿色的包裹物，因此从某种程度上来说，也可以说是绿水晶。但其水晶主体仍是无色透明水晶，绿发晶的内包物有阳起石和绿碧玺，绿幽灵内部包裹绿色火山灰泥，皆因包裹体而呈现绿色，所以并不是严格意义上的绿水晶。

绿水晶的仿冒品主要为绿色玻璃、琉璃和绿萤石，其中玻璃的硬度较低，内部没有天然水晶所特有的棉裂纹理；绿萤石硬度较低，晶体偏雾蒙蒙的形态，没有天然绿水晶清透，因此都比较容易区分和辨别。

另外，值得一提的是，当下有很多所谓绿水晶的水晶簇，这些晶簇都是人工二次结晶，在过程中添加绿色染色剂形成，实际上都不是天然形成的绿水晶。在市场上，一些商家将这些晶簇当作绿水晶或绿幽灵晶簇出售，而且往往搭配着假的珠宝玉石鉴定证书，大家在收藏绿水晶时一定要留心，因为目前自然界还未发现这样的天然晶簇，它们完全是人工制成的工艺品而已。

各种颜色的幽灵水晶

如何收藏幽灵水晶

终于写到我最热爱的水晶品种了，这里要引用一句特别有名的话，古人说“仁者乐山，智者乐水”，君子和而不同，各取所需，这种兼容并包、豁达自信的态度让人为之向往。在水晶里，就有这样的水晶，山水相融，各得其乐，这就是幽灵包裹体水晶。

幽灵包裹体水晶共有七个主要的类别，分别是绿幽灵、红幽灵、黄幽灵、白幽灵、彩色幽灵、黑幽灵和蓝幽灵。

在当前市场上，最受欢迎的是绿幽灵，价格也最高，位列三大最为名贵的水晶之一，地位超然；其次是彩色幽灵，内包物五彩缤纷，层峦叠嶂，最为充满灵气；再次是红幽灵，中国人自古热爱红色，红色被认为有吉祥如意，红红火火之意，因此非常讨喜；然后是白幽灵，白幽灵在五行上属金，被认为具有招财的功效；再后是黄幽灵，因产量稀少，不具有大规模设计加工的可能，因此仅仅在资深水晶爱好者之间流通收藏。黑幽灵和蓝幽灵是近年来新发现的水晶品种，因为产量极少，因此不太为人所知，另外颜色不够鲜艳，收藏价格也不高。

幽灵水晶内包物形态多样，目前市场上公认的品质优劣顺序依次为：

1. 金字塔。内包物呈现金字塔的造型，象征地位、权力、财富稳固，数量最为稀少，可遇不可求。

2. 聚宝盆。内包物呈现盆地形态，象征招财聚宝，市场上最受欢迎。

3. 千层山。内包物呈现平行形态，如同一层一层的山峰，数量较少，象征层层上升，更上一层楼。

4. 深藏不露。内包物呈现满密的状态，完全被内部幽灵所包裹，被认为具有聚财不漏财的作用。

5. 满天星。内包物呈现漫天散沙状形态，如同满天星斗，一般作为入门级幽灵水晶收藏。

收藏幽灵包裹体水晶，与前文提到的纯色水晶品质评判标准最大的不同，就是要观察内包物的形态，其次是颜色，这两者相辅相成，直接决定了幽灵包裹体水晶的品质。

聚宝盆形态的绿幽灵水晶吊坠

金字塔形态的白幽灵水晶球

千层形态的白幽灵水晶吊坠

深藏不露

满天星绿幽灵水晶手链

浅色绿幽灵金字塔吊坠

如何收藏绿幽灵

绿幽灵是所有幽灵水晶中最卓尔不群的存在，其产地主要是巴西和赞比亚，其中巴西的绿幽灵是优质绿幽灵的代名词，其色泽鲜艳浓郁，或青翠，或墨绿，颜色是鲜艳亮丽的。赞比亚出产的绿幽灵颜色多呈现灰暗的绿色，因此在品质上比巴西的绿幽灵略逊一筹。

绿幽灵在水晶功效寓意上，有着旺事业的特殊意义，被誉为招财鬼佬，优质的聚宝盆绿幽灵长期和钛晶、碧玺位列最受欢迎的三种水晶之一。

绿幽灵最受欢迎，市场上造假及仿冒品也最多，因其质地优秀，价格较高，因此被水晶造假者长期关注，如何分辨绿幽灵真假，也是考验水晶收藏者眼光的必修课。

如何收藏绿幽灵手链、项链

评价一款绿幽灵手链、项链的好坏，一般先看以下四点：

1. 内包物形态。绿幽灵手链、项链拥有 5 种形态，分别是金字塔、聚宝盆、千层山、深藏不露和满天星，内包物的形态最为影响品质。

2. 纯净度。这条标准和纯色水晶原理一样，晶体纯净度越高，品质越好。

3. 颜色。绿幽灵的颜色分为浅绿、翠绿、墨绿，颜色越鲜艳浓郁，品质越好。另外，绿幽灵的原矿表皮往往有一层红色的表皮，在水晶行内被称作红皮，红皮如同绿幽灵长的美人痣，一般认为红皮越多越明显，越会降低绿幽灵的品质。

4. 宝石效应。一些特殊的绿幽灵具有星光效应，绿幽灵的星光不是六射星光，而是幽灵在灯光的作用下产生一种反射，表面具有波光粼粼的效果，称为星光绿幽灵，具备星光的绿幽灵品质更佳。

在具体的绿幽灵手链、项链收藏中，一般要先确定预算。其中，满天星的绿幽灵价格最为便宜，一般在几十元到几百元，是入门收藏之选。其次是深藏不露，因内包物过多，价格相对也便宜，价格略高于满天星。这里要提到的一点是，很多朋友在收藏水晶的时候，往往觉得某一方面越多越好，如颜色越深越好，内包物越多越好，这在某种程度上是对的，但不是绝对。从中国人的审美上说，我们追求阴阳平衡，任何事物处在一个最佳的平衡状态是最舒适的，达不到或太过，都是不好的。就绿幽灵的内包物来说，幽灵成分少，则显得空洞、分量不够，而幽灵成分过多，又显得压抑。因此，最优质的绿幽灵内包物往往是适中的，就像国画里面的留白，留白是为了让整个作品呈现更好的意境。

千层绿幽灵属于中档的绿幽灵，其价位一般在几百元到上千元之间，千层的外观呈现一条条的平行线，给人的感觉非常神奇，具备一定的收藏价值。

绿幽灵的手链、项链，目前能够收藏到的，最好的实际上是聚宝盆，聚宝盆也被行内人称为半壁江山聚宝盆，它的外观一半是白水晶，一半是幽灵水晶，呈现一种非常空灵的状态。上部空灵，下部充实，又像是天圆地方的感觉，令人感觉到一种强烈的水晶灵性力量。在收藏聚宝盆绿幽灵时，我们要特别注意以下几点：

1. 盆形。聚宝盆绿幽灵的最佳盆形是一半一半，也就是说幽灵部分要和白水晶部分各占一半，白水晶占比过多，或幽灵占比过多，都是相对不够完美的。

2. 颜色。收藏聚宝盆绿幽灵，幽灵颜色越鲜艳浓郁越好，颜色浓郁，但过于发黑也不好。其次，收藏时要注意珠子表面有无红皮，如有红皮，则会造成绿幽灵品质下降，红皮越多，越会降低绿幽灵品质。

3. 包体的完整性。包裹体水晶分为完全包裹和不完全包裹，简称全包体和半包体，在收藏绿幽灵珠子时，珠子表面光滑的要优于珠子表面粗糙的，珠子表面粗糙，抚摸起来会有不光滑的手感。

金字塔绿幽灵的手链、项链市场拥有量极少，并且颜色上大多呈现青翠的颜色，在水晶行业内一般称为青幽灵，这种幽灵原矿是近几年在巴西发现的，目前已经出现少量的手链、项链成品，这种质地的绿幽灵，极难得到晶体纯净的，在具体收藏时，一般要从以下几点入手：

1. 金字塔形态的完整性。天然形成的幽灵金字塔，一般很难和人工的金字塔相媲美，人工的金字塔呈现标准的金字塔几何立体形状，而天然的金字塔往往在结构上不够标准，在收藏上，绿幽灵金字塔结构越完整，品相越好，品质越高。在一串绿幽灵手链、项链里，颗颗珠子的金字塔越接近完整造型，品质越高。

2. 纯净度。一般来说，水晶晶体的棉裂越多，品质越差。在绿幽灵金字塔水晶的收藏中，一般首选晶体纯净度高的，但有的金字塔水晶会在金字塔周围形成飘逸的拉丝棉，与金字塔在一起往往会构成金字塔被云雾缠绕或细雨微蒙的唯美景象，构成极具观赏性的外观，这样的作品也是极具收藏价值的。

满天星小珠子多圈款绿幽灵手链

幽灵比较集中的满天星绿幽灵手链

千层山绿幽灵手链

墨绿千层山绿幽灵手链

几乎全满的绿幽灵聚宝盆手链

带红皮的绿幽灵聚宝盆手链

带有轻微红皮的绿幽灵聚宝盆手链

星光绿幽灵聚宝盆手链

盆形较为分散的绿幽灵聚宝盆手链

颜色清新无红皮的聚宝盆绿幽灵手链

颜色墨绿无红皮纯净体聚宝盆绿幽灵手链

如何收藏绿幽灵吊坠

绿幽灵吊坠和手链一样，拥有5种基本的幽灵形态。在具体的设计加工中，一般极少把深藏不露这种绿幽灵进行加工，因为幽灵太过拥挤压抑。我们主要对其他4种形态的幽灵进行讨论。

相对于绿幽灵珠子料，需要保持颗颗珠子的形态相似及完整性，绿幽灵吊坠可以根据每块原料的特点进行加工，特别是金字塔绿幽灵，往往能够设计加工出精品、极品，这在加工金字塔手链中，往往是特别困难的，因为很难保证同时有几十颗金字塔绿幽灵原矿相似，能够加工出一串完整度极高的金字塔绿幽灵手链。

在具体的收藏中，特别要注意以下几点：

1. 包裹体的完整性。包裹体水晶的品质受全包裹和不完全包裹影响极大，全包裹体的绿幽灵，表面摸起来光滑，内包的幽灵物质完全包裹在水晶内部，这种包裹体绿幽灵数量少，收藏价值高。不完全包裹的绿幽灵，往往在某一部分会有幽灵裸露，摸起来有粗糙的手感，一般来说，这种绿幽灵的收藏价值不如同品质全包裹的绿幽灵。

2. 包裹体的形态。绿幽灵吊坠形态多样，在加工设计中拥有丰富的可能性，在收藏时，幽灵内包物集中，呈现金字塔形态最佳，聚宝盆次之，千层山中等，满天星是不错的入门收藏。

3. 包裹体的颜色。绿幽灵的吊坠里，金字塔的颜色往往不如聚宝盆，因为聚宝盆幽灵部分集中，能够形成较为完整漂亮的形态和颜色，而金字塔幽灵往往颜色较浅，综合评定，往往是聚宝盆绿幽灵品质更高。

4. 包裹体的表皮。绿幽灵的外表如有红皮，则严重影响它的品质，在收藏时要尽量选择外表光滑无红色等杂色表皮的绿幽灵。

以上几点，是收藏绿幽灵吊坠的几大注意要点，除此之外，在绿幽灵吊坠中，还有一种被称作千层金字塔，这是千层山绿幽灵下面的一个细分，它的千层平行线出现拐点，称为千层金字塔，其价值要高于普通的千层山绿幽灵。

墨绿绿幽灵灵摆和大卫星吊坠

绿幽灵长方体吊坠

绿幽灵金字塔吊坠

翠幽灵金字塔吊坠

墨绿绿幽灵金字塔全包裹体吊坠

彩虹绿幽灵金字塔切面吊坠

如何收藏绿幽灵雕件

绿幽灵的雕刻料在市面上也较多，但体积大的市场拥有量极少，选择雕件最重要的是看雕刻的工艺之美是否与水晶的材质之美有机结合。因此，在选择绿幽灵的雕件时，我们一般从以下几点出发：

1. 绿幽灵部分与白水晶部分结合是否恰当。一般来说，绿幽灵中的幽灵是景，一般不可过度设计、雕刻，因为在幽灵表面进行雕刻，往往会影响人们欣赏内部包裹的幽灵，在白水晶上进行创作一般没有这种影响。

2. 雕刻题材是否得当。绿幽灵的大料，一般会让人联想到巍峨的青山，海底的水草，因此在设计加工时，题材的要求也相当高，如能移情于景，相得益彰，则整体雕件就比较有水平，更有收藏价值。反之，则浪费原料，没有太高的收藏价值。

绿幽灵小品《蝈蝈大王》

绿幽灵水晶雕刻作品《爱的心愿》

如何收藏绿幽灵其他款式

绿幽灵的收藏价值，首先是看形态，因此无论是什么款式，都是金字塔形态价值最高，聚宝盆次之，最后是千层山、深藏不露和满天星。然后综合颜色、纯净度和表皮是否完整进行综合鉴赏。

戒面：戒面料的绿幽灵往往以颜色浓郁，晶体纯净，带有星光的为佳。

绿幽灵球：尺寸越大，收藏价值越高。

绿幽灵原矿：晶体纯净，内包物具有观赏性为佳。

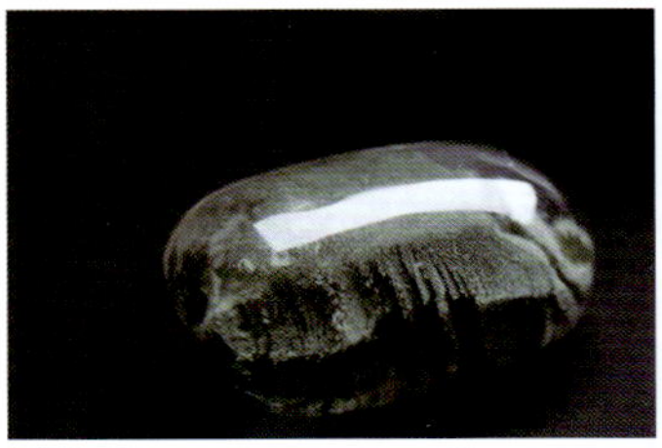
绿幽灵把玩石

绿幽灵千层山水晶球

绿幽灵金字塔千层山原矿

绿幽灵聚宝盆戒指

天然水草玛瑙吊坠

绿幽灵金字塔水晶球

天然红幽灵金字塔晶柱

如何收藏红幽灵

红幽灵水晶在收藏热度上，远不及绿幽灵，稍逊于彩色幽灵。红幽灵的形态，基本类同于绿幽灵，但同品质的红幽灵的价格是远低于绿幽灵的，就同品质的绿幽灵聚宝盆来说，红幽灵的价格大概等于绿幽灵的 1/8，因此收藏红幽灵的门槛相对较低，也是很多晶友最先收藏的幽灵水晶。

红幽灵的主要内包形态是金字塔、聚宝盆，其他品质的红幽灵基本没有工人愿意加工成成品。这是因为红幽灵的颜色，本身不是正红色，而是一种偏深色的红，较为名贵的红幽灵呈现砖红色，但这两种颜色都不是中国人传统上热爱的正红色，因此想收藏到颜色特别漂亮的红幽灵非常困难。

如何收藏红幽灵手链、项链

红幽灵手链与项链的常见形态只有聚宝盆与金字塔，其中红幽灵的聚宝盆价格较低，选购聚宝盆红幽灵一般要从以下几点入手：

1. 颜色。红幽灵包裹体水晶市场价格比绿幽灵低，它的颜色以砖红色最为名贵，泛白红相对没有太高的收藏价值。

2. 盆形。聚宝盆的最佳状态是一半一半，对盆形的要求和绿幽灵完全一致。

3. 晶体和表皮。晶体越纯净，表皮越光滑越好。

选购金字塔形的红幽灵手链、项链，需注意以下几点：

1. 金字塔形的完整与完美度。塔形越完整，形状越接近标准的几何金字塔形，越具有收藏价值。其中金字塔在珠子里与白水晶所占的比重，也最好是一半一半，也就是说，金字塔尖最好处在整个珠子的中心位置为最好。

2. 晶体。晶体越纯净，越具有收藏价值。

3. 颜色。颜色越接近砖红色，品质越好。

4. 内包物。内包物越集中，品质越好。

常见的发白的红幽灵聚宝盆手链

红白相间的红幽灵聚宝盆手链

颜色鲜艳的小珠子红幽灵聚宝盆手链

颜色鲜艳的大珠子红幽灵聚宝盆手链

如何收藏红幽灵吊坠

红幽灵代表四季幽灵水晶中的春天，颜色越接近砖红色，品质越好。因此在选购红幽灵水晶吊坠时，一般要注意以下三点：

1. 颜色。颜色越鲜艳，越接近砖红色越好。

2. 晶体。晶体越干净越好，这是所有水晶选购收藏时的共通性标准。

3. 体积。鉴于红幽灵市场价格并不高，因此体积越大，相对越稀少，越有收藏价值。

红幽灵金字塔吊坠

红幽灵金字塔水滴形吊坠

红幽灵金字塔钱袋子吊坠

红幽灵金字塔镶嵌款吊坠

如何收藏红幽灵的其他款式

目前，市场里还有少量的红幽灵雕件，戒面等款式，下面进行具体的介绍。

雕件：雕件的选择依然要注意工艺与材质是否有好的结合，雕刻的工艺与题材是否具有艺术性的美感。

戒面：红幽灵戒面对纯净度颜色要求极高，能做戒面的红幽灵，绝大部分是聚宝盆形态。如能遇到金字塔形的戒面，则更具收藏价值，因为金字塔红幽灵比聚宝盆红幽灵更加稀少。

球：红幽灵球成品存量很少，品质一般都较差，具备收藏价值的很少。

红幽灵经常会出现染色的情况，在目前的水晶市场里，只有以下几种颜色是纯天然的：

1. 偏砖红色。

2. 红白相间色。

3. 泛白的红色。

其他颜色基本都是颜料染色出来的，在选择时要格外注意。

红幽灵聚宝盆球

红幽灵雕刻作品《喜上眉梢》

黄幽灵水滴吊坠

如何收藏黄幽灵

黄幽灵包裹体水晶在当前的水晶市场上，成品最为稀少。然而却并没有产生物以稀为贵的现象，这是因为了解黄幽灵的人很少，需求量也不大，而且在原料供应上又少又不稳定，因此目前所处的价格行情也不高。

另外，在幽灵包裹体水晶的收藏上，人们提到幽灵水晶，最先想到的就是绿幽灵，加上绿幽灵强势的文化寓意和功效，以及青山绿水般的美丽外观，让其他几种幽灵相比之下都大为失色。

限于黄幽灵包裹体水晶的认知度不高，一般很少有商家作为一个单独的成品进行推荐、出售，在目前的水晶市场里，一般会把黄幽灵及其他 3 种幽灵，集齐在一起配成一套四季幽灵进行出售，集齐一套四季幽灵难度很大，因此黄幽灵具有非同一般的作用。

黄幽灵包裹体水晶的成品很少，目前只能收藏到一些简单加工的吊坠和雕刻品，很少有黄幽灵手链、项链面世，因此我们主要谈一下如何收藏黄幽灵的吊坠。

在具体的收藏中，要注意以下几点：

1. 防止染色、改色。黄幽灵以颜色正黄为名贵，但目前已挖掘开采出来的黄幽灵，大多是泛白的黄色，因此卖相不足，一般商家会把黄幽灵进行加热，这样会让整体颜色变得更加娇艳，高温加色的黄幽灵，会将白水晶的部分也变黄，这是改色的一大特征。其次，染色的黄幽灵会在幽灵里看到细微的颜料堆积，收藏时也比较容易通过肉眼识别。

2. 形态。目前的黄幽灵成品中，最好品质的是聚宝盆，金字塔形的黄幽灵，截止到现在都没有发现。鉴于黄幽灵主动去收藏的晶友很少，其他品质的黄幽灵少有工厂加工，市面上也几乎没有成品，因此收藏形态好的聚宝盆即可。

3. 晶体。黄幽灵本身主动收藏的人群较少，因此晶体差的黄幽灵更没有收藏价值，晶体越纯净越有收藏价值。

鉴于黄幽灵原矿较少，专门从事加工黄幽灵水晶的工厂也很少。因此黄幽灵的收藏往往要靠运气，能够遇到收藏黄幽灵的机会也不是很多，目前所处的价位又不高，能够收藏到黄幽灵在目前挺难得的。

黄幽灵和白幽灵共生吊坠

四季幽灵（红幽灵、黄幽灵、白幽灵、绿幽灵）

白幽灵金字塔雕刻作品《悟道》

如何收藏白幽灵

白色幽灵水晶，纯白中带着圣洁，它美丽的颜色像是凝固了的皑皑白雪，非常浪漫。白幽灵水晶五行属金，因此在风水上有很多晶友佩戴用来聚财。白幽灵水晶的原矿供应量排在绿幽灵、彩色幽灵和红幽灵之后，仅高过黄幽灵，在市面上有较多的优质成品可以选择。在价位上，白幽灵的价格远低于绿幽灵和彩幽灵，和红幽灵持平，优质的白幽灵和彩幽灵价格相当。

目前的水晶市场上，白幽灵的成品形态和绿幽灵类似，基本的5种幽灵形态都有成品。

其中，金字塔的白幽灵成品最少，价格也相对较高，一串顶级的白幽灵金字塔手链有时可达上万元；聚宝盆的白幽灵成品较多，也是最容易收藏的，价格和红幽灵类似，非常实惠，一般在几百元左右。千层和满天星的白幽灵近年来供应量极少，已经较难遇到。深藏不露的白幽灵更是断货已久，几乎很难收藏到，即使有新货，价格也不会高，因为从观赏性上来说，深藏不露的幽灵形态观赏性欠佳。

如何收藏白幽灵手链、项链

在幽灵水晶收藏市场里，人们最热衷收藏的幽灵水晶是绿幽灵和彩幽灵，白幽灵排在幽灵水晶热销排行榜上，只能在第3位和第4位徘徊，因此，如果有足够的耐心，往往能收藏到幽灵形态极佳的金字塔，这也是最具收藏价值的，在行内被称为白银山水晶，因为白色的金字塔像极了银色的山峰。在具体收藏中，我们要注意以下几点：

1. 白幽灵的金字塔和聚宝盆最有收藏价值。收藏时第一选择是金字塔，第二选择是聚宝盆，千层等以下的白幽灵，收藏价值较低。

2. 颜色尽量无杂色。白幽灵以颜色纯白最为名贵，颜色有污浊或黑点，都会大大降低品质。

白幽灵金字塔包裹体手链

白幽灵千层山包裹体手链

白幽灵棉体金字塔手链

激光镭射白水晶仿白幽灵金字塔手链

激光镭射白水晶仿白幽灵金字塔手链

如何收藏白幽灵吊坠

白幽灵吊坠成品在当前的水晶市场里也较为稀少，收藏原理与手链、项链非常相似，也是优先选择金字塔，其次是选择聚宝盆。

吊坠料相对于珠料，一般体积都要更大，常会遇到形态更为完美的成品，因此吊坠的收藏价值又往往大于手链、项链。在具体的收藏中，要注意以下几点：

1. 形态越完整完美，越有收藏价值。这里说的形态是指金字塔的完整完美度，以及聚宝盆的完整完美度。

2. 颜色越纯白，价值越高。

白幽灵金字塔千层山吊坠

白幽灵金字塔水晶吊坠

白幽灵金字塔水晶吊坠

白幽灵水晶吊坠中，还会有隐形的银山和像白色泥沙一样的幽灵，一般来说，在收藏的时候要综合对比形态的完整性和体积，体积越大，形态越完整完美，越具有收藏价值。

如何收藏白幽灵其他款式

白幽灵水晶的其他款式主要有戒面和把玩件，一般来说，幽灵水晶最美的风景就是内包物，因此过度加工、雕刻，反而是一种累赘。在收藏其他白幽灵水晶成品时，具体来说要注意以下情况：

戒面：晶体要纯净，颜色要洁白，无杂色。

把玩件：最好不要过度加工，保留内包物的观赏性。

球：颜色越白，晶体越纯净，体积越大越好。

白幽灵金字塔水晶球

彩色幽灵水晶观赏石

如何收藏彩幽灵

水晶被誉为地球的天然博物馆，这是因为很多水晶内部包裹着地球亿万年前的物质形态。在科幻电影《侏罗纪公园》中，科学家通过提取琥珀中的动物 DNA，复制出了恐龙，虽然这是一种科学幻想，但琥珀内部包裹了很多昆虫，这为科学家们研究史前生物提供了很多帮助。包裹体水晶同样有助于地质学家研究地球地质的变迁，这是包裹体水晶的科学意义。

从观赏性来说，彩色幽灵水晶内包物颜色多样，形态壮美，是大自然最为神奇的矿物结晶。

彩色幽灵水晶的内包物颜色最具代表性的是绿色、红色、黄色和白色，分别称为绿幽灵、红幽灵、黄幽灵和白幽灵，在水晶行业内，人们把一块同时拥有 4 种颜色的幽灵称为春夏秋冬幽灵，这是因为红色幽灵代表了姹紫嫣红的春天，绿色幽灵代表了绿树成荫的夏天，黄色幽灵代表了收获的秋天，而白色幽灵则代表了白雪皑皑的冬天。彩色幽灵水晶晶体中的风景与人类生活如此贴近，让人赞叹大自然的造物神奇。

彩色幽灵水晶颜色丰富，随着近年来摄影家们在云南东川采风活动的开展，水晶收藏家们惊奇地发现，彩色幽灵水晶与云南东川红土地的梯田是如此相似，令人啧啧称奇。

如何收藏彩幽灵手链、项链

彩色幽灵水晶包裹体水晶，往往块体越大，包裹的颜色越丰富。而各种水晶珠料往往都是小块的原矿，这是因为水晶体积越大，价值越高。没有人愿意将大块的水晶切碎去做珠子，这个道理就像没有人愿意把鸽子蛋钻石的原料去做水钻一样，那是一种浪费原料的行为。而且从经济角度来说，大块的水晶原矿成本极高，而做成小颗粒的珠子，无疑是很难卖上成本的。

在具体的彩色幽灵水晶加工中，珠料较小，因此一般的彩色幽灵珠子只有一两种颜色，在具体的收藏过程中，一颗珠子颜色越丰富，晶体越好，价值就越高。

彩色幽灵水晶手链、项链，一般没有细分成金字塔等形态，这是因为彩色幽灵水晶的形态往往比较随意，如同云雾中的仙山，缥缈中见奇峰。

因此，在选购彩色幽灵包裹体水晶时，一般从下面三点入手即可：

1. 颜色。颜色越丰富、越鲜艳越好，这样的彩色幽灵包裹体水晶观赏性极高；

2. 内包物。内包物越适中越好，太满则缺少灵气，看不到可以观赏的景致，太少则过于稀少，也缺少可以观赏的景致。

3. 表皮。表皮越光滑越好。

彩色幽灵千层山手链

彩色幽灵聚宝盆手链

如何收藏彩色幽灵吊坠

彩色幽灵水晶包裹体一般没有被细分为金字塔等形态，总体上收藏也是依照观赏性的美感而进行。彩色幽灵水晶的品质主要是看颜色的丰富程度与鲜艳程度，吊坠料彩幽灵一般体积较大，能够设计加工成较为完整、完美的作品。

彩色幽灵包裹体最能够让人联想到九寨沟或云南东川的彩色山林，或是清澈的五彩珊瑚之海，因此在收藏彩色幽灵水晶吊坠时，一般要注意以下几点：

1. 颜色。彩色幽灵水晶吊坠，颜色越丰富、越鲜艳，品质越高，越具有收藏价值。

2. 内包物的观赏性。彩色幽灵水晶吊坠体积较大，不同颜色的组合能够构成不同的风景，观赏性越好，具有的艺术价值越高。

3. 形态。彩色幽灵水晶最能让人联想到五彩山林，因此形态像山体的，价值越高。形态分散如五彩珊瑚海的，也具有较高的收藏价值。

4. 表皮。幽灵水晶的收藏，都受表皮一定影响，彩色幽灵水晶尤其难寻完全包裹的晶体，彩色幽灵水晶吊坠的背面都不是完全包裹的，表面摸起来会有粗糙的手感，能够找到完全包裹的彩色幽灵水晶几乎是不可能的。

白绿相间彩色幽灵吊坠

白黄相间彩色幽灵吊坠

彩色幽灵水晶佛像吊坠

白绿相间彩色幽灵金字塔吊坠

如何收藏其他彩色幽灵水晶款式

彩色幽灵水晶其他款式的收藏，总体上可以参考绿幽灵的标准。具体收藏上：

彩色幽灵雕件：注意材质与雕刻题材是否契合，雕工、晶体、内包物、表皮是否完美。

彩色幽灵戒面：颜色越丰富鲜艳，晶体越纯净越好。

彩色幽灵球：体积越大，晶体越干净，内包物越丰富越好。

彩色幽灵水晶戒面

彩色幽灵水晶球

彩色幽灵水晶作品《悟道》

如何分辨幽灵水晶是否染色

彩色幽灵水晶是染色最为严重的幽灵水晶，一般来说，天然的幽灵包裹体水晶颜色只有红色、绿色、白色和黄色，其他诸如蓝色、紫色、粉色等都是不存在的，都是人们后来注入的颜色。在鉴别真假上，我们还可以通过观察幽灵上是否有颜色堆积来判断。染色的幽灵水晶还有一个特征，它们都不是完全包裹的，这也是颜料能够渗入的原因，经过染色的幽灵水晶，在幽灵裸露的部分往往有颜料的痕迹。

彩色幽灵水晶原矿把玩件

如何收藏黑幽灵

在收藏水晶过程中，常常会遇到一些特例。这些特例是自然界不常出产，或者说是出产量极少，少到让人们忽略它们的存在，但是它们又真真切切的也存在着。其中这种特例，就包含黑幽灵水晶。

黑幽灵，就是水晶内部包裹着黑色的包裹体。按说物以稀为贵，但是这个“稀”字的后面，往往还要加个“奇”字，稀而不奇，那也只能是泯然众人，沦落为平庸了。黑幽灵就是稀而不奇的品种，虽然产量稀少，但是外观并没有很高的颜值，吴师傅见到的黑幽灵，也只是被加工成圆珠的手链，形态是满天星，乍看黑乎乎，除了说它稀少，实在也没有更多的看点。因此在市场上没有引起一丝波澜，只能满足一下资深水晶发烧友集齐所有水晶品种的愿望吧！很少有水晶爱好者被黑幽灵的颜值吸引住。

黑幽灵和其他幽灵水晶一样，偶尔也会有金字塔造型出现，这种黑幽灵的收藏价值就高一些了。

黑幽灵产量稀少，价格较低，在收藏中属于可遇不可求，真的要买也不一定随时可以买到，但是要是遇到了，也不需要花很大的价钱，属于稀少但是不贵的水晶。

需要一提的是，目前市场上有一些黑色爆花水晶，这个不是黑幽灵，而是水晶经过高温爆裂后，人工往水晶内部注入颜料制成的。

如何收藏蓝幽灵

蓝幽灵冠以蓝色并不是很名副其实。天然蓝幽灵的颜色偏灰白色和灰蓝色，这种淡淡的灰色，在水晶市场中用蓝色来称呼。

蓝幽灵的产量比黑幽灵略多一些，但是其市场总体存量相较于其他颜色的幽灵，也可以忽略不计。其市场地位和黑幽灵差不多，属于稀少但不稀奇，因此长期无人关注，甚至可以说是无人问津。

因为产量太少，也没有人主动推广和宣传。因为宣传和推广开来，也无货可供，因此蓝幽灵和黑幽灵都处在一个尴尬的状态，目前蓝幽灵的成品主要是以原矿和吊坠的形式存在，加工成手链的成品非常少见，价格也和黑幽灵差不多。

因为没人了解这个品种，所以市场价格长期也不上去。另外吴师傅也感觉，这种蓝灰色和黑色一样，颜色不够鲜艳，观赏性较颜色鲜艳的幽灵低，加上产量较少，并无太大的收藏价值。

但是有一些蓝幽灵，在灯光下具有反光的星光效应，其星星点点的样子也很唯美，这种质地的蓝幽灵做成吊坠，往往被商家当作奇货，销售价格也不低。

蓝幽灵

金发晶原矿中的发晶花

如何收藏发晶包裹体水晶

发晶，是水晶族群中最为广泛的水晶品种之一，在目前的水晶市场里，我们已经发现了自然界中有天然的金发晶、钛晶、铜发晶、银钛晶、蓝发晶、黑发晶、紫发晶、绿发晶、银发晶、红发晶、黄兔毛发晶、红兔毛发晶、白兔毛发晶、绿兔毛发晶、魔鬼发晶、杂色发晶等，品种繁多。

发晶大多是根据颜色进行命名的，如包裹金色发丝的称为金发晶，包裹铜色发丝的称为铜发晶，包裹绿色发丝的称为绿发晶。其他的发晶则是根据内包物的物质进行命名，如包含二氧化钛的命名为钛晶等。

在当前的水晶市场中，发晶的价格受品种、市场拥有量、发晶形态和体积影响最大。其中人们最为喜爱钛晶、蓝发晶和铜发晶，这 3 种也是最具观赏性的发晶，价格在当前的发晶市场里最为高昂。而其他认知度较低的发晶，如魔鬼发晶、杂色发晶和兔毛发晶等，相对价格较低。

发晶的形态主要有两种：

1. 纵横交织。这是发晶最常见、最基本的形态，其外观特征是发丝内部发晶呈现纵横交织的状态，众多发丝交叉叠加生长在一起，往往带有金星效应。

2. 顺发。这种发晶非常稀少，其外观特征是发丝通顺，往往带有猫眼效应。

发晶的金星效应是指，发丝在受到光的作用下，在发丝上面呈现金星流动的效果，观看起来如同火树银花。

发晶的猫眼效应是指，发丝在受到光的作用下，在发晶的表面呈现一条线性的猫眼，能够随着光线或水晶的转动而转动。

在水晶市场里，人们普遍认为顺发的收藏价值要高过纵横交织的发晶，因此市场价格相对很高。

目前各类发晶的主要出产地是巴西和非洲。

染色金发晶水滴吊坠

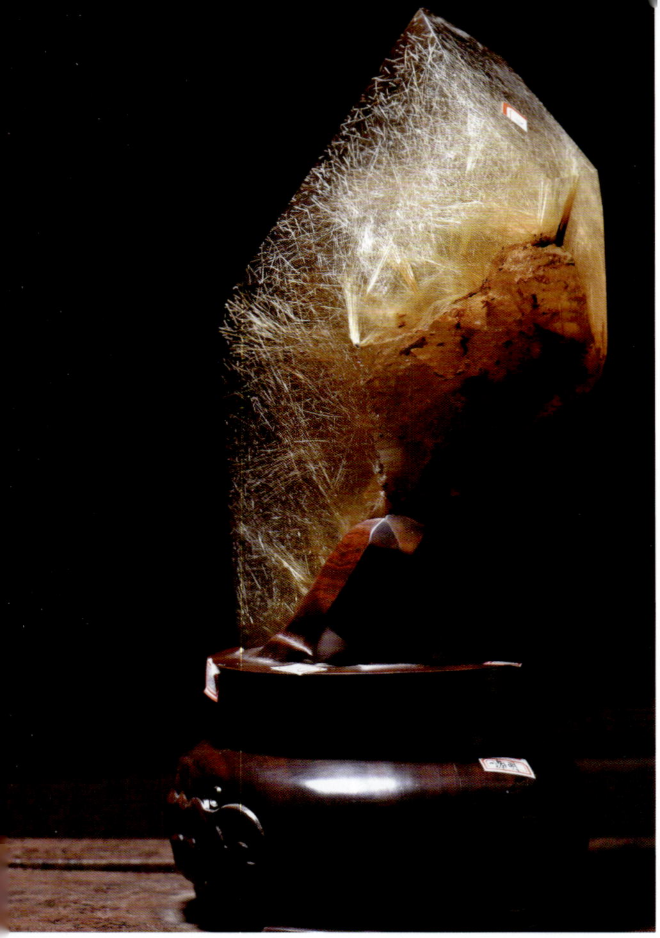

金发晶原矿

如何收藏金发晶

金发晶是当前发晶市场上最为热销的一种，在发晶的热销排行榜上，常年占据前三名的位置。金发晶与钛晶的外观极为相似，实际上金发晶与钛晶的内包物是完全相同的，它们微小的区别就是发丝的粗细。在当前的水晶市场上，人们把发丝如针，像头发一样细的金色发晶称为金发晶，而把发丝如板，较为粗壮的金色发晶称为钛晶。它们的内包物都是二氧化钛。

在老一辈水晶从业者眼中，金发晶与钛晶都是水晶中的宝物，如同水晶里面包裹了黄金。金发晶与钛晶也是颜色越金黄，品质越高。

如何收藏金发晶手链、项链

金发晶手链、项链是最受人们喜爱的水晶款式之一，目前从巴西供应的金发晶珠料量大且较为稳定，因此人们能够较为轻易地收藏到价格实惠的金发晶成品。

在具体的收藏过程中，我们要特别注意以下几点：

1. 防止改色。金发晶的颜色是越金黄越名贵，而刚开采出的金发晶原矿往往颜色发白，卖相不足。市场上的工厂往往会进行改色，经过改色的发晶往往包裹着发丝的白水晶部分也会发黄，而纯天然金发晶往往只有白体或茶体，白茶之争具体可看前面章节。

2. 发丝形态的选择。金发晶手链、项链成品，一般以发丝密度适中为佳，太过稀少或太过密实都会影响观赏性，从而降低品质。其次，发丝越顺越名贵，但纵横交织的发晶，也有很高的收藏价值。

3. 晶体越纯净，收藏价值越高。

发丝稀疏的金发晶手链

发丝较多的金发晶手链

茶体金发晶手链

白体金发晶手链

如何收藏金发晶吊坠

当前，金发晶吊坠的成品主要是简单的切割打磨，其次是雕刻的成品。切割打磨的造型主要有牌子、水滴、鼓珠等，在具体选择时要注意以下几点：

1. 造型的选择。一般来说，男士比较适合牌子、方牌、梯形吊牌、平安无事牌等，硬朗大气。而女士比较适合水滴或鼓珠，柔美漂亮。

2. 形态。发晶吊坠料尺寸一般较大，因此往往可以收藏到很多造型别致的发晶，如花束形发晶，顺发晶，或发丝纵横交织比较有特点的发晶，发丝凌乱稀少的吊坠价值较低。

3. 晶体越干净，颜色越金黄越好。

4. 包裹发晶的主体一般是白水晶或茶晶，在市场上，白体的价格普遍高过茶体的价格，多数藏家也认为白体金发晶更有收藏价值，但茶体发晶有特殊的寓意及功效，如安定心神等，因此在收藏时可以结合自身的具体需求选择。

雕刻类的发晶题材最多的是貔貅，因为金发晶的文化寓意是招财，因此以招财的材质结合招财的瑞兽，被认为是招财能力成倍增强，最受人们喜爱，同时，金发晶雕刻还有很多广泛的题材，如小辣椒代表红红火火，葫芦代表福禄等。在具体收藏上，要注意以下几点：

1. 寓意是否适合佩戴者。雕刻题材的寓意一般来说，都是“图必有意，意必吉祥”，在收藏时结合佩戴者的年龄、身份和喜好，更有助于选择。

2. 除参考上文的收藏原则外，还要仔细观察有无发根，吊坠表面是否有瑕疵。一般来说，雕刻料的发晶材质都较为优质，但金发晶往往在开采时把附着在其他矿物的发根带过来，在雕刻时有时无法去掉，有发根和矿缺等瑕疵的雕刻品会影响价值。但目前有收藏家认为，发晶的根部能量更强，收藏时可以结合自身的具体需求选择。

金发晶瑞兽吊坠

金发晶年年有余吊坠

茶体金发晶顺发

金发晶金身观音吊坠

如何收藏金发晶雕件

目前，巴西的水晶产量较多，为国内的水晶雕刻师们提供了非常多的创作原料。在收藏大件的金发晶雕件上，一般要注意以下几点：

1. 看效应。大件的金发晶作品往往带有极为强烈的金星效应，通过手电筒照射，可以更好观察金发晶的效应情况，火树银花效果越足，收藏价值越高。

2. 看晶体。晶体越纯净，品质越高，越具有收藏价值。

3. 看雕工。雕工越细腻，雕刻题材与材质结合越好，艺术价值越高，收藏价值越高。

金发晶雕刻摆件《寿桃献瑞》

金发晶雕刻摆件《喜上眉梢》

金发晶雕刻摆件《送财鼠》

如何收藏其他金发晶款式

金发晶经常被加工成戒面、发晶球等，在具体的收藏上，主要看重以下方面：

戒面：纯净度越高越好，发丝最好带有观赏性的形态。

水晶球：效应越强烈越好。金发晶球极少有白体，茶体往往具有更为浓郁的品质，并不影响价值。

灯光下的茶体金发晶球

钛晶原矿

如何收藏钛晶

钛晶收藏是水晶收藏里的重头戏，钛晶、绿幽灵和碧玺被人们认为是最有价值的3种水晶，也是当前水晶市场里最为名贵的3种水晶，换言之，也是价格最贵的3种水晶。

钛晶的外观，如果水晶包裹着金条，金光四溢，霸气十足。钛晶被誉为水晶中的王者，它具有最为霸气的外观和气质。

目前，水晶市场里流传着“一克钛晶三克金”的说法，意思是说1克钛晶等于3克黄金的价格，当然钛晶的品质也有好有差，并不是所有的钛晶都能达到这样高的价格，但在今天，1克顶级的钛晶的价值已经远不是3克黄金所能衡量的。

钛晶的收藏里，有一个始终不能回避的“瑕疵”，那就是发根。应该说，发根是最影响钛晶价格的，在其他发晶品种里，一般也没有这么明显的发根，从另一方面来说，这也说明极品水晶得到非常不易。钛晶发根往往是长在发丝的根部，如果在加工的时候去掉发根，则会大大减小钛晶的体积，而在“一克钛晶三克金”的行情影响下，去掉任何1克钛晶的经济损失都是很大的。因此，没有发根的钛晶，在价格上相对较贵。在这里，我们再次提一下，也有收藏家认为发根是能量强大的标志，如同大树的发根是一棵树木的根本，他们认为黑色的发根是钛晶的能量源泉所在，这也不无道理，具体收藏钛晶时可以根据自己的需求选择。

如何收藏钛晶手链、项链

钛晶价格高昂，晶体纯净度、发丝颜色、发丝粗细和发丝形态都极大的影响钛晶的价格。另外，与其他水晶最为不同的是，一般原矿市场拥有量大的水晶，其单位克价往往受尺寸影响很小，而钛晶则受尺寸影响极大，这是因为尺寸越大的钛晶，市场拥有量越少，价值也越高。这就如同两个一克拉的钻石价格不等于一个两克拉钻石的价格，即使是同品质，大尺寸的单位价格也是远高过小尺寸的单位价格。因此在具体的收藏中，要注意以下几点：

1. 根据预算选择尺寸。钛晶的收藏没法让人很任性，因为它的价格较为高昂，一般来说，预算较高，则可以选择佩戴起来最为舒适的尺寸，预算较低，则只能选择珠子较小的多圈尺寸。这样的选择能够保证钛晶的品质。

2. 根据预算选择品质。钛晶也不是所有的品质都价格高昂，如果愿意降一下品质，则可以选择发丝较为稀疏，或晶体较多杂质的钛晶，这样可以选择佩戴更为舒适的尺寸。

3. 钛晶手链的品质要综合去看发丝的疏密、发丝的形态、发丝的纯净度和发丝的颜色，其中钛晶越密越珍贵，而不是像其他水晶需要包裹物适中的状态，发丝的形态越通顺，发丝越粗越宽越名贵，发丝的纯净度越高越好，发丝的颜色越金黄越好。

4. 预算一定的情况下如何选择？一般来说，如果预算一定，收藏的原则是最先看珠子的完美度，尽量不含发根、矿缺和棉裂，其次发丝要相对多一些，硬朗粗壮一些，尺寸尽量接近佩戴者舒适的范围。

5. 效应越强越好。钛晶发丝较粗，在光的作用下，发丝会出现猫眼效应，猫眼效应越强，品质越好，越具有收藏价值。

普通钛晶手链

中等品质钛晶手链

猫眼钛晶佛珠

精品钛晶项链

白体钛晶手链

如何收藏钛晶吊坠

钛晶吊坠的成品和金发晶几乎一样，也可以简单地分为切割打磨和雕刻品。钛晶的吊坠料较大，因此能够特别完好地保存内部的发丝形态，因此在收藏钛晶吊坠时要注意以下几点：

1. 发丝的观赏性。钛晶吊坠的发丝形态有纵横交织形、顺发形和花形，一般来说，顺发形和花形的收藏价值更高，价格也更贵。其中顺发又可以细分为单顺发，多顺发和满密顺发，发丝越多越顺，品质越高。花形又可以细分为三瓣花和六瓣花，花瓣越多，品质越高，越具有收藏价值。钛晶的发丝观赏性极高，除了以上 3 种形态外，有时钛晶还会形成其他具有观赏性的形态，因个个是孤品，没有规律可言，具体收藏时要综合考评作品的观赏性。

2. 晶体。晶体越纯净越好。

3. 完整度。钛晶的表面常有黑色的发根，一般来说，如果发根裸露在水晶表面，则会降低它的收藏价格，如果发根包裹在水晶之内，则会增加的它的收藏价格。很多水晶收藏家认为发根是钛晶能量更强的表现，具体收藏可以结合个人喜好与需求。

4. 颜色。发丝颜色越金黄越好，而钛晶吊坠包裹发丝的主体常有白茶之分，也就是分为白水晶包裹和茶晶包裹，一般认为白水晶包裹的价格更高，茶晶包裹的兼具安定心神的功效，收藏时可以根据个人需求而定。

5. 发丝疏密。发丝内包物越多，价值越高。

钛晶《平安锁》吊坠

钛晶花戒面

钛晶水滴吊坠

钛晶花吊坠

猫眼钛晶《富甲一方》吊坠

钛晶《貔貅》吊坠

如何收藏钛晶雕件摆件

钛晶是目前市面上最为名贵的三大水晶之一，普通的小手链小吊坠价格都比其他水晶价格高出很多，体积较大的钛晶雕件摆件的价格一般都是六位数到八位数之间，因此极具收藏价值。在具体的收藏上，一般要看以下几点：

1. 颜色。收藏钛晶摆件一看发丝的颜色，颜色越金黄，价值越高；二看包裹发晶的水晶主体颜色，其中白色的市场价格更高，茶色的市场价格略低于同品质白色的市场价格。

2. 发丝疏密。发丝内包物越多，价值越高。

3. 体积。体积越大，市场拥有量越少，价值越高。

4. 做工。钛晶材质本身名贵，很少做非常精细复杂的雕刻，一般来说，雕刻是在没有发丝的部分进行衬托钛丝的神奇壮观，因此在设计加工上，以简洁大气为佳。

如何收藏钛晶的其他成品

钛晶球：发丝生长形态最好为同一方向，或顺发为佳，晶体越纯净越好。

钛晶戒面：发丝通顺满密为佳，晶体越纯净越好，猫眼效应越强越好。

钛晶雕刻作品《貔貅》摆件

钛晶平安瓶摆件

钛晶球摆件

铜发晶大刀工艺品摆件

如何收藏铜发晶

铜发晶又被称为铜顺发晶，这是因为这个品种的发晶，发丝通顺的成品最多。在其他几大发晶品种里，发丝的形态绝大部分都是呈现纵横交织的状态，只有铜发晶拥有最为大量的顺发成品。

铜发晶的外观颜色是黄铜色，在很长一段时间，这个颜色都没有其他颜色的发晶在市场上受欢迎。随着近年来水晶市场的发展，铜发晶中的优质品通顺发晶，以其发丝通顺、猫眼极强的外观特征，极大的震撼了文玩收藏领域，这两年越来越受到人们的追捧。

铜顺发晶价格高昂，目前有直逼甚至赶超钛晶的趋势。

铜发晶的发丝形态主要有两种：纵横交织和顺发。

如何收藏铜发晶手链、项链

铜发晶总体价格较高，收藏起来就不能那么任性，一般来说，在具体的收藏中要结合以下几点：

1. 根据预算选尺寸。一般来说，收藏铜发晶主要是收藏铜顺发，铜顺发的发丝通顺，猫眼效应强，品质极佳，极具收藏价值，但价格也高，在收藏时，珠子尺寸越大，价格越高，因此预算高，则可以选择适宜自己佩戴的尺寸，如预算不高，则可以选择珠子尺寸较小的款式。

2. 发丝纵横交织的，价格实惠。铜顺发也有发丝纵横交织的形态，价位和金发晶类似，收藏门槛不高，在选择时，一般要结合晶体，晶体越纯净，发丝包裹物越多，越具有收藏价值。

3. 注意发根。铜顺发晶发丝较密，珠子表面往往会有一些发根，在选择时可以用手抚摸，珠子表面越光滑，品质越好。

4. 铜顺发的发丝越密，猫眼效应越强，晶体越干净，品质越好。

颜色浅淡、发丝较为稀疏的铜发晶手链

发丝较少的铜发晶项链

发丝较乱的铜发晶手链

发丝较顺、晶体有棉的铜发晶手链

发丝较顺、晶体较好的铜发晶手链

搭配在水晶多宝上的铜发晶

精品铜发晶，发丝通顺

如何收藏铜发晶吊坠

铜发晶对吊坠料要求较高，因此具有收藏价值的前提之一就是发丝要通顺，发丝越顺，收藏价值越高。在具体的收藏中，要注意以下几点：

1. 避免瑕疵。铜发晶的表面往往会有黑点、矿缺、发根等，影响整体美观，在收藏时要尽量避开以上情况。

2. 看猫眼。铜顺发晶发丝顺密，猫眼效应越强，收藏价值越高。

3. 看做工。鉴于铜顺发晶特殊的发丝形态，发晶吊坠在加工时，要特别注意结合发丝的生长方向，以便更好地突出猫眼效果，简单打磨的吊坠要结合发丝方向，雕刻的吊坠要加工成葫芦、鱼、玉米等适宜表达猫眼的题材。

铜发晶雕刻《貔貅》

发丝稀疏的铜发晶

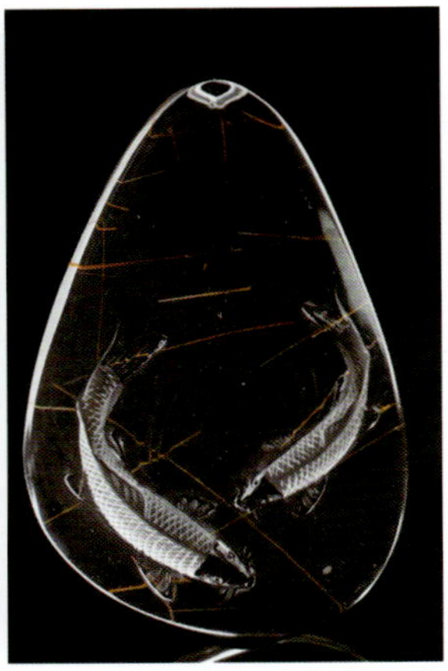

铜发晶巧雕《一统天下》

4. 看晶体。晶体越纯净，品质越好。

对于发丝不通顺的铜发晶，一般可以作为入门收藏，价格相对便宜。

如何收藏铜发晶摆件

铜发晶收藏门槛较高，特别是品质优秀的铜顺发晶，价格堪比钛晶。铜发晶摆件体积较大，一般价位都在 10 万以上，个头特别大的价格在千万元左右。

铜发晶摆件较少，能够收藏的机会并不多，一般来说，在具体的收藏上要注意以下几点：

1. 看雕工。铜发晶顺发较多，在整件作品欣赏上，既要观察工艺是否精美，也要看雕刻的题材是否将发丝形态衬托得更加完美。

2. 看发丝形态。铜发晶发丝越顺，猫眼效应越强，品质越好，越具有收藏价值。大的铜发晶摆件，往往会有较为明显的发根，发根明显一般认为会降低观赏性，从而影响它的收藏价值。也有藏家认为发根是发晶能量强劲的表现，具体收藏时可以结合自己的收藏需求选择。

3. 看颜色。铜发晶颜色越鲜艳，品质越好，一般来说，大块的铜发晶因受复杂的地质环境影响，发丝很难均匀漂亮，往往会一部分鲜艳明亮，一部分颜色发黑暗淡，颜色越均匀鲜艳，越有收藏价值，同时，发丝受光线影响很大，在收藏时需要开灯观察发丝的宝石效应。大型的铜发晶摆件往往伴生其他矿物，这些矿物如果与发丝相得益彰，更加具有观赏性，则更有价值。反之，如果这些矿物影响了整体作品的美感，则会降低收藏价值。

4. 看晶体。晶体越纯净，品质越好，大块的铜顺发往往会有一些棉裂，这些棉裂有可能是在发丝周围，也有可能是局部多棉裂，无论是哪一种棉裂，都会影响和降低它的品质。

5. 看体积。体积越大，价值越高。目前市面上最重的铜发晶大概有 50 千克，更大尺寸的铜发晶将来也许会有，但可能性极低。一块体积大，并且能保证发丝的密度和效果的铜发晶，往往是很难遇到的。

铜发晶原矿

铜发晶雕刻《大丰收》

铜发晶雕刻作品《八方来财》

如何收藏铜发晶的其他款式成品

铜发晶除了加工手链、项链、吊坠和摆件以外，还有较多的戒面，体积大些的，还会加工成水晶球。在具体收藏上，需要注意以下几点：

戒面：戒面要开灯照射，观察发丝是否通顺，越通顺品质越好；晶体是否纯净，晶体越纯净越好；猫眼效果是否强烈，猫眼效应越强烈越好。很多戒面在表面还会有一些发根，如发根粗糙，摸起来有手感，也会降低它的收藏价值。

铜发晶球：铜发晶球大部分是发丝纵横交错的，收藏时也要开灯，观察晶体的纯净度和发丝的宝石效应，晶体越干净，收藏价值越高，发丝的猫眼效应越强，收藏价值越高。目前的铜发晶球大部分是小球，尺寸在20—45毫米较多，超过40毫米的铜发晶球，特别是铜顺发晶，都堪称宝物，收藏价值极高。

铜发晶球，带发根

普通铜发晶球，棉裂多

银钛发晶

如何收藏银钛发晶

银钛发晶属于一个较为冷门的水晶晶种，其功效特殊，一般被认为具有招财和辟邪的双重功效。银钛发晶在发丝形态上，属于在整个发晶族群里独树一帜的，形态非常特别，往往在发根部形成密集的包裹，同时具有猫眼效应，在发尾处拖着长长的尾巴，并且逐渐稀疏。

银钛发晶产量稀少，并且供应量极为不稳定，其特殊的发丝形态令人感觉到一股神秘力量，非常吸引水晶爱好者关注和收藏。

银钛发晶产量稀少，导致它的成品有限，目前仅有部分手链、吊坠和戒面，极少有较大的原矿出现，因此市面上几乎看不到银钛发晶做的把玩件和摆件。

银钛发晶价格和钛晶较为接近，可以认为是水晶里仅有的两种“钛晶”。

如何收藏银钛发晶手链、项链

目前市面上银钛发晶成品很少，其中有部分手链可以收藏，项链相对更少。银钛发晶的形态特殊，每块原矿都有自己的形态特点，因此凑成一串形态相对接近，看着顺眼舒服的手链成品较为不易。在具体收藏上，要注意以下几点：

1. 看发丝形态。银钛发晶发丝越密越好，发丝越密，猫眼效应越强。银钛发晶在珠子表面往往有很多发根，甚至带有较为明显的矿缺，在收藏时应想办法避免。

2. 看晶体。晶体越纯净，品质越好。

3. 颜色越鲜艳，品质越好。银钛的颜色以银色偏灰最受欢迎，颜色发黑的则价值相对较低。

如何收藏银钛发晶吊坠

银钛吊坠主要是简单切割的成品，极少会进行雕刻。这是因为银钛内部的发晶极具观赏价值，雕刻反而会影响人们欣赏它的内部包体，银钛的价格和钛晶价格较为接近，因此在加工时，工厂都不舍得浪费原料，尽可能地保持它的体积。在收藏上，可以从以下几方面入手：

1. 观察发丝形态。银钛发晶发丝形态特殊，一般来说，如发丝较顺，或形成具有对称性、发散性和放射性等的几何形态，则更为难得，更具收藏价值。

2. 看猫眼效应。猫眼效应越强，品质越好。

3. 看外表完整性。银钛发晶往往会有发根，在发根处又往往有较为明显的矿缺，在收藏时，收藏没有发根和矿缺的概率很低，收藏矿缺较小，摸起来手感较为光滑的较好。

4. 看晶体。晶体越纯净，品质越好。

如何收藏银钛发晶戒面

银钛发晶原矿较小，常被加工成戒面。优质的银钛发晶戒面主要看以下几点：

1. 发丝形态，发丝形态越具有观赏性，品质越好。戒面尺寸较小，因此往往刻意截取一块原矿里最好的发丝形态部分进行加工，所以更容易有精品可以收藏。

2. 晶体越纯净，品质越好。

3. 银钛戒面的发根，一般都会刻意做在戒面底部，因此不会影响品质。

带花骨朵的巴西蓝发晶吊坠

如何收藏蓝发晶

蓝发晶是最近一两年才被发现的水晶新品种，这种发晶颜色呈现浅蓝色到深蓝色，特别是在清水浸泡之后，颜色越加鲜艳漂亮。蓝发晶原矿刚被发现运回国内时，因原矿个头极小，大部分原矿只有葡萄大小，工人认为没有加工价值而没有引起重视，还有人认为蓝发晶里面的颜色是人工做出来的，市面上不可能有纯天然的蓝色发晶。后来，人们看到加工好的蓝发晶成品后惊喜地发现，这种水晶内包的发丝形态完全不同于已经发现的其他发晶，它的内部呈现圆圆的、绽开的花形，它的发丝形态极为漂亮完美，加之颜色是浪漫的天蓝色，被水晶收藏者们命名为“太阳花”。

目前，在蓝发晶的产地巴西，仍然没有发现块头较大的蓝发晶，因此市面上现存的少量蓝发晶成品主要是戒面和吊坠。

蓝发晶的发丝形态特殊，在收藏上，蓝发晶最重要的收藏价值就是它的发丝形态和颜色。因此在具体收藏上，我们要注意以下几点：

1. 发丝形态。天然蓝发晶发丝形态以包裹“太阳花”为美，太阳花越大，越多，越完整，品质越高，越具有收藏价值。发丝纵横交错的价值较低，蓝发晶的发丝相对较粗，目前蓝发晶价格高昂，直超钛晶，因此市面上有很多染色的蓝发晶。染色的蓝发晶大多没有太阳花，发丝较细，且往往有颜料堆积的痕迹。

2. 颜色。颜色越鲜艳，品质越好。蓝发晶日常保养一般是浸泡在清水里，这样能够保证蓝发晶的鲜艳颜色。颜色越浓郁，收藏价值越高。

3. 晶体。晶体越纯净，品质越高。

看包体完整性。蓝发晶和银钛发晶的原矿非常类似，一般也具有发根和矿缺，在做戒面时，发根和矿缺在戒面底部，一般不影响品质。而在做吊坠时，在吊坠底部往往会有矿缺，摸起来会有粗糙的手感，一般来说，只要不是过于凸显，不影响蓝发晶的收藏价值。蓝发晶产量极为稀少，能够加工出完美的成品几乎是凤毛麟角，因此，收藏蓝发晶主要看内包物的形态和颜色，它的矿缺都被容忍和接受了。

天然蓝发晶原矿，晶体好的部分占比非常小

浅色巴西蓝发晶原矿，宛如小草在旺盛生长

颜色鲜艳且略带花骨朵造型的蓝发晶

聚宝盆蓝发晶瑞兽雕刻品

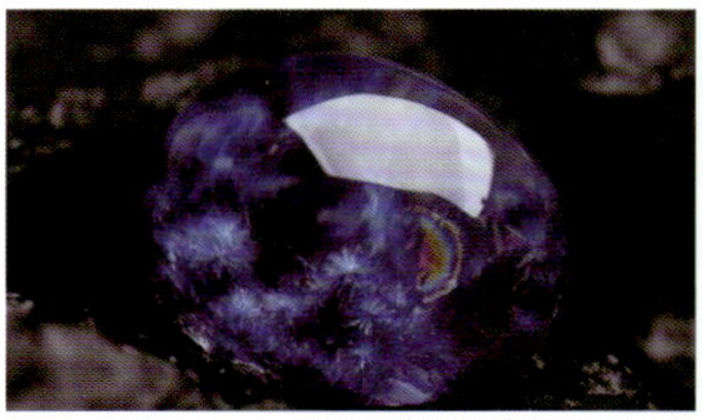
带彩虹胶花的巴西蓝发晶吊坠

花骨朵非常繁盛的蓝发晶吊坠

精品唯美蓝发晶吊坠

黑发晶手排

如何收藏黑发晶

黑发晶是水晶族群中较为冷门的品种之一，并不是因为黑发晶没有较高的收藏价值，而是黑发晶原矿棉裂较多，发丝粗细不均，这样导致成品大多品质一般，虽然价格适中，但观赏性较差。品质较高的黑发晶价格又很高，导致收藏门槛较高，最终形成了普通黑发晶成品品质较差，水晶爱好者看不上；高品质黑发晶价格太高，水晶爱好者不愿意购买收藏的现状。不尴不尬，因此收藏黑发晶的藏家并不算多。

目前市面上的黑发晶成品主要是手链、项链、吊坠和戒面，成品较少，大块头的雕件、摆件等几乎没有。因此在收藏上，我们注意以下几点即可：

1. 发丝形态。黑发晶无论发丝粗细，都要综合看发丝的观赏性，发丝最好均匀分布，具有一定的整体性。黑发晶的成品形态一般有两种，一种是细发，一种是粗发，粗细并不影响价值，而要看发丝的形态，发丝均匀、通顺，则更具有收藏价值。

2. 晶体。晶体越纯净越好。

3. 颜色。黑发晶颜色越黑越好，黑发晶以黑为美，越黑品质越好。

4. 体积。尺寸越大，越具有收藏价值。

黑发晶原矿及吊坠

黑发晶手链

茶体黑发晶球

发丝顺具有猫眼效应的绿发晶手链

如何收藏绿发晶

绿发晶是人们最喜爱的发晶之一，绿色五行属木，代表生长、生发，让人感觉到一股向上生长的力量，带着绿色植物般旺盛的生命力。发丝粗壮的绿发晶像一片片茂盛的竹林，颇有竹林里清幽的意境，非常的雅致。

绿发晶有 3 种形态：

1. 细密柔顺的称为绿色兔毛发晶。这种发晶发丝非常细密，外观如同兔子的毛发而得名，如果发丝通顺，在单一光源的照射下，有时会具有猫眼效果。

2. 发丝硬朗的绿发晶。这种绿发晶发丝硬朗，纵横交错，外观很像是竹海幽林，极具观赏性，也是目前绿发晶里最受欢迎，最有价值的。

3. 猫眼绿发晶。这种绿发晶晶体被包裹物完全充满，密不透风，具有较好的猫眼效果和颜色的，具有收藏价值。

这 3 种绿发晶形态各有优劣，在成品款式上有手链、项链、吊坠、手镯和戒面等，在具体收藏上，一般要注意以下几点：

1. 看眼缘。这是收藏水晶时经常被提到的一条标准，价位类似，款式相似的水晶，因市场价值相当，并不能简单地以品质优劣评判，此时就看哪款最符合自己的心意，选择柞对喜欢的就好。

2. 看发丝形态。绿发晶的 3 种形态，一般喜欢柔美型的收藏兔毛绿发晶；喜欢硬朗洒脱型的收藏粗壮的绿发晶；喜欢宝石感强的，收藏猫眼绿发晶。

3. 看颜色。颜色越鲜艳，品质越好。

4. 看晶体。晶体越纯净，杂质越少，品质越好。

一块水晶包含多种颜色的骨干发晶

如何收藏超七

水晶市场上的新名词层出不穷，比如近年来流行的超七、超级七、三轮骨干紫发晶、金草莓、红草莓、黑加仑、烟花超七等，为什么它们看起来相似，甚至也经常组合串在一串手链上，但却拥有那么多不同的名称，听起来又有点怪怪的，尤其是黑加仑，那不是一种葡萄吗？烟花不是用来燃放的吗？网络上说法众多，却总是感觉有点摸不着头脑。

其实，您完全不必怀疑自己的鉴赏水平，因为这完全是商家在故布疑阵，通过起很多好听的名字来促进销售而已。这和大城市里的白领喜欢起英文名，互联网公司喜欢起花名是一样的道理。显得时尚，和国际接轨嘛！

上文的水晶名称其实都是一种，综合起来称为“超七”，它也是来自国外水晶名称“Super seven”的直译。超七的意思是这种水晶包含 7 种不同的水晶矿物，综合起来就称为超七水晶了，类似的还有极光 23 水晶。

超七包含的 7 种共生矿分别是：紫晶 (Amethyst)、白水晶 (White Quartz)、茶晶 (Smoky Quartz)、黄磷铁矿 (Cacoxenite)、针铁矿 (Goethite)、纤铁矿 (Lepidocrocite)、金红石 (Rutile)，因此称为超级七水晶！

超七内部包含的发晶被称为骨干发晶，这是相对于常见的发晶形态而言，常见的发晶形态笔直，粗细均匀。而超七内部包含的发丝就像原先的发晶被烫头了一样，发丝呈现弯弯曲曲的样子，粗细也不均匀，造型宛如一根骨头状的发晶，因此被称为骨干发晶。

至于三轮骨干发晶的称呼，则来自国外的水晶疗愈一派。在国外，人们认为人体内部有 7 个能量中心，而超七的水晶能量就对应着人体中的眉心轮、脐轮和海底轮，因此称为三轮骨干发晶。

超七中集合 7 种元素在一起称为超七，如果裁取 7 种一部分加工成成品，则又有不同的称呼，具体可以分为 5 种不同的超七水晶，它们分别是：

紫发晶

紫发晶又称为超级七、三轮骨干紫发晶、紫色骨干发晶等。

三轮骨干紫发晶的得名，则是因为其功能分别对应眉轮、脐轮和海底轮。紫发晶中的发丝也有较为多样的颜色，这是因为内部包含了多种矿物，常见的发丝颜色有红色、紫色和灰黑色等。在收藏时，既要颜色鲜艳，也要颜色丰富。

紫发晶目前的成品主要是手链和吊坠，其次有少量精品适合做镶嵌的戒指和吊坠，最近几年，随着新矿区时有发现，目前市面上偶尔也可以看到手镯，不过价格非常昂贵。

收藏紫发晶手链，一般来说要兼顾颜色的多样性，这样才是一串完整的三轮骨干紫发晶，颜色上既有紫色、白色和茶色，也要尽可能鲜艳。发丝上，尽可能多且顺，发丝越多，品质越好，发丝越顺，收藏价值越高。

收藏紫发晶吊坠，可欣赏内包物的观赏性。目前最好的三轮骨干紫发晶吊坠，颜色多样，甚至会呈现钛晶花的外观，极具美感。

收藏紫发晶的戒面，要选择颜色美，包裹物形态好的成品。

紫发晶颜色多样，如同碧玺，有的人喜欢七彩碧玺，也有人喜欢纯色碧玺，紫发晶也是这样。很多人只喜欢紫发晶里的一个颜色，目前也有纯正的红色骨干发晶，这样的骨干发晶颜色越鲜艳，晶体越顺越好。

超七中的紫发晶切面吊坠

超七中的紫发晶晶柱

超七中的紫发晶雕刻作品《瑞兽》

超七中的马眼形吊坠

红草莓和金草莓

“草莓晶”的英文名是“strawberry quartz”，音译“士多啤梨水晶”。此种水晶外观比较像草莓的色彩，而内里星星点点的天然沉淀物又像草莓上的果籽一般，因此而得名——草莓晶。

那超七和草莓晶有什么关系呢?

原来，人们把超七中金色的骨干发晶单独加工成产品，如串成一串全红的骨干发晶手链，或制作一件全红的骨干发晶吊坠或戒指等，这样的成品看起来也像是一颗草莓，内部的骨干发晶像是一颗颗草莓上的果籽，因此，市场上把这种红色的骨干发晶成品，约定俗成的称为红草莓。同理，把金黄色的骨干发晶称为金草莓。

红骨干发晶和金黄色的骨干发晶都属于草莓晶的一种，但是草莓晶却不都是超七，因为市场上还有两种草莓晶，它们是水晶包裹着草莓籽形成的草莓晶，还有石英岩玉包裹着草莓籽形成的草莓晶。

红草莓晶和金草莓晶都是超七水晶里的一种，红草莓晶即纤铁矿红云母，金草莓晶即黄磷铁矿，这两种草莓晶品质上乘的稀少，在港台和广东地区尤其受欢迎。

超七中的金草莓和红草莓

超七中的金草莓晶原矿

超七中的金草莓晶手链

超七中的优质金草莓晶单珠

超七中的优质金草莓晶手链

超七中的优质红草莓晶金蟾

黑加仑和烟花超七

黑加仑本身是一种葡萄的品种，外表黝黑，非常有代表性。本来黑加仑和超七也没有关系，但是很多宝石命名，是为了便于人们的感知和理解，会使用很生活化的东西来进行命名。比如蓝宝石中有一种矢车菊蓝，这是用矢车菊花的颜色来描述蓝宝石，这样即使没有见过这种蓝宝石的人，也可以想象出这种蓝宝石的颜色。

同样的道理，超七中有一种黑色的骨干发晶，外表如同黑加仑那般黝黑，因此用黑加仑来进行代称，方便人们发挥想象，感受到这种超七的美感。

同时，这种黑色的超七在灯光的照射下，会反光，形成火树银花的外观形态，又因为黑色的超七发丝排列呈现整齐对称的样子，非常像烟花盛开的情形，因此也被称为烟花超七。

这都是根据其外观特征命名的。

超七加工的成品主要是手链，也有少量吊坠和雕刻品，选购的时候也是综合颜色、纯净度、尺寸、做工和观赏性来收藏。

值得一提的是，超七中有一种会呈现达碧兹效果，观赏性非常好！

超七中的达碧兹效应

超七中的红草莓

超七发晶手链

达碧兹超七

超七三圈小珠子款手链

如何收藏银发晶

在水晶的颜色上，金色往往代指黄色，因为金色更名贵，而黄色显得缺少一点金光的大气。银色往往代表白色，原理也是一样，银色和白色，一个是亮白色，一个是正常的白色，因此银色发晶和白色发晶，往往说的是同一种水晶。在水晶市场里，人们也常称白度高的发晶为白银发晶，两者得以兼顾。

目前的银发晶主要有两种，一种是硬朗型银发晶，发丝清晰、粗壮；一种是发丝细密的兔毛发晶，它也有两种常见形态，一种是发丝柔密、细顺，另一种是飘逸、飞扬。

硬朗型的银发晶，品质主要看颜色的亮白度、晶体的纯净度和发丝的多寡，颜色越白，晶体越纯净，发丝越多，越有收藏价值。

柔密型的白银发晶，品质主要看观赏性。观赏性主要体现在两种：一是看发丝的通顺度，颜色是否纯白无杂色，顺的发晶，往往具有猫眼效应，因此白银发晶猫眼效应越强，品质越好。二是看发丝的飘逸形态，兔毛白发晶柔美如兔子毛发，因此常有飘逸飞舞的作品呈现，这种发晶也极具观赏性和收藏价值。

银发晶目前的成品主要是手链和吊坠，其他款式的成品因需求量小，原材料少，市场供应极为稀少。

银发晶的价格在发晶中总体偏低，本身极少被造假染色改色，但却常被当作染色成其他颜色发晶的材料，特别是红发晶！

银发晶吊坠

银发晶原矿

如何收藏白发晶

白发晶是水晶内部包裹的发丝为白色的发晶，白发晶在发晶家族中独树一帜，既不是土豪感很强的金色，也不是大红大紫的颜色，更没有银发晶冷兵器般的质感，它就是纯洁白皙的白。

白发晶的价位在发晶中排名比较靠后，属于好看不贵的发晶品种之一。

白发晶的主要成品是手链和吊坠，以及少量的水晶球。

目前白发晶的形态主要有两种，一种是发丝清晰硬朗的白发晶，一种是宛如兔子毛发的白兔毛发晶，两种都可以称作白发晶。

收藏白发晶，一般要选择颜色尽量白皙，不带有灰黑杂色，晶体干净，做工优秀的成品。白发晶往往会被染色成其他的发晶来出售，但是很少有其他颜色的发晶染色成白发晶，因此收藏白发晶是比较简单容易的。

白发晶本身在发晶家族中地位并不高，但是也经常被用来搭配多宝手链，因为一颗白色点缀在五颜六色的水晶之中，还是相当好看的！

白发晶花吊坠

白发晶佛家造像吊坠

白发晶葫芦吊坠

白发晶悟道吊坠

白发晶球

猫眼白发晶顺发手链

天然红发晶球

如何收藏红发晶

红发晶是发晶里染色改色最为泛滥的一种，自然形成的红发晶，颜色往往呈现黑红色或灰红色，完全不符合人们心目中期待的红色发晶，因此市面上的红发晶，绝大部分都被染色了。

这些染色的红发晶，原色多是其他浅色发晶，通过颜料、高温等手段上色成红发晶。因此在收藏时要格外注意，切勿贪图美感选择染色的红发晶。

天然的红发晶有 3 种形态：

一是发丝硬朗粗壮型，颜色往往偏黑灰色的红，这种红发晶目前多做手链，尺寸在 8—14 毫米较为常见，较大的料子极为少见。

收藏这种红发晶，一般选择发晶较多，颜色相对更为红润，发丝相对更顺，晶体纯净的成品。颜色发黑，晶体多杂质的被认为是下品，没有什么收藏价值。

二是兔毛红发晶，颜色较红，但不是中国红，发丝柔细，大部分红兔毛发晶通过肉眼都看不到发丝，常被误认为是樱桃红色的玛瑙。红兔毛发晶的主要成品是手链和吊坠，也有一些小型的摆件。

收藏红兔毛发晶手链，一般选择发丝多，晶体好的。红兔毛发晶手链最好的是聚宝盆，这种聚宝盆是因为兔毛发在水晶里形成沉淀的效果，一部分发丝极多，一部分发丝极少，切珠时加以设计，做出聚宝盆造型的珠子，在水晶文化里象征开运聚财，非常吉利。红兔毛发晶的吊坠，要看颜色是否均匀，或俏色是否自然巧妙，雕工越好，越值得收藏。红兔毛发晶的摆件需要选择大料，而大料往往颜色不均匀，因此要综合评判整件作品的艺术价值。

细密的红兔毛发晶造假严重，选购时，可以仔细观察发丝上是否有颜色堆积的现象。

三是骨干红发晶，这在上文紫发晶中提到过，是白水晶里面包裹着红色骨干发丝，也可以称为红发晶。但水晶商家一般把这种发晶称作红色草莓晶，这是因为骨干发晶的发丝往往头重脚轻，像小蝌蚪似的，呈现一个个亮红色的斑点，如同草莓斑点，故而得名红草莓，更易于水晶爱好者接受。

天然红发晶与幽灵水晶共生吊坠

天然红发晶观赏石水晶球

天然红发晶与方解石共生吊坠

天然红发晶平安无事牌

天然红兔毛发晶鼓珠吊坠

天然红兔毛发晶切面吊坠

天然红兔毛发晶聚宝盆手链

超七中的红色骨干发晶

彩色兔毛发晶聚宝盆混搭多宝手链

如何收藏兔毛发晶

兔毛发晶，顾名思义，这是一种外观像兔子毛发一样的发晶。兔子毛发是什么样子的?又细又密，几乎看不清其单根的毛发。因为其发丝并不清晰，因此兔毛发晶也有很多别称，如红兔毛发晶也被称为“红水晶”，绿兔毛发晶直接被叫作“绿发晶”，这些称呼也是没问题的。人们习惯上把红兔毛、黄兔毛和绿兔毛组合串在一起，称为福禄寿水晶，红色、黄色和绿色代表着健康、福气、财气。

目前已发现的兔毛发晶主要有 5 种：

白兔毛

白兔毛就是外观是白色的兔毛发晶，白兔毛发晶又称为白发晶。白兔毛发晶在兔毛发晶中的产量相对较少，其原矿主要用于雕刻，少部分用于切割打磨水晶珠子。

白色系兔毛发晶清新雅致，纯白高洁，宛如皑皑的冰雪，使用精工雕刻的吊坠往往非常出彩。通顺的白兔毛发晶，常常还能看到猫眼发晶效应，极具收藏价值。

但是如果白兔毛中含有黑灰杂色或矿坑，则会大大降低它的品质。

白兔毛发晶椭圆吊坠

白兔毛发晶雕刻作品《九尾狐》

白兔毛发晶金字塔吊坠

白兔毛发晶球

白兔毛发块头大的原矿极少，因此也比较少有大件成品的产出。

红兔毛

红兔毛发晶是兔毛发晶中产量最多的一种，红色是极为喜庆高贵的颜色，因此品质好的红兔毛市场价每克可达数百元。另外，自然界本身没有红色水晶出产，因此红兔毛发晶往往被当作红水晶来收藏。

红兔毛发晶的颜色分别有浅红、鲜红和黑红，鲜红的品质最好，浅红次之，黑红的最差。红兔毛在切珠过程中，工艺好的师傅可以将红兔毛裁取成一半冰透，一半红润，这样的造型称为红兔毛聚宝盆。这种聚宝盆兼具红色水晶的喜庆和聚宝盆的招财聚宝功能，无论是从质量上还是寓意上，都深得市场欢迎，价格也是最高的。

红兔毛水晶原矿常有大块产出，因此常常加工成水晶吊坠、水晶把玩件和雕刻件。尤其是借助红兔毛中的红色，很多经验丰富的雕刻师可以进行俏色设计，雕刻诸如大公鸡中的鸡冠等，将水晶的材质和人文艺术之美相结合，非常漂亮。

收藏红兔毛发晶需要注意的是，一是红兔毛发晶常常有较多杂质，在收藏预算允许的情况下，大家可以借助灯光选择晶体更好的红兔毛。其次，红兔毛发晶也是发晶中染色品的重灾区，很多染色的红兔毛发晶可以在晶体裂隙处看见颜料富集的特征，大家可以通过这个特点进行辨别。

红兔毛发晶聚宝盆手链

红兔毛发晶雕刻作品《英明神武》

红兔毛发晶雕刻作品《齐天大圣》

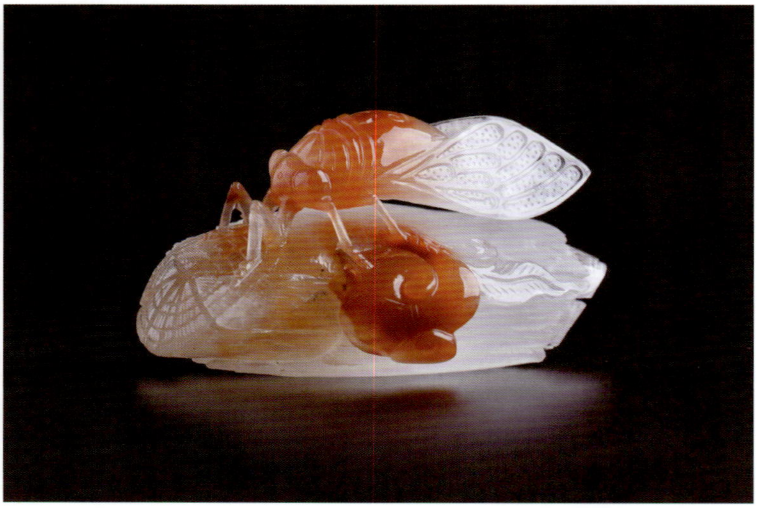
红兔毛发晶雕刻作品《一鸣惊人》

黄兔毛

黄兔毛是外观为黄色的兔毛发晶，黄色和红色一样，喜庆大气，非常受人欢迎。但是自然界中出产的黄兔毛并不多，因此优质的黄兔毛成品相对比较少见。目前，黄兔毛原矿主要用途是用来切珠子，以便和红兔毛水晶、绿兔毛水晶或绿发晶来搭配组合成为福禄寿水晶。

大部分的黄兔毛原矿都因为这个用途而被切珠，极少部分大块的优质的黄兔毛水晶原矿被用来雕刻打磨吊坠和雕刻件。

在收藏黄兔毛水晶时，也要注意染色的现象，目前白色发灰的兔毛价格最低，市场上常常用这种兔毛发晶进行染色，染成鲜艳的黄兔毛发晶，在收藏时，我们可以借助手电筒照射，观察水晶裂隙处有无颜料堆积的痕迹。

黄兔毛发晶雕刻作品《佛像》

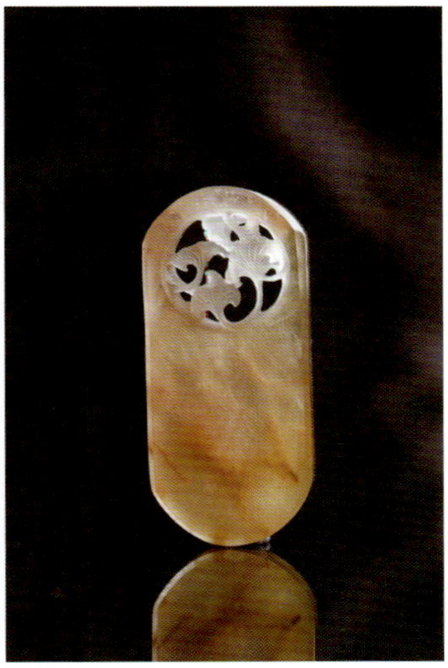

黄兔毛发晶雕刻作品《一叶知秋》

黄兔毛发晶俏色雕刻《女侠》

黄兔毛发晶雕刻作品《一鸣惊人》

绿兔毛

绿兔毛发晶是外观为绿色的兔毛发晶，绿兔毛发晶最近几年产量较多，市场上出现了较多的绿兔毛发晶成品，因为兔毛发晶的发丝很密，因此人们难以欣赏发丝的美妙，绿兔毛发晶的发丝更是满密，也因此，绿兔毛发晶会带有非常好的猫眼效应，我们可以借助手电筒照射，欣赏绿兔毛发晶的猫眼宝石效应。

同样，绿兔毛发晶也常和红兔毛发晶及黄兔毛发晶搭配组成手链，称为福禄寿水晶。

绿兔毛发晶双鱼吊坠

蓝兔毛

蓝兔毛是最近几年新出现的兔毛发晶品种，外观呈现浅浅的蓝灰色，显得非常高级。优质的、晶体纯净的蓝兔毛发晶价值不菲，因为数量稀少，而蓝色调的宝石在整个宝玉石市场中都是偏贵的，这是因为人们偏爱蓝色。

目前蓝兔毛原矿的加工主要为雕刻，因为蓝兔毛发晶稀少而珍贵，因此往往搭配苏工等优质的雕工师傅进行创作，雕刻出的貔貅等作品，效果极佳，极具收藏价值。

蓝兔毛发晶吊坠

蓝兔毛发晶水晶球

蓝兔毛发晶原矿

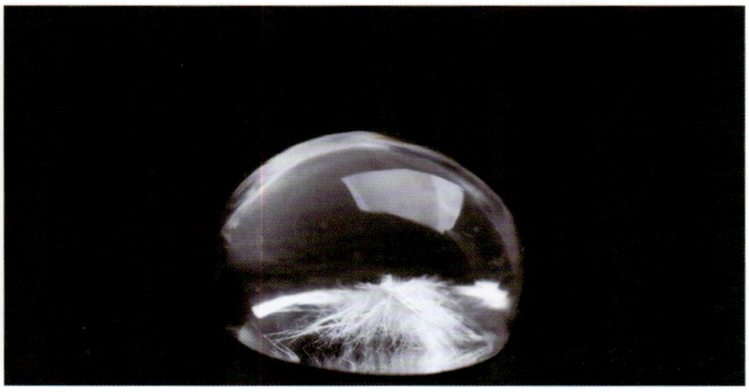

蓝兔毛发晶戒面

对于兔毛发晶这个品类来说，其优异的色彩表现和纯净的晶体，让它的产品可塑性变得很强，加上其适中的价格，因此非常受市场欢迎。极个别的兔毛发晶会呈现聚宝盆的形态，这种兔毛发晶往往会被搭配成多宝水晶出售，价格不菲，收藏价值极高。

魔鬼发晶吊坠

如何收藏魔鬼发晶

魔鬼发晶是发晶中非常奇特的一种，它的发丝形态如同刀枪剑戟林立，又像是水晶洞穴里遍布发丝纵横交错，很多发丝还会在发丝上再次交织很多发丝，形成一根根狼牙棒一样的形态，非常阴森恐怖。加上魔鬼发晶的颜色都是银灰色，带着冷酷的金属色泽，因此被称为魔鬼发晶。

魔鬼发晶初看较为阴森恐怖，但仔细观察却能感受到神奇与不可思议，极具观赏性。这种冷酷的外表极具文艺范，在水晶文化里，常被当作辟邪的神器。

目前市面上的魔鬼发晶主要是手链和吊坠，以及观赏石把玩件。极少有魔鬼发晶的大型摆件。

收藏魔鬼发晶，首先看发丝形态，发丝越具有观赏性，收藏价值越高。其次看颜色，颜色越均匀、冷灰，品质越正！

魔鬼发晶因颜色不是大众最喜欢的大红大紫，缺乏市场炒作，属于品质好价格实惠的水晶，目前是收藏的大好时机。

幽灵发晶原矿

如何收藏幽灵发晶

水晶内部的包裹体千姿百态，造型各异，其中在发晶中就有这样一种，属于幽灵和发晶共生，有时宛如东北的雾凇，在松枝上凝结着冰霜，外观非常美丽，因此幽灵发晶有时也被人们称为“霜雪发晶”。

幽灵发晶包裹着的主体和内包物形态丰富，既有白水晶、茶晶包裹着的幽灵和发晶，最近几年还出现了粉晶包裹着幽灵和发晶，尤其是粉色幽灵发晶，简直让造假者都不敢这样造，但是大自然却自然的产出了，这让水晶爱好者感到非常惊喜！

收藏幽灵发晶最主要看它的观赏性，幽灵和发丝结合在一起，如果能出现 1 加 1 大于 2 的效果，那就非常优异了。

幽灵发晶印章

极光 23 水晶手链

如何收藏极光 23 水晶

极光 23 水晶产自加拿大，是最近几年大热的水晶品种之一，尤其在港台地区非常受欢迎。极光 23 水晶是来自英语“Auralite 23”的直译，原因是这种古老的水晶内部包含 23 种水晶矿物，比超七还多 16 种，而且其晶体色泽多样，宛如变化万端的极光，两个特点加在一起而得名。这种花一样钱买 23 样的水晶，一经出现，就受到水晶爱好者的热捧，价格节节攀高，至今已涨价近 10 倍！

极光 23 水晶体内部包含的 23 种矿物质

1.Titanite 榍石。

2.Cacoxenite 黄磷铁矿。

3.Lepidocrosite 纤铁矿。

4.Ajolite 青铜石。

5.Hematite 赤铁矿。

6.Magnetite 磁铁矿。

7.Pyrite 黄铁矿。

8.Goethite 针铁矿。

9.Pyrolusite 软锰矿。

10.Gold 黄金。

11.Silver 银。

12.Platinum 铂金。

13.Nickel 镍。

14.Cooper 铜。

15.Lron 铁。

16.Limonite 褐铁矿。

17.Sphalerite 闪锌矿。

18.Covellite 靛铜矿。

19.Chalcopyrite 黄铜。

20.Gialite 硅钙石。

21.Epidote 绿帘石。

22.Bornite 斑铜矿。

23.Rutile 钛晶。

极光 23 水晶

目前市面上的极光 23 产品主要有原矿、手链和吊坠，手镯和大的摆件极少，几乎可以忽略不计。当下市场上的极光 23 以同时具备紫、红、金三色为好，颜色越鲜艳，金色包裹物越多，颜色越金亮，晶体越润透，价值越高。综合来说，评价极光 23 水晶品质的优劣，总体上分为五个方面：

1. 内包物越多，品质越好。

2. 颜色越鲜艳，价值越高。

3. 尺寸越大，越稀缺。

4. 做工越精致，价值越高。

5. 形成特殊的图案，观赏性越好，价值越高。

根据这几条评价标准，市场上又把极光 23 分为几种形态：

极光 23

这种极光 23 内包物丰富，可见明显的紫、红、金三色渐变，其晶体往往呈现不透明到半透明，内部杂质和包裹物较多。如果在别的水晶品种里，这种晶体往往会降低水晶品质，但在极光 23 水晶中，这恰恰是极光 23 的优点。因为极光 23 水晶包含 23 种矿物，晶体内包物越多，说明它的品质越好，因此价值也更高。

当然，如果是同样质地的极光 23，在包裹物相同的情况下，依然也遵循水晶的品质评价标准，晶体越好，颜色越鲜艳，价值就越高，价格也更贵。极光 23 的包裹物多呈现杂乱无章的状态，少部分呈现渐变分明的状态，综合观察其观赏性，目前市场上尤其追捧紫、红、金渐变分明，晶体润透的极光 23 水晶。

不同形态的极光 23 水晶球

红极光

这种极光 23 水晶内部没有紫色和金色等包裹物，整体以红色为主。其卖点在于红色及其较为润透的晶体，因此被称为红极光。

极光 23 水晶的卖点是丰富的包裹物，红极光具有极光的温润色泽，但缺乏包裹物作为支撑，因此市场价格比其他质地的极光 23 水晶要低。

红极光的优点是颜色红润，晶体润透，因内包物较少，因此具有其他质地难以达到的润透效果，也很受欢迎。

红极光

恶魔之眼

这种极光 23 水晶往往出现在极光水晶的珠子或小球上，其外观特征是红色包围着紫色，紫色内圈是金色，金色内圈里有润透的极光水晶，宛如眼睛的结构，又因极光 23 水晶内部的金色物质呈现锯齿状，中心的极光水晶深邃幽暗，因此被称为恶魔之眼。

极光 23 水晶中的恶魔之眼

恶魔之眼具有神秘的水晶魔力，尤其再加上极光 23 水晶众多包裹物的加持，让人产生众多神奇的联想，观赏性极佳。恶魔之眼又被称为鬼眼，收藏这种造型的极光 23 水晶，以圆润、颜色鲜艳、晶体润透为佳。

在这种极光23的水晶手链中，往往很多珠子的恶魔之眼并不标准，因此在选购时，需要仔细转动珠子，寻找最为均匀标准的一串。

紫钛

紫钛是极光 23 水晶中，在切割打磨的时候，专门裁取紫色和金色的部分，紫色是紫水晶，金色是钛晶。紫钛具有更具观赏性的极光特征，紫色和金色也是中国传统上的富贵颜色，因此在国内非常受欢迎。

紫钛目前被加工的成品主要有手链和吊坠，吊坠也会进行一些雕

紫色和金色的部分称为紫钛

刻，但因为紫钛内包物丰富，往往也会影响雕刻效果。在选购紫钛时，建议配合手电灯光观察成品效果。挑选紫钛需尽量避开棉裂，这样的成品价值更高。

晶体极好的紫钛也被称为“凤尾发”。

金字塔极光

这种极光 23 水晶往往见于平安无事牌上，其外观特征是在牌面中心形成一个金字塔形的图案，在极光 23 丰富的内包物衬托下，宛如一扇金色大门，周围紫、红、金灿烂交织，非常漂亮。

红色金字塔结构称为金字塔极光 23

收藏这种极光 23 水晶，需要借助灯光，尽量避开大棉，尤其是大裂。另外透光性更好的极光 23，在灯光的照耀下，观赏性更佳。

黑极光

这种极光 23 水晶具有神秘的观赏性，宛如黑色悬浮的物质凝固于水晶内部，也像是暗物质轻浮的封印在晶体之中，具有极佳的观赏效果。这种极光 23 水晶，是裁取极光 23 中黑灰的部分切珠而成，目前没有见到其他造型的成品。

极光 23 水晶中的黑极光

黑极光的珠子表面还会形成一些花纹，目前因市场存量较小，并没有表现出非常大的价格差异。但因为切珠手法不同，黑极光的珠子会呈现聚宝盆，或半透明，或完全不透明的外观，在选购时，根据自己的喜爱进行选择就好。

综上所述，极光 23 水晶是产自加拿大的新发现的水晶品种，总体来说产量很少，符合既稀有又奇特的规则，因此市场非常认可，价格一路攀升，如果没有出现新的矿区，未来的极光 23 水晶的价格还是继续看涨。

常见的极光 23 水晶形态

深色红胶花俏色雕刻《祈愿》吊坠

如何收藏胶花水晶

胶花水晶是较为常见的天然水晶之一，它们往往在天然断面处形成独立的景观。最为常见的胶花水晶是黄胶花，一般形成在靠近水晶表皮的地方，在矿物学上称为“应力裂隙”或“应力纹”，这是水晶在生长过程中由于热液消退、温度下降、压力改变从而导致了应力裂隙，出现大片花瓣状胶花。

不同矿物质侵入裂隙，尤其是铁含量的不同，会导致产生多种颜色，从而形成了红胶花、黄胶花和彩色胶花水晶。

在很多白水晶中，因为没有矿物质侵入，在类似晶体中断面的地方，有时会形成能反射七彩光的彩虹，这种也被称为彩虹胶花，非常漂亮。

在胶花水晶品种中，红胶花最受欢迎，其次是彩色胶花，再次是彩虹胶花，最后是黄胶花。胶花水晶也会形成很多漂亮的形态，如果胶花的形态酷似人物、动物、山水等，则构成价值非凡的景石水晶，非常具有收藏意义。我的一位朋友曾在水晶原料市场，以一块白水晶的价格买到一块彩虹胶花水晶，里面形成了一个袋鼠的形态，现在其价值升值了 10 倍还多。

目前市场上的胶花水晶成品主要是吊坠和观赏石，其中黄胶花的成品市场拥有量最大，原矿的体积也较大，可达到几十千克，体积大的黄胶花经过艺术创作，身价不菲，最好的可达数十万元一件。小件的黄胶花吊坠价值则大大降低，一般在几十元到上百元。

以上胶花产生的成因不同，也造就了不同的胶花水晶外观，具体来说可以分为以下 4 种：

红胶花水晶

红胶花水晶是胶花水晶里面的佼佼者，相当于碧玺里面的蓝碧玺，价值最高。胶花水晶的晶体往往会有较多的棉裂，晶体纯净的胶花水晶数量极为稀少。吴师傅曾见到一快火柴盒大小的纯净红胶花水晶，市场价格达数万元。如果晶体棉裂较多，则价格会大大下降，一般在几百元到数千元较为常见。红胶花水晶带有非常美丽的红色，雕刻师傅加以巧妙设计，往往可以做出相当出彩的作品，其情形类似冰飘南红，红得出彩，透着灵气。

深色红胶花俏色雕刻《兰花》吊坠

鲜艳色红胶花水晶俏色雕刻《无相佛》

鲜艳色红胶花水晶镶嵌款吊坠

黄胶花水晶

黄胶花水晶有两种，一种是在靠近水晶原矿表皮的地方形成，这种黄胶花颜色较浅；另一种是在水晶内部形成鲜艳的黄色，这种黄胶花的价值和鲜艳的红胶花的价值不相上下，价格很高。

经典黄胶花水晶雕刻作品《老者》

彩色胶花水晶

彩色胶花水晶一般是红黄彩胶花水晶较为常见，红色吉祥，黄色富贵，红黄彩胶花水晶是最受人们欢迎的。它的身价和红胶花，不分伯仲。其中纯净体的彩胶花水晶也是凤毛麟角，个头超过鸡蛋大的纯净体作品，价格达到数万元一件。

红黄彩胶花俏色雕刻《印第安人》

彩虹胶花水晶

彩虹胶花水晶一般是白水晶断裂面形成的彩虹效应，转动水晶时可以发现漂亮的彩虹光。根据彩虹光的观赏性，可以判断它的收藏价值。一般来说，如果只是普通的彩虹光，其价值与白水晶材质本身相差不大，如果彩虹光特别具有观赏性，如像山峰的佛光、天边的晚霞等，则观赏价值大大提升，身价倍增。另外，白水晶是佛家七宝，很多水晶雕刻家巧妙地将白水晶里面的彩虹光，设计雕刻在佛像的身后，如同佛光乍现，艺术效果很好，这种作品也非常值得收藏。

彩虹胶花佛造像吊坠

胶花水晶因为受到应力影响，晶体多数是多棉裂的，水晶收藏领域也有“十胶九裂”的说法，意思是十个胶花水晶九个是有棉裂的，可见纯净的胶花水晶是多么的稀少。特别是彩色胶花水晶，如果晶体纯净、颜色鲜艳，那绝对是行家追捧的珍品，如能遇到，千万不可错过。

显性蓝针，自然光下也可以看到淡蓝色烟雾

如何收藏蓝针水晶

认识蓝针水晶纯属一个偶然，有一次逛水晶大集的时候，忽然看到一个摊位上放了一个纸板，上面用多种语言写着什么天使的羽毛、天使之翼等称呼。吴师傅感到很奇怪，于是就和摊主攀谈起来，想看看这些名称表示的水晶有什么神奇的地方，竟然配得上这么神奇的称呼，天使的羽毛，想想就有点奇妙。

这位摊主见怪不怪，直接拿起一个手电筒，从一块白水晶的下面往上照射起来，这一照不要紧，神奇的事情发生了，纯净无色的白水晶内部，刹那间出现了很多烟雾状的、放射状的蓝色物质，转动水晶时，有的角度特别清晰，有的角度又完全看不见，让人倍感神奇。摊主介绍说，这就蓝针水晶，在国外被誉为“天使的羽毛”，因为忽明忽暗地隐藏在水晶的内部，一般人不注意还真不会发现，也因此，蓝针水晶传说是幸运的人才能看得见。

听了这一番介绍，吴师傅慢慢就对蓝针水晶产生了兴趣，此后的几年中，陆续收藏了几百件蓝针水晶。这种带有蓝针包裹体的水晶，有一种古诗中说的“沧海月明珠有泪，蓝田玉暖日生烟”的浪漫，蓝针水晶可谓是在无声处起惊雷，在最平淡无奇的白水晶中蕴藏着大美，在至纯至净处芳华暗赏，寂静花开的美妙。它不像钛晶、金发那样，金光夺目，金碧辉煌，也不像紫水晶、碧玺那样，色彩浓艳。它就是那般淡淡的蓝，且不通过白色的灯光照射，就那么寂静地隐藏起来，似乎从未想过主动取悦于人，其美丽就是一种与生俱来的气质，显得如此高贵和雅致。

在收藏了数百件蓝针水晶之后，吴师傅渐渐发现几个蓝针水晶的规律，从外观来说，蓝针可以分为显针和隐针，显针是指一部分蓝针水晶无须借助手电或其他灯光，肉眼即可观测到蓝针。这种蓝针往往呈现的是烟雾状，颜色较浅，呈现灰白的蓝色，因为显针比较容易被观测到，因此市场也比较欢迎。隐针是指必须借助灯光才可以欣赏到蓝针的蓝针水晶，这种隐针最是若隐若现，也是最具有蓝针特征的蓝针水晶。隐针的颜色往往更蓝，且更容易观测到羽毛状和放射状的效果，观赏性也更好一些。

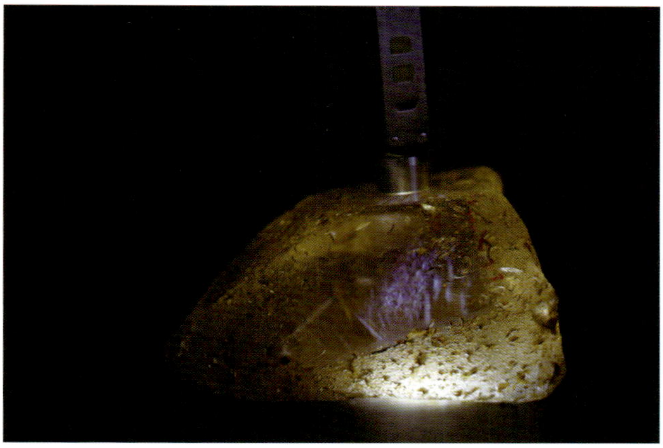
隐性蓝针，需要借助白色灯光看到鲜艳的蓝针

显针和隐针是蓝针水晶的最大外观特征，但是借助手电或灯光的帮助，我们还可以把蓝针水晶的形态分为以下几类：

放射状蓝针

这种蓝针水晶内部包裹着一根或多根针状的蓝针，呈现一种放射状效果，宛如一条蓝色光线，这种放射状蓝针有时是一根单纯的射线，有时在射线两侧又延伸出很多蓝针，宛如一片片羽毛，观赏性极佳。

放射状蓝针

烟雾状蓝针

这种蓝针水晶内部包裹着一团团蓝色烟雾状的包裹体，有时成团，有时成片，蓝烟袅袅，观赏性非常好。烟雾状蓝针常常见于显性蓝针之中，颜色偏浅灰色的蓝，如果在隐性的蓝针之中，则颜色更为鲜艳。

烟雾状蓝针

金字塔蓝针

这种蓝针水晶内部包裹着金字塔形的包裹体，宛如一座蓝色山峰隐藏在水晶内部，有时呈现一座山峰，有时呈现多座山峰重叠在内部，也被称为千层山蓝针，有时在山峰顶部，还会再放射出很多蓝针，呈现蓝针圣山般的感觉，价值极高。

网格状蓝针

这种蓝针水晶内部有多道射线纵横交织，呈现一定的规律性，宛如一个个网格，也好似信息在传递，蓝针在水晶内部纵横交错，观赏效果极佳。

收藏蓝针水晶没有具体的标准，因为蓝针的包裹体形态千变万化。总体来说，收藏蓝针主要依据以下几个简单的标准：

1. 观赏性。蓝针水晶形成的图案或景象，观赏性越好，价值越高；

2. 颜色。颜色越鲜艳，越幽蓝，价值越高。

3. 晶体。晶体越干净，品质越好。

4. 体积。尺寸越大，越稀缺，价值越高。

5. 做工。做工越精致，价值越高。

其实收藏水晶都是万变不离其宗，从审美出发。目前蓝针水晶的加工款式主要是吊坠、球和手链，原矿本身也很好看，蓝针水晶的最大看点是内部的包裹体，因此蓝针水晶很少会进行雕刻，这样会影响观察和欣赏其内部形态。也因此，如果能利用好蓝针的观赏性，再雕刻以良好的题材，那这样的蓝针雕刻

金字塔蓝针

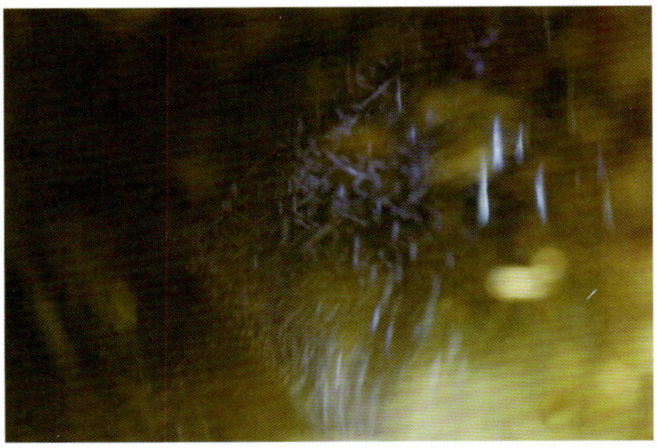

网格状蓝针

金字塔蓝针水晶球

品也是物以稀为贵，非常难得的。

蓝针的主要收藏款式是吊坠，因为蓝针水晶内部包裹体零散杂乱的包裹体居多，因此价格不高，非常亲民。高端的蓝针以体积较大，晶体纯净，包裹体丰富的球和大印章为主。尤其是蓝针球，常常可以遇到精品。

蓝针手链因珠子尺寸较小，能够展示的空间有限，往往难遇精品。加上水晶加工以保大为目标，大块的蓝针水晶原矿极少会做成手链，因此市场上只有一些显针会重点加工成珠子，不过其价格不菲，收藏门槛比较高。

蓝针水晶目前很难造假，吴师傅在市场上没有发现蓝针的优化处理品。如果说有，那也是很多白水晶在热处理过程中，顺带将一部分蓝针也变成了黄水晶蓝针，但因为属于热处理，一般归为优化处理水晶的行列，其市场价格并不会因为优化处理而降低，反而因为优化处理而增加，这是因为市场上黄水晶大料比较稀少的缘故。

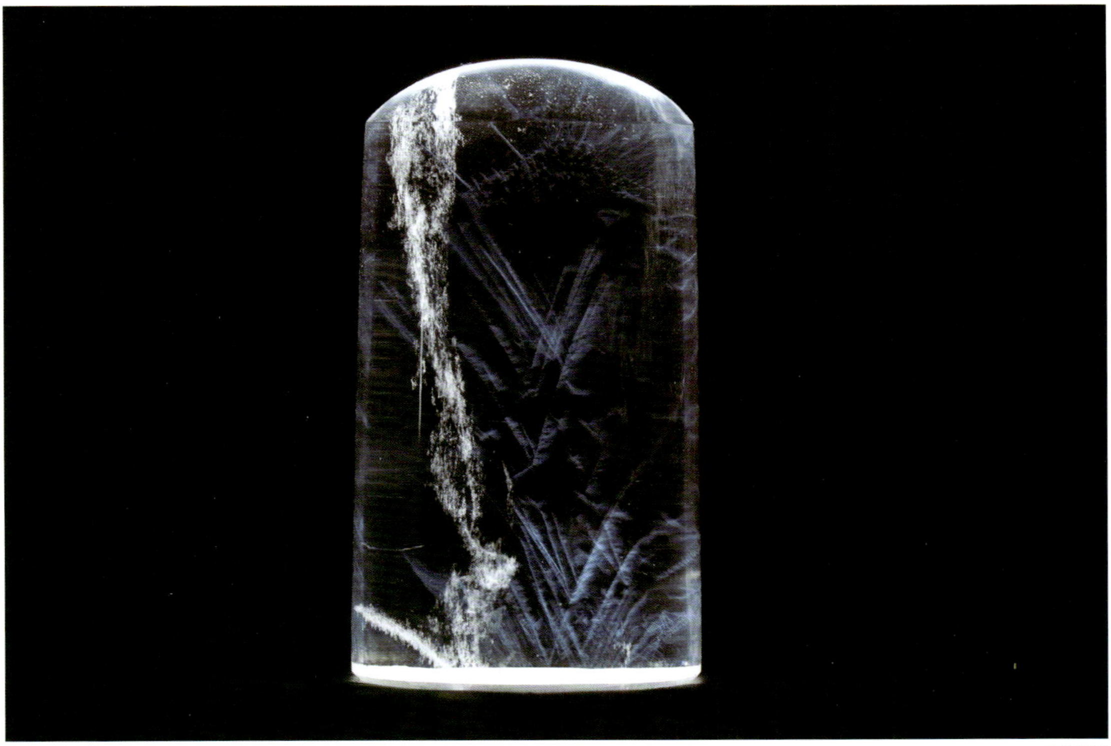

蓝针印章

如何收藏红针水晶

红针水晶和蓝针水晶很相似，只是其内部包裹体是暗红色。红针水晶的各种特征几乎全部可以类比蓝针水晶，但是相较于蓝针的梦幻和浪漫，暗红色的红针缺少一点正红色的喜庆，也不具有蓝色的神秘，因此在市场上不如蓝针水晶受欢迎。

具体收藏红针水晶，可以全部参考蓝针的形态。

中间包裹水胆的黄胶花水晶原矿观赏石

如何收藏水胆水晶

水胆水晶是因晶体包含水滴状水胆囊而得名，它晶莹的晶体与清澈的水融为一体，轻轻转动晶体，水珠会在内部的空间里流动，十分有趣。

水胆水晶的形成机理主要是由于其晶体生长速度较快，与它混杂在一起的岩浆热液、水溶液以及碳酸溶液来不及流散或运移而被包裹在水晶体中。所以，水胆水晶是一种颇为耀眼生辉而且有趣和特别的水晶，但此种水晶必须被保持在0℃以上的环境中，否则容易发生破损。

目前市面上的水胆水晶主要来自巴西、马达加斯加、赞比亚和纳米比亚。国内云南元阳、河南商城、辽宁、内蒙古、新疆等地都曾发现水胆水晶，但都达不到量采的条件。

大多数水胆水晶被白水晶包裹，也有少部分水胆被紫水晶、发晶或幽灵水晶包裹，这种水胆水晶价值更高一筹。

水胆水晶是一种让吴师傅又爱又怕的水晶。爱它，是因为水晶内部包裹着亿万年前的水，在水晶内部流动，非常神奇好看；怕它，是因为水胆水晶绝大多数带有很多的棉裂，在销售水胆水晶的时候，有的客户保养不当，如温度过低，将水胆冻坏；或者不小心磕碰，造成跑水现象，所以在收藏水胆水晶的时候，总是担心它会跑水。

不过，如果我们选择全包裹体的水胆水晶，这种情况就不必担心，全包裹体的水胆水晶分为两种，一种是水胆水晶内部虽然有棉裂，但是棉裂没有延伸到水胆周围，因此不会担心跑水；第二种是整个水胆水晶都是纯净无裂的，那就更不用担心跑水了，不过这样的水胆水晶往往价值不菲。

早在北宋时，沈括就曾在《梦溪笔谈》中记载："士人宋述家有一珠，大如鸡卵，微绀，莹澈如水。手持之，映日而观，则末底一点凝翠，其上色渐淡。若回转，则翠处常在下，不知何物，谓之滴翠。"据专家考证，"滴翠珠"即是水胆水晶。绀，是深青带红的颜色，微绀，为浅紫色，凭此判断，滴翠珠可能是水胆紫晶。

宋人周密写的一部《云烟过眼录》，详载他平生所见的珍玩，其中有一段记述："叶森家旧有水晶钩一，中空，有声汩汩，内有叶一支，随水倾泻。"此物亦为水胆水晶。

曾有人问我，水胆水晶里的水能喝吗？我感到很好笑，其一是，这得收藏多少水胆水晶，并且破坏它们才能取到够喝一口的水？其二是，这亿万年前的水，喝了会长生不老吗？如果会的话，以古人追求长生不老的心态，文献里应该有不少喝水胆的记录吧。其三，如果只是为了尝尝水胆水晶里面水的口感，那么一小滴，能尝出味道吗？想想这三点都觉得很好笑。可是问这个问题的人却不是一两个，这应该是一种好奇心在作怪，不否定这种追求真相的态度。但水胆水晶里面水的价值，在于它的观赏性。如果一定有什么特别价值可以研究，科学家会去做的，这不是我们应该操心的！

就像钛晶里面的钛，是可以应用到钛合金冶炼技术里的，能够为军工、航天等提供实实在在的便利，科学家早就研究应用了。而水，我除了想到喝了能长生不老，实在想不出其他什么高妙的应用了。在琥珀里提炼恐龙的DNA，复原一个侏罗纪公园，这应该只是电影里的科幻想象。不过水胆水晶能够让人产生这样的好奇与期待，也正说明了它的魅力！

水胆水晶内部不仅包裹着亿万年的水，其中还有其他的物质，水胆水晶内的包裹物，一般称为"相"，这些"相"的组成为气体、液体、固体和油四种，水胆里最常见的相是液体，这里面的液体绝大部分是水，还有极为少见的油；其次是固相，如流沙、固形物等；然后是气相，也就是有气在水胆里面。一块水胆水晶，既有可能包裹一个水胆，也有可能包裹多个水胆。

根据不同"相"的构成，对水胆水晶进行不同的命名。具体我们把水胆水晶分为以下几类：

包含液体或气液两相包裹体的水胆水晶

这种水胆水晶最为常见，存量也是最多的。如果一块水胆水晶只有液体而没有气泡，那么它的流动性就要差一些，观赏性也会欠缺一些。如果内部有气泡，则转动水晶时，就会在水

茶体水胆水晶

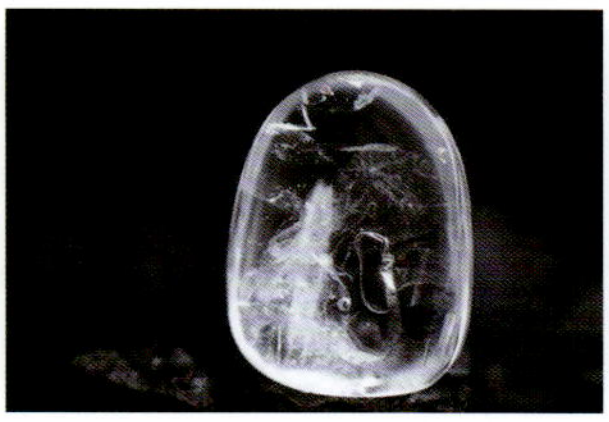
白体水胆水晶

气液包裹体明显的水胆水晶

水胆水晶观赏石《龙吸水》

胆内部跑来跑去，非常有趣。

包含气体、液体、固体三相包裹体的流沙水胆水晶

流沙水胆较为少见，转动这种水胆时，可以看到固形物在水胆内部流动，非常神奇。流沙水胆有白流沙、黑流沙，极为特殊的还有绿幽灵流沙，非常神奇，价值很高。

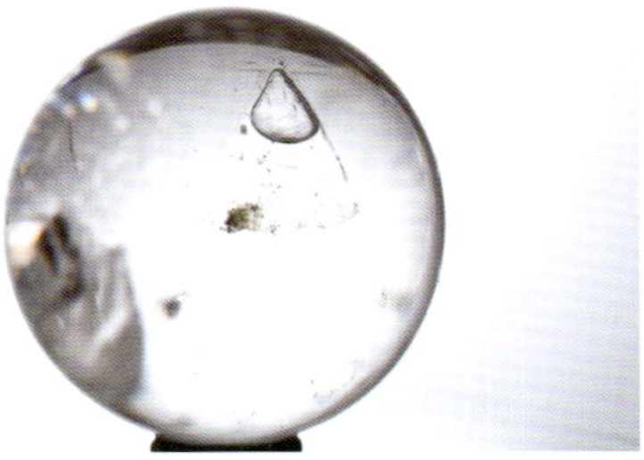
流沙水胆水晶

和其他矿物共生的水胆水晶

水胆水晶大部分是白水晶、茶晶和紫水晶包裹，极少部分的水胆水晶和绿幽灵发晶等共生在一起，不仅有水胆的观赏性，还兼具其他水晶的包裹体颜色和美感，市场存量稀少，价值也很高。

包含油的油胆水晶

油胆水晶是水晶内部包含着油，因为油也呈现无色透明的特征，因此肉眼很难观测。油胆一般需要借助紫外线灯照射，油会反光呈现一种蓝色。油胆水晶因为稀奇也很受水晶爱好者喜欢。

含气体的水晶称为“水胆露”水晶，意为水胆像露珠一样蒸发跑掉了

一块水胆水晶，如果只有气相，没有其他内包物，这种被称为水胆露，也叫空包露。露，露珠也，太阳一出来，露珠就蒸发了，水胆露，就是象征着已经消失不见的水胆。它的收藏价值要看水胆露的形态。很多水胆露呈现规整的几何排列，非常好看。

水胆露水晶的存量也很多，大部分水胆露内部的空包体没有很好的观赏性，因此价格较低。少部分水胆露呈规律性排列，价值很高。更为稀缺的水胆露形成了晶中晶的造型，价值更高。

水胆露观赏石《小脚丫》

水胆露观赏石《流星雨》

水胆露观赏石《半山亭》

水胆露观赏石《太空战舰》

水胆露观赏石《祭坛》

总结一下，水胆水晶也是物以稀为贵，包裹的相态越多、空间越大、棉裂越少、体积越大、水胆越多，这样的水胆水晶越有收藏价值。在同等程度下，紫水晶水胆比白水晶水胆更有收藏价值。

市面上的水胆水晶主要有原矿、吊坠、戒面和小摆件，没有手链。在收藏时，尽量选择水胆避开棉裂的成品，以免水胆流失。水胆水晶产量较少，其包体内部往往伴随着大量的棉裂，而棉裂多的水晶，容易跑水，从水胆变成水胆露，这点在收藏时要格外注意。

如何收藏共生水晶

一般人认为水晶是纯净无瑕，像玻璃一样纯净透明的东西。而接下来吴师傅要介绍的才是水晶里面真正的奇珍，也是水晶的最大特色——共生水晶。

天然水晶内部常含有各种包裹物，如自然金、自然银、蓝宝石、电气石（碧玺）、石榴石、磷灰石、金红石（钛晶）、阳起石（绿发晶）、方解石、水晶石（晶中晶）、透闪石、角闪石、白云石、黄铁矿、赤铁矿、针铁矿、云母矿、石棉矿、黏土矿、绿泥石（绿幽灵）、镜铁矿、黑钨矿、辰砂等矿物，这些丰富的自然矿物，组成了包裹体水晶变换万端的颜色、形态和纹理，巧妙地构成不同的自然景象，有天上飞的、地上跑的、水里游的；有花草树木；有山川河流；有风云雨雾；有中外文字；还有人物、动物等，总之，应有尽有，大千世界尽在其中。古人云，仁者乐山，智者乐水，包裹体水晶真正是山水交融，见仁见智。无论是君子雅士，还是大家闺秀都可以找到自己喜欢的一方水晶，找到一块属于自己的晶中世界！

目前具有包裹物的宝石，以蜜蜡中的虫珀较为有名，仅仅是包裹着一点动物，就让人们科幻出《侏罗纪公园》等无数想象，为人们对研究古生物提供无数帮助。天然水晶里面包裹的众多包裹体，也一定具有很高的科研价值。难怪我国矿物学家赵松龄先生说："水晶体内有一个奇妙的矿物世界，是一个丰富多彩的矿物博物馆。"它真实地记录了地球上各种矿物的形态和变迁！

包裹体水晶里面有那么多样的包裹物，在水晶收藏市场里，包裹体水晶最常见的就是包裹着绿泥石的幽灵水晶和包裹着金红石、阳起石等的发晶，其次是胶花水晶，也是一种水晶包裹体，这些我们已经在前文讲过。下面，我们主要来归类讲述其他的包裹体水晶。

幽灵发晶包裹体

幽灵发晶包裹体水晶就是幽灵和发晶长在一起的水晶，根据具体的包裹物形态，在水晶收藏领域有不同的约定俗成的称呼。

第一种，幽灵长在发晶上的称为钱串子水晶。这种形态里，幽灵附着在发丝上，像是古代串好的铜钱串子，故而得名，这是外观象形，像钱串子。在风水上，这种水晶被认为可以极好的招财，因此非常受水晶爱好者的追捧。

白色发晶上面附着白幽灵生长的，也被称为白霜发晶、雾凇水晶，这也是根据外观象形来命名的。白发上的白幽灵像是秋天草木上的落霜，颇有“蒹葭苍苍，白露为霜”的美感，故而得名白霜发晶；雾凇水晶，则是觉得这种幽灵发晶像东北的雾凇，密密麻麻的枝条上落满了霜雪，非常唯美。

第二种，幽灵和发晶杂乱生长的称为观赏石水晶。这种水晶要具体根据发丝与幽灵组成的形态，为它们专门命名。在这种水晶里，常常把幽灵当作是青山植物，把发丝当作是雨丝或是清风，组成一幅具有山水情调的画面，极具美感。

其他共生矿水晶

包裹体水晶里包裹了几十种矿物，它们常常以出人意料的方式呈现出来，让人倍感欣喜和惊奇，不断探索新发现的包裹体水晶。下面，我们来具体赏析一批包裹体水晶：

黑碧玺共生水晶和水晶晶中晶形成的文字石《八一》

这两块水晶，一个是两根黑碧玺一左一右形成了文字石“八”字，另一块是一个水晶晶中晶，形成了正楷书法字体的“一”字，这两块共生水晶都很有特色。

树晶《鸟巢》

这是锰元素侵入水晶内部，形成了一块带有“鸟巢”图案的水晶观赏石。这块石头内的鸟窝长在大树之间，浑然天成，意境悠远。

水晶观赏石《一决高下》

这是一块锰元素侵入水晶内部，形成的一块水晶观赏石，其形态宛如两只斗鸡在一决高下，形态生动，造型优美。

方解石共生水晶球

这是水晶内部有方解石的共生矿水晶，方解石是正方体的结构，宛如悬停在水晶内部，感受一种失重状态下的自然奇观。

幽灵和钛晶花共生

这件水晶是幽灵金字塔和钛晶花共生在一起，宛如金山上开出一朵金色的花，造型唯美，形态漂亮，是一种非常有观赏价值的水晶作品。

水晶与石榴石共生

这件水晶内部的红色矿物为石榴石，颜色红润。和很多虫珀相似，水晶内部的矿物被封闭在水晶之中，观赏性极佳。

胶花水晶与黑云母共生

在水晶市场中，人们一般把黑色的片状包裹体都称为黑云母，但到底是不是黑云母，吴师傅估计，除非将水晶破碎，把里面的黑色物质拿出来检测，否则很难判断内部成分到底为何物。但是无论是什么品种，都不影响它极高的观赏性，这块水晶像是一只黑色的小蝌蚪，形态很好看。

石中石水晶

这件水晶是内部包裹着一块岩石，很像是古代传说中的望夫石，形态非常好看，这是岩石被天然水晶所包裹。

以上几例，是泛泛的列举几种共生矿水晶，实际上水晶内部的包裹体非常多，其形态也各具特色，因篇幅有限，吴师傅这里就不再一一列举，期待着大家去发现和收藏更多美丽的水晶！

经典微棉款草莓晶手链

如何收藏草莓晶

经典的草莓晶手链，水晶内部包裹着草莓籽

经典清透款草莓晶手链

草莓晶，现在是一个组合，已经有很多水晶都参加了，这让很多水晶爱好者感觉很迷惑，自己本来爱的是一种水晶，没想到爱出来一个团队，这让自己的钱包很苦恼，因为爱的供养要超支了。

为什么草莓晶现在是一个组合，是一个团队了呢？

本身草莓晶的命名，就是依据水晶的外观特征来命名的，指的是水晶内部包裹着草莓籽，看起来很像草莓。所以得名草莓晶。最开始，只有一种草莓晶，它是水晶内部包裹着草莓籽，颜色粉嫩，很像草莓，名副其实，名不虚传。

但是后来矿区出产了大量不透明的草莓晶矿，根据国家标准，水晶必须是透明的晶体，不透明的只能称为石英。所以这种不透明的草莓晶矿做出来的草莓晶学名被称为“石英岩玉”，选择其半透明到接近透明的质地，也归为草莓晶的行列，算是最初草莓晶的近亲，好了，草莓晶组合成员正式 +1。

普通品质的石英岩玉草莓晶

优质的石英岩玉草莓晶

带星光效应的石英岩玉草莓晶

接着，超七里面的红色和黄色骨干发晶，因为自己刚一出道，了解她们的粉丝还不够多，因此就合计着加入已经很红的草莓晶组合，自称是红草莓和金草莓，于是草莓晶组合团队成员再 +2，也就是说，现在的草莓晶组合已经有 4 位成员了。

骨干发晶草莓晶

骨干发晶金草莓手链

骨干发晶金草莓戒面

骨干发晶红草莓晶球

骨干发晶红草莓吊坠

看着骨干发晶成功加入草莓晶组合，打开了市场，获得了粉丝，那边的日光石也动心了，论颜值，自己和金草莓和红草莓不相上下，不，是远超它们，因为日光石的草莓籽更多，凭什么它们可以加入草莓晶组合，混得风生水起，自己就只能在外面发光发热呢？所以日光石一咬牙一跺脚，也加入了草莓晶组合。

优质日光石金草莓

普通日光石金草莓

中等品质日光石金草莓

这一下，5 位成员正式组合出道，但是因为出道太急，出道后没有做好粉丝的沟通工作。导致大家一下子有点懵，最初喜欢草莓晶的粉丝，知道草莓晶很亲民，为爱豆打 call 也花不了多少钱，可是自从骨干发晶和日光石宣称自己是草莓晶，突然发现爱豆有点高冷了，其高昂的价格有点让自己高攀不起了。而且自己也没有接到啥通知，就看新入团的成员把组合名称抢走了，甚至还时不时鄙视一下组合的元老前辈，很多粉丝表示自己心累爱不起了。

不过也有不了解草莓晶这个组合渊源的新粉丝，她们觉得红草莓、金草莓很闪很靓，就是爱豆应该有的样子，所以表示非常欢迎。

就在大家都在努力发展的时候，蓦地，有个绿色的石英岩玉在喊，姐姐们，带带我，我是绿草莓呀，红花还需绿叶配，这边甘愿做陪衬。

石英岩玉质地的绿色草莓晶

石英岩玉质地的红绿色混搭草莓晶

于是，目前草莓晶家族一共有 6 大成员，分别是水晶质地的草莓晶、石英岩玉质地的草莓晶、骨干发晶质地的红草莓和金草莓、日光石质地的金草莓、石英岩玉质地的绿草莓。

目前，市场上以石英岩玉质地的草莓晶价格最亲民，成品主要是手链、吊坠和手镯，收藏时尽量避开黑点和棉裂即可。水晶质地的草莓晶现在被称为老矿草莓晶，也是避开黑点，选择晶体清透的即可。骨干发晶的草莓晶，属于超七的一部分，价格较高，量力而行，尺寸越大，价格越贵，收藏价值也最高。绿草莓因为也属于石英岩玉的一种，价格也非常低，正是收藏好时机。

总结，分清草莓晶的质地，搞懂草莓晶命名的规则，自然就对草莓晶组合有了更好的了解，也就明确自己的收藏目标啦！

石英岩玉质地的鸽血红草莓晶爱心款手链

清透款草莓籽清晰的红色草莓晶三圈款手链

经典款水晶质地草莓晶手链

骨干发晶质地草莓晶吊坠

骨干发晶质地草莓晶转运珠

紫晶洞

如何收藏紫晶洞

紫晶洞是水晶原矿市场最受欢迎的品种之一，其美丽的外观和良好的功效寓意，深受人们喜欢。人们收藏紫晶洞主要有两个用途，一是招财开运，紫气东来，吸金聚财，镇宅纳福；二是为自己的水晶消磁净化，补充能量。

紫晶洞形成于亿万年前的地质生成时代，地壳中的无水硅酸流入空洞，在一定的压力和温度下附着内壁结晶而成。紫水晶在风水上被认为是宇宙之造化，天地之结晶，日月之精华，有镇宅辟邪，转运招财之功效，一直以来都是居家风水摆设的最爱，用手伸入洞中时，敏感的人可感受到内部强大的磁场能量。

紫晶洞的开采历史和方法

巴西等地开采水晶洞可追溯到 19 世纪中期，欧洲移民发现并开始挖掘，然后将数以吨计的玛瑙紫晶洞运回欧洲。目前，巴西开采的紫晶洞主要集中在南里奥格兰德州的北部，当地矿工以开挖竖井和地下坑道的方式来探采水晶洞。

开采紫晶洞的矿工们沿着山边往山里开挖，一直钻到孔洞较多的玄武岩体。在山底下经常是坑道纵横交错，整座矿区有如布满大型梁柱的地下房子。矿工挖掘出来的晶洞并非都是中空状态，有些已被水晶填满。

附着在岩石上的紫晶洞

矿区工人利用铁锤等工具慢慢挖除外层的玄武岩，直到发现外形似笋状的水晶笋后，才小心翼翼地处理。因晶洞外表往往包覆一层薄薄的暗绿色鳞石，矿工很容易沿此薄层将周围的玄武岩剔除。然后钻开一个1—2厘米的小洞，接上自动灯泡来检视洞内晶体的品相。假若品质不佳或颜色过浅，矿工便将它舍弃，再继续寻找下一个目标。如果晶体完整，色相俱佳，则矿工会将水晶笋从围岩中取下，再运送到切割工厂，选定方向与角度，将它对半切割，并抛光打磨。因巴西所产水晶洞的质与量均属上乘，为现今国际市场上紫晶洞的重要供应国。

紫晶洞的形成原因

地质背景

世界上最重要的紫晶洞矿床是发现在乌拉圭以及巴西境内的一种火成岩——玄武岩中，这层火成岩在拉丁美洲的分布广泛，约有1200000平方千米的面积，而预测的体积约有800000立方米。这层玄武岩在乌拉圭被称为阿拉佩火成岩体(Arapey Formation)，在巴西则称之为希拉杰洛火成岩体(Serra Geral Formation)，但两者都是同一层的火山大量喷发时所导致的巨厚熔岩流层。一般来说在这两个国家所见的这层玄武岩，都是在白垩纪时期喷发的岩浆凝固而成的。

尚未开采出来的紫晶洞

很多人听到这个岩体的面积和体积如此巨大，可能都会产生一种错觉：是不是到处都有紫晶洞？

答案其实是否定的。经探测调查，紫晶洞仅出现在特定的区域，以及特定的玄武岩熔岩流内。仔细区分这些层状玄武岩的种类，根据厚度以及构造可细分为两大类。以Ametista do Sul这个地方的玄武岩层为例，第一类是较为薄层的熔岩流，其中心通常有一层类似块状，有着矿化的大型晶洞层；第二类是较为厚的熔岩流，在它的岩层中心则比较少有晶洞构造。

成矿机制

为何只有薄层的熔岩流才有紫晶洞呢?

有人将这两种厚度的熔岩流在显微镜下进行了对比，发现薄层熔岩流有着较为细的矿物颗粒和火山玻璃，细颗粒相对粗颗粒更容易被风化，火山玻璃则很容易受到热水反应、溶解，从而提供大量含有二氧化硅的热液，使这些较薄的熔岩流岩体中流动的流体能含有较高的矿物质，最终在熔岩流孔隙中沉淀出水晶等矿物。

所以紫晶洞矿的成因关键，主要是受控于玄武岩熔岩流是否容易产生含矿流体，以及另一个我们还未提到的重要因素：孔隙，而它就是造就紫晶洞外形的重要原因。

孔隙成因

目前孔隙的成因有两种说法，一种是较为传统的玄武岩气孔学说，而另一种则是热水溶蚀学说，两种其实都有根据。

孔隙成因一：玄武岩气孔

我们都知道玄武岩是火山所喷出的流动熔岩，而这些热乎乎烧死人不偿命的火山熔岩从地底喷发至地表之时，除了含有熔融状态的岩石之外，也含有大量的气体。这些气体多半以二氧化碳、硫化氢等火山气体为主，在熔岩中以“气泡”的状态存在着。一般而言，这些“气泡”的大小变化颇大，视条件而异可由微米等级至数厘米甚至数米大小。当这热乎乎的火山岩浆慢慢冷却、凝固后，成为所谓的玄武岩之时，原先包含在其中的“气泡”，就成为坚硬火成岩中的空洞了。

矿工正在开采紫晶洞

这些空洞，或称孔隙，在后期含矿的热水或是流体侵入后，在其中开始沉淀了许多矿物晶体，形成所谓的 “晶洞”。 而这些气孔的外形、大小则控制着我们现今市场上所见的紫晶洞的外形。在矿场内，这类晶洞以奇特的圆柱状、钟状的外形出现在玄武岩中，通过仔细小心地移除一旁的玄武岩，将整颗气孔取下、修整，就成为目前到处可见的紫晶洞摆件了。

二块的紫晶洞

也有人针对紫晶洞的外形特别提出了一些理论解释，其中广为接受的是“气泡迁移”的说法。其理论其实很简单，喷发后的火山熔岩以高温的状态在地表上流动之时，其中的火山气体则因为浮力以及熔岩相对黏滞度的关系，聚集成一大气泡且慢慢地往熔岩流浅处迁移，这样向上移动的过程当中产生了许多管状、钟状的向上拖曳构造。在熔岩流冷却之后，就产生这些大型气孔了，而这些大气孔在后期的热液沉淀之后即产生了紫晶洞。

孔隙成因二：热水溶蚀

这是一种新的形成假说，是否能被接受还需要一点时间验证。其主要的说法是谈到当熔岩流降温之时，它的岩石强度性质开始由塑性转为脆性，在熔岩流的内部产生了许多裂隙，而这些裂隙为后来由下方往上侵入的热液所反应，慢慢地溶解出结晶紫水晶的孔洞，而紫水晶也在同时间形成。这个说法的根据是来自许多紫晶洞都伴随着角砾岩化的作用，在野外的观察上也有许多证据显示角砾岩化作用可能是发生在真正紫水晶发育之前，而单纯的熔岩流气体往上迁移的说法是无法解释角砾岩的存在的。

以上这两种说法，都有一定的依据，到底紫晶洞是如何形成，还需要进一步的研究。

如何收藏紫晶洞？

收藏紫晶洞首先要了解如何评判它的品质，评判一款紫晶洞的品质一般看六点：

1. 颜色。紫晶洞以颜色深邃鲜艳为佳，颜色越浓郁，品质越好。目前市面上一般把浅色的紫晶洞称为巴西紫，把深色的紫晶洞称为乌拉圭紫。乌拉圭产的紫晶洞一般来说颜色更为娇艳浓郁，价值大大高过颜色浅的紫晶洞。

浅色紫晶洞

2. 洞深。紫晶洞洞内空间越大、越深，越具有收藏价值。人们往往收藏紫晶洞用于改善家居风水，或放在公司招财聚宝，洞内空间越大，可以吸纳财气越多。

3. 洞型。紫晶洞的洞型千奇百怪，有瘦长型的，有矮墩型的，有宽厚型的，也有波浪形的，一般来说，收藏紫晶洞要选择洞型周正，摆放大气自然的。目前市面上新出了一种球形的紫晶洞，被称为“钱袋子”，因外观像钱袋而得名，价位大大高于正常的紫晶洞洞型。

纯原矿紫晶洞洞壁

4. 洞壁。洞壁一般看三点：第一看洞壁材质，紫晶洞的洞壁材质一般有两种，一种是岩石壁，另一种是玛瑙壁。一般来说，玛瑙壁的价值大大高于岩石壁。第二看洞壁的厚度，一般来说太薄或太厚都不可取，就像吃橘子，皮太薄则容易坏，皮太厚则肉太少，可以招财聚气的空间就小了。一般要选择洞壁薄厚适中，比例匀称的。第三看洞壁的表皮，目前大部分紫晶洞外层都被涂刷了一层水泥，涂刷水泥可以起到平整美观的效果，但也会增加紫晶洞的重量，目前紫晶洞的计价方法较为透明，涂刷水泥的紫晶洞单价一般要略低于同品质原矿的紫晶洞。

5. 洞内晶芽。洞内晶芽越大，品质越好。水晶的发育形成受多种因素影响，晶芽越大，说明这个晶洞形成的时间越久，形成的环境越好，也更有收藏价值。有时紫晶洞内还会出现紫晶花、紫晶笋，这是更为难得的奇珍，收藏价值倍增！紫水晶晶芽内有时会共生钛晶，称为紫钛晶洞，钛晶是水晶中的王者，颜色浓郁的紫钛晶洞更是收藏上品！

6. 洞内伴生矿物。有的紫晶洞内不仅有紫水晶晶芽，还会伴生白水晶、钛晶等矿物，一般来说，在洞内长的白水晶被称为“外来财”，是意外之财，具有观赏性的价值更高；如晶洞内出现无观赏性的伴生矿，颜色不佳，造型不好，则收藏价值大大降低，价格也会大大下降。

另外，目前市面上还出现了一些黄晶洞，这些绝大多数都是人工改色的，通过高温的方式将颜色不好的紫晶洞改成了黄晶洞，它是水晶的材质，但不是纯天然的颜色。辨别的一大特征就是洞壁是否发白，如果发白，则可以判定为改色晶洞。

除了要防止改色晶洞，目前市面上紫晶洞也出现了一些优化处理的情况，值得特别注意的有两点：

晶牙大且有共生矿的紫晶洞

外壁为原矿且为玛瑙壁的紫晶洞

造型高大挺拔的紫晶洞

外壁涂了一层水泥装饰的紫晶洞

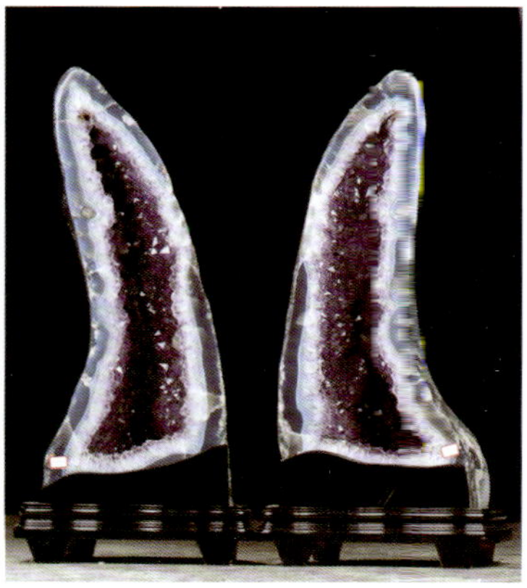

紫水晶对洞

1. 防止拼接。很多紫晶洞在开采、运输过程中，发生断裂、破碎，一些不良水晶商家通过拼接，背后涂水泥的方法，将整个晶洞修补如初。收藏晶洞时要仔细观察洞壁是否有裂缝，裂缝在两端是否可以连成一条线，有的晶洞天然带有裂缝，这是一种水晶发育纹理。有的则是后期人工修补的。

2. 防止喷漆。喷漆是喷深紫色的漆，让浅色的紫晶洞具有更好的卖相，并且卖到更高的价格。检验一个晶洞是否被喷漆方法也很简单，可以用随身的钥匙、指甲刀等金属制品，轻轻地滑刻洞内晶芽，如出现划痕则是喷漆的。

以上“六看二防”就是吴师傅收藏紫晶洞的经验，通过这个方法按图索骥，参照对比，就可以收藏到较为心仪的紫晶洞了。

除了学会鉴赏紫晶洞的品质，目前在风水上，人们还根据紫晶洞的外观分为五行紫晶洞，具体的依据是：

木型紫晶洞就是长而直，稍有弯曲像树木的形状。

火型紫晶洞和金型紫晶洞有些许类似，但火型紫晶洞头部是尖的。

土型紫晶洞就是四四方方的，像布袋一样。

金型紫晶洞就是像寺庙中大钟形状或等腰三角形形状。

水型紫晶洞就像流水般，通常是双峰晶洞或带弧线弯曲状。

批发市场上挑选的紫晶洞

国外矿区的高品质紫晶洞

高品质紫晶聚宝盆

如何收藏聚宝盆

水晶聚宝盆又叫玛瑙聚宝盆，聚宝盆与水晶洞都是含有空洞的水晶矿切割而成。人们习惯上把竖着切的称为水晶洞，把横着切的称为聚宝盆。在实际操作上，竖着切的水晶洞，往往只能留下一个晶洞，另一半则因为洞太浅或不完整而当作晶簇。横切而成的聚宝盆，两半都很完整，都成为漂亮的聚宝盆。

目前市面上的聚宝盆大体上有两大类：

第一类，玛瑙水晶聚宝盆，经常简称为玛瑙聚宝盆。这类聚宝盆的外壁是玛瑙，水晶晶芽在空洞里发育生长。收藏选购这类聚宝盆可参考紫晶洞的收藏方法，主要是看聚宝盆的边，薄厚适中，晶芽和内部空间越大越好，颜色也是越均匀越鲜艳越好。

并非每个玛瑙聚宝盆内部都会长出晶芽，有的内部晶芽极小，有的完全没有晶芽。吴师傅曾见过有的玛瑙聚宝盆内部是一层白粉状的东西，商家将这种玛瑙聚宝盆命名为“衣食无忧”玛瑙聚宝盆，把里面的白色粉状矿物比作是白面，白面满仓，自然是衣食无忧了，可以作为送给女儿出嫁的嫁妆，这是玛瑙聚宝盆具有观赏性的一面；对于一些长相特殊，观赏性佳的玛瑙

紫水晶聚宝盆

聚宝盆，是可以作为奇石来收藏的，因数量稀少，收藏价值也很高。

第二类，紫水晶聚宝盆。紫水晶聚宝盆就是横着切的紫晶洞，这类紫晶洞整体造型极佳，竖着切成对洞体积过小，或竖着切割难以立起来，因此切成紫水晶聚宝盆。

当前的紫水晶聚宝盆主要有两类，一类是中小型的玛瑙壁紫水晶聚宝盆，这类聚宝盆往往颜色不够浓郁，个头适中，适合在案头摆放。另一类则是岩石壁紫水晶聚宝盆，这类聚宝盆其实是超级钱袋子，通过聚宝盆的切割方式，可以最大限度地保存它的完整性，这样的聚宝盆外壁往往错落嶙峋，保存了岩石外表最粗犷的风貌，内部晶芽娇艳浓郁，是极品聚宝盆。

当前聚宝盆的主要产地是巴西和乌拉圭，切割、打磨等加工基本都在产地完成，东海人通过海运将聚宝盆、紫晶洞等运到国内后，再进行分级、配底座，然后就在实体店、网店等渠道进行销售了。

白水晶簇加工的水晶小屋

如何收藏水晶簇

晶簇是水晶爱好者最爱收藏的水晶款式之一，它的特点是带有浓郁的自然原矿气息，具有自然的能量感，使人感受到水晶发育生长的造化神奇。水晶簇也具有极佳的观赏性，因此深受人们喜爱。

目前市面上的水晶簇主要有四类：

第一类，白水晶簇

白水晶簇出产量很大，它是当前市场上最常见的水晶簇。目前市场上销售的水晶簇，绝大多数来自国内的四川、贵州和云南，国内出产的水晶簇往往晶芽较小，细密的生长在岩石之上，东海人形象地把这类晶簇称为“菊石”“石钉子”，这是因为细密的白水晶晶芽长在一起，像是一簇簇美丽的菊花；称为“石钉子”则是因为一个个小小的晶柱像是一枚枚小钉子，因为是水晶石的材质，因此而得名。

这类晶簇价格实惠，收藏门槛极低，收藏时要注意防止被酸洗过，酸洗是因为刚开采出来的白水晶晶簇颜色较杂，酸洗之后可以大大提高白水晶晶簇的白度。购买时，闻闻晶簇的味

白水晶晶簇

道是否有刺鼻的酸味，即可知道该晶簇有没有酸洗。

白晶簇中晶柱较大的大都来自国外，这类晶簇体积较大，更具有收藏价值。收藏时还要注意晶体，晶体越纯净，品质越好。

第二类，紫水晶晶簇

紫水晶晶簇简称紫晶簇。紫晶簇多是在开采、运输晶洞时产生破裂留下的。收藏这类晶簇和收藏紫晶洞的方法类似，也是颜色越浓郁，晶芽越大越好。紫晶簇一般极少会被涂刷水泥。

紫水晶晶簇

紫水晶晶簇也有不是晶洞破裂形成的，其本身就是一块较大的原矿。这类原矿收藏时除了看颜色和晶芽，还要看它的观赏性。

第三类，观赏石晶簇

有的晶簇内部会有包裹物，如绿幽灵、发晶等，作为晶簇就具备了极佳的观赏条件。很多晶簇还会与其他矿物共生，如铜矿、石榴石、电气石等，收藏时要注意防止拼接。还有的晶簇形成在钟乳石洞中，这种环境下形成的晶簇也具有很好的观赏性。

紫水晶观赏石晶花簇

观赏石晶晶簇

状若钟乳石的白水晶晶簇

第四类，茶晶晶簇

茶晶又称烟晶、墨晶，天然茶晶晶簇产量较少，市面上多是人工优化处理的，不法商人通过对白水晶的改色，形成茶色，在收藏时尽量选择颜色不太均匀的晶簇。

晶簇造假极少，但随着水晶市场的发展，水晶晶簇的热销也吸引了不法商家造假以牟利。常见的有拼接、二次结晶和染色等。

拼接就是将不相干的矿物人为地黏合在一起，制造一种生长奇特、稀有的感觉，令收藏者上当受骗。因此收藏有伴生矿物的晶簇，要仔细观察是否有粘合的痕迹。

二次结晶就是将水晶簇拿到工厂里，在人工条件下模拟水晶发育形成的环境，让晶簇上再次生长出小晶簇。这类晶簇的显著破绽就是大晶柱周围长满了小晶簇，这是不符合天然晶簇生长情况的，本是同根生，大小相差几十倍，这是明显的破绽。

染色是在水晶簇表面通过颜料、喷漆、电镀等方式改变水晶簇颜色的造假手段，自然界目前已知的晶簇只有白水晶晶簇、茶晶晶簇、紫水晶晶簇和伴生矿晶簇，其他颜色的晶簇基本都是染色的，一些莫名其妙的颜色都不需要细看，就知道是不可能存在的。

自然形成的水晶簇与人工切割的水晶柱

如何收藏水晶柱

喜马拉雅水晶柱

天然水晶原矿本身就有很多自然形成的水晶柱，同时为了适应外贸市场的需求，还有很多水晶原石会被人为地切割成各种水晶柱，如粉晶，自然界是不存在天然粉晶柱的，人们把一些块状的粉晶原石切割成粉晶柱。

当然这是一种物理切割方式，是水晶加工的一种，本身并不改变水晶的品质，因此是一种正常的加工方式。

但是对于白水晶来说，既有自然形成的天然水晶柱，也有人工切割的水晶柱。对于国外水晶疗愈的需求者来说，人们往往更青睐纯天然形成的水晶柱。

尤其是一些特殊的疗愈水晶，如权杖水晶，也是一种特殊结构的水晶柱，其外观像一个蘑菇，上头大，

自然形成的紫水晶柱

自然形成的白水晶柱

下面小，目前市面上已经出现了人工切割的权杖水晶，那如果用天然权杖的价格买到人工切割的权杖水晶，则会多花很多冤枉钱。

如果商家拿人工切割的权杖水晶当作天然权杖水晶来销售，也属于欺诈。

另外，收藏水晶柱有时也比较看重产地，比较特殊的水晶柱有喜马拉雅水晶，这种水晶柱表面有一层特殊的纹理，是地球上最古老的水晶之一，其外观还有一个特征是晶体极为清透，很多不同产地的水晶柱，也常常冒充是喜马拉雅山脉出产的，这也是水晶市场上一个经营中的灰色地带。

给水晶石开天窗后研判水晶品质

如何收藏水晶原石

收藏水晶原石，分为明料和赌料。所谓明料，就是可以通过肉眼或借助灯光判断出原矿的价值，看清水晶的晶体和包裹物，这样的水晶原石购买起来价格公平，没有风险。所谓赌料，是有的水晶原矿带有一层厚厚的表皮，无论是肉眼还是通过灯光都无法判断出这块水晶的真正价值，因此购买时有一定风险，购买这种水晶原石也被称为水晶赌石。

水晶在开采出来时，有一层包裹物，无法探知其内部成色的好坏，须切割后方能知道其质量。

赌水晶，既有可能得到价值连城的包裹体，也有可能得到满身冰裂、棉的废料。因此在赌水晶时需仔细观察晶体内部结构，盘算其是否有升值可能。赌水晶门槛较低，赌赢了价格立翻几倍、几十倍，赌输了也不过是几百元、几千元的小钱，因此近年来深受人们欢迎。

水晶赌石可以获取数倍甚至是数十倍的利润，那么到哪里去赌水晶最合适呢？

从理论上说，有水晶矿出产的地方都具备“赌”的条件。

目前，国内的水晶产地主要集中在江苏、云南、贵州、湖南、内蒙古等地区，其中江苏东海占全国水晶的产量一半以上，被称为中国水晶之都。近年来，为加大对我国矿产资源的保护，政府对天然水晶采取保护性开采措施，大大减少了水晶的产量。因此东海人开始逐渐走出国门，到海外寻矿。

国外的水晶产地主要有巴西、乌拉圭、巴拉圭、墨西哥、马达加斯加、莫桑比克、缅甸、阿富汗等国家，东海水晶商人从国外大量收购水晶原石，运往国内的江苏东海进行集散，因此东海现在已经发展成为世界著名的水晶集散地。有国外媒体评论说，因为东海人对水晶的大量需求，带动了世界水晶原石价格不断涨价。

水晶柱内包裹红色幽灵金字塔

那么，赌水晶去哪里比较合适呢？

吴师傅认为在国内主要水晶集散地赌石较为合适。这是因为：

第一，国外路途遥远，言语不通，矿产资源关税甚重，长途跋涉走出国门去赌石，是适合大资本进行的行为，普通人出国赌石代价太高。

第二，国内水晶原石集散地目前已经形成，在江苏东海，每逢农历一六、二七、三八、四九，各有一个水晶大集，平均每 5 天就有 4 个大集可以交易，每次大集都有数十吨水晶原石参与交易，可供选择的机会很多。

第三，在水晶集散地赌石后续加工较为容易，以江苏东海为例，这里的产业链较为发达，业内分工明确，聚集着大量的雕刻师、工作室，可以为客户赌到的原石进行后期处理加工制作。

第四，加工完毕的水晶艺术品在水晶集散地易于流通，水晶集散地聚集着大量的水晶收藏家，如果赌到较好的原石，容易变现，如在东海国际水晶珠宝城就聚集着数百家水晶店，他们对优秀的水晶作品都有很强的收购意愿。

赌水晶，赌的更是专业的知识，有了足够的知识储备，赌起水晶来才能得心应手。

20 年前，东海人就已经开始赌水晶，只不过，那时身在其中的东海人还没有意识到自己是在赌水晶，而只是在从事关于水晶的特殊交易。

这场交易的原则是：自由交易，自愿买卖。

水晶原矿背后带有的厚厚的表皮

在一层厚厚的表皮包裹下的水晶

石，买家和卖家各凭经验报价出价，哪怕出的是天价，哪怕还的是笑话，仍然可以保持相对的自由，可以买，可以不买，就看凭借着自己的知识，敢不敢赌！

在积累了数十年的经验里，东海人自有一套赌水晶的技巧或原则。

俗话说，工欲善其事，必先利其器。在赌水晶之前，准备一把强光手电是必需的，虽然水晶外表皮有层厚厚的包裹物，但是透过天窗或晶体下面探照，可以模糊的探明晶体的内部情况，作为赌水晶的最佳依据。

那么赌水晶究竟赌的是什么呢？一赌水头，二赌包裹体，三赌发丝，四赌幽灵，五赌水胆，六赌彩光。这六赌，基本上概括了赌水晶的全部内容。

所谓赌水头，就是赌水晶的透明度、纯净度，晶体的净体如何。纯净的水晶无论从美学的艺术角度上说，还是从稀有度上说都是珍品。水晶在发育过程中或多或少都存有冰裂、棉、瑕疵等情况，因此纯净的水晶，也就是水头好的水晶是很难得的。赌到这样的水晶算是一大成功。

赌包裹体。包裹体是水晶中的一朵奇葩，常常以拟人、拟物而演化成绝佳的水晶观赏石，在纯净的晶体中，或端坐，或巍峨，或迤逦，都是水晶中的神品。

赌发丝。一般来说，带发丝的水晶要比纯净的水晶高过数倍，如果是钛晶、金发晶则能高10倍以上，若赌到带发丝的水晶，则亦是一大成功。

赌幽灵。目前，绿幽灵、钛晶、碧玺是水晶中最贵的3种，赌到幽灵，特别是绿幽灵则可立刻使这块水晶价格翻倍，翻数倍，可以说幽灵对水晶而言是化石为晶，一点就灵。

赌水胆。水晶被称为亿万年水晶中包含的水滴，从稀有度上来说，甚为珍贵。所谓水晶，有

用强光手电观察水晶原矿内部

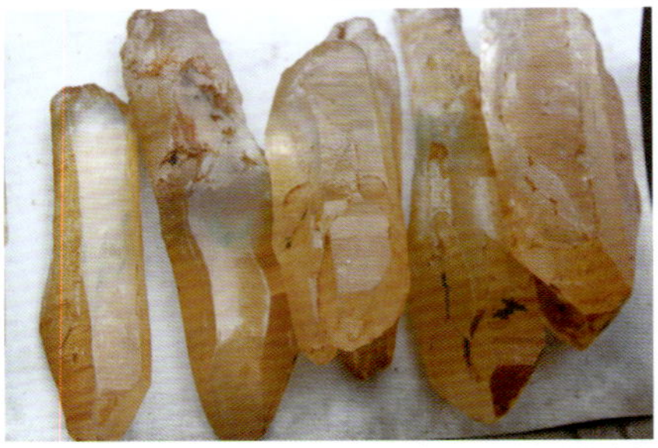
隐约可见这些水晶原矿内部有包裹物

水头极高的水晶原矿可以用来雕刻佛像

用大块金发晶雕刻的水晶艺术品

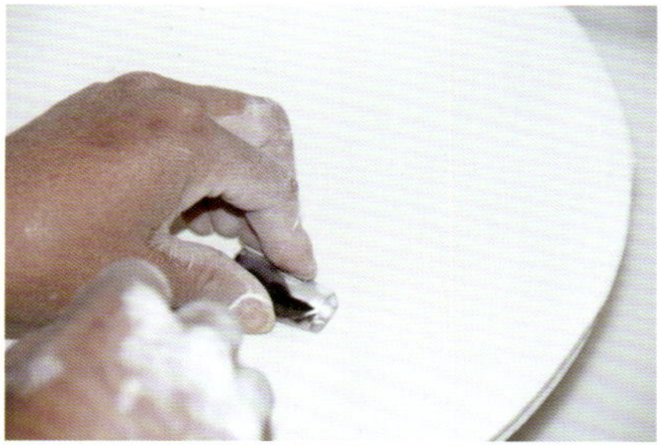
东海水晶作坊里的师傅在打磨水晶挂件

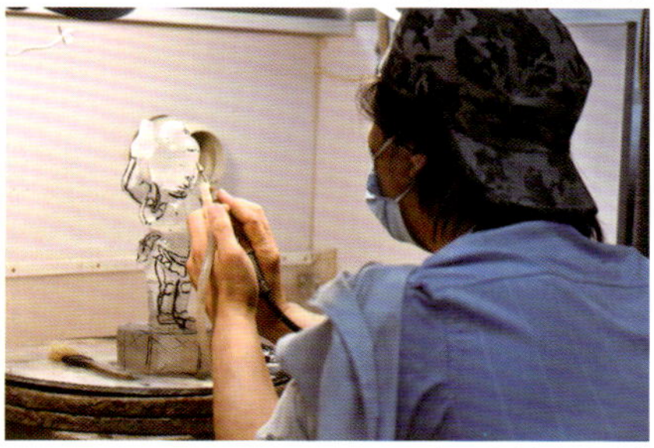
水晶雕刻大师张立成

水即成“精”，亦为水晶中点睛之笔。

赌彩光。彩光在佛教类水晶艺术品中亦被称为佛光，有佛光的水晶艺术品，其意义不必赘述。

以上六种赌水晶的要点，赌到其一，都可以说是成功了一半。等到加工成称心的艺术品，则可谓大功告成了。

水晶加工，指的是将赌好的水晶原石交到专业的设计师那里，经过设计师仔细检验，依据原石的特点进行设计加工。

水晶原石的设计加工一般分为六步：一是去皮，二是观察原料进行设计，三是切割雕刻大体雏形，四是细雕，五是开脸，六是抛光成形。请不同的雕刻师加工出来的作品效果不同，雕刻师的工艺越精，加工费越贵，当然作品升值空间也越高。

目前水晶行业的雕刻师一般是师徒相传，传承有序。学习水晶雕刻是一件辛苦且耗时久的工作，从画稿，到上手雕刻各种题材的水晶作品，常常要数年甚至十几年才能出师。跟随不同的师傅，学习创作不同题材的水晶雕刻作品，如佛造像、人物、动物、花鸟虫鱼和各种器皿等。因此，有名气的水晶师傅通常都已年过 40 岁了。

赌水晶到东海，这是很多水晶爱好者的共识。那么对于外地想赌水晶的朋友来说，对东海人生地不熟可怎么办呢？不要着急，后文将为您讲述东海水晶赌石的衣食住行。

粉晶原矿

东海淘晶攻略

入境篇

东海交通较为发达，铁陆空入境都很便利。先说铁路，东海为陇海线西行第二站，经徐州，向南可到合肥、南京、苏州、无锡、常熟、镇江、上海、杭州等地，向北可到石家庄、北京等，向西可到郑州、乌鲁木齐等，因此各地朋友按照本地情况进行查询，尤其是最近开通了高铁，到达东海更为快捷。

公路方面，东海境内有连霍、沈海高速，交通便利。310 国道、204 国道，323 省道、245 省道、236 省道等干支线公路 38 条，外地自驾的朋友可以根据具体路况选择路线。

最后介绍一下东海的机场，东海境内有连云港白塔机场，距离东海县城约 20 分钟车程，目前已经开通北京、上海、南京、广州等专线，交通非常便利。不过，目前连云港市新建花果山国际机场，新机场距离东海县城较远，未来通过机场到达东海的时间可能会在一小时左右。

县内交通篇

东海县内交通主要有出租车和滴滴快车。因为县城较小，公交系统不甚发达，班次较少，一般也很少有人乘坐。同时也有很多共享单车，扫码即可骑用。

其中东海出租车非常实惠便宜，起步价 7 元左右，东海城小，一般 10—20 元的乘车费，20 分钟便可以到达城内任一地点。

县内公交车都是2元，乘客很少，如果需要乘坐公交车的朋友，路线可以就近查看公交站台，县内公交路线不多，在此不做细述了。

摩的、人力车、电动小三轮的租赁费用一般在 10—50 元，如果有需要搬运的东西，可以就近寻找，招之即来。

住宿方面

东海宾馆行业较为发达，县内有各种星级宾馆，也有一般的招待所、宾馆和旅馆。东海是苏北小城，因此住宿方面的特点是价格低、房间好，县城内的五星级酒店费用也不算高，条件也非常不错。

东海县城附近还有“华东第一温泉”之称的温泉镇，距离县城约 20 分钟车程。近年来，东海县温泉旅游度假区依托资源优势，大力发展旅游业。目前，已有宾馆、洗浴休闲中心、会务商展中心 10 余家，其中五星级酒店 1 家，三星级酒店 3 家，二星级酒店 3 家。在历年水晶节中都发挥了非常大的作用。这里的温泉宾馆有各种温泉洗浴、温泉游泳池等各具特色的休闲项目，还有地道的农家菜、淮扬菜、杭帮菜等远近闻名。温泉镇的沐浴休闲设施一流，可为游客提供浴疗、推拿、针灸、按摩等多种服务。

饮食方面

东海特色小吃以桃林烧鸡、房山牛肉、黄川草莓、水晶香蹄较为著名，本地菜系也很有特色，如东海老公鸡、小鱼煎饼等。各地小吃也是遍地开花，如兰州拉面、重庆小面等。东海的饭店多以分量大、口味重见长，喜欢清淡的朋友也可以选择一些新鲜素菜。

路边小吃多为烧烤、油炸食品，其中摊煎饼最为常见。所谓摊煎饼，就是将各色青菜切碎，配以佐料，加以鸡蛋、火腿肠等，置于铁饼上爆炒一下，然后放在煎饼内，等到煎饼两边通体呈焦黄色即可食用，味道不错，外地的朋友可以尝一尝。

晚上东海有大排档一条街，街上饭店众多，人气很旺，喜欢大排档的朋友可以一试。

赌石地点

东海水晶赌石一般在四个地点进行：

第一，东海国际水晶珠宝城。这里每逢农历“三八”，即初三、初八、十三、十八、

二十三、二十八有水晶大集，每到这时，总是吸引着大量的卖家和买家前来交易。集市分为原石区（赌石区）、半成品区、手链区、项链区、雕件摆件区，其中还混杂着一些观赏石。这里的水晶赌石交易人气很旺，每次大集大约聚集着数百个摊位进行赌石交易，一般从早上6点钟就已开集，10点钟慢慢散去，到下午1点钟左右，集市就算罢集了。

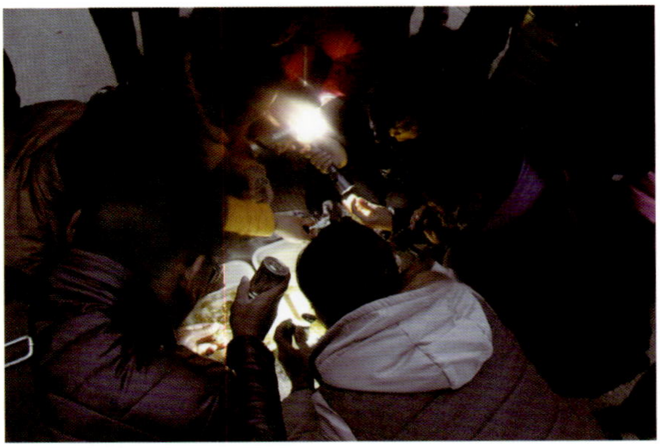

水晶赌石现场

水晶赌石现场

第二，新水晶市场大集。新水晶市场大集每逢农历“四九”开集一天，即初四、初九、十四、十九、二十四、二十九有水晶大集。新水晶市场大集赌石人气也很旺，是传统的水晶交易区。

第三，天成水晶大集。天成水晶大集是“二七集”，即每逢农历初二、初七、十二、十七、二十二、二十七的日子有水晶交易。

第四，曲阳水晶大集。曲阳水晶大集是“一六”集，每逢农历初一、初六、十一、十六、二十一、二十六的日子有水晶交易。

除了这四个地点，更上游的水晶赌石交易在一些专门从事水晶原矿进出口的料行老板家里进行。这种情况，交易地点和时间往往不确定，需要有内行的人带领才能找到。

水晶市场中的相关宝石

借助彩光俏色雕刻的水晶佛像

天然水晶种类繁多，款式多样。前面几个章节介绍的都是天然水晶，它们从任何指标衡量都是天然水晶的范畴。但除了前文论述的水晶之外，还有碧玺、石榴石、黑曜石、月光石、红纹石、虎眼石、海蓝宝、青金石、草莓晶、托帕石、萤石、玛瑙、玉髓、舒俱来、天河石、紫龙晶、红绿宝、橄榄石等数十种宝石也被归入水晶范畴，无论是在各大水晶市场、品牌店还是网络上，人们都能在水晶店里找到这些宝石的身影，它们到底是什么呢？

从矿物成分上说，像碧玺、石榴石、月光石、萤石等确实都不是水晶，它们是其他矿物宝石。之所以也被当作水晶进行销售，吴师傅认为有以下四个原因：

第一，它们拥有像水晶一样纯净的晶体，如碧玺、石榴石、海蓝宝石、草莓晶、托帕石等，它们的晶体也是纯净透明的，因此被误认为是水晶的一种。

第二，它们拥有像水晶一样丰富多彩的颜色。如黑色的黑曜石、黄色的虎眼石、蓝色的青金石、红色的红纹石等。

第三，它们随着国外的水晶文化传入国内。国内水晶市场的快速发展是最近二三十年的事，水晶行业尚未形成明确的行业标准，很多水晶文化都是来源于国外，普通人对水晶的认知度不高，只有行家才能分得清不同宝石之间的区别。

第四，国内的珠宝市场以金银为主，其次是翡翠玉石和五大传统宝石，水晶在整个珠宝市场逐渐占据一席之地，与水晶外观相似的其他宝石借着水晶的东风，走进了人们的视野。试想一下，喜欢天然水晶的人群已经相对比较小众，喜欢天河石、萤石的人群会更加小众，国内很难开起一家专营天河石的商店，所以造成了今天众多宝石撑起水晶市场的局面。

其实，换一种思路去思考，水晶家族的各个品种，很像一个国家的民族，随着国家的发展，新的民族加入这个国家，拥有同样的国籍。随着水晶市场的发展壮大，很多新的宝石加入其中，也同样见证着水晶文化的包容。

但我们也不能忽视一些商家，因为自身知识的限制或出于经济利益的追逐，故意误导消费者，将一些非水晶的石头称为水晶，给很多宝石命名不规范，把常见的宝石当作稀有宝石来销售，这种行为是不可取的。

西瓜碧玺龙牌

如何收藏碧玺

说到碧玺，商家会首先告诉你这是慈禧最爱的宝石，能够得到这位中国曾经最有权势的女人宠爱，说明了碧玺确实非常珍贵美丽！自 2010 年以来，碧玺在水晶和彩宝市场就被不断热炒，到 2015 年达到历史最高点，这段时间，碧玺的价格以每年超 30% 的上涨速度递增，让很多水晶爱好者越来越望而生叹。如此疯狂的上涨速度，到底是因为什么呢?

吴师傅认为，首先是中国人购物都爱买涨不买跌，股票牛市了，大家一哄而上，房价要涨了，离婚也要买。这种带有群体性的冲动消费，带动了整个碧玺市场疯狂上涨。随着 2015 年我国进入经济发展新常态后，碧玺的价格也开始有所回落，中低端碧玺甚至出现价格腰斩的奇观，这充分说明，整个碧玺市场是有炒作成分的。

其次，碧玺具有美丽的外观和功效。碧玺是目前最为热门的彩色宝石，其受欢迎程度甚至超过传统的五大宝石，碧玺的颜色非常丰富，有蓝碧玺、红碧玺、黄碧玺、绿碧玺、紫碧玺、西瓜碧玺、黑碧玺等，其中蓝碧玺中的帕拉伊巴，红碧玺中的卢比来、帕帕拉恰价格都在赶超传统的五大宝石，每克拉达到上万元甚至数万元。碧玺的化学成分是电气石，具有美容养颜的功效，当前很多国际品牌的化妆品都添加电气石成分；在风水上，人们认为美丽的碧玺可以旺夫。美容又旺夫，美丽又高贵，哪个爱美的女士能够抗拒碧玺的魅力？虽然碧玺价格越来越贵，但女士们打着可以旺夫的旗号，相信各位男士也不好拒绝买单吧？

因此，碧玺的价格在前几年上涨速度非常离谱，不只碧玺价格上涨很快，整个水晶市场的所有水晶在 2015 年之前都在高速上涨。很多水晶爱好者深有体会，5—10 年前可以很便宜买到的水晶，现在用翻倍的价格也不一定能买得到了。这其实也是一种很正常的现象，随着人们对水晶认知度的提高，作为一种不可再生的矿物资源，水晶的价格未来只会继续走高，并且上涨的空间还很大。特别是品质高的天然水晶，市场拥有量极小，更具有保值升值的潜力。

如何收藏碧玺手链、项链

当前市面上的碧玺手链种类繁多，常见的有圆珠、异形和原矿手链。碧玺是得到加工最充分的宝石品种之一，因为市场的旺盛需求和良好的行情，水晶加工厂会把所有的碧玺原矿都尽可能地加工成成品，这样我们在收藏选购碧玺时有很多的选择。

一般来说，收藏碧玺手链首先是量力而为，明确自己的购买预算，有目的地进行挑选。就碧玺手链款式来说，圆珠的价格最贵，其次是异形和原矿，这点在其他水晶里面不太明显，但在碧玺里差别非常显著。这是因为随着碧玺成品市场行情的节节走高，原矿的成本也是水涨船高，在加工碧玺过程中，圆珠是相对最费料的，要切割打磨掉多倍于本身体积的原矿，异形相对来说就是根据原矿外形，最大限度地保存原矿的体积，从而提高成品体积和重量，提高成品率。原矿手链则是直接把原矿简单打磨、打孔，然后串制成手链，很多原矿都是加工其他成品时切割下来的边角料，因此价格最实惠。

记得有一篇课文叫作《猪的全身都是宝》，说的是猪身上各个部分都可以加以利用。碧玺的加工情况和猪类似，一块碧玺原矿过来，会被分析做成什么样的成品最划算，就珠料来说，剩下的边角料也会被加工成原矿手链，不够加工成手链的，会被打磨抛光作为碧玺碎石进行出售，其价格仍然可以达到每千克数百元。

碧玺的价格主要受颜色、晶体纯净度、体积和做工影响，颜色则是越鲜艳越好，碧玺的颜色丰富，其中按价值排序的话，蓝碧玺、红碧玺、西瓜碧玺、黄碧玺、绿碧玺、紫碧玺可以排在第一梯队，价值最高；茶色、褐色、白色以及所有深色的碧玺排在第二梯队，价值较低。在这里，颜色越鲜艳价值越高，但即使是蓝碧玺，如果颜色深到发黑，那也要归入第二梯队。

碧玺颜色的鲜艳度常常让收藏者难以把握，目前的水晶市场一般把碧玺分为两大类，一是以阿富汗出产为代表的颜色浅、风格清新的碧玺，这类碧玺颜色偏粉嫩，价格相对便宜。另一类是以巴西出产为代表的颜色浓郁、风格厚重的碧玺，这类碧玺高贵典雅，价格相对较高，是行家最爱珍藏的碧玺。

碧玺的晶体纯净度对品质影响极大，即使颜色鲜艳度相同，晶体纯净一分，价格可能会增加很多。晶体越纯净，品质越好。在目前的碧玺加工中，为增加碧玺成品率，在加工时会灌入树脂，以免打磨时受到挤压而破裂，这是目前整个碧玺加工里的“潜规则”，成本高昂的碧玺，没有一家工厂愿意冒着破损的风险，降低出品率。其次在价格战相当激烈的宝石市场，出品率低意味着更高的价格，这显然是不利于市场竞争的。因此，在经济条件允许的情况下，选择晶体更好、颜色更鲜艳的碧玺要更好一些。

体积，这点最容易理解，个头越大，价值越大。碧玺大矿稀少，因此尺寸越大 即使同品质每克单价也会增加很多。这就像钻石，一颗10克拉钻石的价格肯定会数十倍于10颗一克拉钻石的价格，虽然总重量相同，但价值完全无法同日而语。碧玺也是一样，尺寸越大，能够获得的精品越少，物以稀为贵，越稀少，价格越贵。因此，在预算一定的情况下，往往把尺寸放小一点，能够收藏的品质反而更小一点，也就是说，同样价钱的碧玺，小珠子的品质会高于大珠子的品质。但换句话说，大颗粒的碧玺，因为稀少珍贵更具有保值、升值的收藏价值，这里要综合考虑自身的经济能力和收藏目的。

做工，当前的碧玺加工能力很成熟。就款式来说，市面上的圆珠基本都是珠圆三润，只有3毫米以下的珠子会出现打孔歪斜，珠子不圆润的情况。因此做工的优劣目前差别已经很小。但不同款式的价格差别很大，在同样价位，又想收藏品质较好、体积较大的情况下，收藏异形或原矿款式的手链也是一个不错的选择。

石感较重的碧玺手链

半透明的碧玺手链

晶体通透颜色鲜艳的碧玺手链

颜色鲜艳晶体好的碧玺手链

颜色清新的碧玺手链

彩虹色碧玺手排

蓝碧玺多圈手链

渐变色碧玺手链

仿冒碧玺的染色款爆花水晶

收藏碧玺项链的挑选方法和手链几乎一样，但项链的价格往往是手链的 3 倍以上，这是因为项链的长度一般是 43—65 厘米，是正常手链长度的 3 倍以上，所用珠子自然也多了 3 倍，价格也就是 3 倍以上了，所以收藏项链的门槛远远高于收藏手链的门槛。

因为收藏预算的限制，因此在选购碧玺项链时，我们可以通过控制珠子大小的方法挑选合适的项链。这样就可以在一定价格范围内，找到一个最优选择。

收藏碧玺手链、项链还要防范假货，当前市面上常见的造假方法有两类：

一是爆花碧玺。这类碧玺是把人造水晶或白水晶，通过高温使晶体中产生裂缝，然后把不同颜色的颜料侵入有裂缝的晶体内，其造假对象是七彩碧玺，识别方法是观察裂缝内有无颜色堆积现象。

二是染色西瓜碧玺。这类碧玺是把普通玉髓染色成西瓜碧玺的外观，但因为玉髓完全不透，没有晶体，因此也很好识别。这种染色西瓜碧玺在网络平台上销售非常泛滥，它利用普通消费者对西瓜碧玺缺乏认知，诱骗消费者购买。

小珠子碧玺项链

红绿碧玺项链

红碧玺项链

孔雀蓝碧玺项链

水滴款碧玺项链

盘珠款碧玺项链

宝石切面款碧玺项链

如何收藏碧玺吊坠

当前市场上可以选择的碧玺吊坠主要有两类，一是原矿切割打磨的简单款式，另一类是雕刻品。这两种风格各有优点，简单打磨的比较简约，这样加工大都是为了突出原矿色彩的美丽，如西瓜碧玺。碧玺的价位在水晶市场相对较高，简单加工以利于挖掘它的附加价值，因此好的碧玺吊坠往往会被深加工成精美的雕刻品。

挑选碧玺吊坠一般从形状、颜色、晶体、做工和体积这五大方面着手。

首先看形状，碧玺价格较高，市面上的碧玺大都是按克计价，因此厂家在加工时往往不舍得过多切料，而是尽可能地保留原矿的体积，这样能够卖更多钱。这也给我们挑选碧玺时带来一些麻烦，很多碧玺品质不错，但形状不够周正，因此挑选时，一般尽可能挑选形状周正大方的，不挑选形状歪歪斜斜的。

颜色上，一块碧玺吊坠往往是由一种或多种颜色组成，由一种颜色组成的吊坠，我们尽可能挑选颜色均匀浓郁的；由多种颜色构成的，我们尽可能挑选颜色美观鲜艳的，其中碧玺的雕刻品还要考察颜色与雕刻题材的组成是否合理，很多雕刻师利用碧玺多样化的颜色进行俏色雕刻，我们要着重观察俏色题材是否契合材质，颜色过渡是否自然。

晶体上，碧玺吊坠大都是大块雕刻料，因此往往有很多棉裂，在收藏时尽可能选择棉裂较少的。如经济预算有限，则选择棉裂出现在关键的雕刻部位。

做工上，很多碧玺加工厂为提高出品率，不舍得正常切料，因此用的也是一般雕刻工人，在不规则的碧玺形状上随意发挥，生搬硬套，导致很多碧玺雕刻品缺乏艺术价值，这类碧玺雕刻品价值会大大降低。吴师傅建议尽可能选择雕工流畅自然，题材端庄大气的雕刻品，不要贪图便宜，选择雕刻做工太次的成品。

体积上，个头越大越稀有，收藏价值越高，同时要结合个人身材和佩戴需求选择吊坠的大小。一般来说春秋适合佩戴尺寸大一些的毛衣链坠，夏天和冬天适合佩戴个头小巧的项链坠。

目前碧玺吊坠的搭配也很有讲究，一般是搭配同色系的碧玺珠子作为项链绳，这样整个吊坠的完整性和美观性更佳。

红碧玺吊坠《金枝玉叶》

红碧玺镶嵌款吊坠

西瓜碧玺原矿和红碧玺吊坠

西瓜碧玺吊坠

红碧玺吊坠福禄寿喜

红碧玺吊坠

如何挑选碧玺戒面和镶嵌品

碧玺戒面这几年非常火热，越来越多的人尝试挑选、设计属于自己的专属宝石。每年都有大量的碧玺戒面从巴西、泰国和非洲等地进口到国内，这些戒面从几克拉到数十克拉不等，它们颜色丰富，色泽动人，受到水晶爱好者的喜爱。

收藏碧玺戒面等切面款式，主要看颜色鲜艳度、晶体纯净度、切工和尺寸大小。当前的碧玺戒面以帕拉伊巴蓝、卢比来红等颜色最为珍贵，晶体越纯净价值越高。碧玺裸石是价格比较亲民的彩色宝石，尤其是 1 克拉以下的碧玺，其价格甚至只有数百元，好看又不贵，非常适合镶嵌定制美丽的饰品。

大颗粒的碧玺裸石价格不菲，尺寸越大，市场存量越稀少，收藏门槛也越高。

碧玺裸石戒面

碧玺裸石戒面

石榴石手链

如何收藏石榴石

石榴石的家族庞大，种类繁多，目前市场上的成品既有做珠链的，也有做雕刻的，还有做宝石戒面的。下面吴师傅根据各种石榴石在市面上受欢迎的程度来进行介绍。

目前的水晶市场对石榴石按颜色进行分类最为普遍，依照从差到好的规律，它们依次是黑红色的石榴石、酒红色的石榴石、橙红色的石榴石、玫红色的石榴石、紫红色的石榴石（紫牙乌）和绿色的石榴石（翠榴石、沙弗莱）。

石榴石颜色丰富，这是因为它们的矿物成分略有不同。从矿物学来说，石榴石化学通式为 $A_3B_2[SiO_4]_3$，其中化学式中 A 代表二价阳离子，主要有镁、铁、锰和钙等；B 代表三价阳离子，主要有铝、铁、铬、钛等。石榴石按成分特征，通常分为铝系和钙系两个系列。

其中铝质系列有镁铝榴石、铁铝榴石和锰铝榴石。镁铝榴石和铁铝榴石常形成类质同象过渡的混合物，以红色系最为突出，也就是市面上最常见的黑红色、酒红色和紫红石榴石，锰铝榴石以橙红色石榴石最为常见。

钙质系列有钙铁榴石、钙铝榴石和钙铬榴石。钙铁榴石以翠榴石最为著名，钙铝榴石以沙弗莱石最为著名，钙铬榴石因晶体太小难加工，产地也非常少，一般很少用作宝石。

所以在珠宝市场上常见的石榴石珠链和雕刻品吊坠基本上都是铝质的石榴石，宝石戒面则多是绿色、芬达颜色的钙质系列石榴石。

如果给各种水晶列一个受欢迎排行榜的话，石榴石可以进入前三名。石榴石被誉为“女人之石”，具有调理气血、美容养颜的功效。

当前市场上的石榴石主要有新疆料、莫桑比克料、印度料和巴西料，这是目前石榴石最重要的几大产区。新疆料的石榴石多为黑红和酒红色，莫桑比克料以酒红色最著名，印度料的石榴石最著名的是“印度紫”，这是一种偏暗黑的紫红色，巴西则多玫红和紫红色石榴石。这几大产区构成了我们在市面上能够见到的石榴石成品。

黑红色的石榴石

这类石榴石是所有石榴石中品质最差的，颜色发黑，只有在强光灯的照射下才可以看到红色，晶体多碎渣，表面多裂痕，常见的手链尺寸以8—16毫米为主，收藏价值很低。一般常作为淘宝店冲量的产品，价格极为便宜，在实体店里常作为搞活动时的赠品。

石榴石的密度比水晶要高，所以，同样大小的石榴石放在手里感觉会比水晶重。

晶体较好的黑红石榴石手链

晶体多杂质的黑红石榴石手链

石感很重的黑红石榴石手链

石感重、杂质多的黑红石榴石手链

酒红色的石榴石

这类石榴石是市面上最常见的，产量最大。原料主要来自新疆和莫桑比克，常见的成品有珠链、吊坠和宝石戒面。珠链以 3—10 毫米珠子较为常见，超过 10 毫米的珠子非常少，一般来说，珠子越大，可以获得纯净的珠子越难。石榴石在前几年价格年年攀升，大概在 2015 年达到顶峰，目前价格趋于平稳。其中收藏 3—6 毫米的珠子性价比最高，这类大小的珠子成品很多，在加工时能够较好地切除杂质较多的部分，从而得到晶体特别纯净的成品。超过 6 毫米以上的石榴石珠链，品质达到纯净是非常非常困难的，超过 8 毫米的纯净体则更具有收藏价值，数量稀少。

石榴石内部杂质较多，达不到雕刻条件，因此雕刻品很少，选择雕刻品要注意观察颜色是否均匀鲜艳，晶体是否纯净少杂质，雕工是否流畅自然大气，形状是否周正端庄。

晶体很好的酒红石榴石手链

杂质较多的酒红石榴石手链

晶体颜色中等品质的酒红石榴石手链

小珠子是酒红石榴石最常见的款式

大珠子酒红石榴石内部往往避不开杂质

颜色晶体极好的酒红石榴石手链

酒红石榴石也有较多的宝石戒面，大小以 1—5 克拉居多，因酒红色石榴石产量较大，这类宝石戒面价格不高，一般以 925 银镶嵌，收藏门槛很低。

橙红色石榴石

这类石榴石最常见的成品是珠链，相对于酒红色石榴石，橙红色石榴石的杂质总体很少，颜色从浅橙到深橙，多为偏橙黄色的红。橙红色石榴石最受市场欢迎的一点就是价格适中，它能够让消费者以较低的价格得到晶体相对纯净的成品。

在石榴石收藏上，橙红色石榴石作为过渡阶段的中档石榴石。

橙红石榴石手链

玫红色石榴石

这类石榴石最近几年逐渐式微，有走向“鸡肋”的势头。玫红色石榴石是酒红色向紫红色过渡的颜色，但在价格上它大大高于酒红色石榴石，也大大高于橙红色石榴石，论颜色，它没有紫红色石榴石那么娇艳；论价格，它没有酒红色石榴石那么实惠；论晶体，它没有橙红色石榴石那么干净。因此在几大石榴石中趋于淘汰边缘。

目前，很多在网上销售的商家，通过使用特殊的灯光或美图软件，把玫红色石榴石美化成紫红色石榴石，欺骗刚接触石榴石不久的消费者，这点在收藏时要格外注意。

玫红石榴石手链

紫红色石榴石

这类石榴石是石榴石中最值得收藏的，颜色呈现醉人的紫红色，被誉为“紫牙乌”石榴石。目前市面上的紫牙乌主要来自印度和巴西，印度的紫牙乌颜色暗紫红，只有在灯光下颜色才呈现较为娇艳的颜色，自然光下则显黑；巴西产的紫牙乌颜色为鲜亮的紫红色，在紫牙乌石榴石中更有收藏价值。

紫牙乌石榴石的珠链以 4—10 毫米居多，大料很少见，因此大珠子的成品也很少。

紫牙乌石榴石手链

总体来说，石榴石用来雕刻的原料非常少。大部分石榴石原料都是做珠链，收藏石榴石珠链以晶体越纯净越好，尺寸越大越具有收藏价值，同时要结合佩戴需求，珠子越圆润越好。

高档的石榴石宝石戒面以沙弗莱和翠榴石为代表，其中翠榴石数量稀少，在此不作介绍。下面我们主要来看石榴石及彩色宝石市场的新贵——沙弗莱。

沙弗莱

沙弗莱的化学名称为钙铝榴石，因含有微量的铬和钒元素，娇艳翠绿，赏心悦目。产自肯尼亚的沙弗国家公园，在 20 世纪中叶才被发现，它清新美丽的颜色使得它很快被市场所接受，目前价格逐渐向产量日渐减少的翠榴石靠拢，预计今后价格还会逐步攀升。

1967 年，一个名叫坎贝尔·布里奇斯的苏格兰著名地质学家在坦桑尼亚东北部的 Lelatema Komolo 山村附近勘探时，发现一种绿色宝石，经过检测它既不是祖母绿也不是翡翠，于是他大胆认定，他发现了一种新宝石！这也让沙弗莱石等到了自己的时代。布里奇斯是一个非常著名的“宝石星探”，他曾经发现过诸多全新的宝石，是国际彩宝协会（ICA）的创始者和终身成就奖获得者，于是 Tiffany 公司总裁聘请布里奇斯担当顾问，借助他在肯尼亚沙弗莱石矿区的影响力，开始了对这种新晋宝石的探索。

Tiffany 喜获新宝，于是给这清澈的亮绿色宝石取了一个很像中世纪诗人的名字："Tsavorite"（沙弗莱），每每念诵这名字，不禁让人联想到文艺复兴时期那些画家笔下少女动人的绿色纱裙或是眼神忧郁的俊朗诗人。其实"沙弗莱"并非 Tiffany 为了包装明星特别臆造的漂亮艺名，恰恰正是它的出生地之名：沙弗国家公园，这个来源于当地土语的词有着相当感性的含义：随我来。因其祖籍来自非洲，迅速成为珠宝市场里最具"狂野叛逆的浪漫主义气息"的宝石。

沙弗莱石在珠宝原石交易中目前只有 2.5% 左右超过 2 克拉，5 克拉以上更是少见。

沙弗莱价格昂贵的原因有四点：

开采困难，数量稀少

稀有永远是宝石高价的黄金法则。沙弗莱石的开采难度非常大，需要熟知地质结构，并且要动作迅速，因为沙弗莱石出现在岩石裂缝中，而岩石裂缝经常在开采的过程中便突然消失了，只有将这些石头打破，我们才能看到那美丽可人的绿色。

颜色漂亮，美丽动人

令很多彩色宝石"羡慕嫉妒恨"的是沙弗莱石拥有令人称赞的"三高"。首先，高亮度，这源于它天生极高的折射率，不时泛出强烈的火彩；其次，高纯净度，著名的高纯净度让它把绿宝石家族的长老祖母绿远远甩在后面，极少的杂质透着一股灵气；最后，高饱和度，高饱和的浓艳色彩是沙弗莱石的又一利器，这样的高品质又有哪个珠宝爱好者能抵挡住它的魅力呢？

高消费人群青睐

这珍贵的宝藏注定不会被埋藏，它的光芒不仅不会被掩盖，还横扫近几年的拍卖市场。2008 年苏富比以 80 万港元成交了 1 枚 10.30 克拉的沙弗莱石戒指；2009 年 5 月一枚梨形的沙弗莱吊坠便以 170500 瑞士法郎成交。可以说沙弗莱石是彩色宝石中的"潜力股"。

暂无造假替代方法

沙弗莱石被发现的时间只有几十年，造假者还没来得及研制出仿制方式。就目前来说，宝石交易中所见到的沙弗莱石，100% 为没有经过人工处理的"原装货"。在借助高科技仪器都难辨真假的宝石世界里，沙弗莱石恰恰是没有被染指的一片净土。

挑选沙弗莱石一般从四个方面入手：

第一是体积。大颗粒的沙弗莱石价格尤其高，因为这种宝石结晶颗粒普遍不大，基因影响个头，而市场上 85% 的沙弗莱石都在 1 克拉以下，物以稀为贵一直是珠宝界亘古不变的定律。

第二是净度。一般挑选时，只要是肉眼无法从内部观察到杂质和裂隙，并且杂质不处在宝石的中央地带，都是可以接受的。整体来说，沙弗莱石的杂质非常少。

第三看切工。沙弗莱石的折射率高，内部又十分纯净，所以一般采取圆形明亮式切割，通常是 57 个或 58 个刻面，这就是为什么它从外观上较祖母绿要光亮得多。

第四看颜色。决定彩色宝石价格高低最重要的因素就是颜色，沙弗莱石的绿色容易泛黄，而偏蓝色的则少之又少。颜色浓度也是重要的指标之一，淡浓度顶多能叫绿色钙铝榴石，浓度太深就会变成暗绿色，价值系数也会下跌。

石榴石的化学成分和颜色对应表

镁铝榴石：紫红、玫红色

铁铝榴石：褐色、暗红色、紫红色

锰铝榴石：黄橙色、橙红色

钙铝榴石：褐黄色、黄色、黄绿色、绿色

钙铁榴石：黄绿色、翠绿色、黑色

钙铬榴石：绿色

玫红石榴石手链

外观全黑的黑曜石手链

如何收藏黑曜石

黑曜石是水晶市场中最热门的品种之一，原因主要有两个，一是寓意丰富，黑曜石被认为可以防小人，辟邪挡灾，可以镇宅，化煞，因此从功效和寓意等方面来说，这是人们的刚需；二是黑曜石产量大，产品可塑性强，价格亲民，整个水晶市场的水晶品种，只有白水晶可以媲美。

黑曜石是一种火山喷发后形成的天然宝石，质地坚硬锐利，在古代常被用来制作兵器，如黑曜石兵刃、黑曜石箭镞等。黑曜石被印第安人称为“阿帕契之泪”，代表着幸运，传说谁能得到它，就永远都不会哭泣。

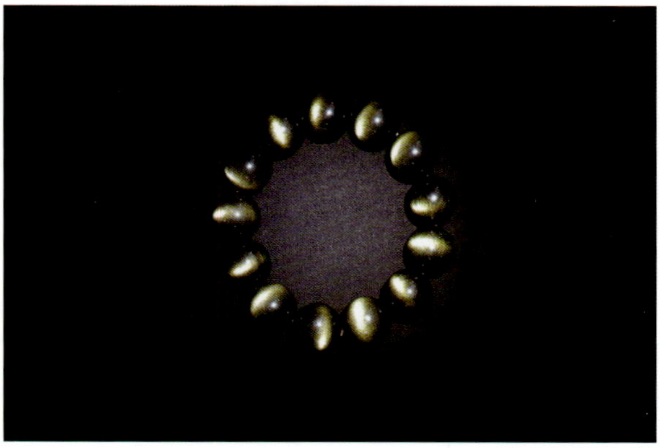

金色黑曜石猫眼手链

黑曜石大多分布在曾有火山活动的地区，诸如美国的夏威夷、印度尼西亚的爪哇岛、冰岛、匈牙利、意大利的利帕里群岛、俄罗斯、墨西哥、厄瓜多尔和危地马拉等地也有出产。冰种黑曜石是来自冰岛的海克拉火山，是冰河时期火山爆发孕育的产物。

当前的水晶市场中，黑曜石一共有6个质地，分别为全黑的黑曜石、彩虹眼黑曜石、冰种黑曜石、金曜石、银曜石和雪花黑曜石。这六大品种中，全黑的黑曜石一般用来加工镇宅的摆件，因为这样的黑曜石块头大，价格相对较低。雪花黑曜石因为黑白相间，在中国人看来不吉利，因此很少有人购买，这里也不作展开讨论。

评价黑曜石品质的优劣，最重要的因素是猫眼效应。黑曜石在灯光的照射下，一部分品质较好的黑曜石可以看见彩色或金银色的猫眼，这些猫眼大部分是随机无序分布的，少部分形成圆形的猫眼，更极少数形成线型的猫眼，做工最好，猫眼效果最好的黑曜石，会在成品的中心处，形成一条居中笔直的线型猫眼，这种猫眼效果是目前市场最为认可，也是价值最高的。

另外，黑曜石的颜色也能决定黑曜石的品质和价格，目前黑曜石中，价值高低依次是金色、银色、蓝色、绿色、紫红色和彩虹色，这些黑曜石颜色越鲜艳，价值就越高。

另外黑曜石的几种质地中，以金曜石价格最高，银曜石和冰种黑曜石次之，彩虹眼黑曜石再次之，最便宜的是全黑的黑曜石。

下面，我们来具体介绍一下这四种黑曜石：

彩虹眼黑曜石

彩虹眼黑曜石质地不透明，因其外观带有彩光而得名，彩虹眼黑曜石的颜色有彩色、绿色、紫红色、蓝紫色等，颜色呈渐变效果，其中一部分颜色形成圆环形彩光，好似眼睛的轮廓，因此得名彩虹眼。

彩虹眼黑曜石手链

彩虹眼黑曜石并非每一件成品都有标致的彩眼，只有经验丰富的工人，经过特别的裁取打磨，才能得到彩虹眼标准的成品。因此大部分彩虹眼黑曜石都只有彩虹光彩，却无标准的猫眼。

彩虹眼黑曜石价值最高的是具有居中的线型猫眼特征的成品，这条规则也适用于其他黑曜石。

彩虹眼黑曜石吊坠

彩虹眼黑曜石串成全绿、全紫红、全彩效果也很受欢迎，颜色越鲜艳，品质越高。需要特别一提的是，受港台文化影响，市场上有一些比较资深的水晶爱好者，喜欢收藏颜色偏蓝色的黑曜石，这种颜色像是暗夜中忽明忽暗的鬼火，因此得名鬼眼黑曜石，这种黑曜石目前的价格也在节节攀高。

冰种黑曜石

冰种黑曜石是一种质地呈现半透明或全透明的黑曜石，因为冰种会透光，所以颜色比普通黑曜石偏浅色。

目前市场上的冰种黑曜石分为两种，一种是半透明，呈现出一种雾蒙蒙的感觉，泛着温润起荧光，有的也带有彩虹光效果；另一种是全透明，外观类似茶晶或玻璃，质地非常清透。

冰种黑曜石中，颜色鲜艳的，质地呈现半透明的冰种黑曜石价格不菲，是质地全透明、无彩光的冰种黑曜石价格的几倍，甚至十几倍以上。普通的半透明冰种黑曜石，其外观会带有白色纹理，颜色灰白，价格较为便宜。

冰种黑曜石匕首

冰种彩虹眼黑曜石手链

冰种彩虹眼黑曜石手链

冰种黑曜石、彩虹眼黑曜石和金色黑曜石吊坠

纯冰和彩虹眼冰种黑曜石对比

无彩眼的冰种黑曜石手链

金曜石

金曜石是黑曜石中最受欢迎的一种，它低调奢侈大气，暗黑色中透露着金色光芒，非常受市场欢迎。金曜石的品质主要是看颜色和外观的完美度，普通的金曜石粗糙多白点，金色暗淡无光。精品的金曜石质地细腻油润，金色灿烂大气。

同时，猫眼效应也是对金曜石的品质影响最大的。对于金曜石手链和吊坠等成品来说，猫眼效应越好，价值越高，尤其是线型居中的猫眼，相对最初的黑曜石价格已经上涨十几倍不止。

大块的黑曜石原矿避不开白点和杂质，因此小件，如手链、吊坠、戒面更容易得到金曜石的精品。

银曜石

银曜石是最近两年新出的黑曜石品种，其外观呈现冷峻的银白色，宛如冷兵器上散发的光泽，冰冷凌厉，也很受市场欢迎。目前市场上银曜石的成品主要是手链和少量吊坠，尤其以手链的猫眼效果最为出彩，其他成品不多。

普通品质金色黑曜石手链

以上 4 种黑曜石，是目前市场上几个主流的品种。黑曜石的产品款式极多，手链、吊坠、戒面、手镯、球、柱子各种雕刻的摆件非常多。收藏黑曜石也是所有水晶门槛中最低的，黑曜石以其亲民的价格和良好的功效寓意，一直稳居水晶热销榜前列！

优质金色黑曜石手链

猫眼效应极佳的金色黑曜石手链

目前市场价值极高的线型猫眼金曜石手链

金色黑曜石吊坠

半冰种红纹石手链

如何收藏红纹石

红纹石被誉为“印加玫瑰”，主产地是阿根廷，在秘鲁也有一定的产出，也是最受女生喜欢的宝石品种之一。红纹石还被誉为“爱神之石”，寓意是可以带来好姻缘，加上其红润鲜艳的外观，深得人们喜爱。

普通的红纹石是白色纹理和红色相间，是一种红色带白纹的石头，因此得名红纹石。红纹石也是水晶市场的商业名称，其学名是菱锰矿，很多朋友将红纹拿去做珠宝玉石鉴定证书的时候，往往大吃一惊，觉得怎么鉴定结论不是红纹石，而是一种矿石，这种担心大可不必。因为鉴定宝石要遵从国家标准，国家规范目前给予的专业称谓就是菱锰矿。

当前水晶市场中的红纹石主要分为两种：一种是白纹明显、石感较重的普通红纹石；另一种是冰透红润、白纹较少的冰种红纹石。红纹石的硬度较低，在收藏佩戴时需要非常仔细，防止磨损，所以优质的红纹石往往采用镶嵌的方式。

普通红纹石价格比较亲民，市场存量也比较大。冰种红纹石则相对稀少，优质精品的红纹石更是可遇不可求。评价红纹石品质，最重要的因素是看颜色，红纹石颜色越红润，越娇艳，价值越高。颜色越白，或者带有杂色，价值越低。其次看红纹石品质要看质地，红纹石越冰透，杂质越少，价格越高。

需要一提的是，红纹石在水晶行业内有一个“见光死”的绰号，意思是购买收藏红纹石时，无论是好的还是差的红纹石，都不建议打着灯光照射其内部来挑选，因为那样容易看到红纹石内部的裂纹，虽然这些裂纹不会真的裂开，但是看到这种裂纹，往往会让买家打消收藏红纹石的愿望。

因此，欣赏红纹石可以让暖光照射其表面，但是很忌讳举起来对着灯光来看，因为那样一看，会放大红纹石的缺点，而且在灯光的照射下，红纹石最大的优点颜色，也会全失，变成灰红的怪物，因此不宜对着灯光欣赏。

目前市场上的红纹石主要有吊坠和手链，还有少部分手镯，几乎没有雕刻品存在，这是因为红纹石硬度较低，精细雕刻容易碰坏细节。而且红纹石加工最大的原则也是保重，体积与尺寸越大，价值越高，圆弧面的造型可以最大限度地保重，且增加红纹石颜色的美感。

红纹石的主产地阿根廷，其出产的冰种红纹石在行内最受欢迎，颜色最佳。秘鲁虽然也有部分冰种红纹石产出，但是很像是巴西和赞比亚的绿幽灵，秘鲁出产的红纹石颜色偏暗，色泽较为暗沉，没有阿根廷红纹石价值高。

高品质冰种红纹石吊坠

搭配 18K 金的冰种红纹石吊坠

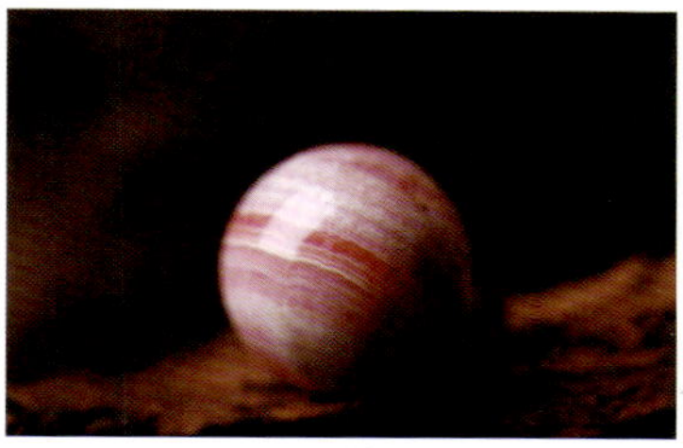
带有明显白纹的红纹石球

带有明显白纹的红纹石球

半冰种红纹石手链

高品质全冰全红的红纹石手链

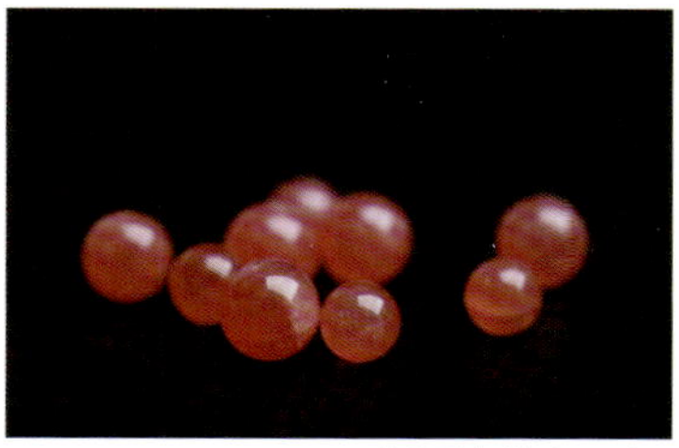
高品质冰种红纹石珠子

高品质冰种红纹石吊坠

月光石原矿

如何收藏月光石

月光石被称为“恋人之石”，其乳白色的质地上泛着莹莹蓝光，非常柔美。月光石和红纹石非常类似，也分为普通月光石和冰种月光石两个质地。普通月光石石感较重，质地不透明，冰种月光石呈现不透明到全透明的质感。当然除了这两种质地，近年来月光石又出现了第三种质地——奶油体月光石。奶油体顾名思义，就是外观像奶油一样，它既没有普通月光石那么粗糙的石感，也没有寻常冰种月光石那么多的棉裂，质地比普通月光石好，价格比优质的冰种月光石低，因此很受市场欢迎。

评价月光石的品质，主要看质地和颜色。月光石的颜色有蓝光和彩光，整体上全蓝光的价值要略优于全彩光，但是无论是蓝光还是彩光，评价的标准都是要看鲜艳度，颜色越鲜艳，光彩越强，价值就越高。

目前月光石的成品主要有手链、吊坠和戒面，主产地为斯里兰卡。月光石的手链尺寸主要为 3—10 毫米，超过 10 毫米尺寸的精品月光石就极为少见了，吊坠以简单打磨和雕刻为主。

月光石最出彩，收藏起来最划算的成品是戒面。月光石小原矿的产量较多，因此可以得到海量的小戒面，这些戒面大多是冰种高透高彩，因此用来镶嵌戒指和吊坠，效果都非常漂亮。

石感很重的月光石手链

冰种月光石手链

冰种月光石手链

冰种月光石手链

冰种月光石手链

冰种月光石手链

奶油体月光石手链

奶油体月光石手链

奶油体月光石手链

花开富贵月光石吊坠

冰种蓝月光手链

蓝月光水晶吊坠

拉长石

灰月光，学名拉长石，是当今市场中最受欢迎的月光石品种之一。

和传统的白体蓝月光相比，灰月光产量较大，光彩效果好，价格不到同样品质的白体蓝月光一半，因此很受市场追捧。

灰月光的质地有两种，一种石性较重，不透明；另一种被称为冰种，呈现半透明到全透明的特征。如果按颜色来分，灰月光可以主要分为彩色灰月光和蓝色灰月光， 但随着近年来有更多原矿产出，目前还有熟练的工人从彩光灰月光中裁取出全粉的灰月光，成为水晶市场中一个新的灰月光品种。

灰月光主要加工的款式是手链、吊坠和球，原矿直接简单打磨作为摆件的也很多，国外有很多订单将灰月光雕刻成各种题材的摆件。

灰月光的手链主要尺寸是3—15毫米，其中超过12毫米的高品质灰月光非常少见，小珠子的灰月光价格非常便宜。

灰月光的吊坠分为简单打磨和雕刻品，简单打磨的大多是水滴形，加工是直接在国外进行的，加工的款式简单，价格很便宜。灰月光的雕刻品也很多，但雕工大都一般。收藏的时候要看做工的精细程度和本身彩光的鲜艳度。

灰月光球往往是完全不透明的质地，其品质主要看彩光的鲜艳度，光彩越满越强，品质越好。

灰月光原矿分为未打磨和抛光好的两种，抛光过的原矿大多是在国外进行的，很多简单加工的成品，国外的工费比国内要便宜。未打磨的原矿，外表粗糙，光彩不明显，需要打磨抛光后，或者洒水之后才方便欣赏。

灰月光雕刻品，往往无法避开棉裂，国内对此接受度较低，因此往往是国外的订单较多。

灰月光几乎不会加工成手镯，因为无法避开大

普通灰月光手链

精品三圈款灰月光手链

精品蓝光灰月光手链

精品蓝光灰月光手链

黑体灰月光手链

黑体灰月光貔貅吊坠

棉裂，即使做出手镯也因为瑕疵较多，市场并不太接受和认可。

吴师傅买卖过的灰月光很多，灰月光的行情比较稳定，但精品的价格越来越高。

白月光

白月光又叫银月光，目前市场上的成品主要是手链。

白月光主体白皙，呈现半透明的质感，珠子表面泛着银白色的光。大多数白月光都带有一点偏灰黑色，白色和黑色在水晶市场中，价格相对便宜。

橙月光

橙月光是月光石的一种，外观呈现橙红色，主要款式是手链，珠子表面有红色的光彩。橙月光的表面往往有星星点点的光彩，还有一部分呈现奶油般的质感，称为奶油橙月光。

黑月光

黑月光也被称为黑骨干，外观主体为黑色，珠子表面带有黑色的猫眼效应。目前市面上的黑月光有浅灰色和深黑色，内部晶体呈现不透明到半透明的状态，其中被称为黑骨干的黑月光，晶体内部有很多拉丝状的包裹体，这种黑月光的猫眼效果极佳，其猫眼呈现线型居中的猫眼效果，观赏性极佳，因此市场价格也比较高。收藏这种月光石，最好借助手电筒照射，猫眼居中标致的黑月光，价值最高。

白月光手链

普通橙月光手链

中等橙月光手链

精品橙月光手链

深色黑月光手链

浅色黑月光手链

大切面萤石手链

如何收藏萤石

萤石也是目前水晶市场中极为热门的品种之一，萤石颜色丰富，产量较大，价格不高，收藏门槛较低，因此非常受人们欢迎。

萤石的颜色有紫色、绿色、红色、彩色等，色彩丰富。萤石原矿的个头大小都有，因此可以满足各种产品款式的加工。目前萤石产品款式主要有手链、吊坠、戒面、手镯、球、雕刻摆件、原矿摆件、工艺品摆件等，囊括了所有可以加工的宝石款式。

评价萤石的品质主要看四点：

第一是颜色的鲜艳度，颜色越鲜艳，颜色越丰富，价值越高；

第二是晶体的纯净度，晶体越纯净，价值越高；

第三是尺寸，尺寸越大，价值越高；

第四是做工，做工越精细，价值越高。

目前，市场上有一些萤石球，添加了一些化学荧光剂，当作夜明珠出售，收藏的时候要格外注意。

吴师傅从2012年起就经常购买萤石产品。一开始市场上的萤石主要是手链，其产量比较少，外观多为普通品质的萤石手链和项链，另外还有一些萤石球。在水晶市场里是不温不火的一个小众品种。但自2015年后，越来越多晶体好、颜色漂亮的萤石原矿被发现和开采出来，优质原料的大量供应，直接导致了萤石产品的井喷。

尤其是在2020年，大量高品质的萤石灵摆、萤石手链开始面世，以前有钱也难买到的高品质萤石开始能够以很实惠的价格收藏到。不仅如此，很多以前从来没有出现的萤石产品也广泛加工和出现，比如萤石小夜灯、萤石烛台等。

以前的萤石也有晶体好的，但是颜色很浅。现在的萤石产品，颜色鲜艳的很多，晶体多杂质的价格很便宜，晶体很漂亮的，价格也不过几百元，可谓是好看不贵的代表性石头之一，眼下就是收藏萤石的好时机，有花堪折直须折，作为不可再生的矿物资源，在产量大的时候收藏，性价比是非常高的。

普通品质的萤石项链

萤石手排

颜色极好的萤石手链

萤石香水瓶

颜色鲜艳的萤石手链

蓝色虎眼石手链

如何收藏虎眼石

虎眼石常带有一种闪电纹理，外观形如老虎眼睛，因此得名虎眼石。

虎眼石以黄色最多，也最普遍，简称为黄虎眼。虎眼石上常有明显的斑驳纹理和杂色杂质，品质好的黄虎眼这种纹理极少，也更有收藏价值。

市场中的虎眼石有黄色、蓝色、红色、金色和彩色。目前可以放心收藏的主要是黄虎眼石和少部分蓝色虎眼石。很多看起来非常精致，猫眼效果极好的蓝色虎眼石大都是染色，红色虎眼石是黄色虎眼石经过高温处理而成，金色虎眼石是黄色虎眼石酸洗而成，彩色虎眼石少部分是天然色，颜色鲜艳的是颜料染色而成。

虎眼石最常见的款式是手链，还有少量的黄虎眼吊坠和球。

虎眼石属于产量较大、价格较低的品种。很多普通级别的黄虎眼石，珠子表面有非常多斑驳的纹理，甚至还有很多黑斑，很多风景区也乐意进这种货去销售，因为它的老虎眼睛般的猫眼效果，颜值还是很不错的，能够被追求价格低廉、外观漂亮的游客所接受。这种品质低的虎眼石手链，批发价甚至低到十几元一条。

高品质的虎眼石，表面完整，少有斑驳，颜色均匀，猫眼效果大气。目前市场上品质极佳的虎眼石，也只不过数百元一条，和萤石一样，也是属于好看不贵的石头品种。

作为水晶商家来说，虎眼石也是其非常乐意推荐购买的水晶品种。虎眼石是水晶市场中为数不多的标品之一，水晶店可以少量采购一些样品，缺货随时可以补货，不像很多中高端水晶，往往都是孤品，卖掉了很难补到货。

物以稀为贵，能够实现标准化的产品，往往意味着产量很大，因此价格上就很实惠和亲民。同时对于男士来说，如果想收藏一些宝玉石，但往往因为尺寸大，价格动辄过千上万而为难，那虎眼石和黑曜石便是首选，这两种宝石容易以较低的价格拿到大尺寸的产品，因此从事水晶行业的商家基本上都会备有虎眼石销售。

普通品质的黄虎眼石手链

中等品质的黄虎眼石手链

优质的黄色虎眼石手链

优质黄虎眼石路路通手链

红虎眼石手链

蓝色虎眼石手链

染色蓝虎眼石手链

彩色虎眼石手链

金色虎眼石手链

冰种天河石手链

如何收藏天河石

天河石的外观是孔雀蓝色，质地分为两种，一种石感很重，带有雪花般的白纹，另一种是冰种质地，呈现温润半透明的状态。

天河石的主要产地是莫桑比克。

天河石在水晶市场中是一个非常特别的品种，其清新雅致的孔雀蓝色常典雅显气质。但是这种颜色无论是通过相机还是手机拍照，都非常容易失真，即使通过特殊的软件进行图片处理，也很难拍出天河石的天然色彩，因此在网络上购买天河石，往往收到实物都比较惊喜，因为图片往往非常丑，而实物却让人非常满意。

2012 年前，天河石在水晶市场中的存在感很低。因为产量较少，喜欢天河石的人也很少，虽然常言说物以稀为贵，但是当产量稀缺到一定程度，又没有被炒作推广的时候，往往就是“藏在深闺人未识”了。

2013 年后，一种冰种的天河石开始在水晶市场中出现，因其冰透的质地和美丽的颜色，受到市场追捧，价格节节攀高。价格行情很像目前的舒俱来，非常抢手。

在 2015 年的时候，优质的冰种天河石批发价甚至达到了每克 200 元，堪比黄金。但是后来随着市场供应量加大，天河石的价格一路跳水，最低时批发价竟然跌到了每克十几元。价格波动之大，十分惊人。

但是凡事物极必反，从去年下半年以来，人们对冰种天河石的追捧热潮逐渐散去。经典款的天河石价格又开始稳步攀升，经典款的天河石给人的感觉是石感很重，普通的经典天河石内部棉絮多，白纹多，优质的经典天河石颜色漂亮，内部甚至还有一些闪光物质，目前价格也非常高了。

总体来说，水晶市场中价格出现剧烈波动的品种不多，而像天河石这样价格出现过山车一样行情的更是极为少见。经过近 10 年价格的波动，目前天河石的定价逐渐走向理性，回归到一个合理的供需关系和市场价格上。今后收藏天河石，大概再也遇不到每克上百元的天河石产品了。

经典款天河石手链

天河石项链

天河石手链

天河石花开富贵吊坠

极为少见的天河石摆件

冰种天河石手链

无白少金的青金石手链

如何收藏青金石

青金石是一种蓝色带金点的宝石，主要产地是阿富汗。

青金石按照品质可以分为无白无金、无白微金、微白微金、有白有金 4 种，同时青金石的品质还要看颜色，颜色越蓝越鲜艳，品质越高。

颜色鲜艳浓郁、无白无金的青金石，又被称为帝王青金。

根据颜色深浅的不同，青金石又被市场分为老矿和新矿，老矿颜色极为浓郁，新矿颜色较浅。

收藏青金石，需要防止染色。市场上以颜色浓郁、白和金越少，品质越好。但是天然的青金石往往都有白点和金星，因此市场上有很多不法商家将普通的青金石染色，这种青金石饰品佩戴久了会掉色。

市场上还有一种说法，认为青金石不能泡水，这其实都是担心染色的青金石遇水掉色，实际上，天然的青金石是不怕水的。青金石虽不怕水，但是硬度较低，也不宜长期泡在水里。

青金石加工的款式极多，如手链、吊坠、戒面、手镯、雕刻品、摆件、球等。青金石尺寸越大，白点和金点越难避开，无白无金的青金石往往在戒面和小珠子中比较容易获得。

青金石在水晶市场中的地位比较特别，本身蓝色系的水晶产品就非常少，青金石又以“帝青”而闻名，古代就被使用于帝王之家，出身高贵。其蓝色暗夜星空般的外观质感，本身也极具特色。不仅如此，前些年的文玩热潮中，青金石伴随着南红、蜜蜡、绿松石等宝玉石品种一起出圈，被很多文玩爱好者收藏搭配，串制成美丽的饰品。其受众同时跨越水晶爱好者和文玩爱好者，因此在文玩行情好的时候，其价格也曾经涨得非常高。

从 2018 年之后，青金石的价格总体来说处于一个大幅度回落的阶段，以前好的青金石要靠抢，价格更是直逼蜜蜡和松石。但是这两年，青金石逐渐回归文玩热之前的水平，很多很好看的青金石也不过数百元，现在收藏青金石是一个很好的时机。

白和金都非常多的青金石手镯

有白有金的青金石手镯

白少金多的青金石手链

少白少金的青金石盘珠手链

无白少金的青金石手链

无白微金的青金石手链

无白少金的青金石麒麟吊坠

无白无金的青金石吊坠

仿青金石饰品蓝矿

收藏级海蓝宝手链

如何收藏海蓝宝

海蓝宝是绿柱石家族的一员，外观呈现蓝色，因为自然界中没有天然蓝水晶产出，因此长期以来，在水晶市场中，海蓝宝一直被当作蓝水晶的替代品。

海蓝宝以前产量很少，市场流行一句顺口溜，称海蓝宝“蓝则不透，透则不蓝；又蓝又透，价格极贵”，近两年来，海蓝宝产量增加很多，尤其新出现的很多海蓝宝，颜色蓝，晶体好，价格也比较亲民。

评价海蓝宝的品质主要有五点：

第一是颜色。海蓝宝颜色越蓝越鲜艳，价值越高。海蓝宝的颜色有浅蓝，其颜色偏白；也有深蓝，颜色浓郁，颜色越浓郁鲜艳，价值越高。

第二是纯净度。海蓝宝纯净度越高，价值越高。但海蓝宝晶体越纯净，往往颜色就越浅，尤其是海蓝宝戒面，晶体非常干净，但是颜色就会非常浅。

第三是做工。海蓝宝的做工越精细，品质越好。对于海蓝宝手链来说，珠圆玉润为好，对于海蓝宝戒面来说，切工比例得当，切面璀璨为好。对于雕刻品来说，雕刻得越精致，价值越高。

第四是观赏性。很多海蓝宝内部有包裹体，有的具有猫眼效应，具有很好的观赏性。观赏性越高，价值越高。

第五是体积。尺寸越大，市场存量越稀少，价格越高。

值得一提的是，海蓝宝中还有绿色的海蓝宝，评价品质也是看颜色鲜艳度和晶体纯净度。

目前，海蓝宝造假最多的是用石英或玉髓染色，鉴别真假时，只需要将海蓝宝对着灯光照射，观察其内部裂隙处有无颜料堆积即可。

在 2014 年以前，海蓝宝在水晶市场中的地位很高，优质的海蓝宝批发价都要上百一克，很多颜色很浅，晶体多棉裂的产品也是供不应求，因为产量不多，而蓝色系的水晶产品基本上就靠海蓝宝来担当，所以海蓝宝是供不应求的状态。

2014 年以后，市场上开始出现很多精品海蓝宝，但是价格依然很高。即便如此，这些产品依然是供不应求，和缺货相比，价格高点总比没有强。

2015 年后，海蓝宝原矿开采量骤然加大，这时候出现了专门加工海蓝宝的工厂和作坊，水晶市场中开始有人专做海蓝宝这个品类，说明海蓝宝已经开始起量了。这在以前是不可想象的，以前海蓝宝就像饭店里的特色菜，可以有，但是很难靠它成席。2015 年之后则不同，不但可以作为主打，很多以前不敢想的产品款式也大量出货了，比如海蓝宝手镯，以前是转遍整个批发市场，都未必能找到几个，且好的海蓝宝手镯价格达到数万元。现在则不然，随便一家专做海蓝宝的厂家，都可以一次性拿到上百只手镯。

丰富的海蓝宝原矿，带来了多样性的海蓝宝产品，同时也导致了海蓝宝价格的回落。以前批发价要数十元一克的海蓝宝，现在可能只需要十几元。以前十几元一克的海蓝宝，现在可能只需要几块钱。因此目前收藏海蓝宝，是非常划算的。

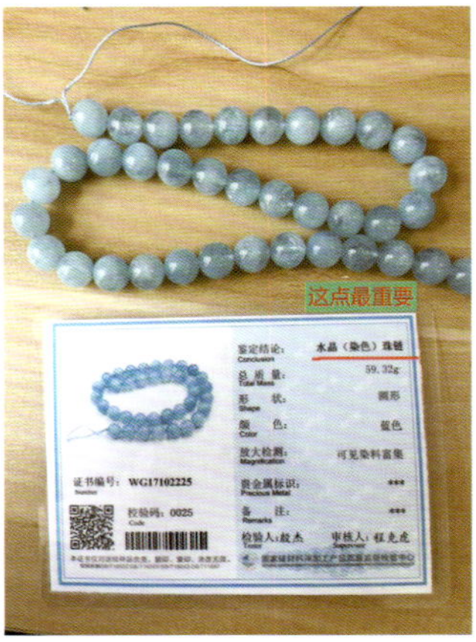

石英染色的海蓝宝手链

海蓝宝海星吊坠

海蓝宝老矿吊坠

高品质海蓝宝福禄吊坠

普通级别海蓝宝手链

中等品质海蓝宝手链

高品质海蓝宝手链

石感重的海蓝宝手链

优质摩根石手链

如何收藏摩根石

说起摩根石，很多没有接触过这个品种的朋友常常不知所以，误以为和某个国外金融大亨有联系，其实并没有什么关系。宝石学的命名说起来也很有意思，近代以来新发现的宝石品种，常常以发现者的名字命名，所以摩根确实是一个人的名字，巧合的是，恰好也是从事金融行业，但是此摩根非彼摩根，不必多加附会。

在宝石领域，摩根石以粉色最为著名。但是在水晶市场中，摩根石主要是加工成水晶珠子，少量切割打磨成吊坠。宝石级别的摩根在水晶市场中难得一见，因此本文主要讨论的是摩根手链和吊坠产品。

在水晶市场中，最常见的摩根石产品是手链，其颜色主要为粉色、黄色和蓝色混搭。很多人看到蓝色，就觉得很像是海蓝宝。没错，摩根石手链里面的蓝色珠子就是海蓝宝石。很多朋友就会感到奇怪，为什么海蓝宝石要和摩根石混搭在一起，而且怎么一起被称作摩根石了呢？

要回答这个问题，我们要稍微了解一下摩根石的矿物学知识。摩根石、海蓝宝石和祖母绿都属于绿柱石家族，既然是一个家族，自然就是近亲。这有点像月光石和福禄寿发晶，能够聚集在一起搭配，其实有点“五百年前是一家”的意思。比如红兔毛发晶、黄兔毛发晶和绿兔毛发晶，混搭在一起就称为福禄寿水晶了。

很多朋友也是只知福禄寿水晶，而不知兔毛彩色发晶。所以，海蓝宝石混搭在摩根石里面，并没有什么可奇怪的。

收藏摩根石主要看颜色和晶体，这也是收藏宝玉石万变不离其宗的定理。普通的摩根石石感较重，并且常常夹带黑点，色泽浅淡，收藏价值较低。高品质的摩根石和海蓝宝类似，晶体很通透，颜色很鲜艳，对于收藏来说，自然也是一分价钱一分货，丰俭由人。

这两年，随着宝玉石市场整体行情走低，摩根石的供应量也和海蓝宝相似，目前市场总体情况是供大于求，因此普通品质的摩根石几十元到百元出头就可以买到，高品质的摩根石也只不过百元到千元间，因此也属于好看而不贵的品种，收藏门槛并不高。

摩根石的吊坠市场出货量不大，粉色摩根石在色泽上和粉晶相似，但品质和晶体却难与粉晶相比，价格上却略高于同品质的粉晶，因此销售起来颇为不易，其目标客户很容易就被粉晶吸引过去，因此愿意大量囤货吃进摩根石吊坠的商家并不是很多。吊坠本身也很难像手链那样，可以在一件成品上拥有多样颜色，像春天一样色彩清新，因此摩根石吊坠主要是粉色和黄色，黄色摩根石同样面临认知度低的问题，因而在水晶市场上，销路并不广泛，属于很小众的细分品类，价格也不高。

未来，除非高品质的摩根石大量出产，否则，摩根石产业大概率还会保持现在这种不温不火的状态。不过，这也未必是一件坏事，没有大量出产，也就不存在被炒作的基础，对于资深水晶爱好者来说，其实更喜欢这样一个状态，可以花小钱，淘到心仪美物。

石感较重的摩根石手链

普通品质的摩根石手链

优质摩根石手链

收藏级摩根石手链

舒俱来年年有余吊坠

如何收藏舒俱来

说起舒俱来，不得不承认这是当下水晶市场中的一朵奇葩。经过多年发展，多少水晶品种价格起起伏伏，行情涨涨落落，唯有舒俱来，价格一路上涨，不知不觉中已经让人感觉高不可攀了。

舒俱来的主要产地为南非，也被水晶爱好者称为苏纪石，从文学的角度来说，吴师傅更喜欢苏纪石这个名字，更容易感到沧海桑田的纪年变化，尤其是映照在樱花舒俱来上，有一种穿越亿万年，容颜永驻的感觉。

舒俱来为什么如此受欢迎？据吴师傅观察和分析，大概有四个原因：

第一，舒俱来素有“抗癌宝石”的说法，这种说法到底有无科学根据，目前无法证实，当然也无法证伪，因此作为一种“功能性”宝石，舒俱来受到水晶商家们的热炒，市场对此一直热烈追捧。

第二，外观美丽。当下极品的舒俱来，已经达到数万元每克，黄金都无法与它相比，能够支撑如此高昂的价格，外观必然是很有一套，不然如何打动万千喜欢舒俱来的朋友们呢？舒俱来的质地区别很大，普通的舒俱来像是油画或者水墨画，精品的舒俱来像是粉色的樱花，每一种都风情万种，似乎记录了世间的沧桑变化，颜值非常能打。

第三，持续上涨的价格。人们买东西，向来是追涨杀跌，就像房价和股市一样，越涨价追着买的人越多，越跌价卖的人越多，买的人越少。同样道理，近 10 年来，舒俱来年年涨价，月月涨价，很多早买舒俱来的藏友们尝到了甜头，很多还没有下手的朋友们也在跃跃欲试，如此好的行情，舒俱来的价格自然是水涨船高了。

第四，产地比较单一，产量比较稀少。这点也是支撑舒俱来价格上涨的关键因素之一，目前舒俱来主产国是非洲的南非，其他地区少有发现。它不像和田玉，会在中国青海和国外发现新的矿区，舒俱来的产地几乎就是仅此一家，而且产量不多，这样自然造就了供不应求的局面。它更不像普通的水晶，地球上几乎所有的国家都出产，中国几乎所有的省份都有，产量大，自然价格就不好控制。

以上四个因素，导致舒俱来在当下的水晶市场中非常抢手，一些大的舒俱来直播间，甚至可以做到日销过百万元。就一个如此小众且冷门的品种，这个业绩是非常吓人的，说明当前的舒俱来依然是热度不减。

收藏舒俱来简单来说，首先要了解舒俱来的主要质地，这些质地主要是通过颜色和质地体现的。舒俱来的颜色非常丰富，质地也从不透明到半透明，简单来说，舒俱来的颜色越鲜艳，观赏性越好，价值越高。

这里没有提到越透越好，这不太符合其他宝玉石的一般规律，这也是舒俱来的特殊性。因为很多舒俱来虽然可以呈现半透明特征，但是颜色一般，甚至接近白水晶，也有完全没有花纹的，这样的舒俱来价值也不太高。

因此无论是市场上俗称的皇家紫也好，星空蓝也好，樱花也好，不论是什么质地，最终都要综合来看它的颜色鲜艳度、观赏性、体积和做工等。

目前稍微看上眼的舒俱来，价格都达到了四位数，好看一点的舒俱来价格基本过万元，因此收藏舒俱来的门槛是比较高的。

未来，除非舒俱来原矿的供应量突然爆发，不然在当下的供求关系中，短时间内还看不到舒俱来跌价的可能。购买舒俱来就像买房，如果你是真喜欢，买来是自己佩戴，那么什么时候都可以下手。

但是如果您是买来投资升值保值，那可能还是存在一定风险的。毕竟，号称慈禧最爱、旺夫石以及具有排毒养颜功能的碧玺，也在 2015 年后价格翻车，很多年都没有回到当初价格的最高点。所以，收藏有风险，投资请谨慎吧！

高品质舒俱来成品

舒俱来手链

舒俱来手镯

舒俱来手镯芯做的吊牌

舒俱来吊坠

樱花舒俱来观音吊坠

普通品质紫龙晶手链

如何收藏紫龙晶

紫龙晶是常常让水晶爱好者误会的一个品种，大家以为它也是水晶的一种，是一种叫紫龙的水晶，但其实它和水晶几乎没有任何关系。紫龙晶就是紫龙晶，一种非常冷门且小众的石头。

紫龙晶的产地主要是俄罗斯，吴师傅对这个品种印象深刻，因为吴师傅有个朋友就是做紫龙晶加工的，吴师傅曾在他的工厂里看到过很多巨型的紫龙晶原矿，以及数百千克的紫龙晶成品。

紫龙晶有一个简单的品质分级，但是只有资深水晶发烧友和行内人才了解，外行看紫龙晶，感觉都是差不多的。紫龙晶的外观很像是凡·高的一幅名画《星空》，因此很多人都觉得这是一种治愈系的宝石，加上紫龙二字，让人感觉很霸气。

实际上，紫龙晶大部分成品都避不开黑斑，这有点像钛晶里面的发根，很多刚接触紫龙晶的朋友会觉得这很正常，因为每件紫龙晶成品上面好像都有。但是，品质好的紫龙晶是可以不带的。这也是紫龙晶品质分级的第一个区别。

紫龙晶大料

另外，优质的紫龙晶也会像虎眼石一样，带有非常凌厉的闪电纹，这种闪电纹往往是白色闪电，随着灯光的变化而呈现非常好看的猫眼效果，只不过这种成品存量很少，一般人很难遇到。

紫龙晶中还有一种冰种紫龙晶，其质地呈现半透明的特征。在一般宝玉石中，冰种的价格往往要高很多，但因为紫龙晶属于一个非常冷门小众的品种，本身紫龙晶这个大类就不是很火，因此冰种的紫龙晶也受到拖累，即使质地优秀，价格也卖不上去，很多甚至呈现聚宝盆型的紫龙晶，价格也不高。

紫龙晶成品目前的价格以几百元居多，价格不高也不低，没有特别便宜的，也没有什么特别贵的。当然除非它的体积很大。

紫龙晶目前的成品主要是手链和吊坠，其次还有少量手镯和球。紫龙晶的原料较大，也可以加工定制大型的摆件。

但是因为了解和熟悉这个品种的人实在太少，很多大紫龙晶原矿也摆脱了宝玉石加工的第一原则——保重，很多大料也切割成手链来出售了，非常可惜。

因此，收藏紫龙晶，也是好看不贵，值得立即下手。

晶体多杂质的橄榄石手链

如何收藏橄榄石

橄榄石是一个非常受人欢迎的品种，在水晶市场中，绿色的水晶本就非常稀少，因此橄榄石是绿色系水晶非常好的替代品。当然，橄榄石即使不放在水晶市场中，在宝石领域内，橄榄石的裸石就已经非常优秀，应用也很广泛。

当下，很多橄榄石原矿来自朝鲜，这也让很多朋友觉得不可思议，没有想到朝鲜竟然还有这么漂亮的橄榄石。

在水晶市场中，橄榄石的主要成品是手链，多加工成珠子。吴师傅也曾跑过多个橄榄石厂家，很遗憾的要告诉大家一个橄榄石产品的现状：尺寸超过 4 毫米以上的橄榄石纯净体珠子非常少，超过 5 毫米的纯净体珠子可以说几乎没有。因此常年以来，3—5 毫米的多圈橄榄石手链就是市场销售主流。很多水晶爱好者想要大颗粒橄榄石珠子，但这比获得石榴石大颗粒珠子还要难得多，并不是市场上一点也没有，而是超过 6 毫米的橄榄石，那成品感觉就像被人为摔碎了一样，甚至可以说和爆花水晶也没啥区别，因为晶体内部的杂质实在是太多了。

就这样，大颗粒的橄榄石价格还让人感觉高攀不起，这种价格吧，就是你拿上千元甚至数千元，可以买到很多高品质的水晶，但是放在橄榄石这，给你拿出来的成品都是“渣渣级”。

就这，你还不能要求它全绿，橄榄石的大珠子晶体内部往往又共生了很多暗色的物质，一个个小黑点，就像胎记长在西施的脸上一样，说好听一点是美人痣，说得不好听，就是花这么多钱却是这样的效果，很多人表示无法接受。

但这就是橄榄石产品的现状，没有办法。一点办法也没有吗？

也不是，市场上也有少量用宝石切割工艺加工的橄榄石手链，外观璀璨，晶体通透。但是市场存量极少，几乎一面市就被抢光了，因此想收藏到品质好的橄榄石大珠子，还是很困难的。一方面是大自然条件不允许；另一方面是价格方面不允许，即使有，价格也太贵了。

橄榄石的切割裸石则非常亲民又实惠，尤其是小颗粒的橄榄石，简直就和白送差不多。这都是因为物以稀为贵，小颗粒的裸石产量比较大，价格就低，大颗粒产量稀缺，价格就高。

晶体杂质较少的橄榄石手链

绿玻璃手链

几乎纯净的橄榄石手链

绿玻璃配件

绿玻璃佛珠

浅色大尺寸葡萄石手链

如何收藏葡萄石

葡萄石也是广义水晶家族中的一员，从矿物成分上来说，葡萄石并不是水晶，但是从外观上看，葡萄石和橄榄石一样，都是带有颜色的矿物晶体。在普通人看来，只要是带有晶体的宝石，就是水晶。

葡萄石和橄榄石有一个共同点，就是同时填补了绿色水晶缺乏的市场，在水晶市场上，葡萄石是绿色系水晶销售的一个主力。

葡萄石的颜色主要为绿色，少量是金黄色。绿色的葡萄石就像葡萄提子一样，颜色清新嫩绿，非常好看。金色的葡萄石产量较少，普通级别会和绿色葡萄石一起穿手链，作为混搭彩虹渐变色，也广受喜爱和欢迎。

优质的葡萄石会加工成戒面，颗粒较大的高品质葡萄石价值不菲。

有的葡萄石还会和一些矿物共生，看起来有点像绿发晶，但实际上不能称为绿发晶，这是葡萄石质地上的一个细分品种。

葡萄石的手链成品上，晶体往往会有一些杂质，其杂质形态和石榴石类似，优质的葡萄石杂质会少一些，但是很难做到完全纯净。

葡萄石的颜色有深有浅，总体来说，颜色越鲜艳，价值越高。

高品质葡萄石年年有余吊坠

高品质新矿紫锂辉手链

如何收藏紫锂辉

颜色很白的新矿紫锂辉手链

高品质新矿紫锂辉项链

紫锂辉是非常受欢迎的宝石之一，在水晶市场中，紫锂辉有个奇怪的外号叫“水晶皇后”，其实从化学成分来说，紫锂辉的成分是锂铝硅酸盐，而水晶的成分是二氧化硅，可见紫锂辉并不是严格意义上的水晶。

紫锂辉能有这个外号，难道水晶是国王，紫锂辉是嫁过来的皇后？

其实我们不必深究这些问题，水晶市场中很多品种严格来说都不是水晶，但是不影响人们对这些宝石的喜爱。和紫水晶相比，紫锂辉的颜色更接近薰衣草的颜色，而且其晶体结构非常特殊，在灯光或者阳光的照耀下，常常可以看到猫眼效应，非常漂亮。

吴师傅接触紫锂辉有 8 年以上的时间，最初的紫锂辉质地都是透明的，颜色深浅不一，当然晶体越好，颜色越鲜艳，猫眼效应越好的

高品质新矿紫锂辉手链

紫锂辉老矿手链

紫锂辉价值越高。最初的紫锂辉往往是加工成手链和吊坠，手链中常常和黄锂辉串在一起，只有特别好的紫锂辉才是全紫色的。

紫锂辉吊坠往往都是简单的几何形状，如水滴、蛋面等，几乎没有紫锂辉的雕刻品，也没有紫锂辉的手镯。

近几年来，市场上又出现了一种香芋色的紫锂辉，这种新发现的紫锂辉矿和之前的紫锂辉矿相对比，最大的区别就是透明度低，石感较重，大部分新发现的紫锂辉颜色浅，猫眼也不清晰。

为了对这种紫锂辉进行区分，人们一般把透明的紫锂辉称为老矿，而把石感较重的新发现的紫锂辉称为新矿。

在收藏紫锂辉过程中，无论是新矿还是老矿，我们都要从颜色和猫眼效应出发，无论是新矿还是老矿都有值得收藏的成品。

如何收藏海纹石

海纹石，也叫拉利玛，拉利玛是根据海纹石的英文名“Larimar”的音译。

海纹石产地是多米尼加，目前是海纹石的唯一产地，海纹石的外观非常漂亮，很像是蓝色的海浪花，蓝天白水，清新雅致。

十年前，吴师傅第一次接触到这种宝石，当时就被它所吸引，一次就在工厂买了几十个海纹石的吊坠。每一个吊坠面上都有不同的海浪风景，非常的迷人，也是从那时候起，吴师傅通过不停地购买和接触，了解到很多海纹石的信息。

海纹石的品质主要是看颜色和花纹，颜色越鲜艳，花纹越唯美，价值越高。除了这两点，还要看海纹石的质地，海纹石的质地要看玉化的程度，所谓玉化，就是看它的透明度和水头。海纹石的名称以“石”结尾，和很多宝石一样，优质的海纹石呈现半透明的冰糯的质感。玉化高的海纹石给人的感觉是像瓷器一样，质感温润舒服。

海纹石颜色浅的，外观发白。颜色深的，色泽浓郁，价值也更高。

海纹石硬度高而脆，很多专业打孔的老师傅，每次给海纹石打孔都要提前说一句，打坏了不能怪我。这是因为海纹石质地非常脆，打孔的时候容易崩角。所以我们收藏海纹石的时候，尽量避免自己去打孔，而是让厂家给直接做好。

海纹石的品质主要是看颜色和花纹，所以海纹石很少做雕刻品。因为雕刻过程中会破坏海纹石的表面纹理，反而没有蛋面和光面效果好看。

海纹石目前的成品主要是手链和吊坠，手镯极少，还有部分海纹石球。

普通品质的海纹石会有很多杂色、脏黑的特点，好的海纹石颜色优美，外观漂亮。

海纹石珠子往往要到 12 毫米以上才好看，珠子越小，花纹越少，越难得到精品。

海纹石的密度也比一般的水晶要大，因此海纹石拿在手里总是感觉沉甸甸的。

水晶中英文对照表 *

水晶	Crystal	草莓晶	Strawberry-rose-quartz
白水晶	Clear Quartz	黑曜石	Obsidian
乳白水晶	Milky quartz	金曜石	Golden-obsidian
粉晶	Rose quartz	碧玺	Tourmaline
马粉	Madagascar pink quartz	黑碧玺	Black-tourmaline
莫桑比克星光粉	Mozambican pink quartz	绿碧玺	Green Tourmaline
茶晶	Smoky quartz	红碧玺	Pink tourmaline
黄晶	Citrine	石榴石	Garnet
紫晶	Amethyst	橄榄石	Peridot/ Olivine
紫黄晶	Ametrine	玛瑙	Agate
发晶	Hairy quartz	虎睛石	Tigers-eyes-stone
金发晶 / 钛晶	Golden-rutilated-quartz	青金石	Lapis-lazuli
绿发晶	Green-rutilated-quartz	月光石	Moonstone
黑发晶	Black-rutilated-quartz	拉长石（灰月光）	Labradorite
蓝发晶	Dumortierite	橙月光	Orange Moonstone
红发晶	Red Rutile Quartz	天河石	Amazonite
绿幽灵	Green-phantom-crystal	太阳石	Sun stone
白幽灵	White-phantom	海纹石（拉利玛）	Larimar
石英	Quartz	红纹石	Rhodochrosite
红水晶	Red quartz	紫锂辉	Kunzite
超七	Super seven	舒俱来	Sugilite
极光 23	Auralite 23	葡萄石	Prehnite
紫钛晶	Amethyst-cacoxenite	蓝晶石	Kyanite

* 参考内容：《东海水晶志》《系统宝石学》、刘学明老师灵石老人新浪博客

摩根石	Morganite
海蓝宝	Aquamarine
萤石	Fluorite
闪灵钻	Herkimer-diamond
阿塞特莱斯水晶	Azeztulite
镭射激光柱水晶	Laser Wand Crystal
教堂水晶	Cathedral Lightbrary Crystal
通灵水晶	Channeling Crystal
道 / 道氏水晶	Dow Crystal
骨干水晶	Elestials Crystal
伊希斯水晶	Isis Crystal
寺庙水晶	Devic Temple Crystal
时光隧道水晶	Time Links Crystal
传讯水晶	Transmitter Crystal
谭崔双映水晶	Tantric Twin Crystal
窗子水晶	Window Crystal
地球保护者水晶	Earth Keeper Crystal
镭射水晶	Laser Crystal
水晶球	Crystal ball
水晶洞	Crystal cave
晶簇	Cluster
白水晶簇	Crystal cluster

红兔毛发晶雕刻作品《祈愿》

后记

5 年前就筹备着出版这本书，写作前前后后用了五六年的时间，断断续续终于写完了。

我从事水晶行业 12 年了，经常在网络上发表一些关于收藏水晶的心得和看法，得到一些水晶爱好者的喜爱。我也体会到将自己收藏水晶的经历和经验分享出来，可以帮助对水晶收藏感兴趣的朋友了解更多的水晶知识，少走一些弯路，少花一些冤枉钱，这让我感觉很有意义。

我不是科班出身，并没有深厚的理论基础，因此您要是打算通过阅读本书来进行水晶科学理论方面的研究，那您可能要失望了。因为这不是一本严肃的水晶矿物学科普性的著作，只是一个从事水晶收藏 12 年的收藏者的个人浅见。

在写作这本书时，我的心情是非常忐忑的，因为很多行业前辈、名家比我更懂这个行业，也比我更懂水晶的收藏；很多学院派的专家学者也比我更懂水晶的理论知识；很多水晶收藏家和爱好者，也比我接触和了解了更多的水晶，我没有资格对水晶这个行业说三道四。

但我曾经看过一则新闻，说考古工作者们在睡虎地发现了一批云梦秦简，一位小吏记录了非常详尽的秦朝律法，成为后世研究法律的重要史料，填补了很多历史的空白，成为一段历史佳话。按说，一个朝代的律法应该会有很多史料流传，但是阴差阳错，能让后人看到的秦律竟然只能依靠这批云梦秦简，这是后人的不幸，也是后人的幸运。

同样，今天研究水晶的专家、前辈们有的在研究室里埋头做学问，有的在市场上钻研产品，他们更懂水晶，却没有时间去分享和表述。懂水晶的人没有时间分享，不懂水晶的人却通过网络以讹传讹。因此，我愿意学习睡虎地的小吏，为行业做一些记录和分享，给需要的人留下一些东西。

作为一个从事水晶行业仅仅 12 年的从业者，很多想法和看法肯定不会非常全面，因此写作本书完全是抛砖引玉，给刚接触水晶的朋友们作为参考。

当下网络信息泛滥，我们可以非常便利地获取各种信息，却难以分辨其中的真伪。如网络上有七招鉴定水晶真假法，招招让人摸不着头脑，其中有一招“舌舔”，说用舌头舔一下水晶，如果感觉很冷，就是天然水晶，反之就是玻璃。先不说舌舔的水晶是否达得到卫生标准，单说人的舌头又不是温度计，即使舔玻璃也会很冷，对于鉴别水晶真假，毫无参考意义。

再如双折射鉴别水晶真假法，网上说水晶具有双折射的物理特性，只需要拿一根头发丝放在水晶下面，因为水晶有双折射的物理性质，所以透过水晶去观察发丝，能看到两根发丝为真，否则为假。水晶的双折射物理特性是真的，但是要通过肉眼观测到两根发丝，则需要满足两个条件：一是水晶必须为纯净体，如果水晶本身内部杂质较多，能看到一根发丝都很不错了，何谈两根？二是必须是直径超过 3.8 厘米的球形，满足不了这个条件，肉眼根本看不到发丝。很多收藏水晶手链的客户，通过这条方法去鉴别水晶真假，然后就要去维权，而卖家往往哭笑不得，因为水晶手链尺寸通常在 0.8—1.5 厘米，晶体也常常有很多杂质，根本达不到肉眼观测双折射的条件。

这让很多水晶爱好者无所适从，遵从网络上的方法，没有实用的参考建议。想到书籍上去学习，书上内容要么浅显，要么太过学术，让普通水晶爱好者得不到实际的帮助。

另外，其他的宝玉石品种往往分得非常细致，比如玉可以分为和田玉、独山玉、岫玉、翡翠等，分类清清楚楚、明明白白，怎么看品质，怎么看真假，也各有专门的专著论述。但是水晶其实是数十种细分水晶品种的总称，比如水晶根据品种可以简单分为白水晶、紫水晶、黄水晶、发晶、绿幽灵、水胆水晶等，每个细分品种的产地、产量、品质评判、真假鉴别等都不相同，差异巨大，这让很多朋友都产生过类似困惑：

不是说水晶越纯净越好吗？为什么非常纯净的白水晶手链反而没有带杂质的钛晶贵呢？

不是说白水晶产量大很便宜吗？为什么有的白水晶的雕刻品竟然要几十万元？

不是说包裹物越多越好吗？为什么包裹物全满的绿幽灵反而比半壁的便宜呢？

不是说水晶越大越稀少珍贵吗？为什么一个大紫晶洞还没有一串铜顺发手链贵呢？

……

凡此种种，都是因为把众多水晶品种混淆在一起，用单一标准去衡量，往往陷入说不清道不明的境地，到最后面临怎么说都是卖家说的有理的困境。用单一标准去衡量所有水晶，势必是非常困难的，这更加大了水晶爱好者收藏水晶的难度。

有的朋友会问，水晶行业为什么不出台具体的行业标准呢？钻石有 4C，翡翠有 AB 货，水晶为什么没有统一的评判标准呢？

难点也在这里，单一标准衡量所有水晶品种，会导致标准失真，衡量的结果也难以反馈水晶的真实价值。以水晶手链举例，一串顶级的白水晶手链，价格也远远不及普通品质的钛晶手链，因为同一水晶品种可以建立品质评判标准，但不同水晶品种之间，如何比较品质则是一个难题。

我在收藏水晶过程中，也走过很多弯路，在刚接触水晶时，既不了解水晶的真假，也不了解水晶的行情。因此没少向市场交学费，买了很多玻璃制品，甚至很多还当作天然水晶送给了未来的妻子，惹来很多笑话。也幸亏送的是自己未来的妻子，如果是给朋友或客户，那会何等的尴尬？

我是土生土长的东海人，但实际上我曾经和很多东海人一样对水晶有很多误解，虽然东海被称为世界水晶集散地、中国水晶之都，但是很多不从事这个行业或没有深入了解水晶的人，也常常把水晶误解为玻璃，带有各种各样认知上的偏见。

市场经济的繁荣，必然伴随着鱼龙混杂，泥沙俱下。市场没有办法杜绝人造水晶、优化水晶和处理水晶，所以水晶爱好者收藏水晶时会面临不小的挑战。有感于这些情况，我迫切地希望将本书尽快完成，可以在水晶爱好者收藏购买水晶时，起到一定的参考作用。

本书的写作体系主要分为两部分：第一部分是认识水晶，了解水晶的概念、成因和文化；第二部分是具体到每一个水晶细分品种的实用收藏指南，也是本书最有价值的部分，可以帮助大家在收藏水晶时有所参考。

在最终编辑和配图的过程中，我整理了最近 10 年来发表在网络上 50 余万字的文稿，以及超过 200GB 的图片素材，从十几万张水晶图片中，筛选出了一些具有代表性的图片，经过不断删改和增补，最终完成了这本来之不易的水晶科普书。为什么一件看似简单的工作，会拖了这么久，本有两个原因，一是水晶品类，实际上有 60 余个细分品种，每个品种都了解和吃透，是需要大量时间和金钱支撑的，十几年来，我奋战在水晶采买的一线，通过长期实践和接触，才对每个水晶品种都了如指掌，如数家珍；二是虽然有这么丰富的实践经验，但是市场上的供求关系是不断变化的，有些经验也是具有时效性的，这是受到水晶原矿供应量和需求量的波动而变化，因此很多之前写的文章，可能就不再适用于当下的市场，我们必须进行及时的更新和改动。

当然，即使我已经尽力让这本书的内容更加贴近市场，贴近真实，但是市场是在变化之中的，因此很多时候需要我们的读者朋友跟随市场的变化，进一步修正收藏的眼光，以便更好地指导自己的收藏。

虽然感觉自己对于水晶的收藏和见解非常浅显，但是依然努力完成了本书，希望各位读者朋友对于书中出现的错误，不吝指正，共同进步提高。

最后，感谢为本书配图作出巨大贡献的薛涛大摄影师，正是他十几年来孜孜不倦的创作，才让本书的配图生动翔实，耐读且有观赏性。感谢水晶行业的同行，感谢我所有的客户朋友，是大家一起成就了这个行业美好的生态！

吴师傅祝福大家都能收藏到心仪的水晶，收获收藏水晶带来的快乐！

吴清峰

2020 年冬

大数据运维人才培养精品教材

数据中心消防实用技术

主　编　马　斐
副主编　许红艳　王秀刚
参　编　李　光　廖　琨　王晋陶
　　　　赵　贤　赵银国　张志霞
　　　　龙　凯　杨　亮　周　磊

中国轻工业出版社

图书在版编目（CIP）数据

数据中心消防实用技术/马斐主编. --北京:中国轻工业出版社，2025. 8. --ISBN 978-7-5184-5264-4

Ⅰ. TP308；TU998. 12

中国国家版本馆 CIP 数据核字第 2024AG4526 号

责任编辑：刘鹏宇
策划编辑：宋 博　　责任终审：李建华　　封面设计：锋尚设计
版式设计：致诚图文　　责任校对：晋 洁　　责任监印：张 可

出版发行：中国轻工业出版社（北京鲁谷东街 5 号，邮编:100040）
印　　刷：三河市万龙印装有限公司
经　　销：各地新华书店
版　　次：2025 年 8 月第 1 版第 1 次印刷
开　　本：787×1092　1/16　印张：10. 5
字　　数：250 千字
书　　号：ISBN 978-7-5184-5264-4　定价：45. 00 元
邮购电话：010-85119873
发行电话：010-85119832　010-85119912
网　　址：http：//www. chlip. com. cn
Email：club@ chlip. com. cn

241933J2X101ZBW

前　言

随着5G、云计算、人工智能等新一代信息技术快速发展，信息技术与传统产业加速融合，以数字产业化和产业数字化为代表的数字经济蓬勃发展。数据中心作为各个行业信息系统运行和应用程序的物理载体，已成为社会、经济运行不可或缺的关键基础设施，互联网巨头、云服务领军企业、基础电信运营商与专业IDC服务商竞相布局，共同描绘着未来数据中心建设的宏伟蓝图。然而，在这场数字基建的盛宴背后，一个不容忽视的隐患正悄然浮现，作为数字时代的“心脏”，现代化数据中心往往采用大量易燃装饰材料构筑空间，内部密集布设的电缆与精密设备构成复杂电气网络，24小时不间断运转的设备面临元件老化风险，加之运维人员安全意识的薄弱，使得火灾防范成为制约行业发展的关键问题。

本教材严格遵循《中华人民共和国消防法》《建筑防火通用规范》（GB 55037—2022）等现行法规标准，以“预防为主、防消结合”方针为纲领，面向数据中心高密度用电场景构建全链条知识架构和管理体系。针对设备热聚集效应、电气火灾防控、高价值资产保护等特殊需求，创新性建立“风险识别—技术防控—应急管理”三维知识架构，形成覆盖理论原理、技术应用、运维实践的多模态教学体系。通过本书的学习，读者可以熟悉并掌握数据中心消防供配电、消防预警、消防通信、消防联动等子系统的组成、工作原理及相关运维知识，对数据中心消防运维有较全面的认知和了解，对数据中心消防从业人员有一定的指导意义。

本书由马斐负责整书组织、大纲编写，项目1、项目2、项目4、项目5编写；三晋陶负责项目3编写；赵贤负责项目6编写；许红艳负责项目7、项目8编写；王秀刚负责项目9、项目10编写；许红艳、王秀刚协助完成本书的组织工作和审核工作；李光、廖琨、赵银国、张志霞、龙凯、杨亮、周磊为本书编写提供了大量企业技术资料和技术咨询。本书编写中还参考了不少相关书籍文献资料，在此向所有参考文献作者致以诚挚的谢意。由于作者水平有限，加之消防系统涉及的知识点繁多，综合性和实操性较强，书中难免有错漏与不足之处，诚望广大行业专家和工程技术人员批评指正。

编者

目　录

项目1　消防基础知识

1.1　燃烧及燃烧条件、类型、特点

燃烧是一种复杂的物理、化学交织变化的过程。它包括燃烧物和氧化剂的混合、扩散过程，预热、着火过程以及燃烧、燃尽过程。从燃烧物形态等不同角度，燃烧可以分为不同的类型。掌握燃烧类型的有关常识，对于了解物质燃烧机理、评估火灾危险性有着重要的意义。

1.1.1　按燃烧发生瞬间的特点分类

按照燃烧形成的条件和发生瞬间的特点，燃烧可分为着火和爆炸。

（1）着火

可燃物在与空气共存的条件下，当达到某一温度时，与引火源接触即能引起燃烧，并在引火源离开后仍能持续燃烧，这种持续燃烧的现象称着火。着火就是燃烧的开始，并且以出现火焰为特征。着火是日常生活中常见的燃烧现象。可燃物的着火方式一般分为两类：

① 点燃（或称强迫着火）。可燃混合气因受外加点火热源加热，引发局部火焰，并相继发生火焰传播至整个可燃混合物的现象称点燃或称强迫着火。点火热源通常可以是电热线圈、电火花、炽热体和点火火焰等。

② 自燃。可燃物质在没有外部火源的作用时，因受热或自身发热并蓄热所产生的燃烧，称为自燃。即物质在无外界引火源条件下，由于其本身内部所发生的生物、物理或化学变化而产生热量并积蓄，使温度不断上升而自然燃烧的现象。自燃点是指可燃物发生自燃的最低温度。

a. 化学自燃。这类着火现象通常不需要外界加热，而是在常温下依据自身的化学反应发生的，因此习惯上称为化学自燃。例如，火柴受摩擦着火，炸药受撞击爆炸，金属钠在空气中自燃，煤炭因堆积过高而自燃等。

b. 热自燃。如果将可燃物和氧化剂的混合物预先均匀地加热，随着温度的升高，当混合物加热到某一温度时便会自动着火（这时着火发生在混合物的整个容积中），这种着火方式习惯上称为热自燃。

（2）爆炸

爆炸是指物质由一种状态迅速地转变成另一种状态，并在瞬间以机械功的形式释放出巨大的能量，或是气体、蒸气在瞬间发生剧烈膨胀等现象。爆炸最重要的一个特征是爆炸点周围发生剧烈的压力突变，这种压力突变就是爆炸产生破坏作用的原因。作为燃烧类型之一的爆炸主要是指化学爆炸。

1.1.2 按燃烧物形态分类

可燃物质受热后，因其聚集状态的不同而发生不同的变化。按燃烧物形态划分，燃烧分为气体燃烧、液体燃烧和固体燃烧。可燃物质的性质、状态不同，燃烧的特点也不同。

（1）气体燃烧

可燃气体的燃烧一般经过受热、分解、氧化等过程，其所需热量仅用于氧化或分解，将气体加热到燃点。因此，相对于固体、液体需要经熔化、蒸发等过程，可燃气体一般更容易燃烧且燃烧速度更快。

① 气体的扩散燃烧。气体的扩散燃烧即可燃气体与氧化剂互相扩散，边混合边燃烧，如家用煤气燃烧。在扩散燃烧中，可燃气体与空气或氧气的混合是靠气体的扩散作用来实现的。混合过程要比燃烧反应过程慢得多，燃烧过程处于扩散区域内，整个燃烧速度的快慢由物理混合速度决定。

扩散燃烧的特点为：燃烧比较稳定，火焰温度相对较低，扩散火焰不运动，可燃气体与气体氧化剂的混合在可燃气体喷口进行，燃烧过程不发生回火现象（火焰缩入火孔内部的现象）。

② 气体的预混燃烧。气体的预混燃烧是指可燃气体预先同空气（或氧气）混合，遇引火源产生带有冲击力的燃烧，如氧乙炔焊。预混燃烧一般发生在封闭体系中或在混合气体向周围扩散的速度远小于燃烧速度的敞开体系中，燃烧放热造成产物体积迅速膨胀，压力升高，压强可达709.1~810.4kPa。火焰在预混气中传播，存在正常火焰传播和爆轰两种方式。

预混燃烧的特点为：燃烧反应快，温度高，火焰传播速度快，反应混合气体不扩散，在可燃混合气体中引入一个火源即产生一个火焰中心，成为热量与化学活性粒子集中源。预混气体从管口喷出发生动力燃烧，若流速大于燃烧速度，则在管中形成稳定的燃烧火焰，燃烧充分，燃烧速度快，燃烧区呈高温白炽状，如汽灯的燃烧；若可燃混合气体在管口流速小于燃烧速度，则会发生“回火”，如制气系统检修前不进行置换就烧焊，燃气系统于开车前不进行吹扫就点火，用气系统产生负压“回火”或漏气未被发现而用火时，往往形成动力燃烧，有可能造成设备损坏和人员伤亡。

（2）液体燃烧

液体燃烧的特点主要体现在其燃烧过程及特殊的燃烧现象。

① 液体燃烧过程。液体可燃物燃烧时，火焰并不紧贴在液面上，而是在空间的某个位置。这表明在燃烧之前，液体可燃物先蒸发形成可燃蒸气，可燃蒸气发生扩散并与空气混合形成可燃混合气，着火燃烧后在空间某处形成火焰。液体可燃物能否发生燃烧与液体的蒸气压、闪点、沸点和蒸发速率等参数密切相关，燃烧速率的快慢与液体可燃物的燃点和化学活性密切相关。

② 不同类别液体燃烧特征。对于不同类别的可燃液体，因其物理、化学性质的差异，燃烧特征也有所不同。可燃液态烃类燃烧时，通常产生橘色火焰并散发浓密的黑色烟雾。醇类燃烧时，通常产生透明的蓝色火焰，几乎不产生烟雾。某些醚类燃烧时，液体表面伴有明显的沸腾状，这类物质的火灾较难扑灭。多种成分混合液体燃烧时，如原油，会按沸点的高低，先后蒸发出不同的可燃气体组分。

③ 液体燃烧的特殊现象。

a. 闪燃。闪燃是指可燃性液体挥发出来的蒸气与空气混合达到一定的浓度或者可燃性固体加热到一定温度后，遇明火发生一闪即灭的燃烧现象。发生闪燃的原因是易燃或可燃液体在闪燃温度下蒸发的速度比较慢，蒸发出来的蒸气仅能维持一刹那的燃烧，来不及补充新的蒸气维持稳定的燃烧，因而一闪就灭了。但闪燃却是引起火灾事故的先兆之一。闪点是指易燃或可燃液体表面产生闪燃的最低温度。

b. 沸溢。含有水分、黏度较大的重质石油产品，如原油、重油、渣油、沥青油等燃烧时，其中的水汽化不易挥发形成膨胀气体使液面沸腾，沸腾的水蒸气带着燃烧的油向空中飞溅，这种现象称为沸溢（扬沸和喷溅）。以原油为例，其黏度比较大，并且含有一定的水分，以乳化水和水垫两种形式存在。乳化水是原油在开采运输过程中，原油中的水由于强力搅拌成细小的水珠悬浮于油中而成；放置久后，油水分离，水因密度大而沉降在底部形成水垫。

燃烧过程中，这些沸程较宽的重质油品产生热波，在热波向液体深层运动时，由于温度远高于水的沸点，因而热波会使油品中的乳化水汽化，大量的水蒸气就要穿过油层向液面上浮，在向上移动过程中形成油包气的气泡，即油的一部分形成了含有大量水蒸气气泡的泡沫。这必然使液体体积膨胀，向外溢出，同时部分未形成泡沫的油品也被下面的水蒸气膨胀力抛出罐外，使液面猛烈沸腾起来，这种现象就是沸溢。通常，将含水并在燃烧时可产生热波作用的油品称为沸溢性油品。

上述沸溢过程说明，沸溢形成必须具备三个条件：

（a）原油具有形成热波的特性，即沸程宽，密度相差较大。

（b）原油中含有乳化水，水遇热波变成水蒸气。

（c）原油黏度较大，使水蒸气不容易从下向上穿过油层。

c. 喷溅，在重质油品燃烧过程中，随着热波温度的逐渐升高，热波向下传播的距离也不断加大。当热波达到水垫时，水垫的水大量蒸发，水蒸气体积迅速膨胀，以至把水垫上面的液体层抛向空中，向罐外喷射，这种现象叫喷溅。一般情况下，发生沸溢要比发生喷溅的时间早得多。发生沸溢的时间与原油的种类、水分含量有关。根据实验，含有1%水分的石油，经45~60min燃烧就会发生沸溢。喷溅发生的时间与油层厚度、热波移动速度及油的燃烧线速度有关。

研究表明，油滴飞溅高度和散落面积与油层厚度、油池直径有关，一般散落区域的直径与油池直径之比均在10∶1以上。由于喷溅带出的燃油从池火燃烧状态转变为液滴燃烧状态，改变了燃烧条件，燃烧强度和危险性随之增加，并且油滴在飞溅过程中和散落后将继续燃烧，极易造成火灾的迅速扩大，影响周边其他可燃物及人员、设备等，造成伤亡和损失，所以，对油池火灾而言，要避免喷溅现象的发生。

（3）固体燃烧

根据各类可燃固体的燃烧方式和燃烧特性，固体燃烧的形式大致可分为四种，其燃烧各有特点。

① 蒸发燃烧。硫、磷、钾、钠、蜡烛、松香等可燃固体熔点较低，在受到火源加热时，先熔融蒸发，随后蒸气与氧气发生燃烧反应，这种形式的燃烧一般称为蒸发燃烧。樟脑、萘等易升华物质，在燃烧时不经过熔融过程，但其燃烧现象也可看作是一种蒸发

燃烧。

② 表面燃烧。木炭、焦炭、铁、铜等可燃固体的燃烧，会在其表面由氧气和可燃物直接作用而发生，这种燃烧方式称为表面燃烧。表面燃烧是一种无火焰燃烧，有时又称为异相燃烧。

③ 分解燃烧。可燃固体在受到火源加热时，先发生热解、气化反应，随后分解出的可燃性气体与氧气发生燃烧反应，形成气相火焰，这种形式的燃烧称为分解燃烧。固体可燃物的热解、气化过程十分复杂，与可燃物种类、尺寸、加热速度、加热时间、最终温度、环境压力等多种因素有关。其反应机制研究相当困难。常见的天然物质，如木材、草、棉花、煤等，以及人工合成物质，如橡胶、塑料、纺织品等，都能发生分解燃烧。

④ 阴燃。可燃固体在空气不流通、加热温度较低、分解出的可燃挥发成分较少或逸散较快、含水分较多等条件下，往往发生只冒烟而无火焰的燃烧现象，称为阴燃。阴燃是固态材料特有的燃烧形式，但其能否发生主要取决于固体材料自身的理化性质及其所处的外部环境。很多固体材料（如纸张、锯末、纤维织物、胶乳橡胶等）都能发生阴燃。这是因为这些材料受热分解后能产生刚性结构的多孔碳，从而具备多孔蓄热并持续燃烧的条件。

阴燃的发生需要有一个供热强度适宜的热源，通常有自燃热源、阴燃本身的热源和有焰燃烧火焰熄灭后的热源等。阴燃在一定条件下也会转化为明火，转化的过程与可燃物种类、状态、尺寸和外界条件有关。

需要指出的是，上述各种燃烧形式的划分不是绝对的，有些可燃固体的燃烧往往包含两种或两种以上的燃烧形式。例如，在适当的外界条件下，木材、棉、麻、纸张等的燃烧会存在表面燃烧、分解燃烧、阴燃等形式。

1.1.3 按可燃物与助燃物混合方式分类

按照可燃物与助燃物在燃烧前是否接触、充分混合，有焰燃烧可分为扩散燃烧和预混燃烧。

(1) 扩散燃烧

可燃物与助燃物分子在进入燃烧反应区之前没有充分接触、混合的燃烧称为扩散燃烧。家用煤气燃烧、固体燃烧、可燃液体液面燃烧等是最常见的扩散燃烧。扩散燃烧过程主要受扩散混合过程控制。

(2) 预混燃烧

可燃物与助燃物分子在进入燃烧反应区之前已经相互接触、充分混合的燃烧称为预混燃烧。密闭空间内，可燃气体泄漏与空气混合后遇点火源发生的爆炸，属于预混燃烧。预混燃烧过程主要受反应动力学控制。

1.1.4 燃烧性能参数

不同形态物质的燃烧各有特点，通常根据不同燃烧类型，用不同的燃烧性能参数分别衡量不同可燃物的燃烧特性。例如，可燃液体火灾危险性主要评价指标是闪点、自燃点，可燃固体火灾危险性主要评价指标是燃点、自燃点，可燃气体则以自燃点、爆炸极限和最小点火能作为火灾危险性评价指标。这里主要介绍闪点、燃点和自燃点。

（1）闪点

① 闪点的定义。根据《消防词汇第1部分：通用术语》（GB/T 5907.1—2014），闪点是指在规定的试验条件下，可燃性液体或固体表面产生的蒸气在试验火焰作用下发生闪燃的最低温度。

② 闪点的意义。闪点是可燃性液体性质的主要标志之一，是衡量液体火灾危险性大小的重要参数。闪点越低，火灾危险性越大；反之则越小。闪点与可燃性液体的饱和蒸气压有关，饱和蒸气压越高，闪点越低。在一定条件下，当液体的温度高于其闪点时，液体随时有可能被引火源引燃或发生自燃；若液体的温度低于闪点，则液体不会发生闪燃，更不会着火。几种常见易燃或可燃液体的闪点，如表1-1所示。

表1-1　几种常见易燃或可燃液体的闪点　单位：℃

名称	闪点	名称	闪点
汽油	-50	二硫化碳	-30
煤油	38~74	甲醇	11
酒精	12	丙酮	-18
苯	-11	乙醛	-38
乙醚	-45	松节油	35

③ 闪点在消防上的应用。闪点是判断液体火灾危险性大小及对可燃性液体进行分类的主要依据。可燃性液体的闪点越低，其火灾危险性越大。例如，汽油的闪点为-50℃，煤油的闪点为38~74℃，显然汽油的火灾危险性比煤油大。根据闪点的高低，可以确定生产、加工、储存可燃性液体场所的火灾危险性类别：闪点低于28℃的为甲类；闪点为28~60℃的为乙类；闪点60℃及以上的为丙类。

（2）燃点

① 燃点的定义。在规定的试验条件下，物质在外部引火源作用下表面起火并持续燃烧一定时间所需的最低温度，称为燃点。

② 常见可燃物的燃点。在一定条件下，物质的燃点越低，越易着火。几种常见可燃物的燃点，如表1-2所示。

表1-2　几种常见可燃物的燃点　单位：℃

物质名称	燃点	物质名称	燃点
蜡烛	190	棉花	210~255
松香	216	布匹	200
橡胶	120	木材	250~300
纸张	130~230	豆油	220

③ 燃点与闪点的关系。易燃液体的燃点一般比其闪点高1~5℃，并且闪点越低，这一差值越小，特别是在敞开的容器中很难将闪点和燃点区分开来。因此，一般用闪点评定易燃液体火灾危险性大小，用燃点衡量固体的火灾危险性大小。

（3）自燃点

① 自燃点的定义。在规定的条件下，可燃物质产生自燃的最低温度称为自燃点。在

这一温度时，物质与空气（氧）接触，不需要明火的作用就能发生燃烧。

② 常见可燃物的自燃点。自燃点是衡量可燃物质受热升温导致自燃危险的依据。可燃物的自燃点越低，发生自燃的危险性就越大。几种常见可燃物在空气中的自燃点如表1-3所示。

表1-3　几种常见可燃物在空气中的自燃点　单位：℃

物质名称	自燃点	物质名称	自燃点
氢气	400	丁烷	405
一氧化碳	610	乙醚	160
硫化氢	260	汽油	530~685
乙炔	305	乙醇	423

③ 影响自燃点变化的规律。不同的可燃物有不同的自燃点，同一种可燃物在不同的条件下自燃点也会发生变化。可燃物的自燃点越低，发生火灾的危险性就越大。

对于液体、气体可燃物，其自燃点受压力、氧浓度、催化、容器的材质和表面积与体积比等因素的影响。而固体可燃物的自燃点，则受受热熔融、挥发物的数量、固体的颗粒度、受热时间等因素的影响。

1.2　火灾定义分类及常见原因

1.2.1　火灾定义及分类

（1）火灾定义

根据《消防词汇　第1部分：通用术语》（GB/T 5907.1—2014），火灾是指在时间或空间上失去控制的燃烧。

（2）火灾分类

根据不同的需要，火灾可以按不同的方式进行分类。

① 按照燃烧对象的性质分类。按照《火灾分类》（GB/T 4968—2008）的规定，火灾分为A、B、C、D、E、F六类。

A类火灾：固体物质火灾。这种物质通常具有有机物性质，一般在燃烧时能产生灼热的余烬。例如，木材、棉、毛、麻、纸张等火灾。

B类火灾：液体或可熔化的固体物质火灾。例如，汽油、煤油、原油、甲醇、乙醇、沥青、石蜡等火灾。

C类火灾：气体火灾。例如，煤气、天然气、甲烷、乙烷、氢气、乙炔等火灾。

D类火灾：金属火灾。例如，钾、钠、镁、钛、锆、锂等火灾。

E类火灾：带电火灾。物体带电燃烧的火灾。例如，变压器等设备的电气火灾等。

F类火灾：烹饪器具内的烹饪物（如动物油脂或植物油脂）火灾。

② 按照火灾事故所造成的灾害损失程度分类。参照国务院2007年4月9日颁布的《生产安全事故报告和调查处理条例》（国务院令第493号）规定的生产安全事故等级标

准，火灾事故分为特别重大火灾事故、重大火灾事故、较大火灾事故和一般火灾事故四个等级。

a. 特别重大火灾事故是指造成30人以上死亡，或者100人以上重伤，或者1亿元以上直接经济损失的火灾。

b. 重大火灾事故是指造成10人以上30人以下死亡，或者50人以上100人以下重伤，或者5000万元以上1亿元以下直接经济损失的火灾。

c. 较大火灾事故是指造成3人以上10人以下死亡，或者10人以上50人以下重伤，或者1000万元以上5000万元以下直接经济损失的火灾。

d. 一般火灾事故是指造成3人以下死亡，或者10人以下重伤，或者1000万元以下直接经济损失的火灾。

上面所称的“以上”包括本数，“以下”不包括本数。

此外，火灾事故还可以根据发生的场所等进行分类，这里不作详细介绍。

1.2.2　火灾发生的最常见原因

事故都有起因，火灾也是如此。分析起火原因，了解火灾发生的特点，是为了更有针对性地运用技术措施，有效控火，防止和减少火灾危害。

（1）电气失火

有关资料显示，近年来我国发生的电气火灾数量一直居高不下，每年都在10万起以上，导致的人员伤亡及财产损失在各火灾原因当中居首位。2024年全国消防救援队伍共接报处置各类火灾警情235.8万起，接报火灾90.8万起，查明起火原因的火灾中，电气故障引发29.3万起，占32.3%。电气火灾原因复杂，主要与电气线路故障、电气设备故障以及电加热器具使用不当等因素有关。电气线路、电气设备发生故障，既可能是产品在设计、生产、制造环节产生的缺陷，也可能与其敷设、施工安装及投入使用后的维护管理相关。由此引发的电气线路接触不良、过负荷、短路、电气设备过热等是造成电气火灾的直接原因。

（2）生活用火不慎

生活用火不慎主要是指城乡居民家庭生活用火不慎。例如，炊事用火中炊事器具设置不当，安装不符合要求，在炉灶的使用中违反安全技术要求等引起火灾。2024年，全国因生活用火不慎引发的火灾占火灾总数的21.8%。

（3）吸烟不慎

点燃的香烟及未熄灭的火柴杆温度可达到800℃，能引燃许多可燃物质，在起火原因中占有相当大的比重。例如，将没有熄灭的烟头和火柴杆扔在可燃物中引起火灾；躺在床上，特别是醉酒后躺在床上吸烟，烟头掉在被褥上引起火灾；在禁止烟火的火灾高危场所，因违章吸烟引起火灾事故等。2024年，全国因吸烟不慎引发的火灾占火灾总数的15.3%。

（4）玩火

未成年人因缺乏看管，玩火取乐，也是造成火灾发生常见的原因之一。此外，燃放烟花爆竹也属于“玩火”的范畴。被点燃的烟花爆竹本身即是火源，稍有不慎，就易引发火灾，还可能造成人员伤亡。我国每年春节期间火灾频繁，其中有70%～80%是由燃放烟花爆竹所引起的。2024年，全国因玩火引发的火灾占火灾总数的1.9%。

（5）生产作业不慎

生产作业不慎主要是指违反生产安全制度引起火灾。例如，在易燃易爆的车间内动用明火，引起爆炸起火；将性质相抵触的物品混存在一起，引起燃烧、爆炸；在用气焊焊接和切割时，飞迸出的大量火星和熔渣，因未采取有效的防火措施，引燃周围可燃物；在机器运转过程中，不按时加油润滑，或者没有清除附在机器轴承上面的杂质、废物，使机器该部位摩擦发热，引起附着物起火；化工生产设备失修，出现可燃气体，以及易燃、可燃液体“跑、冒、滴、漏”，遇到明火燃烧或爆炸等。2024 年，全国因生产作业不慎引发的火灾约占火灾总数的 3.8%。

（6）故意放火

放火是指人蓄意制造火灾的行为。一般是当事人以放火为手段达到某种目的。这类火灾为当事人故意为之，通常经过一定的策划准备，因而往往缺乏初期救助，火灾发展迅速，后果严重。

（7）雷击

雷电导致的火灾原因大体上有三种：一是雷电直接击在建筑物上发生热效应、机械效应作用等；二是雷电产生静电感应作用和电磁感应作用；三是高电位雷电波沿着电气线路或金属管道系统侵入建筑物内部。在雷击较多的地区，建筑物上如果没有设置可靠的防雷保护设施，便有可能发生雷击起火。此外，一些森林火灾往往是由雷击所引起的，2024 年，全国因雷击引发的森林火灾约占森林火灾总数的 38.7%。

此外，由于自燃等原因引发的火灾也占据了一定的比例。

1.2.3 数据中心火灾案例

（1）孟加拉国数据中心火灾导致 3 人死亡

2023 年 10 月 27 日，孟加拉国首都达卡一座 14 层的大楼发生火灾，造成 3 人死亡，10 人受伤，该国互联网服务遭到严重瘫痪。据悉，这座大楼内有多个互联网网关、交换中心和数据中心，火灾导致了大量的设备和物资损毁。据报道，孟加拉国 1200 万宽带互联网用户中约有 40% 在火灾期间遭遇了网络中断，而该国 1.2 亿移动互联网用户中约有 20% 在数据和语音服务方面遇到了问题。

（2）韩国 SK 公司数据中心火灾导致 3.2 万服务器瘫痪

2022 年 10 月 15 日，韩国 SK 公司 C&C 板桥数据中心发生火灾，大火在大约 8 小时后被扑灭。起火后数据中心断电造成韩国国民级聊天软件 Kakao Talk、主流搜索引擎 NAVER 等在内的众多网络服务中断。据《韩国时报》报道，本次火灾导致了约 3.2 万个服务器瘫痪，数千万用户服务受到影响——截至 2021 年，韩国人口约为 5200 万。一天之后 Kakao Talk 等服务才开始陆续恢复。数据中心客户表示，由于损失了大量服务器，恢复过程比预期的要长。调查发现，安装在地下三层电气设备室的 5 个电池机架全部烧毁，电池和机架附近似乎因电气因素失火。

（3）Web NX 美国犹他州数据中心火灾造成超 360 万个网站故障

2021 年 4 月，美国主机托管公司 Web NX 位于犹他州的奥格登数据中心发生火灾。该火灾导致超 360 万个网站出现故障，约 1.5 万名客户的资料受到影响，部分客户数据完全丢失且无法恢复。

（4）谷歌数据中心电气爆炸造成 3 人严重烧伤

当地时间 2022 年 8 月 8 日，位于美国爱荷华州康瑟尔布拉夫斯的谷歌数据中心发生爆炸，造成 3 人受伤。媒体报道，3 名电工在数据中心大楼附近的变电站工作时，突然发生了电弧闪光（电气爆炸），导致 3 名电工被严重烧伤。事故发生后，多个地区的谷歌地图、谷歌搜索出现中断服务情况，有数据显示，该故障影响了全球 40 多个国家/地区的至少 1338 台服务器，包括美国、澳大利亚、南非、肯尼亚、以色列、南美洲部分地区、欧洲和亚洲部分地区。

1.3　火灾发展及蔓延机理

通常情况下，火灾都有一个由小到大、由发展到熄灭的过程，其发生、发展直至熄灭的过程在不同的环境下会呈现不同的特点。本节主要介绍建筑火灾蔓延的传热基础、烟气的流动过程、火灾发展的阶段及建筑室内火灾的特殊现象。

1.3.1　建筑火灾蔓延的传热基础

热量传递有 3 种基本方式，即热传导、热对流和热辐射。建筑火灾中，燃烧物质所放出的热能通常是以上述 3 种方式来传播，并影响火势蔓延和扩大的。热传播的形式与起火点、建筑材料、物质的燃烧性能和可燃物的数量等因素有关。火场上，可以用热通量，即单位时间通过单位面积的热量大小，来衡量热能传递的强度。依据热传递方式的不同，热通量分为传导热通量、对流热通量和辐射热通量。

（1）热传导

热传导又称导热，属于接触传热，是连续介质就地传递热量而又没有各部分之间相对的宏观位移的一种传热方式。从微观角度讲，之所以发生导热现象，是由于微观粒子（分子、原子或它们的组成部分）的碰撞、转动和振动等热运动而引起能量从高温部分传向低温部分。在固体内部，只能依靠导热的方式传热；在流体中，尽管也有导热现象发生，但通常被对流运动所掩盖。不同物质的导热能力各异，通常用热导率（即单位温度梯度时的热通量）表示物质的导热能力。同种物质的热导率也会因材料的结构、密度、湿度、温度等因素的变化而变化。常用材料的热导率如表 1-4 所示。

对于起火的场所，热导率大的材料，由于能受到高温作用迅速加热，又会很快地把热能传导出去，在这种情况下，就可能引燃没有直接受到火焰作用的可燃物质，利于火势传播和蔓延。

表 1-4　　常用材料的热导率

材料	热导率 λ/[W/(m·K)]	密度 ρ/(kg/m^3)	材料	热导率 λ/[W/(m·K)]	密度 ρ/(kg/m^3)
铜	387	8920	黄松	0.14	640
(低碳)钢	45.8	7850	石棉板	0.15	577
混凝土	0.8~1.4	1900~2300	纤维绝缘板	0.041	229
玻璃(板)	0.76	2700	聚氨酯泡沫	0.034	20

续表

材料	热导率 $\lambda/[W/(m\cdot K)]$	密度 $\rho/(kg/m^3)$	材料	热导率 $\lambda/[W/(m\cdot K)]$	密度 $\rho/(kg/m^3)$
石膏涂层	0.48	1440	普通砖	0.69	1600
有机玻璃	0.19	1190	空气	0.026	1.1
橡木	0.17	800			

（2）热对流

热对流又称对流，是指流体各部分之间发生相对位移，冷热流体相互掺混引起热量传递的方式。热对流中热量的传递与流体流动有密切的关系。当然，由于流体中存在温度差，所以也必然存在导热现象，但导热在整个传热中处于次要地位。工程上常把具有相对位移的流体与所接触的固体表面之间的热传递过程，称为对流换热。

一般来说，建筑发生火灾过程中，通风孔洞面积越大，热对流的速度越快；通风孔洞所处位置越高，对流速度越快。热对流对初起火灾的发展起重要作用。

（3）热辐射

辐射是物体通过电磁波来传递能量的方式。辐射换热是物体间以辐射的方式进行的热量传递。与导热和对流不同的是，热辐射在传递能量时不需要互相接触即可进行，所以它是一种非接触传递能量的方式，即使在太空，热辐射也能照常进行。最典型的例子是太阳向地球表面传递热量的过程。

热辐射是促使建筑室内火灾及建筑之间火灾蔓延的重要形式。起火点附近与火焰不相接触又无中间导热物体作媒介而被引燃的可燃物，就是热辐射及热对流的结果。火场上的火焰、烟雾都能辐射热能，辐射热能的强弱取决于燃烧物质的热值和火焰温度。物质热值越大，火焰温度越高，热辐射也越强。辐射热作用于附近的物体上，能否引起可燃物质着火，要看热源的温度、距离和角度。

1.3.2 建筑火灾烟气的流动过程

火灾发生在建筑内时，烟气流动的方向通常是火势蔓延的一个主要方向。500℃以上热烟所到之处，遇到的可燃物都有可能被引燃。烟气流动会受到建筑结构、开口和通风条件等限制。建筑内墙门窗、楼梯间、竖井管道、穿墙管线、闷顶以及外墙面开口等成为烟气蔓延的主要途径。

了解建筑火灾烟气蔓延流动的过程和规律，对于理解火灾自动报警系统、自动喷水灭火系统、防烟排烟系统等建筑消防设施的设计原理以及建筑构件耐火等级要求、人员安全疏散设计要求具有十分重要的意义。

（1）烟气流动的路线及特点

建筑发生火灾时，烟气扩散蔓延主要呈水平流动和垂直流动。在建筑内部，烟气流动扩散一般有 3 条路线。第一条，也是最主要的 1 条：着火房间→走廊→楼梯间→上部各楼层→室外；第 2 条：着火房间→室外；第 3 条：着火房间→相邻上层房间→室外。

① 着火房间内的烟气流动。火灾过程中，由于热浮力作用，燃烧产生的热烟气从火焰区直接上升到达楼板或者顶棚，然后会改变流动方向沿顶棚水平扩散。由于受冷空气掺

混以及楼板、顶棚等建筑围护结构的阻挡，水平方向流动扩散的烟气温度逐渐下降并向下流动。逐渐冷却的烟气和冷空气流向燃烧区，形成了室内的自然对流流动，火越烧越旺，如图 1-1 所示。着火房间内顶棚下方逐渐积累形成稳定的烟气层。

描述室内烟气流动特点和规律涉及几个重要的概念，包括烟气羽流、顶棚射流、烟气层沉降，以下作简单介绍。

a. 烟气羽流。在一般的建筑房间内，内部物品多为固体。当可燃固体受到外界条件的影响发生阴燃时，达到一定温度并且有适合的通风条件，阴燃便转变为明火燃烧。明火出现后，可燃物迅速燃烧。燃烧中，火源上方的火焰及燃烧生成的流动烟气通常称为烟气羽流，如图 1-2 所示。在燃烧表面上方附近为火焰区，它又可以分为连续火焰区和间歇火焰区。而火焰区上方为燃烧产物即烟气的羽流区，其流动完全由浮力效应控制，一般称其为烟气羽流或浮力羽流。由于浮力作用，烟气羽流会形成一个热烟气团，在浮力的作用下向上运动，在上升过程中卷吸周围新鲜空气与原有的烟气发生掺混。

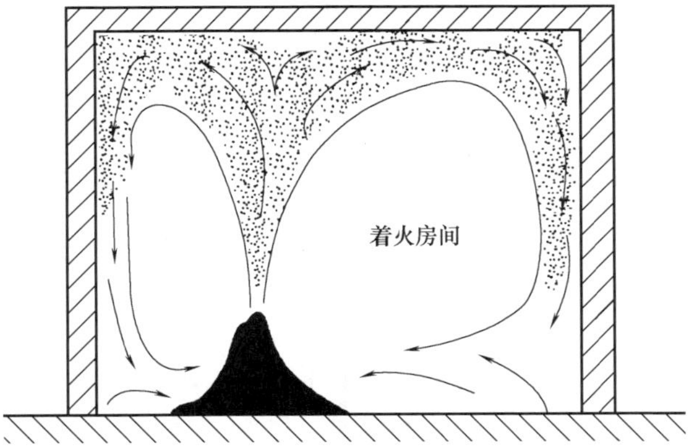

图 1-1　着火房间内的自然对流流动

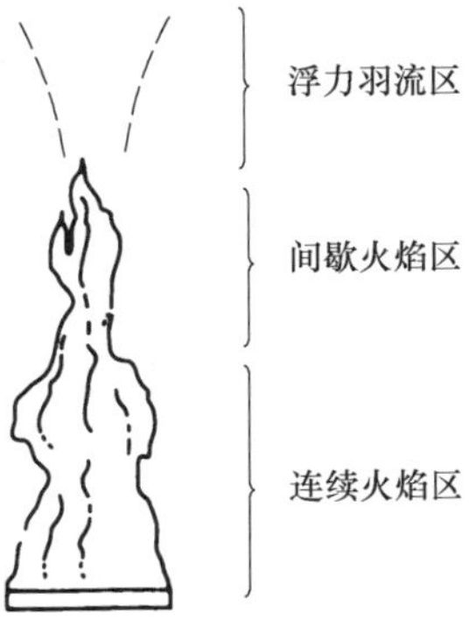

图 1-2　火源上方的烟气羽流示意图

b. 顶棚射流。当烟气羽流撞击到房间的顶棚后，沿顶棚水平运动，形成一个较薄的顶棚射流层，称为顶棚射流。它是一种半无限的重力分层流，当烟气在水平顶棚下积累到一定厚度时，便发生水平流动。由于顶棚射流的作用，安装在顶棚上的感烟探测器、感温探测器和洒水喷头产生响应，实现自动报警和喷淋灭火。如图 1-3 所示为无限大顶棚以下的理想化顶棚射流。

在实际建筑火灾初期，产生的热烟气不足以在室内上方积聚形成静止的热烟气层，在顶棚与静止环境空气之间的顶棚射流烟气层会出现迅速流动的现象。当顶棚射流的热烟气通过顶棚表面和边缘的开口排出，可以延缓热烟气在顶棚以下积聚。热烟气羽流经撞击顶棚后形成顶棚射流流出着火区域。由于热烟气层的下边界会水平卷吸环境空气，因此热烟气层在流动的过程中逐渐加厚，空气卷吸使顶棚射流的温度和速度降低。另外，当热烟气沿顶棚流动时，与顶棚表面发生的热交换也使得靠近顶棚处的烟气温度降低。研究表明，假设顶棚距离可燃物的垂直高度为 H，多数情况下顶棚射流层的厚度约为距离顶棚以下高度 H 的 5%～12%，而顶棚射流层内最高温度和最大速度出现在距离顶棚以下高度 H 的 1% 处。顶棚射流的最大温度和最大速度值是估算火灾探测器和喷头热响应的重要基础。

c. 烟气层沉降。随着燃烧持续发展，新的烟气不断向上补充，室内烟气层的厚度逐

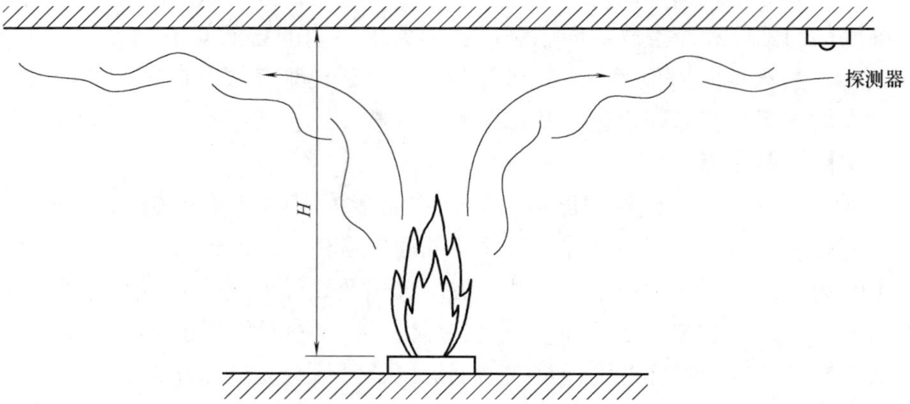

图 1-3　理想化顶棚射流示意图

渐增加。在这一阶段，上部烟气的温度逐渐升高、浓度逐渐增大，如果可燃物充足，且烟气不能充分地从上部排出，烟气层将会一直下降，直到浸没火源。由于烟气层的下降，使得室内的洁净空气减少，烟气中的未燃可燃成分逐渐增多。如果着火房间的门、窗等开口是敞开的，烟气会沿这些开口排出。根据烟气的生成速率，并结合着火房间的几何尺寸，可以估算出烟气层厚度随时间变化的状况。

发生火灾时，应设法通过打开排烟口等方式，将烟气层限制在一定高度内。否则，着火房间烟气层下降到房间开口位置，如门、窗或其他缝隙时，烟气会通过这些开口蔓延扩散到建筑的其他地方。

② 走廊的烟气流动。随着火灾的发展，着火房间上部烟气层会逐渐增厚。如果着火房间设有外窗或专门的排烟口时，烟气将从这些开口排至室外。若烟气的生成量很大，致使外窗或专设排烟口来不及排除烟气，烟气层厚度会继续增大。当烟层厚度增大到超过挡烟垂壁的下端或房门的上缘时，烟气就会沿着水平方向蔓延扩散到走廊中去。着火房间内烟气向走廊的扩散流动是火灾烟气流动的主要路线。

显然，着火房间门、窗不同的开关状态，会很大程度上影响烟气向走廊扩散的速度。如房间的门窗都紧闭，这时空气和烟气仅仅通过门窗的缝隙进出，流量非常有限。当外窗关闭、室内门开启，会使着火房间所产生烟气大量扩散到走廊中，这是最危险的情况。当发生轰燃时，门、窗玻璃破碎或门板破损，火势迅猛发展，烟气生成量大大增加，致使大量烟气从着火房间流出。

火灾试验表明，烟气在走廊中的流动是呈层流流动状态的，这个流动过程主要有两个特点，如图 1-4 所示：一是烟气在上层流动，空气在下层流动，如果没有外部气流干扰的话，分层流动状态能保持 40~50m 的流程，上下两个流体层之间的掺混很微弱；但若流动过程中遇到外部气流干扰时，如室外空气送进或排气设备排气时，则层流状态将变成紊流状态。二是烟气层的厚度在一定的流程内能维持不变，从着火房间排向走廊的烟气出口起算，通常可达 20~30m。当烟气流过比较长的路程时，由于受到走廊顶棚及两侧墙壁的冷却，两侧的烟气沿墙壁开始下降，最后只在走廊断面的中部保留一个接近圆形的空气流股。

③ 竖井中的烟气流动。走廊中的烟气除了向其他房间蔓延外，还要向楼梯间、电梯

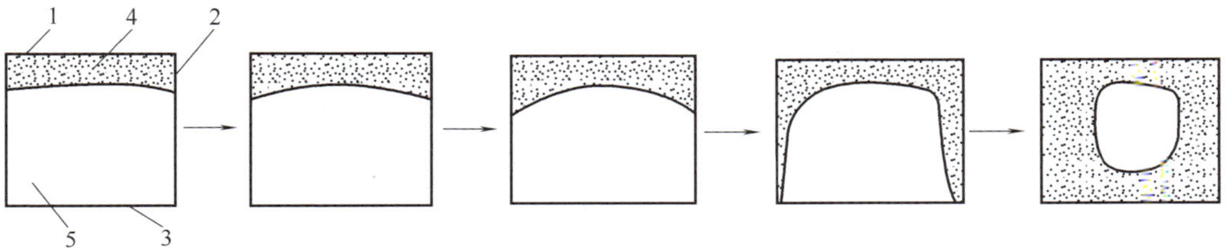

图1-4　烟气在走廊流动过程中的下降状况

1—顶棚　2—墙壁　3—地板　4—烟气　5—空气

间、竖井、通风管道等部位扩散，并迅速向上层流动。

烟气在竖井流动过程中，当竖井内部温度比外部高时，相应内部压力也会比外部高。此时，如果竖井的上部和下部都有开口，气体会向上流动，且在一定高度形成压力中性平面（室内外压力平衡的理论分界面，简称中性面）。对于开口截面积较大的建筑，相对于浮力所引起的压差而言，气体在竖井内流动的摩擦阻力可以忽略不计，由此可认为竖井内气体流动的驱动力仅为浮力。

（2）烟气流动的驱动力

火灾中，可燃物燃烧过程中释放的热量会使气体膨胀。同时，由于密度降低，产生的高温烟气具有浮力。热膨胀作用、浮力作用是烟气流动的驱动力。受浮力作用驱动的主要有火风压、烟囱效应和外界风等。

① 火风压。火风压是指建筑物内发生火灾时，在起火房间内，由于温度上升，气体迅速膨胀，对楼板和四壁形成的压力。火风压的影响主要在起火房间，如果火风压大于进风口的压力，则大量的烟火将通过外墙窗口，由室外向上蔓延；若火风压等于或小于进风口的压力，则烟火便全部从内部蔓延，当它进入楼梯间、电梯井、管道井、电缆井等竖向孔道以后，会大大强化烟囱效应。

② 烟囱效应。当建筑物内外的温度不同时，室内外空气的密度随之出现差别，这将引发浮力驱动的流动。如果室内空气温度高于室外，则室内空气将发生向上运动，建筑物越高，这种流动越强。竖井是发生这种现象的主要场合，在竖井中，由于浮力作用产生的气体运动十分显著，通常称这种现象为烟囱效应。在火灾过程中，烟囱效应是造成烟气竖向流动的主要因素。

烟囱效应和火风压不同，它能影响全楼。多数情况下，建筑物内的温度大于室外温度，所以室内气流总的方向是自下而上的，即正向烟囱效应。起火层的位置越低，影响的层数越多。在正向烟囱效应下，若火灾发生在中性面以下的楼层，火灾产生的烟气进入竖井后会沿竖井上升，一旦升到中性面以上，烟气不单可由竖井上部的开口流出来，也可进入建筑物上部与竖井相连的楼层；若中性面以上的楼层起火，当火势较弱时，由烟囱效应产生的空气流动可限制烟气流进竖井，如果着火层的燃烧强烈，则热烟气的浮力足以克服竖井内的烟囱效应，仍可进入竖井而继续向上蔓延。因此，对高层建筑中的楼梯间、电梯井、管道井、天井、电缆井、排气道、中庭等竖向孔道，如果防火处理不当，就形同一座高耸的烟囱，强大的抽拔力将使火沿着竖向孔道迅速蔓延。

③ 外界风。风的存在可在建筑物的周围产生压力分布，而这种压力分布能够影响建

筑物内的烟气流动。建筑物外部的压力分布受到多种因素的影响，其中包括风的速度和方向、建筑物的高度和几何形状等。风的影响往往可以超过其他驱动烟气运动的力（自然和人工)。一般来说，风朝着建筑物吹过来会在建筑物的迎风侧产生较高滞止压力，这可增强建筑物内的烟气向下风方向的流动性。

1.3.3 建筑室内火灾发展的阶段

对建筑室内火灾而言，通常最初发生在某个房间的某个部位，然后可能由此蔓延到相邻的部位或房间以及整个楼层，最后蔓延到整个建筑物。这里的“室”不仅指住宅、写字楼、厂房、仓库等建筑内的房间，而是泛指所有具有顶棚、墙体和开口（如门、窗）结构的受限空间，如汽车和火车的车厢、飞机和轮船的舱等。

在不受干预的情况下，室内火灾发展过程大致可分为初期增长阶段（也称轰燃前阶段)、充分发展阶段（也称轰燃后阶段）和衰减阶段。由于室内平均温度是表征火灾燃烧强度的重要指标，因此常用这一温度随时间变化的情况来描述室内火灾的发展过程，如图1-5所示。

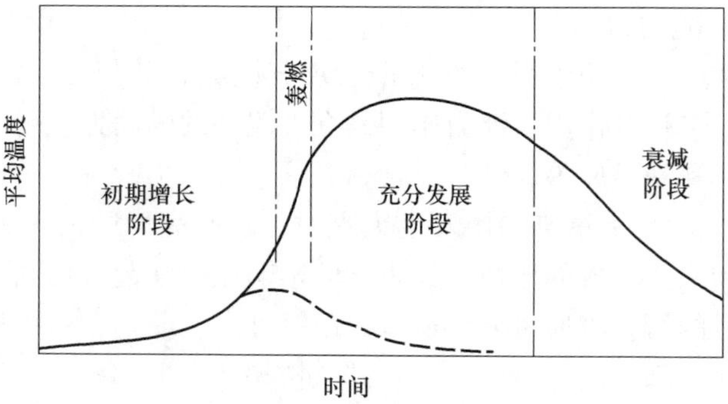

图1-5　建筑室内火灾温度-时间曲线

（1）初期增长阶段

初期增长阶段从室内出现明火算起。此阶段燃烧面积较小，只局限于着火点附近的可燃物燃烧，仅局部温度较高，室内各处的温度相差较大，平均温度较低，其燃烧状况与敞开环境中的燃烧状况差别不大。该阶段由于燃烧范围小，室内供氧相对充足，燃烧的速率主要受控于可燃物的燃烧特性，而与通风条件无关，因此，此阶段的火灾属于燃料控制型火灾。随着燃烧的持续，该阶段可能进一步发展形成更大规模的火灾，也可能中途自行熄灭，或因灭火设施动作或人为的干预而被熄灭（如图1-5虚曲线所示)。初期阶段持续时间的长短不定。

（2）充分发展阶段

室内燃烧持续一定时间后，如果燃料充足，通风良好，燃烧会继续发展，燃烧范围不断扩大，室内温度不断上升，当未燃的可燃物表面达到其热解温度后，开始分解释放出可燃气体。当室内温度继续上升到一定程度时，会出现燃烧面积和燃烧速率瞬间迅速增大，室内温度突增的现象，即轰燃，标志着室内火灾由初期增长阶段转变为充分发展阶段。

进入充分发展阶段后，室内所有可燃物表面开始燃烧，室内温度急剧上升，可高达

800~1000℃。由于此阶段大量可燃物同时燃烧，燃烧的速率受控于通风口的大小和通风的速率，因此，此阶段属于通风控制型火灾。此阶段，火焰会从房间的门窗等开口处向外喷出，沿走廊、吊顶迅速向水平方向以及通过竖向管井、共享空间等纵向空间蔓延扩散，使邻近区域受到火势的威胁。这是室内火灾最危险的阶段。

（3）衰减阶段

在火灾全面发展阶段的后期，随着室内可燃物数量的减少，燃烧速度减慢，燃烧强度减弱，温度逐渐下降。一般认为，当室内平均温度下降到其峰值的80%时，火灾进入衰减阶段。最后，由于燃料基本耗尽，有焰燃烧逐渐无法维持，室内只剩一堆赤热焦化后的炭持续无焰燃烧，其燃烧速度已变得相当缓慢，直至燃烧完全熄灭。

充分发展阶段和衰减阶段是可燃物数量充足、通风良好的情况下，室内火灾的自然发展过程。实际上，一旦室内发生火灾，常常伴有人为的灭火行动或者自动灭火设施的启动，因此会改变火灾的发展进程。不少火灾尚未发展就被扑灭，这样室内就不会出现破坏性的高温。如果灭火过程中，可燃材料中的挥发分并未完全析出，可燃物周围的温度在短时间内仍然较高，易造成可燃挥发分继续析出，一旦条件合适，可能会出现死灰复燃的情况，这种情况不容忽视。

1.3.4　建筑室内火灾的特殊现象

室内火灾发展过程中出现的轰燃现象，是火灾发展的重要转折点。轰燃所占时间较短，通常只有数秒或者几分钟，因此把它看作一种现象，而不作为一个阶段。回燃则是建筑火灾过程中发生的具有爆炸性的特殊现象，对人身财产安全、建筑结构本身均易造成较大的威胁和破坏。长期以来，这两种特殊的室内火灾现象一直都是火灾科学界研究的重点。

（1）轰燃

轰燃是指室内火灾由局部燃烧向所有可燃物表面都燃烧的突然转变。室内轰燃是一种瞬态过程，其中包含着室内温度、燃烧范围、气体浓度等参数的剧烈变化。目前研究认为，当建筑室内火灾出现以下三种情况，即可判断发生了轰燃：一是顶棚附近的气体温度超过某一特定值（约600℃）；二是地面的辐射热通量超过某一特定值（约$20kW/m^2$）；三是火焰从通风开口喷出。影响轰燃发生的重要因素包括室内可燃物的数量，燃烧特性与布局，房间的大小与形状，开口的大小、位置与形状，室内装修装饰材料热惯性（即导热系数、密度和比热容组合成的一个参数，决定热量吸收的多少）等。

经过对国内外一线专业消防救援人员在灭火实战中的总结，轰燃发生之前火场可能出现以下征兆：

① 屋顶的热烟气层开始出现火焰。这说明室内的温度已经很高，热烟气层的部分可燃气体被引燃或受热自燃出现了零星燃烧现象。

② 出现滚燃现象。在室内的顶棚位置以及门窗顶部流出的热烟气层中都有可能观察到由于空气卷吸而形成很多形似手指头的滚动火焰，即滚燃现象。

③ 热烟气层突然下降。室内燃烧产生烟气的量突然增加，使得烟气层突然变厚。

④ 温度突然增加。室内温度突然上升，裸露部分的皮肤可以感觉到高温引起的疼痛，这也是轰燃发生之前的重要征兆，因为热量是触发轰燃的原因。

（2）回燃

回燃是指当室内通风不良、燃烧处于缺氧状态时，由于氧气的引入导致热烟气发生的爆炸性或快速的燃烧现象。回燃通常发生在通风不良的室内，门窗打开或者被破坏的时候。这是因为在通风不良的室内环境中，长时间燃烧后聚集大量具有可燃性的不完全燃烧产物和热解产物，这些处于气相的可燃性物质包括可燃气体、可燃液滴和碳烟粒子，它们组成了可燃性的混合物，而且其浓度随着燃烧时间的增长而不断变大。但由于室内通风不良、供氧不足，氧气的浓度低于可燃气相混合物爆炸的临界氧浓度，因此不会发生爆炸。然而，当房间的门窗被突然打开，或者因火场环境受到破坏，大量空气随之涌入，室内氧气浓度迅速升高，使得可燃气相混合物进入爆炸极限浓度范围内，从而发生爆炸性或快速的燃烧现象。回燃发生时，室内燃烧气体受热膨胀从开口逸出，在高压冲击波的作用下形成喷出火球。回燃产生的高温高压和喷出火球不仅会对人身安全产生极大威胁，而且还会对建筑结构本身造成较强破坏。

有关理论研究表明，室内发生火灾时，处于气相的可燃混合物浓度和室内的氧浓度是回燃发生的决定性因素。回燃的剧烈程度随室内可燃气相混合物浓度的增加而增大。室内火灾中可燃气相混合物浓度的大小，主要取决于室内可燃物的类型、火灾荷载密度（火灾荷载指某一空间内所有物质，包括装修装饰材料的总热值，火灾荷载密度即单位建筑面积上的火灾荷载）、通风条件以及燃烧时间等。

回燃发生前通常也可能出现一些征兆。如果身处室外，可能观察到的征兆包括：着火房间开口较少，通风不良，蓄积大量烟气；着火房间的门或窗户上有油状沉积物；门、窗及其把手温度高；开口处流出脉动式热烟气；有烟气被倒吸入室内的现象。如果身处室内，或向室内看去，可能观察到的征兆包括：室内热烟气层中出现蓝色火焰（表明燃烧缺氧，燃烧产物中含有较多一氧化碳，其燃烧呈蓝色）；听到吸气声或呼啸声。但回燃发生前的征兆并不稳定，有时回燃发生前只能观察到一两种征兆。

室内火灾的灭火救援过程中，如果发现上述任何征兆，在未做好充分的灭火和防护准备前，不要轻易打开门窗，以免新鲜空气流入导致回燃。可以采取顶部通风排烟、侧翼夹击射水灭火等方式，尽量降低回燃的发生率和危害性。

1.4 防火及灭火的基本原理及方法

根据燃烧基础理论，可燃物、助燃物和引火源三个条件必须同时具备且相互作用，燃烧才能发生。防火和灭火的基本原理，是基于对燃烧条件理论运用的结果。其中，防火原理在于限制燃烧条件的形成，灭火原理则是破坏已触发的燃烧条件。

1.4.1 防火的基本方法

预防火灾发生的基本方法应从限制燃烧的三个基本条件入手，并避免它们相互作用。

（1）控制可燃物

在条件允许的情况下，控制可燃物的做法通常有以下几种：以难燃、不燃材料代替可燃材料，如用水泥代替木材建造房屋；降低可燃物质（通常指可燃气体、粉尘等）在空气中的浓度，如在车间或库房采取全面通风或局部排风，使可燃物不易积聚；将可燃物与化学性质相抵触的其他物品隔离保存，并防止“跑、冒、漏、滴”等。

（2）隔绝助燃物

对于一些易燃物品，可采取隔绝空气的方法来储存，如钠存于煤油中、磷存于水中、二硫化碳用水封存放等。在部分生产、施工环节，可以通过在设备容器中充装惰性介质保护的方式来隔绝助燃物，如水入电石式乙炔发生器在加料后，用惰性介质氮气吹扫；燃料容器在检修焊补（动火）前，用惰性介质置换等。

（3）控制引火源

在多数场合，可燃物在生产、生活中的存在不可避免，作为最常见助燃物的氧气也几乎无处不在，所以防火防爆技术的重点应是对引火源的控制。在生产加工过程中，各类必要的热能源即可能成为导致火灾发生的引火源，故须采取合理的技术手段和管理措施来加以控制，既要保证安全生产的需要，又要设法避免引起火灾爆炸。对于几类常见引火源，通常的做法有禁止明火、控制温度、使用无火花和静电消除设备、接地避雷、设置火星熄灭装置等。

1.4.2　灭火的基本原理与方法

为防止火势失去控制，继续扩大燃烧而造成灾害，需要采取一定的方式将火扑灭，这些方法的基本原理是破坏燃烧条件。

（1）冷却灭火

可燃物一旦达到着火点，就会燃烧或持续燃烧。在一定条件下，将可燃物的温度降到着火点以下，燃烧即会停止。对于可燃固体，将其冷却在燃点以下；对于可燃液体，将其冷却在闪点以下，燃烧反应就可能会中止。用水扑灭一般固体物质引起的火灾，主要是通过冷却作用来实现的，水具有较大的比热容和很高的汽化热，冷却性能很好。在用水灭火的过程中，水大量地吸收热量，使燃烧物的温度迅速降低，使火焰熄灭、火势得到控制、火灾终止。水喷雾灭火系统的水雾，其水滴直径细小，比表面积大，和空气接触范围大，极易吸收热气流的热量，也能很快地降低温度，效果更为明显。

（2）隔离灭火

在燃烧三要素中，可燃物是燃烧的主要因素。将可燃物与氧气、火焰隔离，就可以中止燃烧、扑灭火灾。例如，自动喷水-泡沫联用系统在喷水的同时喷出泡沫，泡沫覆盖于燃烧液体或固体的表面，在发挥冷却作用的同时，将可燃物与空气隔开，从而可以灭火。再如，在扑灭可燃液体或可燃气体火灾时，迅速关闭输送可燃液体或可燃气体管道的阀门，切断流向着火区的可燃液体或可燃气体的输送管道，同时打开可燃液体或可燃气体通向安全区域的阀门，使已经燃烧或即将燃烧或受到火势威胁的容器中的可燃液体、可燃气体转移。

（3）窒息灭火

可燃物的燃烧是氧化作用，需要在最低氧浓度以上才能进行，低于最低氧浓度，燃烧不能进行，火灾即被扑灭。一般氧浓度低于 15% 时，就不能维持燃烧。在着火场所内，可以通过灌注非助燃气体，如二氧化碳、氮气、蒸汽等，来降低空间的氧浓度，从而达到窒息灭火。此外，水喷雾灭火系统工作时，喷出的水滴吸收热气流热量而转化成蒸汽，当空气中水蒸气浓度达到 35% 时，燃烧即停止，这也是窒息灭火的应用。

（4）化学抑制灭火

由于有焰燃烧是通过链式反应进行的，如果能有效地抑制自由基的产生或降低火焰中的自由基浓度，即可使燃烧中止。化学抑制灭火的常见灭火剂有干粉灭火剂和七氟丙烷灭火剂。化学抑制灭火速度快，使用得当可有效地扑灭初起火灾，减少人员伤亡和财产损失。该方法对于有焰燃烧火灾效果好，而对深位火灾由于渗透性较差，灭火效果不理想。在条件许可的情况下，采用化学抑制灭火的灭火剂与水、泡沫等灭火剂联用会取得明显效果。

1.5 数据中心消防新技术应用

随着5G、物联网、AI技术的快速发展，数据中心的规模和数量高速增长，数据中心的功能和结构也越来越复杂，对数据中心消防提出了越来越高的要求。本章介绍了两种适用于数据中心的消防新技术，这些新技术尚处于发展阶段，本章对消防新技术的介绍，旨在为数据中心消防从业人员提供一些技术参考。

1.5.1 全氟己酮灭火系统

（1）系统概述

全氟己酮是一种重要的哈龙灭火剂替代品，是氟化酮类的化合物，常温常压下是一种无色、无味的液体。全氟己酮的蒸发热是水的1/25，蒸气压是水的25倍，这些性质使它易于汽化并以气态存在，主要依靠吸热达到灭火效果，可以扑灭A、B、C、E类火灾。吸热灭火的原理是由于全氟己酮会与空气形成混合气体，这一混合气体比空气的储热能力要强，这就意味着其能在工作时移走更多的热量。全氟己酮具有现有商品化的哈龙替代品的储热能力。全氟己酮的灭火设计浓度一般为4%~6%，远低于七氟丙烷灭火剂的灭火设计浓度（8%~10%）。全氟己酮的无毒性反应（NOAEL）浓度为10%，大于七氟丙烷灭火剂的无毒性反应（NOAEL）浓度（9%），安全余量比较高。

（2）系统组成

与七氟丙烷灭火系统类似，全氟己酮灭火系统也分为管网灭火系统和预制灭火系统。管网灭火系统主要由灭火剂钢瓶、驱动瓶、选择阀、集流管、控制管路信号反馈装置、检漏装置、管路、喷头等组成。灭火剂和高压氮气储存在钢瓶内，系统启动灭火时，瓶头阀和选择阀打开，气体灭火剂在高压气体驱动下通过管路，从喷头射出，快速汽化，通过吸热降温实现灭火。按防护区数量，可以分为单元独立系统和组合分配系统。预制灭火系统是按一定的应用条件，将灭火剂储存装置和喷放组件等预先设计、组装成套且具有联动控制功能的灭火系统；预制灭火系统又称为柜式气体灭火装置，由灭火剂钢瓶、管路、嘴、信号反馈部件、检漏部件、驱动部件等组成。

灭火剂哈龙1301因其过高的臭氧消耗潜能值（ODP），从20世纪90年代受到严格限制，氢氟烃类的哈龙替代物，如七氟丙烷，也因会加剧全球变暖而受到抨击，2001年3M公司推出全氟己酮新型清洁灭火剂（Novec1230）。全氟己酮的学名为FK-5-1-12，由于没有溴分子，它的臭氧消耗潜能值（ODP）为0，全球变暖潜能值（GWP）极低。

近年来，随着中国企业科技水平提升，国内已有多家氟化工企业独立开发出全氟己酮灭火剂产品，打破美国垄断，出口欧洲、中东、东南亚等地区。但不同企业的生产原料、反应路线、生产工艺、产品性能不尽相同，尚没有统一的国家行业标准，目前各企业以自行制定的企业标准作为指导生产、检验和质量控制的依据。

全氟己酮作为高效洁净的气体灭火剂已经被国际消防组织接受、认可和广泛使用，它具有灭火浓度低、灭火效率高、安全系数高、不导电、无残留等特点，适用于不宜用其他灭火剂扑救和灭火后不能有大的二次污染的火灾场所，例如数据中心。随着对传统哈龙、七氟丙烷、三氟甲烷等气体灭火剂越来越严格的限制使用，环保性能良好的全氟己酮灭火剂使用将越来越广泛。

（3）全氟己酮灭火剂主要优点

① 全氟己酮灭火剂有优异的环保性能，其臭损耗潜能值（ODP）为0，全球变暖潜能值（GWP）极低，大气存留寿命只有5天，是可用于替代七氟丙烷的灭火剂。

② 全氟己酮灭火剂安全无毒，灭火浓度低，安全余量高，在使用时对人体更安全。

③ 全氟己酮常温下是液体，可以在常压状态下安全地使用，在较宽的温度范围内储存和运输。

④ 全氟己酮对常用的橡塑密封材料，如氯丁胶、丁基橡胶、氟化橡胶、三元乙丙橡胶、硅聚酯等无明显化学反应，因而在使用全氟己酮灭火的系统中这些密封材料可以正常工作。对常用的金属，如碳钢、铜、铝、不锈钢等材料亦无腐蚀，不会损害电子部件和线路，不会造成二次损害。

⑤ 全氟己酮常温常压下为液体，可以空运。从一个容器分装到另一个容器，不会有大量的灭火剂蒸发或挥发到大气中。而所有其他的清洁灭火剂需要储存在压力容器中，并且只能通过地面运输。

⑥ 有研究表明，全氟己酮对扑灭锂离子电池火灾的性能优于七氟丙烷。通过全氟己酮灭火剂的理化性能及灭火性能等重要特性与七氟丙烷灭火剂进行对比，结果表明全氟己酮灭火剂具备高效灭火，环境友好等优点，具有广泛的应用前景。

（4）注意事项

① 有研究表明，全氟己酮在灭火过程中，高温裂解时有剧毒气体全氟异丁烯和毒性气体一氧化碳产生。全氟己酮灭火系统启动后，防护区内不能有人员滞留。

② 全氟己酮极易吸收水分，产生酸性物质，可腐蚀金属部件及密封件。应在生产、储存、灌装阶段采取措施严格控制灭火剂中的水分。

③ 全氟己酮灭火系统用于数据中心场景，尚缺全尺度灭火试验的支撑，也缺少设计标准的支撑。

④ 与其他清洁灭火剂一样，全氟己酮的灭火机理为吸收热量并稀释氧气。根据可燃物类型，全氟己酮设计浓度范围为4%～8%。对于数据中心，典型的设计浓度大约为5%，其能在10s内达到95%的设计浓度，虽然全氟己酮在常温常压下是液体，但它能在喷放时迅速汽化，气态时密度大于空气，所以需要有较大的喷放速率，以保证灭火剂在10s内与空气充分混合，使整个防护区围护结构内均达到灭火设计浓度。

1.5.2 非气溶胶灭火贴

（1）系统概述

目前国内外同类产品比较少，非气溶胶灭火贴破解了在小空间（主要是配电箱、机柜等场所）灭火的难题。非气溶胶灭火贴内置安装于需保护设备中，直接粘贴在潜在起火点上方的水平位置。按照空间容积计算使用产品的面积，直接将小空间灭火纳米胶囊张贴到配电箱和配电柜、电气接线盒、电缆桥架、信息机柜内即可，灭火时间≤30s。微胶囊的聚合物外壳能确保灭火气体可在数年内有效工作，在达到预设定温度时外壳迅速自毁释放出灭火气体，使每个单独的微胶囊成为一个独立的微型灭火器。在达到预设定启动温度实施智能灭火时，可以智能并严格控制灭火气体释放量，从而最大程度确保室内人员安全。此类产品目前已通过产品标准备案和国家权威机构的检测认证

非气溶胶灭火贴是采用微胶囊技术，将特殊灭火剂、阻燃剂、催化剂、稳定剂等原材料分别精加工成 10nm 以下的小胶囊，然后将各类小胶囊按照一定比例混合封装后，即成 1μm 以下的灭火材料，最后通过加入橡胶树脂、着色剂、乳化剂等材料生成非气溶胶灭火贴。作为阻燃剂，可与众多原材料配合使用，隔断自由基，阻止燃烧链。作为灭火剂，灭火无残留物，洁净环保灭火，可灭 A、B、C、D、E 类火。微泡胶囊在额定温度时瞬间破裂，多种配方纳米级原材料迅速在空间内发生化学裂解反应，排解氧气的同时，阻止燃烧的自由基。

（2）基本原理

非气溶胶灭火贴是一种基于微泡胶囊技术，结合可自粘技术的柔性复合灭火材料。它由硅质胶凝物、橡胶树脂等材料，通过特殊工艺混合为直径 100nm 以下的微泡胶囊，并制成不干胶形态的灭火产品。适合配电箱、数据机柜、蓄电池壳体、电脑机箱等小空间应用。

非气溶胶灭火贴采用微泡胶囊技术，当非气溶胶灭火贴达到预设温度（目前主要设定响应温度为 110℃）时，其内的微泡胶囊外壳迅速破裂释放出灭火介质。

非气溶胶灭火贴使用方便简单，只需将非气溶胶灭火贴后的背胶撕开，粘贴在需要保护的区域上方即可。粘贴非气溶胶灭火贴后，正常环境下可保护配电箱 7~10 年，任何时候受限空间内元器件发生火灾，只要空气温度达到非气溶胶灭火贴启动温度，非气溶胶灭火贴就会自动启动，将起火点火灾扑灭。日常巡检时只需观察非气溶胶灭火贴颜色是否改变，如颜色或表面平整度发生变化，说明产品已经过期或者发生作用，启动灭火过。

（3）数据中心应用场景

在数据中心中，非气溶胶灭火贴可用于主机房、变配电室、电池室、电力室、空调机房等区域，可以对各种机柜、配电箱、电源柜、电缆桥架、蓄电池壳体内的相对封闭的空间进行保护，实现精准灭火。

这样的应用方式可以降低消防系统的投入，跟传统消防系统不同，火灾发生后，无须对整个房间进行药剂整体喷放，无须人员撤离，不会造成人员误伤。

（4）技术特点

非气溶胶灭火贴是一种基于微泡胶囊技术，结合可自粘柔性技术的复合灭火材料，可内置安装于需保护设备，直接粘贴在潜在起火点上方水平位置的新型灭火产品。

（5）主要优点

① 解决局部相对封闭的小空间内的火灾扑救问题，避免“小火”变“大火”，避免相对封闭空间内火灾难以扑救的问题。

② 设计、安装简单，只需要按照保护空间容积进行计算，直接将非气溶胶灭火贴张

贴到配电箱、配电柜、电气接线盒、电缆桥架内即可。不需要打孔穿线，不需要对设备做任何改动。

③ 可根据应用场景定制成不同的形态，如粉末、液态灭火涂料、灭火胶、灭火豆、灭火绳等，满足不同空间、不同材质的灭火需求。

④ 具有灭火次数多（重复 10 次）、灭火速度快（3~60s）、环保（720h 降解）、完全智能化、无残留物、使用耐受环境宽泛（动作温度可调 110~320℃）。

（6）主要缺点

① 由于非气溶胶灭火贴的启动原理是基于温度感应，较大空间内空气温度要到达启动温度需要火灾规模较大，其技术特点也决定了最大的缺点：对开放空间和超大尺寸的受限空间灭火性能较差。

② 国内尚没有非气溶胶灭火贴相关的设计、施工和验收标准。

③ 目前的相关标准都是对防护区整体提出灭火系统的要求。

项目 2　数据中心消防概述

在“新基建”浪潮推动下，数据中心作为数字经济运行的“神经中枢”，正从数字产业的基础支撑升级为驱动产业变革的核心引擎。截至 2024 年底，全球超大规模数据中心数量增至 1136 个，过去五年在数量上翻了一倍，其中中国运营的超大规模数据中心数量约占全球总量的 16%，主要分布在内蒙古、贵州等“东数西算”枢纽节点。随着企业上云加速、海量数据爆发式增长，数据中心的规模扩张与复杂度提升给相关设备日常运维和安全保障带来显著挑战：当 5G 边缘计算节点与智算中心同步落地，当模块化机房与液冷技术重构基础设施架构，传统以“灾备预案”为核心的消防安全体系，已难以应对高密度算力集群下的精细化运维需求。本章将围绕数据中心火灾防控的核心逻辑，系统阐释火灾事故的主要诱因、灾害演化特点，以及数据中心对消防系统在可靠性、精准性、兼容性等方面的特殊技术要求，为后续深入探讨消防技术、工程应用及运营管理奠定理论基础。

2.1　数据中心消防基础

数据中心是指在一个物理空间内为集中放置的电子信息设备提供运行环境的建筑场所，可以是一栋或几栋建筑物，也可以是一栋建筑物的一部分，包括主机房、辅助区、支持区和行政管理区等。《数据中心设计规范》（GB 50174—2017）中指出，根据数据中心的使用性质、数据丢失或网络中断在经济或社会上造成的损失或影响程度，将数据中心划分为 A 级（容错型）、B 级（冗余型）和 C 级（基本型）。

近年来，提高机架功率密度已成为数据中心建设趋势。机架功率密度的增加导致更多热量的产生，如果通风系统能力跟不上，更高的过热风险随之而来。数据中心机房极少设置外窗，并且数据中心有大量的用电设备，形成了数据中心电气火灾多、散热困难、火灾扑救困难的火灾特点。

2.1.1　数据中心火灾原因

数据中心火灾原因多种多样，主要有：电气火灾、雷电火灾、外部火灾、人为事故引起的火灾等。

电气火灾：数据中心内电气设备多，线路复杂，漏电、短路、接触不良、过负荷、线路老化等电气火灾是引起数据中心火灾的主要因素，其中各类蓄电池短路（漏液、极板击穿、过充等）发生的火灾占据首位。精密空调是机房不可缺少的设备，而精密空调的电加热器、电加湿器又常常会引起火灾。例如电加热器在风机损坏或风机关掉后，电加热器的热量没有及时散发出去使周围温度剧烈上升而造成火灾。电加湿器在水蒸发完后得不到及时补充，也会造成火灾。

雷电火灾：雷电放电时所产生的电磁效应，能产生高达数十万伏的冲击电压，足以烧毁电力线路和设备，引发绝缘击穿，发生短路引发火灾。雷电放电时所产生热效应、静电感应及电磁感应都可能引发火灾。

外部火灾：数据中心非单独建造，与其他建筑或其他用途房间同在一幢建筑内，其他建筑或其他用途房间起火时火势通过围护结构、门窗及通风管道蔓延至机房引起机房内火灾。

人为事故引起的火灾：数据中心火灾也存在人为因素造成的可能，比如在机房里面堆放易燃物品，施工作业违规操作引发火灾等。

2.1.2　数据中心火灾分类及灭火注意事项

数据中心火灾种类一般有固体物质火灾（A 类火灾）、液体火灾（B 类火灾）、物体带电燃烧的火灾（E 类火灾）。数据中心主要房间常见火灾种类，如表 2-1 所示。

表 2-1　　数据中心主要房间常见火灾种类

<table>
<tr><th rowspan="2">功能区</th><th rowspan="2">主要房间</th><th colspan="3">火灾种类</th></tr>
<tr><th>A 类</th><th>B 类</th><th>E 类</th></tr>
<tr><td rowspan="3">主机房</td><td>服务器机房</td><td rowspan="3">√</td><td rowspan="3">—</td><td rowspan="3">√</td></tr>
<tr><td>网络机房</td></tr>
<tr><td>存储机房</td></tr>
<tr><td rowspan="6">辅助区</td><td>进线间</td><td rowspan="6">√</td><td rowspan="6">—</td><td rowspan="6">√</td></tr>
<tr><td>测试机房</td></tr>
<tr><td>总控中心、消防控制室</td></tr>
<tr><td>拆包区、备件库</td></tr>
<tr><td>打印室</td></tr>
<tr><td>维修室</td></tr>
<tr><td rowspan="4">支持区</td><td>柴油发电机房</td><td>√</td><td>√</td><td>√</td></tr>
<tr><td>变配电室</td><td rowspan="3">√</td><td rowspan="3">—</td><td rowspan="3">√</td></tr>
<tr><td>空调机房、动力站房</td></tr>
<tr><td>不间断电源系统用房、电池室</td></tr>
<tr><td rowspan="3">行政管理区</td><td>办公室、值班室、用户工作室</td><td rowspan="3">√</td><td rowspan="3">—</td><td rowspan="3">√</td></tr>
<tr><td>门厅</td></tr>
<tr><td>更衣间</td></tr>
</table>

灭火注意事项：

数据中心的电缆桥架（夹层）、电缆沟（隧道）、变配电室等有大量使用高分子绝缘材料的电缆、电气设备，常温下绝缘材料呈现固体形态，一般划定为 A 类火灾，但在高温环境下这些材料出现熔融、滴落、流淌聚集，形成了实质上的 B 类火灾，同时产生高温和有毒浓烟，火灾扑救困难。火灾难以扑救的主要原因是这些材料显著的拒水特性，以水作为灭火剂难以快速降低材料内部聚集的高温，往往在停止供水后会发生复燃，这一点需要引起重视。

锂离子电池正逐渐进入数据中心，但锂离子电池火灾复杂，其灭火技术国内尚处于研究阶段，缺少相关的技术文件或规范，需要进一步关注。已有的磷酸铁锂电池模组实体火灾试验表明，在热失控过程中，可出现电解液流淌、电池模组喷射出大量可燃气体的现象，这些气体可以导致轰燃，实际上存在 A 类火灾同时伴随 B 类、C 类火灾的情况。锂离子电池表面明火被扑灭后，由于电池内部反应物未完全消耗，热失控不能停止，电池会出现复燃现象。这都需要引起足够重视。

2.1.3 数据中心消防隐患预防

数据中心有电子设备较多、火灾产烟量较大、环境特殊、设备昂贵、扑救难度较大等特征，一旦发生火灾，所产生的损失将是难以估量的。如今我国数据中心主要存在消防隐患和问题可分为以下几点。

（1）消防应急装置维护不当

在数据中心机房的灭火系统设计中会配置应急装置和报警系统，若因操作失误或维护不当等因素，将会出现误报火警的问题。此外，对灭火设备的检查机制还需完善，灭火剂泄漏以及气瓶欠压等情况都会导致机房消防系统的灭火功能大大削弱，甚至消失。

（2）控制系统的设计问题

若对数据中心机房进行改造后，新区域内的报警系统无法与原系统兼容，就会致使控制功能无法实现。

（3）静电问题

一般来讲，当设备出现接地不当的状况时往往会产生静电负荷，长此以往，不予以处理，将会产生高电位，进而引发静电火花，给数据中心机房埋下一定的安全隐患。

（4）线路老化问题

长时间的不间断运营将会致使机房线路以及相关部件出现老化问题，在电压不稳时突发短路状况，存在一定安全隐患。

2.2 数据中心消防系统介绍

数据中心的消防形式多种多样，其主要目标是建设消防系统，使人们远离危险，保护人员免受伤害；向用户和响应者提供准确的信息，以便做出明智的决定；减少各种损失，包括减少人员伤亡、缩短故障停机时间、保护设施和数据安全等。

2.2.1 数据中心消防系统基本原则

我国消防工作的方针是“预防为主，防消结合”。对于数据中心的消防管理，保护人员生命安全是首要任务，其次要预防火灾发生，将火灾遏制在燃烧之前，最后数据中心一旦发生火灾要尽快灭火，避免火势蔓延造成更多设备损毁，并且承担重要业务的数据中心，灭火后要能够快速恢复运行。

基于以上原则，在数据中心设计建造过程中采取必要的技术措施、在数据中心投用后重视维护管理来预防火灾发生和减轻火灾危害、保护人身和财产安全，是数据中心消防工作的基本要求。在数据中心的设计、运维管理中：

① 要采取提高消防安全的措施防止火灾发生和蔓延。

② 设置有效的报警系统及时发现火情。

③ 配备完善的灭火设备设施快速扑灭和控制火灾，减少或避免火灾损失，并使得数据中心在火灾后能够快速恢复运行。

④ 设置合理的安全疏散及消防应急措施，保护人身安全。

2.2.2　数据中心消防系统构成

数据中心消防系统是由火灾自动报警系统、灭火系统和避难诱导系统组成的。

火灾自动报警系统主要由火灾探测器、报警控制器和联动控制器等组成。火灾探测器是火灾自动报警系统的核心技术，可及时发现火灾并报警；报警控制器接收报警信号确认报警位置和种类并进行声光报警，发出联动报警信号；联动控制器启动相应的设备。

灭火系统的种类很多，第一类是灭火装置，包括各种介质，如液体、气体、干粉的喷洒装置，是直接用于扑火的，如水喷淋系统、气体灭火系统等；第二类是灭火辅助装置，是用于限制火势、防止火灾扩大的各种设施，如防火门、防火卷帘等。

避难诱导系统由事故照明装置和避难标识灯组成。安全疏散由紧急广播系统（平时为背景音乐系统）、应急照明系统、避难标识灯等组成，其作用是当火灾发生时，引导人员逃生。

2.2.3　数据中心消防系统主要要求

数据中心对火灾事故的应急及长效的消防安全技术保障体系，即火灾自动报警系统和联动系统等应符合下列主要要求：

① 数据中心的主要场所宜选择智能型火灾探测器，机房区域建议选择不同类型的火灾探测器。

② 数据中心应符合现行国家标准《火灾自动报警系统设计规范》（GB 50116—2013）的有关规定。

③ 对于重要的建筑物，火灾自动报警系统的报警联动主机宜设有热备份。

④ 应预留与动环、楼宇自控系统的数据通信接口，接口界面的各项技术指标均应符合相关要求。

⑤ 应与安全技术防范系统实现互联，使安全技术防范系统作为火灾自动报警系统有效的辅助手段，实现相应的联动要求。

⑥ 消防监控中心机房宜单独设置，当与安全技术防范系统等合用控制室时，各系统设备应占有独立的工作区，且相互间不会产生干扰；火灾自动报警系统的主机与消防联动控制系统设备均应设在相对独立的空间内。

⑦ 应配置汉化操作界面，配置操作软件应简单易操作，方便掌握。

⑧ 因火灾自动报警系统的特殊性要求，楼宇自控系统及动环系统可以对火灾自动报警系统进行监视但不作控制。

⑨ A 级数据中心的主机房宜设置气体灭火系统，也可设置细水雾灭火系统。当 A 级数据中心内的电子信息系统在其他数据中心内安装有承担相同功能的备份系统时，也可设置自动喷水灭火系统。

⑩ B 级数据中心和 C 级数据中心的主机房宜设置气体灭火系统，也可设置细水雾灭

火系统或自动喷水灭火系统。

⑪ 总控中心等长期有人工作的区域应设置自动喷水灭火系统。

⑫ 数据中心应设置火灾自动报警系统，并应符合现行国家标准《火灾自动报警系统设计规范》（GB 50116—2013）的有关规定。

⑬ 数据中心应设置室内消火栓系统和建筑灭火器，室内消火栓系统宜配置消防软管卷盘。

2.3 数据中心消防要点

因数据中心特殊建筑类型和功能要求，数据中心消防主要包括防止火灾发生及蔓延、火灾探测与报警、火灾扑灭系统、火场疏散与救援。

2.3.1 防止火灾发生及蔓延

（1）建筑防火

数据中心的建筑防火，除应符合现行国家标准《数据中心设计规范》（GB 50174—2017）的规定外，还应满足现行国家标准《建筑设计防火规范》（GB 50016—2014）的相关要求。

① 建筑选址。数据中心应选择远离易燃、易爆物品的场所，不应建在公共停车库上方。当数据中心与其他功能的房间设置在同一幢建筑中时，应尽量远离商业、宾馆、餐饮娱乐等火灾危险性大的场所，并应采取防火措施防止火灾蔓延。

② 建筑布局设计。消防车道和扑救场地的设置应满足现行国家标准《建筑设计防火规范》（GB 50016—2014）规定。当数据中心按工业建筑设计建造时，应按厂房火灾危险性分类控制与周边建筑的间距，采用10#、5#、0#、-10#、-20#普通轻柴油的数据中心可按丙类厂房控制，采用-35#、-50#普通轻柴油的数据中心可按乙类厂房控制。当数据中心按民用建筑设计建造时，应根据建筑分类、耐火极限等要素，控制与周边建筑的间距。数据中心室外火灾危险性较大的构筑物是可燃液体储罐、集装箱柴油发动机等。最常用的直埋地下的柴油储罐与建筑、道路等的间距应满足表 2-2 的规定。集装箱柴油发电机房较难定性，规范条文尚无明确规定，可参照临时建筑执行。

表 2-2　　地下直埋柴油卧式储罐与建筑物和园区道路之间最小防火间距

柴油种类及储量 V/m^3		防火间距/m						
		建筑物					从储油罐边沿到园区道路边沿	
		一、二级			三级	四级	主要道路	次要道路
		高层民用建筑	高层厂房	裙房及其他建筑				
闪点≥45℃	$1 \leq V < 50$	20	13	6	7.5	10	3	3
	$50 \leq V < 200$	25	13	7.5	10	12.5	3	3
闪点≥55℃	$5 \leq V \leq 200$	20	13	6	7.5	10	3	3

③ 建筑防火设计。数据中心建于厂房内或工业用地内时，数据中心的建筑防火设计

可按照厂房要求执行。采用10#、5#、0#、-10#、-20#普通轻柴油的数据中心可按丙类厂房设计，采用-35#、-50#普通轻柴油的数据中心可按乙类厂房设计；数据中心建于民用建筑内或非工业用地内时，数据中心的建筑防火设计按照民用建筑要求执行。

数据中心不应布置在燃油、燃气锅炉房等易燃易爆房间的上下层或贴邻。

数据中心的耐火等级不应低于二级。

数据中心与其他建筑物合建时，应单独设置防火分区。当数据中心与其他功能用房在同一个建筑内时，数据中心与建筑内其他功能用房之间应采用耐火极限不低于2.0h的防火隔墙和1.5h的楼板隔开，隔墙上开门应采用甲级防火门。

数据中心主要建筑构件的耐火等级、防火分区要求见表2-3、表2-4。

表2-3　　数据中心（丙类厂房）主要建筑构件的耐火等级、防火分区

生产的火灾危险性类别	厂房的耐火等级	最多允许层数	每个防火分区的最大允许建筑面积/m²			
			单层厂房	高度不大于24m厂房	高度大于24m厂房	地下或半地下厂房（包括地下或半地下室）
厂房（丙类）	一级	不限	不限	6000	3000	500
	二级	不限	8000	4000	2000	500

表2-4　　数据中心（民用建筑）主要建筑构件的耐火等级、防火分区

名称	耐火等级	每个防火分区的最大允许建筑面积/m²			
		单层民用建筑	高度不大于24m民用建筑	高度大于24m民用建筑	地下或半地下室
民用建筑	一、二级	2500	2500	1500	500

当建筑内设置自动灭火系统时，表中规定的防火分区最大允许建筑面积可按表中的规定增加1.0倍；局部设置时，防火分区的增加面积可按该局部面积的1.0倍计算。

④ 其他要求。数据中心室内装修材料的燃烧性能应符合现行国家标准《建筑内部装修设计防火规范》（GB 50222—2017）、《数据中心设计规范》（GB 50174—2017）的规定。

数据中心室内装修（包括吊顶、修墙裙等）材料均应采用不燃或难燃材料。主机房的顶棚、壁板和隔断应为不燃烧体，且不得采用有机复合材料。地面及其他装修应采用不低于B1级的装修材料。防火墙或隔板应从建筑物的楼、地板起直至梁板底部，将其完全封闭。数据中心的管道在穿越防火隔墙、楼板和防火墙处的孔隙应采用防火封堵材料封堵。

（2）机电防火

① 暖通防火

a. 通风机房和通风管道不应有燃油管道穿过，且燃油管道不应紧贴通风管道的外壁敷设。

b. 供暖管道应用不燃材料进行隔热，或与可燃物保持必要的距离。

c. 通风和空气调节系统，横向宜按防火分区设置。竖向风管应设置在管井内。

d. 可能散发可燃气体的电池室，排风机应采用防爆型的通风设备，排风设备不应布置在地下或半地下建筑（室）内；排风管应采用金属管道，应直接通向室外安全地点，不应暗设，按厂房设计的数据中心，排风管严禁穿过防火墙和有爆炸危险的房间隔墙；排风系统应设置导除静电的接地装置。送风机应采用防爆型的通风设备，当送风机布置在单独分隔的通风机房内且送风干管上设置防止回流设施时，可采用普通型的通风设备。

e. 通风、空气调节系统的风管在必要部位应设置公称动作温度为70℃的防火阀。防火阀设置应符合现行国家标准《建筑设计防火规范》（GB 50016—2014）规定。

f. 消防控制室送、回风管的穿墙处应设防火阀。

g. 通风、空气调节系统的风管，除柔性接头、不跨越防火分区且在穿越房间隔墙处设置防火阀的丙类厂房可采用难燃材料外，应采用不燃材料。

h. 设备和风管的绝热材料、用于加湿器的加湿材料、消声材料及其黏结剂，宜采用不燃材料，确有困难时，可采用难燃材料。

② 电气防火

a. 消防配电干线宜按防火分区划分，消防配电支线不宜穿越防火分区。

b. 消防配电线路应满足火灾时连续供电的需要，其敷设应符合现行国家标准《建筑设计防火规范》（GB 50016—2014）规定。

c. 电力电缆不应与热力管道、柴油发电机房燃油管道敷设在同一管沟内。

d. 配电线路不得穿越通风管道内腔或直接敷设在通风管道外壁上，穿金属导管保护的配电线路可紧贴通风管道外壁敷设。配电线路敷设应符合现行国家标准《建筑设计防火规范》（GB 50016—2014）规定。

e. 开关、插座和照明灯具靠近可燃物时，应采取隔热、散热等防火措施。

f. 爆炸危险环境电力装置的设计应符合现行国家标准《爆炸危险环境电力装置设计规范》（GB 50058—2014）的规定。

2.3.2 火灾探测与报警

（1）火灾探测系统

火灾探测系统是在火灾初期，将燃烧产生的温度、烟雾、热量和光辐射等物理参数，通过感温、感烟和感光等火灾探测器转变成电信号，传输到火灾报警控制器，迅速探测火情，发现人们不易发觉的火灾早期特征，将火灾带来的生命财产损失降到最低。

目前应用最多的火灾探测系统是温烟光火灾探测系统。通过感温探测器、感烟探测器、火焰探测器等来检测现场烟雾浓度的变化、温度的变化、红外光或紫外光光谱强度的变化来判断是否有火灾发生。

此外，还有针对特定因素引起的火灾探测系统，如可燃气体泄漏引起火灾的可燃气体探测系统、高大空间配合消防水泡的图像火灾探测系统、在火灾早期探测火灾危险的吸气式烟雾探测系统以及电气线路老化、电弧故障引起火灾的电气火灾监控系统。

（2）火灾自动报警系统

数据中心应设置火灾自动报警系统，并应符合现行国家标准《火灾自动报警系统设计规范》（GB 50116—2013）的有关规定。可能散发可燃气体的电池室应设置可燃气体报警装置。A 级、B 级数据中心宜设置吸气式烟雾探测火灾报警系统。

（3）电气火灾监控

电气火灾一般初起于电气柜、电缆隧道等内部，当火蔓延到设备及电缆表面时，已形成较大火势，此时火势往往不容易被控制。电气火灾监控系统能在发生电气故障、产生一定电气火灾隐患的条件下发出报警，提醒专业人员排除电气火灾隐患，实现电气火灾的早期预防，避免电气火灾的发生，具有很强的电气防火预警功能，数据中心为不能中断供电的重要供电场所，应设置电气火灾监控系统。

2.3.3　火灾扑灭系统

（1）灭火设施种类

数据中心常见的灭火设施有消火栓系统、自动喷水灭火系统、气体灭火系统、细水雾灭火系统、水喷雾灭火系统、灭火器等。

（2）数据中心灭火设施设置要求

① 消火栓系统。数据中心应设置室内、室外消火栓系统，室内消火栓系统宜配置消防软管卷盘。

② 自动喷水灭火系统。B 级、C 级数据中心的主机房和具有两个或两个以上互为备份的 A 级数据中心主机房，可采用预作用自动喷水灭火系统。

总控中心等长期有人工作的区域应设置自动喷水灭火系统。

除上述房间及不宜用水保护或灭火的房间（如变配电室、UPS 室、电池室等）外，高层数据中心应设置自动喷水灭火系统。数据中心按工业厂房设计时，建筑面积大于 $500m^2$ 的地下或半地下室应设置自动喷水灭火系统。

③ 气体灭火系统。数据中心的主机房、变配电室、UPS 室和电池室宜设置气体灭火系统。

④ 细水雾灭火系统。细水雾灭火系统可用于扑救相对封闭空间内的可燃固体表面火灾、可燃液体火灾和带电设备的火灾，数据中心的主机房、变配电室、不间断电源系统、电池室、柴油发电机房可采用高压细水雾灭火系统。

⑤ 水喷雾灭火系统。水喷雾灭火系统可用于扑救固体物质火灾、丙类液体火灾和电气火灾，柴油发电机房可采用水喷雾灭火系统。

⑥ 建筑灭火器配置。数据中心应设置灭火器。

2.3.4　火场疏散与救援

（1）安全疏散

数据中心最大疏散距离根据建筑性质确定。

数据中心按照厂房进行设计时，数据中心内任一点到最近安全出口的直线距离不应大于表 2-5 的规定。当主机房设有高灵敏度的吸气式烟雾探测火灾报警系统时，主机房内任一点到最近安全出口的直线距离可增加 50%。

表 2-5　　数据中心（厂房）内任一点到最近安全出口的最大直线距离

单层/m	多层/m	高层/m	地下室、半地下室/m
80	60	40	30

数据中心按照民用建筑设计时，直通疏散走道的房间疏散门至最近安全出口的直线距离不应大于表 2-6 的规定。各房间内任一点至房间直通疏散走道的疏散门的直线距离不

应大于表 2-7 的规定。建筑内全部采用自动灭火系统时，采用自动喷水灭火系统的区域，安全疏散距离可增加 25%。

表 2-6　　直通疏散走道的房间疏散门至最近安全出口的最大直线距离

疏散门的位置	单层、多层/m	高层/m
位于两个安全出口之间的疏散门	40	40
位于袋形走道两侧或尽端的疏散门	22	20

表 2-7　　房间内任一点至房间直通疏散走道的疏散门的最大直线距离

单层、多层/m	高层/m
22	20

建筑面积大于 $120m^2$ 的主机房，疏散门不应少于两个，并应分散布置。建筑面积不大于 $120m^2$ 的主机房，或位于袋形走道尽端、建筑面积不大于 $200m^2$ 的主机房，且机房内任一点至疏散门的直线距离不大于 15m，可设置一个疏散门，疏散门的净宽度不应小于 1.4m。主机房的疏散门应向疏散方向开启，应自动关闭，并应保证在任何情况下均能从机房内开启。走廊、楼梯间应畅通，并应有明显的疏散指示标志。

（2）消防救援

① 消防车道。数据中心消防车道设置应符合现行国家标准《建筑设计防火规范》（GB 50016—2014）规定。数据中心按民用建筑设计时，高层建筑、占地面积大于 $3000m^2$ 的单、多层建筑应设置环形消防车道，确有困难时，可沿建筑的两个长边设置消防车道；按工业建筑设计时，高层厂房、占地面积大于 $3000m^2$ 的丙类厂房，应设置环形消防车道，确有困难时，应沿建筑物的两个长边设置消防车道。室外柴油储罐区应设置消防车道。消防车道和扑救场地下的室外管线，应能承受消防车的压力。

② 救援场地和入口。数据中心消防车登高操作场地应符合现行国家标准《建筑设计防火规范》（GB 50016—2014）规定。建筑物与消防车登高操作场地相对应的范围内，应设置直通室外的楼梯或直通楼梯间的入口。

数据中心应在每层适当位置设置一定数量的外窗以满足消防救援人员进入的要求。数据中心救援窗口宜尽量布置在公共区域。

③ 消防电梯。数据中心为一类高层公共建筑和建筑高度大于 32m 的二类高层公共建筑时应设置消防电梯；数据中心为建筑高度大于 32m 且设置电梯的高层厂房时，每个防火分区内宜设置 1 台消防电梯。消防电梯应分别设置在不同防火分区内，且每个防火分区不应少于 1 台。符合消防电梯要求的客梯或货梯可兼作消防电梯。消防电梯应设置前室。前室宜靠外墙设置，并应在首层直通室外或经过长度不大于 30m 的通道通向室外。前室使用面积应符合现行国家标准《建筑设计防火规范》（GB 50016—2014）规定。消防电梯井、电梯机房与相邻电梯井、电梯机房之间应设置耐火极限不低于 2.00h 的防火隔墙，隔墙上的门应采用甲级防火门。

（3）防烟排烟系统

火灾烟气中含有的多种有毒成分以及高温缺氧、能见度下降等会对人员火场逃生、救援造成极大的危害。通过开启外窗等自然通风设施可以避免烟气在疏散通道内聚集，或采用机械加压送风使烟气不致侵入疏散通道，以利人员的疏散和灭火救援；采取有效的排烟措施排除燃烧产生的烟气和热量，对于保证人员疏散安全、提高灭火救援的效果具有十分重要的作用。

① 数据中心应设置防烟设施的场所。数据中心应设置防烟设施的场所一般有：a. 防烟楼梯间及其前室；b. 消防电梯间前室或合用前室。

② 数据中心应设置排烟设施的场所或部位。数据中心应设置排烟设施的场所或部位见表 2-8，主机房、电力用房采用气体灭火、细水雾灭火时，不要求设置排烟设施。

表 2-8　　数据中心排烟设施设置

<table>
<tr><th rowspan="2">房间</th><th colspan="2">数据中心按照民用建筑设计</th><th colspan="2">数据中心按照厂房设计</th></tr>
<tr><th>地下房间</th><th>地上房间</th><th>地下房间</th><th>地上房间</th></tr>
<tr><td>总控中心</td><td rowspan="7">建筑面积 > 50m² 时应设置</td><td rowspan="7">1. 建筑面积 > 100m² 时应设置；
2. 建筑面积 > 50m² 且无窗时应设置</td><td rowspan="7">建筑面积 > 50m² 时应设置</td><td rowspan="7">1. 建筑面积 > 300m² 时应设置；
2. 建筑面积 > 50m² 且无窗时应设置</td></tr>
<tr><td>消防、安防控制室</td></tr>
<tr><td>拆包区</td></tr>
<tr><td>打印室</td></tr>
<tr><td>维修室</td></tr>
<tr><td>办公室、值班室、更衣间、用户工作室</td></tr>
<tr><td>主机房（采用自动喷水灭火系统时）</td></tr>
<tr><td>备件库</td><td>建筑面积 > 50m² 且可燃物较多时应设置</td><td>建筑面积 > 300m² 且可燃物较多时应设置</td><td>建筑面积 > 50m² 且可燃物较多时应设置</td><td>建筑面积 > 300m² 且可燃物较多时应设置</td></tr>
<tr><td>疏散走道</td><td colspan="2">长度大于 20m 时应设置</td><td colspan="2">高度大于 32m 的高层厂房：长度大于 20m 时应设置；其他：长度大于 40m 时应设置</td></tr>
<tr><td>备注</td><td colspan="4">数据中心排烟设施设置应符合现行国家标准《建筑设计防火规范》（GB 50016—2014）规定</td></tr>
</table>

③ 防烟分区划分。设置排烟系统的场所或部位应采用挡烟垂壁、结构梁及隔墙等划分防烟分区。防烟分区不应跨越防火分区。

防烟分区最大允许面积及其长边最大允许长度应符合表 2-9 的规定。走道宽度不大于 2.5m 时，其防烟分区的长边长度不应大于 60m。

当数据中心按工业建筑设计时，其自然排烟系统防烟分区的长边长度尚不应大于建筑内空间净高的 8 倍。

表 2-9　　防烟分区的最大允许面积及其长边最大允许长度

空间净高 H/m	最大允许面积/m²	长边最大允许长度/m
$H \leq 3.0$	500	24
$3.0 < H \leq 6.0$	1000	36
$H > 6.0$	2000	60m；具有自然对流条件时，不应大于 75m

(4) 消防应急照明、疏散指示、火灾警报和消防应急广播

① 消防应急照明和疏散指示。数据中心的下列部位应设置疏散照明：

a. 封闭楼梯间、防烟楼梯间及其前室、消防电梯间的前室或合用前室；

b. 建筑面积大于 100m^2 的地下或半地下公共活动场所；

c. 疏散走道；

d. 机房。

消防控制室、消防水泵房、自备发电机房、配电室、防排烟机房以及发生火灾时仍需正常工作的消防设备房应设置备用照明。

疏散照明、备用照明的照度要求、灯具设置位置应符合现行国家标准《建筑设计防火规范》(GB 50016—2014) 规定。

数据中心应设置灯光疏散指示标志，其设置位置应符合现行国家标准《建筑设计防火规范》(GB 50016—2014) 规定。

数据中心内设置的消防疏散指示标志和消防应急照明灯具，除应符合现行国家标准《建筑设计防火规范》(GB 50016—2014)、《消防应急照明和疏散指示系统技术标准》(GB 51309—2018) 规定外，还应符合现行国家标准《消防安全标志》(GB 13495. 1—2015) 和《消防应急照明和疏散指示系统》(GB 17945—2024) 的规定。

② 火灾警报和消防广播。发生火灾时，火灾自动报警系统及时准确地发出警报，对保障人员安全具有至关重要的作用，因此火灾自动报警系统应设置火灾声光警报器，并应在确认火灾后启动建筑内的所有火灾声光警报器。

消防广播系统是火灾逃生疏散和灭火指挥的重要设备，在整个消防控制管理系统中起着极其重要的作用。集中报警系统和控制中心报警系统应设置消防应急广播。

数据中心同时设有火灾声警报器、消防应急广播时，火灾声警报应与消防应急广播交替循环播放。

项目3 数据中心火灾探测监控及联动技术

数据中心火灾探测监控及联动技术包括极早期烟雾探测系统、电气火灾监控系统、火灾自动报警系统、消防联动控制系统和消防电源供配电系统。

3.1 极早期烟雾探测系统

3.1.1 极早期烟雾探测系统组成和特点

极早期烟雾探测系统（Early Smoke Detection Apparatus，ESDA）是一种高灵敏度的火灾探测系统，能够早期发现火灾，特别是在火灾初期阶段就能检测到烟雾的存在，如图3-1所示。这种系统通常用于对火灾响应时间要求极高的场所，如数据中心、博物馆、档案馆等。

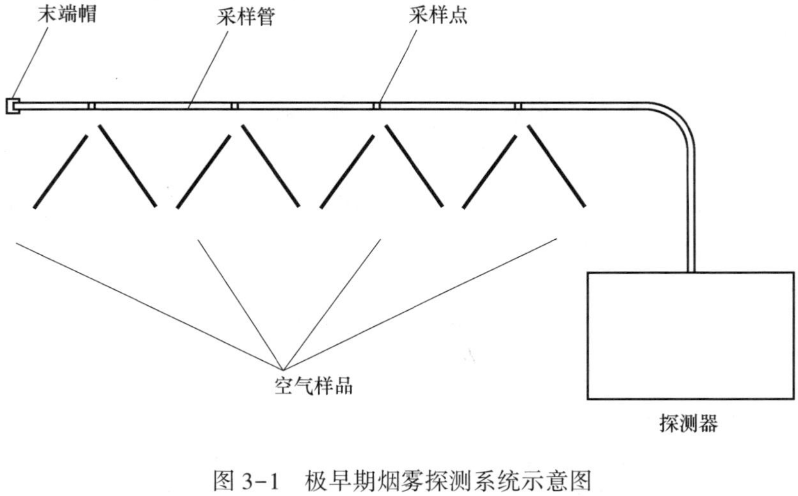

图3-1 极早期烟雾探测系统示意图

极早期烟雾探测系统由采样管路、探测器、控制器、报警装置、电源、控制面板等组成。

极早期烟雾探测系统的吸气式感烟探测器灵敏度非常高，所以报警比点型探测器早很多。该系统采样管道布置有点类似于自动喷水灭火系统的管网布置，只不过管路中没有灭火剂，它通过一系列采样孔不断吸入空气，并将这些空气送入探测器主机。采样孔也可以设置在空调系统的回风口或出风口，以测量这些点的空气质量。该系统是模块化的，一个探测器可以设置一定长度的采样管，管道上有一定数量的采样孔，能通过添加多个探测器以覆盖更大的空间，也可以将地板下或夹层空间之类的区域设置成各自独立的探测区域。

该系统除了灵敏度更高之外，系统也不像离子型感烟探测器那样容易受到高速气流的影响。可以在火灾极早期的过热、闷烧或低热辐射和不可见烟生成阶段探测到火灾安全隐患，比传统探测器提早 1~2 个小时提供系统报警信号，为人员疏散、防止火灾蔓延和启动自动灭火设备提供充足的响应时间，采取有效措施消除火灾隐患，避免或减少生命及财产损失。

当建筑内未设置其他火灾自动报警系统时，吸气式感烟火灾探测器可独立使用作为火灾自动报警系统，类型为探测报警型。当建筑内设有其他火灾自动报警系统时，吸气式感烟火灾探测器可作为区域报警器，其信号可接入其他火灾自动报警系统，由其他火灾自动报警系统对其进行监控。吸气式感烟火灾探测器供电应采用消防专用电源箱供电。

当建筑设有非连续运行通风循环系统时，除设置回风采样探测系统外，还应设计常规探测系统。保护区域内有腐蚀性/毒性/可燃气体时，应将采样气体通过排气管引回到探测器区域。

吸气管路和采样孔应有明显的火灾探测器标识，有过梁、空间支架的建筑，吸气管路应固定在过梁、空间支架上。吸气式感烟火灾探测器应具有灰尘过滤功能或管路自清洗功能，以延长吸气式感烟火灾探测器使用寿命。每台吸气式感烟火灾探测器的保护区域不应跨越防火分区，一个独立的报警区域不宜超过 2000m^2，一个独立的探测器区域不宜超过 500m^2，每个探测单元的采样管总长不宜超过 200m，同一根吸气管不应穿越防火分区，如果穿越防火分区会导致火灾通过吸气管扩散。采样孔数量不应超过检验报告描述值。在进行管道设计时应了解空气流动路径，管道应布置在烟雾最可能经过的路线上，烟雾传送时间应通过计算确定。

吸气式感烟火灾探测器安装于墙上时，其底边距地（楼）面高度不宜小于 1.5m，吸气式感烟火灾探测器所连接的吸气管直径为 25mm，内径为 20mm。一般采用阻燃 PVC 或 ABS 材质，在具有腐蚀性气体探测区域不能采用金属钢管，当梁突出顶棚的高度超过 600mm 时，每个梁间区域至少应设置一个采样孔，当梁突出顶棚高度小于 200mm 时，可不计梁的影响。

非高灵敏度型吸气式感烟火灾探测器的采样管网安装高度不应超过 16m，高灵敏度吸气式感烟火灾探测器的采样管网安装高度可超过 16m，采样管网安装高度超过 16m 时，灵敏度可调的探测器应设置为高灵敏度，且应减小采样管长度和采样孔数量。一个探测单元的采样管总长不宜超过 200m，单管长度不宜超过 100m，同一根采样管不应穿越防火分区。采样孔总数不宜超过 100 个，单管上的采样孔数量不宜超过 25 个。

当梁高度在 200~600mm 时，每个梁区域的采样孔的设置应符合现行国家标准《火灾自动报警系统施工及验收标准》（GB 50166—2019）的相关规定。

机柜采样是针对服务器机柜、高低压配电柜、设备架内等采取最直接有效的方法，快速将报警位置确定到最小探测范围。使用机柜采样时，通常在发现电缆过负荷发热时，就可产生预警，保护机柜时通常根据机柜内部的通风口位置将采样口设置在合适的位置。

3.1.2 极早期烟雾探测系统设置原则

（1）符合规范和标准

确保系统设计和安装符合国家和地方的相关规范和标准，如《火灾自动报警系统设计规范》（GB 50116—2013）等。

（2）全面覆盖

确保系统覆盖所有关键区域，包括重要设备、关键设施和人员密集场所。

（3）高灵敏度

选择高灵敏度的探测器，确保能够检测到极低浓度的烟雾颗粒，提供早期预警。

（4）多级报警

设置多级报警机制，如预警、警报、紧急报警等，确保在不同级别火灾隐患时都能及时响应。

（5）联动控制

设置与消防设备的联动控制，如自动喷水灭火系统、排烟系统等，确保在火灾发生时能够及时启动相应的消防设备。

（6）备用电源

设置可靠的备用电源，确保在市电中断时，系统仍能正常工作。

（7）定期维护

定期检查系统组件，确保其功能正常。

每次检查和维护都要详细记录，生成维护报告，便于追踪和管理。

（8）培训和演练

对操作人员进行定期培训，确保他们熟悉系统的操作和应急处理流程。

定期进行应急演练，确保人员熟悉应急操作流程，提高应急响应能力。

3.1.3　常见问题及注意事项

在设计和维护极早期烟雾探测系统时，需要注意一些常见问题和注意事项，以确保系统的可靠性和有效性。以下是一些常见问题及注意事项。

（1）采样管路堵塞

原因：灰尘、昆虫、异物等堵塞采样管路。

注意事项：定期检查采样管路，确保其畅通无阻；安装过滤器，减少灰尘进入采样管路；定期清洁采样管路，保持其清洁。

（2）探测器误报或漏报

原因：环境因素（如灰尘、烟雾、温度变化）、探测器老化或损坏。

注意事项：定期检查和清洁探测器，确保其灵敏度正常；及时更换老化或损坏的探测器；优化探测器的安装位置，减少误报和漏报。

（3）报警装置故障

原因：电源故障、线路短路或断路。

注意事项：定期检查电源和线路，确保连接可靠；定期检查报警装置，确保其功能正常。

（4）系统联动失效

原因：联动控制设备故障、线路连接不良。

注意事项：定期检查联动控制设备和线路，确保连接可靠；定期进行系统联动测试，确保在紧急情况下能够及时启动相应的消防设备。

（5）备用电源不足

原因：备用电源容量不足或备用电源设备故障。

注意事项：定期检查备用电源设备，确保其容量足够并能正常工作；定期进行备用电源切换测试，确保在市电中断时，系统仍能正常工作。

3.1.4　系统选用案例

某大型数据中心设置了极早期烟雾探测系统，以确保在火灾初期阶段就能检测到烟雾的存在，从而提供早期预警，保障数据中心的安全。

① 全面覆盖。在每个机房和关键设备附近设置采样管路和探测器，确保覆盖所有关键区域。

② 高灵敏度。选择高灵敏度的探测器，确保能够检测到极低浓度的烟雾颗粒。

③ 多级报警。设置多级报警机制，确保在不同级别火灾隐患时都能及时响应。

④ 联动控制。设置与自动喷水灭火系统和排烟系统的联动控制，确保在火灾发生时能够及时启动相应的消防设备。

⑤ 备用电源。设置柴油发电机作为备用电源，确保在市电中断时，系统仍能正常工作。

⑥ 定期维护。每月检查一次采样管路和探测器，确保其功能正常。每季度检查一次控制器和备用电源设备，确保其功能正常。

⑦ 培训和演练。每年对操作人员进行一次培训，确保他们熟悉系统的操作和应急处理流程。每半年进行一次应急演练，确保人员熟悉应急操作流程。

通过上述设置，可以确保极早期烟雾探测系统的可靠性和有效性，提高建筑的消防安全水平。

3.2　电气火灾监控系统

3.2.1　电气火灾监控系统组成

电气火灾监控系统是一种通过监测电气线路和设备的电流、电压、温度、剩余电流等参数，及时发现电气故障并预警的系统。它能够在电气火灾发生的早期阶段提供预警信息，从而采取相应的措施，防止火灾的发生和发展。

电气火灾监控系统由电气火灾控制器、电气火灾监控探测器和火灾声光警报器组成。电气火灾监控系统是火灾自动报警系统的子系统，主要承担火灾发生前电力系统自身可能引发火灾的监控报警任务。电气火灾监控设备即系统主机，安装于消防控制室，由专人值守用来监控及记录整个系统的运行状态；电气火灾监控探测器安装于建筑物配电柜或配电箱中，对电气线路及电气设备中的剩余电流、温度、故障电弧等电气参数进行采集、分析，上传至电气火灾监控设备。系统产品应分别符合现行国家标准并取得国家消防电子产品质量监督检验中心的型式检验报告，系统设计应符合现行国家标准《建筑设计防火规范》及《火灾自动报警系统设计规范》对应条款的有关要求，系统施工及验收应符合现行国家标准《火灾自动报警系统施工及验收标准》（GB 50166—2019）对应条款的有关要求。

电气火灾监控系统能在电气线路及该线路中的配电设备或用电设备发生电气故障并产生一定电气火灾隐患的条件下发出报警信号，提醒运维人员排除电气火灾隐患，实现电气火灾的早期预防，避免电气火灾的发生。

数据中心是IT设备、电气设备以及电缆敷设密集型场所，包括了IT设备和基础设施的供配电电缆，所有供配电电缆的绝缘情况均应进行全面监视，一旦出现监视盲区，电缆因工作条件或不可预见原因造成漏电，不但造成能源的浪费，更关键的是会引起电气火灾并因此造成数据中心IT设备的宕机而危及重大生命财产安全。故依据《火灾自动报警系统设计规范》对应条款，电气火灾监控系统可用于具有电气火灾危险的场所，数据中心设置电气火灾监控系统是非常重要的。

大量工程实际应用效果表明，多数电气火灾监控系统经常发生声光报警，如果没有专业人员使用专业设备对电气线路和设备进行故障排查，很难发现电气火灾隐患，因此许多电气火灾监控系统被人为关停，不仅造成投资浪费，而且遗留下真正的隐患。因此，需要及时委托电气火灾监控系统提供商针对系统报警信息进行现场检测，排查消除电气故障和安全隐患。

3.2.2 电气火灾监控系统特点

电气火灾监控系统是一个独立的子系统，属于火灾预警系统，应独立组成，如图3-2所示。电气火灾监控探测器应接入电气火灾监控器，不应直接接入火灾报警控制器的探测器回路。当电气火灾监控系统接入火灾自动报警系统中时，应由电气火灾监控器将报警信号传输至消防控制室图形显示装置或集中火灾报警控制器上，但其显示应与火灾报警信息有所区别；在无消防控制室且电气火灾监控探测器设置数量不超过8个时，可采用独立式电气火灾监控探测器。

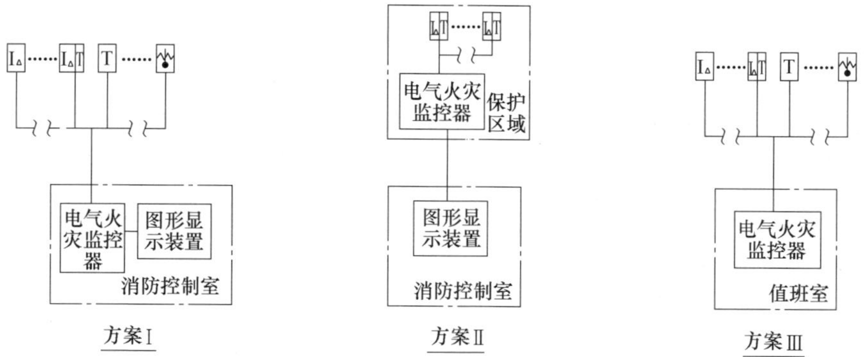

注：1. 本页3个方案中的电气火灾监控探测器均为非独立式电气火灾监控探测器。

2. 方案Ⅰ表示电气火灾监控器设置于消防控制室，方案Ⅱ表示电气火灾监控器设置于保护区域附近，这两种方案均应将报警信号在图形显示装置或起集中控制功能的火灾报警控制器上显示。

3. 方案Ⅲ表示未设置消防控制室时，应将电气火灾监控器设置于有人值班的场所。

图3-2 电气火灾监控系统示意图

电气火灾监控器的报警信息和故障信息应在具有7×24小时人员值班的数据中心消防控制室图形显示装置或起集中控制功能的火灾报警控制器上显示，电气火灾监控设备可以上传信息至消防控制室图形显示装置，剩余电流式电气火灾监控探测器应以设置在低压配电系统首端为基本原则，宜设置在第一级配电柜（箱）的出线端。在供电线路泄漏电流大于500mA时，宜在其下一级配电柜（箱）设置电气火灾监控系统，用于0.4kV低压配电系统中剩余电流监测、配电箱关键节点温度监测。选择剩余电流式电气火灾监控探测器时，应考虑供电系统自然漏流的影响，并应选择参数合适的探测器；探测器报警值宜为300~500mA，具有探测线路故障电弧功能的电气火灾监控探测器，其保护线路的长度不宜大于100m。监控探测器与电气火灾监控设备之间采用二总线连接，理论通信距离为1200m，有效通信距离不超过500m为宜，大于500m推荐使用区域分机，布线线缆采用NH-RSP双绞线，导线截面积不小于2.5m，引入配电箱时用金属软管保护。但是剩余电流式电气火灾监控探测器禁止设置在消防配电线路中，并且剩余电流式电气火灾监控探测器的设置不应影响供电系统的正常工作，不宜自动切断供电电源。

非独立式电气火灾监控探测器应接入电气火灾监控器，不应接入火灾报警控制系统的探测回路。电气火灾监控信息与火灾报警信息的显示应有区别，以便于整体消防系统管理和应急预案的实施。

设有消防控制室时，电气火灾监控器应设置在消防控制室内或保护区域附近，设置在保护区域附近时，应将报警信息和故障信息传入消防控制室。未设消防控制室时，电气火灾监控器应设置在有人值班的场所。

3.2.3 电气火灾监控系统设置原则

电气火灾监控系统的设置原则是确保系统能够有效地监测和预警电气火灾隐患，保障建筑的消防安全。以下是系统设置原则：

（1）符合规范和标准

遵守规范：确保系统设计和安装符合国家和地方的相关规范和标准，如《火灾自动报警系统设计规范》（GB 50116—2013）、《建筑防火通用规范》（GB 55037—2022）。

合规性：定期检查系统的合规性，确保系统始终符合最新的法规要求。

（2）全面覆盖

关键区域：确保电气火灾监控系统覆盖所有关键区域，包括配电室、电缆夹层、电缆竖井、重要电气设备等。

人员密集场所：在人员密集场所（如商场、医院、学校等）设置更多的监控点，提高预警覆盖率。

（3）多级报警

分级报警：设置多级报警机制，如预警、警报、紧急报警等，确保在不同级别故障时都能及时响应。

多重报警：通过声光报警器、图形显示器等多种报警装置，确保报警信息能够及时传达到相关人员。

（4）联动控制

联动控制：设置与消防设备的联动控制，如自动喷水灭火系统、排烟系统等，确保在火灾发生时能够及时启动相应的消防设备。

远程控制：设置远程控制功能，便于操作人员在中央控制室进行统一管理和控制。

（5）备用电源

备用电源：设置可靠的备用电源，确保在市电中断时，系统仍能正常工作。

定期检查：定期检查备用电源设备，确保其容量足够并能正常工作。

3.2.4　常见问题

（1）电磁干扰引起电气火灾监控系统误报警

当剩余电流互感器处于较强的电磁场中时，也会检测到剩余电流。防止电磁干扰影响的有效办法是对剩余电流互感器进行电磁屏蔽。如将二次线圈和环形铁芯屏蔽，一次导体与环形铁芯屏蔽，二次绕组到中间环节的引线尽量缩短（<3cm）。

若剩余电流互感器附近有电炉、电解槽等大电流母线时，由于零序电流互感器被磁化，使二次绕组感应出电压，造成剩余电流互感器检测到电流。因此需将剩余电流互感器远离母线（距离电流为2500A的母线至少应在10cm以上），并将零序电流互感器与母线成平行放置，可减少大电流影响。

（2）零线混接产生的漏电流引起电气火灾监控系统误报警

不同配电箱出线的零线跨区混用，引起误报警。

不同配电箱出线的零线并接，或通过其他途径间接搭接，引起误报警。

如果N线绝缘水平差也会导致电流经过大地回流，在不同区域中产生干扰，产生的漏电流被检测到，引起误报警。

3.2.5　系统选用案例

某大型商业综合体（包括购物中心、写字楼、酒店等），位于城市中心，占地面积大，人员密集，对消防安全有很高的要求。该综合体需要一个可靠的电气火灾监控系统，以确保在电气火灾隐患出现时能够及时预警和处理。

① 全面覆盖。

配电室：在每个配电室设置电流传感器、电压传感器和温度传感器。

电缆夹层：在电缆夹层设置温度传感器，监测电缆温度。

重要设备：在重要电气设备（如变压器、配电柜等）附近设置电流传感器和温度传感器。

② 多级报警。

预警装置：在每个楼层设置声光报警器，确保人员能够及时收到预警信息。

图形显示器：在中央控制室设置图形显示器，集中管理报警信息。

③ 联动控制。

自动喷水灭火系统：设置与自动喷水灭火系统的联动控制，确保在火灾发生时能够及时启动。

排烟系统：设置与排烟系统的联动控制，确保在火灾发生时能够及时启动排烟设备。

④ 备用电源。

柴油发电机：设置柴油发电机作为备用电源，确保在市电中断时，系统仍能正常工作。

⑤ 定期维护。

每月检查：每月检查一次传感器和传输设备，确保其功能正常。

每季度检查：每季度检查一次监控主机和备用电源设备，确保其功能正常。

⑥ 培训和演练。

培训操作人员：每年对操作人员进行一次培训，确保他们熟悉系统的操作和应急处理流程

应急演练：每半年进行一次应急演练，确保人员熟悉应急操作流程。

3.3 火灾自动报警系统

3.3.1 火灾自动报警系统组成和工作原理

火灾自动报警系统（Fire Alarm System，FAS）是火灾探测报警与消防联动控制系统的简称，是实现火灾早期探测和火灾报警，以及向各类消防设备发出控制信号并接收设备反馈信号，进而实现预定消防功能为基本任务的一种自动消防设施。

（1）系统组成

火灾自动报警系统（图 3-3）由火灾报警控制器、消防联动控制器、消防控制室图形显示装置、火灾探测器、手动火灾报警按钮、输入输出模块及联动设备组成，它能及时、准确地探测被保护对象的初起火灾，并做出报警响应，从而使建筑物中的人员有足够的时间在火灾尚未发展蔓延到危害生命安全的程度时疏散至安全地带，是保障人员生命安全的最基本的建筑消防系统。

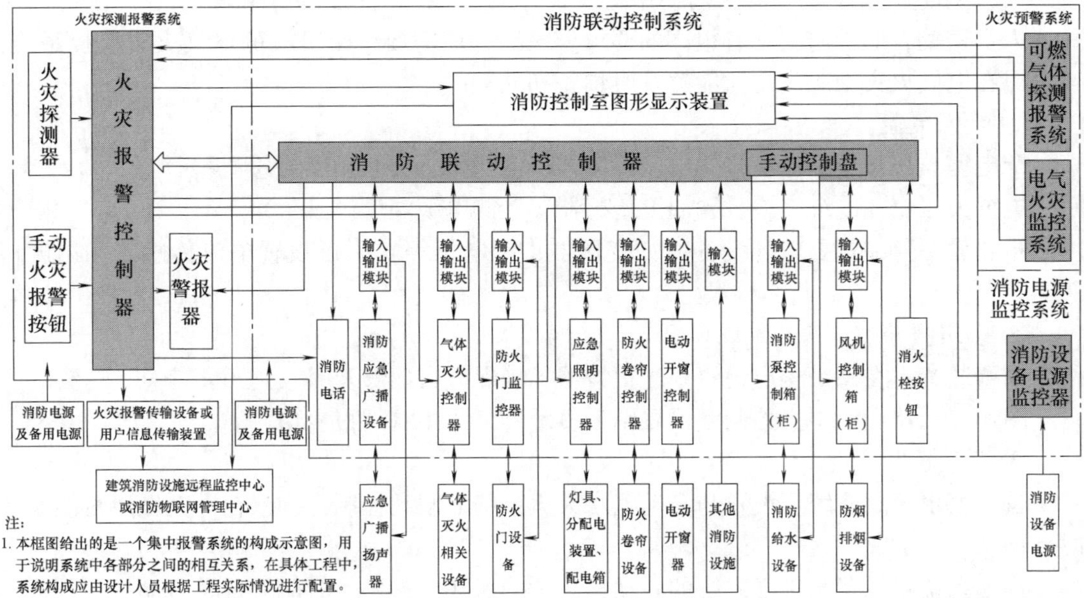

图 3-3 火灾自动报警系统工作原理

（2）工作原理

当火灾发生时，安装在保护区域现场的火灾探测器将火灾产生的烟雾、热量和光辐射

等火灾特征参数转变为电信号，经数据处理后，将火灾特征参数信息传输到火灾报警控制器；或直接由火灾探测器做出火灾报警判断，将报警信息传输到火灾报警控制器。火灾报警控制器在接收到探测器的火灾特征参数信息或报警信息后，经报警确认判断，显示报警探测器的部位，记录探测器火灾报警的时间。处于火灾现场的人员，在发现火灾后可立即触动安装在现场的手动火灾报警按钮，手动火灾报警按钮便将报警信息传输到火灾报警控制器，火灾报警控制器在接收到手动火灾报警按钮的报警信息后，经报警确认判断，显示动作的手动火灾报警按钮的部位记录手动火灾报警按钮报警的时间。火灾报警控制器在确认火灾探测器和手动火灾报警按钮的报警信息后，驱动安装在被保护区域现场的火灾警报装置，发出火灾警报，向处于被保护区域的人员警示火灾的发生。

火灾发生时，火灾探测器和手动火灾报警按钮的报警信号等联动触发信号传输到消防联动控制器，消防联动控制器按照预设的逻辑关系对接收到的触发信号进行识别判断，在满足逻辑关系条件时，消防联动控制器按照预设的控制时序启动相应的自动消防系统（设施），实现预设的消防功能；消防控制室的消防管理人员也可以通过操作消防联动控制器的手动控制盘直接启动相应的消防系统（设施），从而实现相应消防系统（设施）预设的消防功能。消防联动控制系统接收并显示消防系统（设施）动作的反馈信息。

（3）适用范围

火灾自动报警系统适用于人员居住和经常有人滞留的场所、存放重要物资或燃烧后产生严重污染需要及时报警的场所。其中区域报警系统适用于仅需要报警，不需要联动自动消防设备的保护对象。集中报警系统适用于具有联动要求的保护对象。控制中心报警系统一般适用于建筑群或体量很大的保护对象，这些保护对象中可能设置几个消防控制室，也可能由于分期建设而采用了不同企业的产品或同一企业不同系列的产品，或由于系统容量限制而设置了多个起集中控制作用的火灾报警控制器等，在这些情况下均应选择控制中心报警系统。大型数据中心火灾自动报警系统一般采用控制中心报警系统。

3.3.2　火灾自动报警系统分类及特点

火灾自动报警系统根据保护对象及设立的消防安全目标不同分为区域报警系统、集中报警系统、控制中心报警系统三类。

① 区域报警系统由火灾探测器、手动火灾报警按钮、火灾声光警报器、火灾报警控制等组成，系统中可包括消防控制室图形显示装置和指示楼层的区域显示器，如图 3-4 所示为区域报警系统组成示意图。表 3-1 为系统组成图例及名称。

表 3-1　系统组成图例及名称

序号	图例	名称	备注	序号	图例	名称	备注
1		感烟火灾探测器		7		消火栓报警按钮	
2		感温火灾探测器		8		报警电话	
3		烟温复合探测器		9		吸顶式音箱	
4		火灾声光警报器		10	F1	火灾显示盘	
5		线型光束探测器		11	SFJ	送风机	
6		手动火灾报警按钮		12	XFB	消防泵	

续表

序号	图例	名称	备注	序号	图例	名称	备注
13	⁄	可燃气体探测器		16	H	电话模块	GST-LD-8304
14	M	输入模块	GST-LD-8300	17	G	广播模块	GST-LD-8305
15	C	控制模块	GST-LD-8301	18			

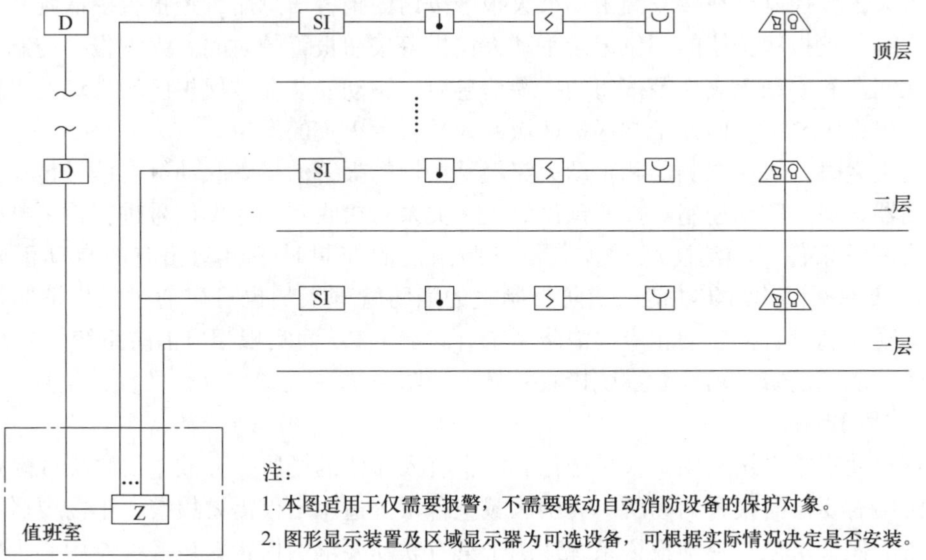

图 3-4 区域报警系统组成示意图

② 集中报警系统（图 3-5）由火灾探测器、手动火灾报警按钮、火灾声光警报器、消防应急广播、消防专用电话、消防控制室图形显示装置、火灾报警控制器、消防联动控制器等组成。

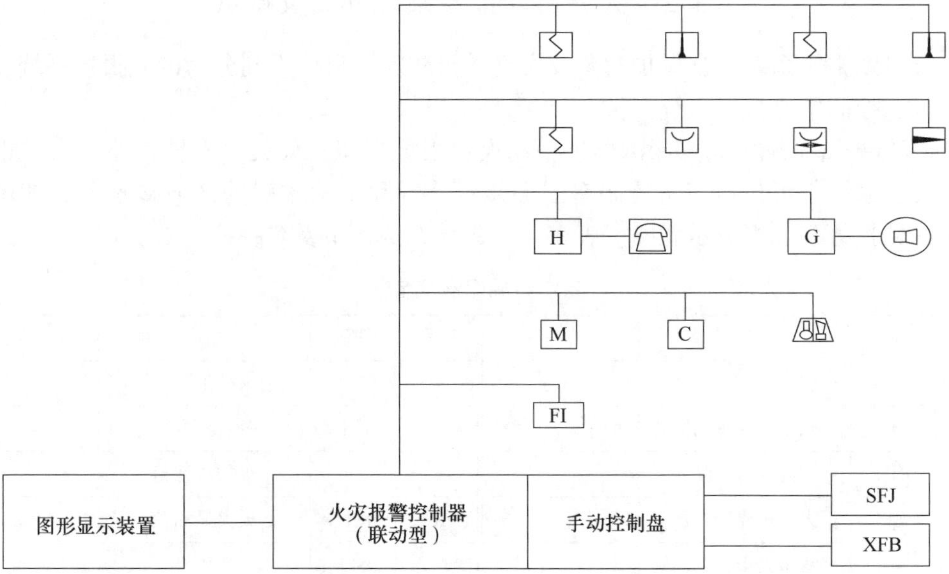

图 3-5 集中报警系统组成示意图

③ 控制中心报警系统（图3-6）由火灾探测器、手动火灾报警按钮、火灾声光警报器、消防应急广播、消防专用电话、消防控制室图形显示装置、火灾报警控制器、消防联动控制器等组成，该系统包含两个及以上集中报警系统。

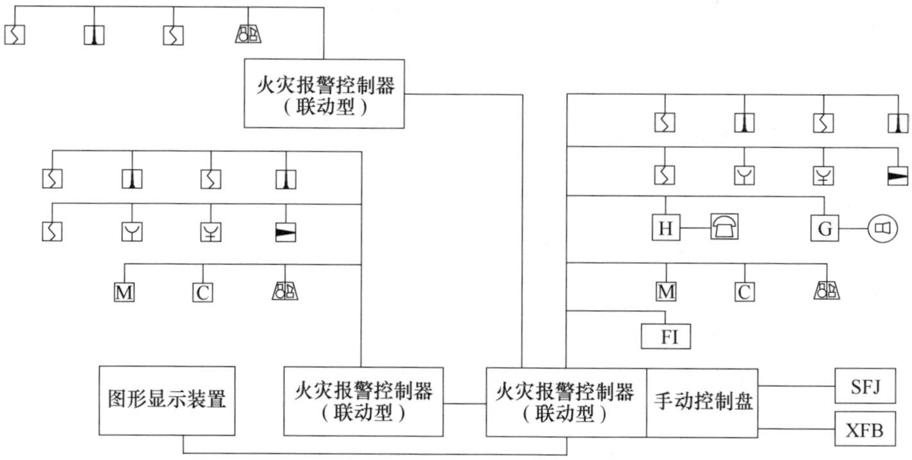

图3-6　控制中心报警系统组成示意图

3.3.3　火灾自动报警系统设置原则

火灾自动报警系统是建筑消防安全的重要组成部分，其设置需要综合考虑建筑的性质、规模、用途以及相关规范和标准。设置原则如下：

① 符合规范和标准。必须符合国家和地方的相关规范和标准，如《火灾自动报警系统设计规范》（GB 50116—2013）等。

② 全面覆盖。确保建筑内的所有关键区域都被覆盖，包括但不限于：人员密集场所（如商场、医院、学校等）易燃易爆场所（如化工厂、加油站等）高层建筑和地下建筑重要的公共设施（如机场、地铁站等）。

③ 分区域设置。根据建筑的结构和功能，将报警系统分成若干区域，便于管理和维护。

④ 多级报警。设置多级报警机制，包括声光报警器、图形显示器、控制中心等，确保报警信息能及时传达到相关人员。

⑤ 联动控制。设置与消防设备的联动控制，如自动喷水灭火系统、排烟系统、疏散指示系统等，确保在火灾发生时能够及时启动相应的消防设备。

⑥ 备用电源。设置备用电源，确保在市电中断时，火灾自动报警系统仍能正常运行。

⑦ 定期维护。定期进行系统检查和维护，确保系统的可靠性。

3.3.4　常见问题及注意事项

在设置和维护火灾自动报警系统时，需要注意一些常见问题和注意事项，以确保系统的可靠性和有效性。

（1）常见问题

① 探测器误报或漏报。

原因：环境因素（如烟雾、尘埃、温度变化）、探测器老化或损坏。

解决办法：定期检查和清洁探测器，及时更换老化或损坏的探测器。

② 报警装置故障。

原因：电源故障、线路短路或断路。

解决办法：定期检查电源和线路，确保连接可靠。

③ 系统联动失效。

原因：联动控制设备故障、线路连接不良。

解决办法：定期检查联动控制设备和线路，确保连接可靠。

④ 备用电源不足。

原因：备用电源容量不足或备用电源设备故障。

解决办法：定期检查备用电源设备，确保容量足够并能正常工作。

⑤ 系统误操作。

原因：操作人员误操作或设备故障。

解决办法：定期对操作人员进行培训，确保正确操作。

（2）注意事项

① 符合规范和标准。确保系统设计和安装符合国家和地方的相关规范和标准。

② 全面覆盖。确保建筑内的关键区域都被覆盖，包括人员密集场所、易燃易爆场所、高层建筑和重要公共设施。

③ 定期检查和维护。定期检查探测器、报警装置、联动控制设备和备用电源，确保系统可靠运行。

④ 备用电源。设置可靠的备用电源，确保在市电中断时，系统仍能正常工作。

⑤ 培训操作人员。对操作人员进行定期培训，确保他们熟悉系统的操作和应急处理流程。

⑥ 记录和报告。记录每次检查和维护的情况，生成维护报告，以便追踪和管理。

3.3.5 系统选用案例

某大型商业综合体（包括购物中心、写字楼、酒店等），位于城市中心，占地面积大，人员密集，对消防安全有很高的要求。该综合体需要一个可靠的消防电源供配电系统，以确保在任何情况下都能提供足够的电力支持消防设备。

① 系统组成。

探测器：烟雾探测器、温感探测器。

报警装置：声光报警器、图形显示器。

控制中心：中央控制室。

联动控制：自动喷水灭火系统、排烟系统、疏散指示系统。

备用电源：柴油发电机。

② 系统布置。

探测器布置：在走廊、楼梯间、大厅等人员密集区域，以及每一层楼设置烟雾探测器和温感探测器。在易燃易爆物品存放区设置可燃气体探测器和温感探测器。

报警装置布置：在每个楼层设置声光报警器，确保人员能够及时收到报警信息。在中央控制室设置图形显示器，集中管理报警信息。

联动控制布置：设置与自动喷水灭火系统、排烟系统和疏散指示系统的联动控制。

备用电源布置：柴油发电机放置在专用机房内，通过专用电缆连接到中央控制室，确保在市电中断时能够迅速切换。

③ 维护和管理。

探测器检查：每月检查一次探测器，确保其灵敏度正常，无误报或漏报。

报警装置检查：每月检查一次报警装置，确保其功能正常。

联动控制检查：每季度检查一次联动控制设备，确保其功能正常。

备用电源检查：每月检查一次柴油发电机，确保其燃料充足，机油、冷却液等正常。

记录：每次检查和维护都要详细记录，包括检查日期、发现的问题和处理措施。

报告：定期生成维护报告，汇总检查和维护情况，为后续工作提供参考。

④ 应急演练。

演练：每半年进行一次应急演练，确保人员熟悉应急操作流程。

培训：对相关人员进行培训，确保他们熟悉系统的操作和应急处理流程。

3.4　消防联动控制系统

3.4.1　消防联动控制系统组成及工作原理

（1）定义

消防联动控制系统能够在发生火灾时，通过消防联动控制器按设定的控制逻辑向消防供水泵、报警阀、防火门、防火阀、防烟排烟阀和通风等消防设施发出联动控制信号，实现对火灾警报、消防应急广播、应急照明及疏散指示系统、防烟排烟系统、自动灭火系统、防火分隔系统的联动控制，接收并显示上述系统设备的动作反馈信号，同时接收消防水池、高位水箱等消防设施的动态监测信号，实现对建筑消防设施的状态监视功能。

（2）组成

消防联动控制器：核心控制设备，负责接收火灾报警信号并发出联动控制指令。

消防控制室图形显示装置：用于显示消防设施的状态和动作反馈信息。

消防电气控制装置：如防火卷帘控制器、气体灭火控制器等，用于控制特定的消防设备。

消防电动装置：用于驱动消防设备的电动装置。

消防联动模块：包括输入模块、输出模块、输入输出模块，用于接收和发送控制信号。

消火栓按钮：用于手动启动消火栓泵。

消防应急广播设备：用于发布火灾警报和疏散指令。

消防电话：用于紧急通信。

（3）工作原理

触发信号：火灾发生时，火灾探测器和手动火灾报警按钮的报警信号等联动触发信号传输到消防联动控制器。

逻辑判断：消防联动控制器按照预设的逻辑关系对接收到的触发信号进行识别判断。

联动控制：在满足逻辑关系条件时，消防联动控制器按照预设的控制时序启动相应的自动消防系统（设施），实现预设的消防功能。

手动控制：消防控制室的消防管理人员也可以通过操作消防联动控制器的手动控制盘直接启动相应的消防系统（设施）。

反馈信息：消防联动控制系统接收并显示消防系统（设施）动作的反馈信息。

3.4.2　联动子系统分类及特点

（1）消火栓系统的联动控制

① 联动控制方式：由消火栓系统消防水泵出水干管上设置的压力开关、高位消防水箱出水管上设置的流量开关等信号作为触发信号，直接自动启动消火栓泵，联动控制不应受消防联动控制器处于自动或手动状态影响。

当设置消火栓按钮时，消火栓按钮的动作信号应作为报警信号及启动消火栓泵的联动触发信号，由消防联动控制器联动控制消火栓泵的启动。

② 手动控制方式：将消火栓泵控制箱（柜）的启动、停止按钮用专用线路直接连接至设置在消防控制室内的消防联动控制器的手动控制盘，并应直接手动控制消火栓泵的启动、停止。

反馈信号：消火栓泵的动作信号应反馈至消防联动控制器。

（2）自动喷水灭火系统的联动控制

湿式系统和干式系统的联动控制设计：

① 联动控制方式：应由湿式报警阀压力开关的动作信号作为触发信号，直接控制启动喷淋消防泵，联动控制不应受消防联动控制器处于自动或手动状态影响。

② 手动控制方式：将喷淋消防泵控制箱（柜）的启动、停止按钮用专用线路直接连接至设置在消防控制室内的消防联动控制器的手动控制盘，直接手动控制喷淋消防泵的启动。

③ 反馈信号：水流指示器、信号阀、压力开关、喷淋消防泵的启动和停止的动作信号应反馈至消防联动控制器。

（3）预作用系统的联动控制设计

① 单连锁。

a. 联动控制方式：应由同一报警区域内两只及以上独立的感烟火灾探测器或一只感烟火灾探测器与一只手动火灾报警按钮的报警信号，作为预作用阀组开启的联动触发信号。由消防联动控制器控制预作用阀组的开启，使系统转变为湿式系统。当系统设有快速排气装置时，应联动控制排气阀前的电动阀的开启。

b. 手动控制方式：将喷淋消防泵控制箱（柜）的启动和停止按钮、预作用阀组和快速排气阀入口前的电动阀的启动和停止按钮用专用线路直接连接至设置在消防控制室内的消防联动控制器的手动控制盘，直接手动控制喷淋消防泵的启动、停止及预作用阀组电动阀的开启。

c. 反馈信号：水流指示器、信号阀、压力开关、喷淋消防泵的启动和停止的动作信号，有压气体管道气压状态信号和快速排气阀入口前电动的动作信号应反馈至消防联动控制器。

② 双连锁。

a. 联动控制方式：由同一报警区域内两只及以上独立感烟探测器或感烟探测器与一只手动火灾报警按钮的报警信号及充气管道设置的压力开关信号作为预作用阀开启的触发信号。火警信号与压力开关信号组成“与”逻辑关系，当两组信号都动作后，开启预作用阀组，使系统转变为湿式系统。当系统设有快速排气装置时，应联动控制排气阀前的电动阀的开启。

b. 手动控制方式：将喷淋消防泵控制箱（柜）的启动和停止按钮、预作用阀组和快速排气阀入口前的电动阀的启动和停止按钮用专用线路直接连接至设置在消防控制室内的消防联动控制器的手动控制盘，直接手动控制喷淋消防泵的启动、停止及预作用阀组和电动阀的开启。

c. 反馈信号：水流指示器、信号阀、压力开关、喷淋消防泵的启动和停止的动作信号，有压气体管道气压状态信号和快速排气阀入口前电动的动作信号应反馈至消防联动控制器。

（4）气体灭火系统的联动控制

① 联动控制方式。

a. 自动控制：应由同一防护区域内两只独立的火灾探测器的报警信号或一只火灾探测器与一只手动火灾报警按钮的报警信号，作为系统的联动触发信号。探测器的组合宜采用感烟火灾探测器和感温火灾探测器，各类探测器应按国家规范的规定分别计算保护面积。

b. 手动控制：在防护区疏散出口的门外应设置气体灭火装置的手动启动和停止按钮，手动启动按钮按下时气体灭火控制器应执行符合相关规范规定的联动操作；手动停止按钮按下时，气体灭火控制器应停止正在执行的联动操作。

c. 反馈信号：气体灭火装置及喷放各阶段的联动控制及系统的反馈信号，应反馈至消防联动控制器。

② 联动控制作用。

关闭防护区域的送（排）风机及送（排）风阀门，停止通风和空气调节系统及关闭设置在该防护区域的电动防火阀。

联动控制防护区域开口封闭装置的启动，包括关闭防护区域的门、窗。

启动气体灭火装置，气体灭火控制器可设定不大于30s的延迟喷射时间。

（5）防烟排烟系统的联动控制

① 防烟系统的联动控制。

a. 联动控制方式：应由加压送风口所在防火分区内的两只独立的火灾探测器或一只火灾探测器与一只手动火灾报警按钮的报警信号，作为送风口开启和加压送风机启动的联动触发信号，并应由消防联动控制器联动控制相关层前室等需要加压送风场所的加压送风口开启和加压送风机启动。

b. 电动挡烟垂壁：应由同一防烟分区内且位于电动挡烟垂壁附近的两只独立的感烟火灾探测器的报警信号，作为电动挡烟垂壁降落的联动触发信号，并应由消防联动控制器联动控制电动挡烟垂壁的降落。

② 排烟系统的联动控制应符合下列规定。

a. 应由同一防烟分区内的两只独立的火灾探测器的报警信号，作为排烟口、排烟窗或排烟阀开启的联动触发信号，并应由消防联动控制器联动控制排烟口、排烟窗或排烟阀的开启，同时停止该防烟分区的空气调节系统。

b. 应由排烟口、排烟窗或排烟阀开启的动作信号，作为排烟风机启动的联动触发信号，并应由消防联动控制器联动控制排烟风机的启动。

c. 反馈信号：排烟风机入口处的总管上设置的280℃排烟防火阀在关闭后应直接联动控制风机停止，排烟防火阀及风机的动作信号应反馈至消防联动控制器。送风口、排烟口、排烟窗或排烟阀开启和关闭的动作信号，防烟、排烟风机启动和停止及电动防火阀关闭的动作信号，均应反馈至消防联动控制器。

③ 手动控制。

应能在消防控制室内的消防联动控制器上手动控制送风口、电动挡烟垂壁、排烟口、排烟窗、排烟阀的开启或关闭及防烟风机、排烟风机等设备的启动或停止。

防烟、排烟风机的启动、停止按钮应采用专用线路直接连接至设置在消防控制室内的消防联动控制器的手动控制盘，并应直接手动控制防烟、排烟风机的启动、停止。

（6）防火门及防火卷帘系统的联动控制设计

① 防火门系统的联动控制设计。

a. 联动控制方式：应由常开防火门所在防火分区内的两只独立的火灾探测器或一只火灾探测器与一只手动火灾报警按钮的报警信号，作为防火门关闭的联动触发信号，联动触发信号应由火灾报警控制器或消防联动控制器发出，并应由消防联动控制器或防火门监控器联动控制防火门关闭。

b. 反馈信号：疏散通道上各防火门的开启、关闭及故障状态信号应反馈至防火门监控器。

② 防火卷帘：防火卷帘的升降应由防火卷帘控制器控制。

（7）疏散通道上设置的防火卷帘的联动控制设计

① 联动控制方式：防火分区内任两只独立的感烟火灾探测器或任一只专门用于联动防火卷帘的感烟火灾探测器的报警信号，应联动控制防火卷帘下降至距楼板面 1.8m 处；任一只专门用于联动防火卷帘的感温火灾探测器的报警信号，应联动控制防火卷帘下降到楼板面。在卷帘的任一侧距卷帘纵深 0.5~5m 内应设置不少于 2 只专门用于联动防火卷帘的感温火灾探测器。

② 手动控制方式：应由防火卷帘两侧设置的手动控制按钮控制防火卷帘的升降。

③ 反馈信号：防火卷帘下降至距楼板面 1.8m 处，下降到楼板面的动作信号和防火卷帘控制器直接连接的感烟、感温火灾探测器的报警信号，应反馈至消防联动控制器。

（8）非疏散通道上设置的防火卷帘的联动控制设计

① 联动控制方式：应由防火卷帘所在防火分区内任两只独立的火灾探测器的报警信号，作为防火卷帘下降的联动触发信号，并应联动控制防火卷帘直接下降到楼板面。

② 手动控制方式：应由防火卷帘两侧设置的手动控制按钮控制防火卷帘的升降，并应能在消防控制室内的消防联动控制器上手动控制防火卷帘的降落。

（9）电梯的联动控制

消防联动控制器应具有发出联动控制信号强制所有电梯停于首层或电梯转换层的功能。

电梯运行状态信息和停于首层或转换层的反馈信号，应传送给消防控制室显示。

轿厢内应设置能直接与消防控制室通话的专用电话。

（10）火灾警报和消防应急广播系统的联动控制

① 火灾自动报警系统应设置火灾声光警报器，并应在确认火灾后启动建筑内的所有火灾声光警报器。

② 未设置消防联动控制器的火灾自动报警系统，火灾声光警报器应由火灾报警控制器控制；设置消防联动控制器的火灾自动报警系统，火灾声光警报器应由火灾报警控制器或消防联动控制器控制。

③ 公共场所宜设置具有同一种火灾变调声的火灾声光警报器；具有多个报警区域的保护对象，宜选用带有语音提示的火灾声光警报器。

④ 火灾声光警报器设置带有语音提示功能时，应同时设置语音同步器。

⑤ 同一建筑内设置多个火灾声光警报器时，火灾自动报警系统应能同时启动和停止所有火灾声光警报器工作。

⑥ 火灾声光警报器单次发出火灾警报时间宜为 8～20s，同时设有消防应急广播时，火灾声警报应与消防应急广播交替循环播放。

⑦ 集中报警系统和控制中心报警系统应设置消防应急广播。

⑧ 消防应急广播系统的联动控制信号应由消防联动控制器发出。当确认火灾后，应同时向全楼进行广播。

⑨ 消防应急广播的单次语音播放时间宜为 10～30s，应与火灾声光警报器分时交替工作，可采取 1 次火灾声光警报器播放、1 次或 2 次消防应急广播播放的交替工作方式循环播放。

⑩ 在消防控制室应能手动或按预设控制逻辑联动控制选择广播分区、启动或停止应急广播系统，并应能监听消防应急广播。在通过传声器进行应急广播时，应自动对广播内容进行录音。

⑪ 消防控制室内应能显示消防应急广播的广播分区的工作状态，消防应急广播与普通广播或背景音乐广播合用时，应具有强制切入消防应急广播的功能。

（11）消防应急照明和疏散指示系统的联动控制设计

① 集中控制型消防应急照明和疏散指示系统，应由火灾报警控制器或消防联动控制器启动应急照明控制器实现。

② 当确认火灾后，由发生火灾的报警区域开始，顺序启动全楼疏散通道的消防应急照明和疏散指示系统，系统全部投入应急状态的启动时间不应大于 5s。

防护空间内的通风系统应联动关闭。

（12）雨淋系统的联动控制

① 联动控制方式：应由同一报警区域内两只及以上独立的火灾探测器或一只火灾探测器与一只手动火灾报警按钮的报警信号，作为雨淋阀组开启的触发信号。由消防联动控制器控制开启雨淋阀组。

② 手动控制方式：雨淋消防控制箱（柜）的启动和停止按钮、雨淋阀组的启动和停止按钮，用专用线路直接连接至设置在消防控制室内的消防联动控制器的手动控制盘，直接手动控制雨淋消防泵的启动、停止及雨淋阀组的开启。

③ 反馈信号：水流指示器、压力开关、雨淋阀组、雨淋消防泵的启动和停止的动作信号应反馈至消防联动控制器。

(13) 数据中心的特殊要求

① 非消防电源的联动控制。

a. 建议由专业管理人员确认火情后，在消防控制室手动远程确认切断火灾区域和相关区域非消防电源，避免误动作给数据中心带来重大经济损失。

b. 火灾确认后，自动打开疏散通道上的门禁系统控制的门。

② 其他联动控制。

a. 消防联动控制器应具有切断火灾区域及相关区域的非消防电源的功能，当需要切断正常照明时，宜在自动喷淋系统、消火栓系统动作前切断。

b. 消防联动控制器应具有自动打开涉及疏散的电动栅杆的功能，宜开启相关区域安全技术防范系统的摄像机监视火灾现场。

c. 消防联动控制器应具有打开疏散通道上由门禁系统控制的疏散门的功能，并应具有打开停车场出入口挡杆的功能。

d. 与视频监控系统联动，将报警区域画面切换到主监视器，火灾所在分区的其他画面同时切换到监视器。

3.4.3 系统设置原则

消防联动系统是建筑消防系统的重要组成部分，用于在火灾发生时，自动或手动启动相关的消防设备，以控制火势并保障人员安全。以下是消防联动系统的设置原则，以确保系统的可靠性和有效性。

(1) 符合规范和标准

确保系统设计和安装符合国家和地方的相关规范和标准，如《火灾自动报警系统设计规范》(GB 50116—2013) 等。定期检查系统的合规性，确保系统始终符合最新的法规要求。

(2) 全面覆盖

确保系统覆盖所有关键区域，包括人员密集场所、易燃易爆场所、高层建筑和重要公共设施。配置足够的探测器和报警装置，确保火灾能够被及时发现。

(3) 多级报警

设置多级报警机制，包括预警、警报、紧急报警等，确保在不同级别火灾隐患时都能及时响应。设置声光报警器和图形显示器，确保报警信息能够及时传达到相关人员。

(4) 联动控制

设置与消防设备的联动控制，如自动喷水灭火系统、排烟系统、疏散指示系统等，确保在火灾发生时能够及时启动相应的消防设备。

设置手动控制和远程控制功能，确保在紧急情况下能够迅速启动联动控制。

(5) 备用电源

设置可靠的备用电源，确保在市电中断时，系统仍能正常工作。

定期检查备用电源设备，确保其容量足够并能正常工作。

(6) 定期维护

定期检查系统组件，确保其功能正常。

每月检查一次探测器、报警装置和联动控制设备，每季度检查一次备用电源设备。

记录每次检查和维护的情况，生成维护报告，便于追踪和管理。

（7）培训和演练

对操作人员进行定期培训，确保他们熟悉系统的操作和应急处理流程。

定期进行应急演练，确保人员熟悉应急操作流程，提高应急响应能力。

（8）系统兼容性

确保系统各部分之间的兼容性，避免不同品牌或型号的设备不兼容。

定期进行系统兼容性检查，确保系统各部分能够协同工作。

（9）信号干扰

避免信号干扰，合理布置探测器和报警装置，避免信号干扰。

在设计时考虑电磁兼容性要求，确保系统的信号传输稳定。

3.4.4 常见问题及注意事项

在设计和维护消防联动系统时，需要注意一些常见问题和注意事项，以确保系统的可靠性和有效性。以下是常见问题及注意事项。

（1）探测器误报或漏报

原因：环境因素（如灰尘、烟雾、温度变化）、探测器老化或损坏。

注意事项：定期检查和清洁探测器，确保其灵敏度正常；及时更换老化或损坏的探测器；优化探测器的安装位置，减少误报和漏报。

（2）报警装置故障

原因：电源故障、线路短路或断路。

注意事项：定期检查电源和线路，确保连接可靠；定期检查报警装置，确保其功能正常。

（3）联动控制失效

原因：联动控制设备故障、线路连接不良。

注意事项：定期检查联动控制设备和线路，确保连接可靠；定期进行系统联动测试，确保在紧急情况下能够及时启动相应的消防设备。

（4）备用电源不足

原因：备用电源容量不足或备用电源设备故障。

注意事项：定期检查备用电源设备，确保其容量足够并能正常工作；定期进行备用电源切换测试，确保在市电中断时，系统仍能正常工作。

（5）维护记录不完整

原因：未定期记录检查和维护情况。

注意事项：每次检查和维护都要详细记录，包括检查日期、发现的问题和处理措施；定期生成维护报告，汇总检查和维护情况，为后续工作提供参考。

（6）应急演练不足

原因：未定期进行应急演练，人员不熟悉应急操作流程。

注意事项：定期进行应急演练，确保人员熟悉应急操作流程；对相关人员进行培训，确保他们熟悉系统的操作和应急处理流程。

(7) 系统兼容性问题

原因：不同品牌或型号的设备不兼容。

注意事项：在设计和采购设备时，选择兼容性好的设备，确保系统各部分能够协同工作；定期进行系统兼容性检查，确保系统各部分能够协同工作。

(8) 信号干扰

原因：信号受到其他电子设备的干扰。

注意事项：合理布置探测器和报警装置，避免信号干扰；在设计时考虑电磁兼容性要求，确保信号传输稳定。

(9) 法规遵从问题

原因：未遵守相关法规和标准。

注意事项：确保系统设计和安装符合国家和地方的相关规范和标准；定期进行合规性检查，确保系统符合最新法规要求。

(10) 系统覆盖范围不足

原因：探测器布置不合理，覆盖范围不足。

注意事项：合理布置探测器，确保覆盖所有关键区域；根据建筑结构和人员流动情况，选择合适的探测器类型和安装位置。

3.4.5 系统选用案例

某大型商业综合体（包括购物中心、写字楼、酒店等）需要配置消防联动系统，以确保在火灾发生时能够及时启动相关的消防设备，保障人员安全。消防联动系统设计如下。

① 全面覆盖。

a. 探测器布置：在所有楼层、走廊、楼梯间、重要设备区域等关键区域配置火灾探测器，确保全面覆盖。

b. 报警装置布置：在每个楼层设置声光报警器，在中央控制室设置图形显示器，确保报警信息能够及时传达到相关人员。

② 多级报警。

a. 预警装置：在每个楼层设置声光报警器，确保人员能够及时收到预警信息。

b. 图形显示器：在中央控制室设置图形显示器，集中管理报警信息。

c. 报警控制盘：在中央控制室配置报警控制盘，接收报警信号并发出警报。

③ 联动控制。

a. 自动喷水灭火系统：设置与自动喷水灭火系统的联动控制，确保在火灾发生时能够及时启动喷水灭火。

b. 排烟系统：设置与排烟系统的联动控制，确保在火灾发生时能够及时启动排烟设备。

c. 疏散指示系统：设置与疏散指示系统的联动控制，确保在火灾发生时能够及时启动疏散指示设备。

d. 手动控制和远程控制：设置手动控制和远程控制功能，确保在紧急情况下能够迅速启动联动控制。

④ 备用电源。柴油发电机：在中央控制室设置柴油发电机作为备用电源，确保在市

电中断时，系统仍能正常工作。

⑤ 定期维护。

a. 检查频率：每月检查一次探测器、报警装置和联动控制设备，确保其功能正常。

b. 备用电源检查：每季度检查一次备用电源设备，确保其容量足够并能正常工作。

⑥ 培训和演练。

a. 培训频率：每年对操作人员进行一次培训，确保他们熟悉系统的操作方法。

b. 演练频率：每半年进行一次应急演练，确保人员熟悉应急操作流程，提高应急响应能力。

⑦ 探测器布置。

a. 购物中心：每 $50m^2$ 配置一个火灾探测器。

b. 写字楼：每 $70m^2$ 配置一个火灾探测器。

c. 酒店：每 $60m^2$ 配置一个火灾探测器。

⑧ 报警装置布置。

a. 购物中心：每层楼设置声光报警器，确保人员能够及时收到报警信息。

b. 写字楼：每层楼设置声光报警器，确保人员能够及时收到报警信息。

c. 酒店：每层楼设置声光报警器，确保人员能够及时收到报警信息。

d. 中央控制室：设置图形显示器，集中管理报警信息。

通过上述设计原则和实例，可以确保消防联动控制系统在紧急情况下发挥重要作用，保障人员的生命安全。同时，结合数据中心的先进管理模式和方法，提高系统的智能化和自动化水平，进一步提升数据中心的整体安全性和可靠性。

3.5 消防电源供配电系统

当建筑物内发生火灾时，首先需利用建筑物本身的消防设施进行灭火和疏散人员、保护物资。如果没有可靠的电源，则消防设备设施将无法正常工作，进而导致不能及时报警与灭火，不能有效地疏散人员、保护物资和控制火势蔓延，势必造成重大的损失。因此，合理地科学地设计消防电源供配电系统，对保障建筑消防用电设备的供电可靠性是非常重要的。

3.5.1 消防电源供配电系统组成

消防电源供配电系统是为了确保火灾事件发生时建筑物内相关设备系统的正常运行而设立的电力设施。

消防供配电系统主要由电源、配电设备、输电线路和用电设备等组成。其中，电源是消防供配电系统的核心，必须具备足够的容量和可靠性；配电设备则负责将电源的电能分配给各个用电设备；输电线路是连接电源与用电设备的桥梁，必须具备足够的电气性能和机械性能；用电设备则是消防供配电系统的最终端，必须根据其使用要求进行选择。

3.5.2 消防电源供配电系统分类及特点

按照能源类型分类，消防供配电系统可分为市电供电、柴油发电机供电和可再生能源供电三种类型。

（1）市电供电

① 市电供电特点。

a. 经济性：相比柴油发电机，市电供电的成本较低。

b. 方便性：接入方便，无需额外的燃料存储和维护。

c. 环保性：使用电网供电，减少了环境污染。

d. 维护简单：无需复杂的维护工作。

② 适用场合。

a. 常规建筑：在没有特殊要求的常规建筑中，市电供电可以满足大部分消防设备的用电需求。

b. 电力供应稳定：在电力供应稳定、电网质量良好的地区，市电供电可以作为主要供电方式。

c. 应急供电需求不高：在应急供电需求不高的场合，市电供电可以作为一种经济实惠的选择。

（2）柴油发电机供电

① 柴油发电机供电特点。

a. 可靠性高：即使在市电中断的情况下，柴油发电机也能迅速启动并提供电源，确保消防设备的连续运行。

b. 独立性强：柴油发电机可以独立于市电运行，提供可靠的备用电源。

c. 燃料存储：需要存储柴油燃料，且需要定期维护以确保其正常运行。

d. 初期投资较高：相较于市电供电，柴油发电机的初期投资和维护成本较高。

② 柴油发电机供电适用场合。

a. 高层建筑：在高层建筑中，由于市电中断可能导致消防设备无法正常运行，柴油发电机供电可以作为重要保障。

b. 重要公共设施：如医院、机场、地铁站等，需要高可靠性的供电系统。

c. 电力供应不稳定：在电力供应不稳定或经常停电的地区，柴油发电机可以提供必要的备用电源。

d. 应急供电需求高：在对应急供电有高要求的场合，柴油发电机可以确保消防设备在任何情况下都能正常运行。

（3）可再生能源供电

① 可再生能源供电特点。

a. 环保性：使用可再生能源（如太阳能、风能）可以显著减少环境污染。

b. 可持续性：可再生能源是无限的，可以长期使用。

c. 成本效益：虽然初期投资较高，但长期来看，运行成本较低。

d. 维护简单：可再生能源设备（如太阳能板、风力发电机）的维护相对简单。

② 适用场合。

a. 环保要求高：在对环保有严格要求的场合，如生态园区、绿色建筑等，可再生能源供电是一个很好的选择。

b. 偏远地区：在电力供应不稳定或难以接入电网的偏远地区，可再生能源供电可以提供可靠的电源。

c. 成本考虑：在长期运行成本考虑中，可再生能源供电可以显著降低电费支出。

d. 示范项目：在一些示范项目中，使用可再生能源供电可以展示绿色技术和可持续发展理念。

3.5.3　消防电源供配电系统设置原则

当建筑物内发生火灾时，首先需利用建筑物本身的消防设施进行灭火和疏散人员、保护物资。如果没有可靠的电源，则消防设备设施将无法正常工作，进而导致不能及时报警与灭火，不能有效地疏散人员、保护物资和控制火势蔓延，势必造成重大的损失。因此，合理地科学地设计消防电源供配电系统，对保障建筑消防用电设备的供电可靠性是非常重要的。

数据中心消防用电的负荷等级应满足现行国家标准《建筑设计防火规范》（GB 50016—2022）以及《民用建筑电气设计标准》（GB 51348—2019）的相关规定。A 级、B 级数据中心及 C 级数据中心为一类高层民用建筑或建筑高度大于 50m 的厂房时，消防用电应按一级负荷供电，其他 C 级数据中心消防用电应按二级负荷供电。

消防设备应采取消防专用的回路供电，当建筑内的非消防电源被切断时，消防设备应仍能保证正常用电。消防备用电源的供电时间和容量，应满足该建筑火灾延续时间内各消防用电设备的要求。一级负荷采用双路电源末端切换进行供电；当建筑物由一路 35kV、20kV 或 10kV 电源供电时，二级负荷可由两台变压器各引一路低压回路在负荷端配电箱处切换供电；当建筑物由双重电源供电，且两台变压器低压侧设有母联开关时二级负荷可由任一段低压母线单回路供电；三级负荷由单路电源供电。消防水泵、喷淋水泵和消防电梯要由变配电站或主配电室直接出线，采用放射式供电；防烟排烟风机、防火卷帘以及疏散照明可采用放射式或树干式供电。消防水泵、防烟排烟风机及消防电梯的两路低压电源应能在设备机房内自动切换；其他消防设备的电源应能在每个防火分区配电间内自动切换；消防控制室的两路低压电源应能在消防控制室内自动切换。消防水泵、防烟排烟风机和正压送风机等设备不能采用变频调速器作为控制装置，电动机类的消防设备不能采用 EPS/UPS 作为备用电源。主消防泵为电动机水泵，备用消防泵为柴油机水泵，主消防泵可采用一路电源供电。消防设备的配电箱和控制箱宜安装在配电室、消防设备机房、配电间或电气竖井内，当必须在其他场所安装时，箱体要采取防火措施，并满足发生火灾时消防设备持续运行时间的要求。

基于以上要求，消防电源供配电系统设置时应遵循以下基本原则：

① 可靠性原则。保证供配电系统的可靠性，确保消防设备的正常运行，减少因电源故障引发的安全风险。

② 兼容性原则。考虑与现有供配电系统的兼容性，尽量利用现有设备与材料，减少改造费用。

③ 可扩展性原则。设计可扩展的供配电系统，以满足未来设备升级和增加的需求。

3.5.4　注意事项

（1）消防电线电缆的选择及注意事项

消防系统配电装置及线路应满足现行国家标准《建筑设计防火规范》（GB 50016—

2014）的规定。火灾报警与消防联动控制系统的布线要选择铜芯绝缘导线或铜芯电缆，火灾自动报警系统的传输线路和采用50V以下电压供电的控制线路，应采用电压等级不低于交流300/500V的铜芯绝缘导线或铜芯电缆。采用交流220/380V的供电和控制线路，应采用电压等级不低于交流450/750V的铜芯绝缘导线或铜芯电缆。

火灾自动报警系统传输线路的线截面选择，除应满足自动报警装置技术条件的要求外，还应满足机械强度的要求。火灾自动报警系统的供电线路和传输线路设置在室外时，应埋地敷设。火灾自动报警系统的供电线路和传输线路设置在地（水）下隧道或湿度大于90%的场所时，线路及接线处应做防水处理。

火灾自动报警系统的供电线路、消防联动控制线用耐火铜芯电线电缆，报警总线、消防应急广播和消防专用的传输线路应采用阻燃或阻燃耐火电线电缆。

不同电压等级的线缆不应穿入同一根保护管内，当合用同一线槽时，线槽内应有隔板分隔。采用穿管水平敷设时，除报警总线外，不同防火分区的线路应穿入同一根管内。以接线盒线槽等处引到探测器底座盒、控制设备盒，扬声器箱的线路，均应加金属保护管保护。火灾探测器的传输线路，宜选择不同颜色的绝缘导线电缆。正极“+”线应为红色，负极“-”线应为蓝色或黑色。同一工程中相同用途导线的颜色应一致，接线端子应有标号。

（2）其他应注意的事项

① 遵守相关法律法规。在进行消防供配电系统的设计与建设时，应遵守国家和地方的相关法律法规和规范标准。

② 重视安全性。考虑到供配电系统的特殊性质，应确保系统安全性，合理设置接地、防雷、防火等保护措施。

③ 定期维护与检修。为保证供配电系统的正常运行，应制定定期维护与检修计划，对系统进行检查与维护，确保设备的可靠运行。

3.5.5 系统选用案例

某大型三甲医院需要一个可靠的消防供配电系统，确保在任何情况下都能提供充足的电力支持。

① 系统选择。

a. 市电供电：从两个不同的电网引入电源，确保一个电网故障时另一个电网仍能供电。

b. 柴油发电机供电：配置柴油发电机作为备用电源，确保在市电中断时能够迅速启动并提供电力。

c. UPS供电：配置UPS系统，为关键设备提供瞬时供电。

② 布置方式。

a. 市电供电：设置双路供电系统，从两个电网引入电源，并通过ATS切换。

b. 柴油发电机供电：柴油发电机放置在专用机房内，通过专用电缆连接到ATS。

c. UPS供电：UPS放置在专用机房内，通过专用电缆连接到关键设备。

③ 检修维护。

a. 定期检查：每月检查一次电网连接点，每季度检查一次柴油发电机和UPS。

b. 维护记录：每次检查和维护都要详细记录，生成维护报告。

c. 应急演练：每半年进行一次应急演练，确保人员熟悉应急操作流程。

通过综合考虑这些因素，可以确保消防供配电系统的可靠性和安全性，为建筑提供全面的消防保障。

项目 4　数据中心灭火技术

数据中心灭火技术包括建筑灭火器配置、消火栓系统、自动喷水灭火系统、气体灭火系统和细水雾灭火系统。

4.1　建筑灭火器配置

4.1.1　建筑灭火器组成

建筑灭火器是一种便携式消防设备，用于在火灾初期阶段进行灭火，以控制火势并为人员疏散争取时间。灭火器通常由操作人员手动操作，适用于不同类型的火灾。

建筑灭火器由灭火器筒体、灭火剂、驱动装置、喷嘴、压力表、安全销等组成，其灭火步骤如下：

① 启动。拔掉安全销，启动灭火器。灭火器内的驱动装置被激活，将灭火剂从筒体中喷出。

② 喷射。灭火剂通过喷嘴喷射到火源处。喷嘴设计合理，确保灭火剂能够均匀喷洒。

③ 灭火。灭火剂与火源接触，通过化学反应或物理作用扑灭火灾。

不同类型的灭火剂有不同的灭火机制，如干粉灭火剂通过化学反应抑制火焰，二氧化碳灭火剂通过降低氧气浓度抑制燃烧。

数据中心火灾种类一般有固体物质火灾（A 类火灾）、液体火灾（B 类火灾）、物体带电燃烧的火灾（E 类火灾），数据中心不同使用功能的设备用房所对应的火灾种类和危险等级各不相同。

数据中心的数据机房模块、网络机房、运营商接入间等设备用房火灾种类为 A 类、E 类，对应危险等级是严重危险等级；变配电室、电力电池室、其他电气设备间等设备用房火灾种类为 A 类、E 类，对应危险等级是中危险级；柴油发电机房火灾种类为 A 类、B 类、E 类，对应危险等级是中危险级。

4.1.2　灭火器选择及配置基准

磷酸铵盐干粉灭火器可扑灭数据中心 A 类火灾，磷酸铵盐干粉灭火器、碳酸氢钠干粉灭火器或无金属喇叭喷筒的二氧化碳灭火器可扑灭数据中心 E 类火灾。在同一灭火器配置场所，当选用两种或两种以上类型灭火器时，应采用灭火剂相容的灭火器。磷酸铵盐干粉与碳酸氢钠干粉为不相容的灭火剂。

灭火器配置的设计与计算应按计算单元进行。灭火器最小需配灭火级别和最少需配数量的计算值应进位取整；每个灭火器设置点实配灭火器的灭火级别和数量不得小于最小需配灭火级别和数量的计算值；灭火器设置点的位置和数量应根据灭火器的最大保护距离确定，并应保证最不利点至少在 1 具灭火器的保护范围内。

模块机房、运营商接入机房、ECC、变配电室、电力电池室等设备间，其带电火灾为固体带电火灾，按 A 类火灾场所的灭火器最大保护距离和最低配置基准设置，如表 4-1 所示。

表 4-1　　　　A 类火灾场所的灭火器最大保护距离和最低配置基准

危险等级	灭火器最大保护距离/m		灭火器最低配置基准	
	手提式灭火器	推车式灭火器	单具灭火器 最小配置灭火级别	单位灭火级别 最大保护面积/m^2
严重危险级	15	30	3A	50
中危险级	20	40	2A	75

柴油发电机房等带有可燃液体的电力设备间，其带电火灾为有液体存在的带电火灾，按 B 类火灾场所的灭火器最大保护距离和最低配置基准设置，如表 4-2 所示。

表 4-2　　　　B 类火灾场所的灭火器最大保护距离和最低配置基准

危险等级	灭火器最大保护距离/m		灭火器最低配置基准	
	手提式灭火器	推车式灭火器	单具灭火器 最小配置灭火级别	单位灭火级别 最大保护面积/m^2
严重危险级	9	18	89B	0.5
中危险级	12	24	55B	1.0

4.1.3　灭火器配置原则

（1）配置原则

① 确保灭火器的配置符合国家和地方的相关规范和标准，如《建筑灭火器配置设计规范》（GB 50140—2005）等。

② 灭火器配置的设计与计算应按计算单元进行。灭火器最小需配灭火级别和最少需配数量的计算值应进位取整。

③ 每个灭火器设置点实配灭火器的灭火级别和数量不得小于最小需配灭火级别和数量的计算值。

④ 灭火器设置点的位置和数量应根据灭火器的最大保护距离确定，并应保证最不利点至少在 1 具灭火器的保护范围内。

（2）灭火器配置设计计算

① 计算步骤：

a. 确定各灭火器配置场所的火灾种类和危险等级。

b. 划分计算单元，计算各计算单元的保护面积。

c. 计算各计算单元的最小需配灭火级别。

d. 根据灭火器的最低配置基准，确定每个灭火器设置点的最小需配灭火级别。

e. 根据灭火器的最大保护距离，确定灭火器的设置点位置。

f. 复核计算单元内灭火器的灭火级别是否满足计算单元的最小需配灭火级别。

当一个楼层或一个水平防火分区内各场所的危险等级和火灾种类相同时可将其作为一

个计算单元；当一个楼层或一个水平防火分区内各场所的危险等级和火灾种类不相同时，应将其分别作为不同的计算单元；同一计算单元不得跨越防火分区和楼层。

② 计算单元的最小需配灭火级别计算公式为

$$Q=K\frac{S}{U} \tag{3-1}$$

式中：Q——计算单元的最小需配灭火级别（A 或 B）；

S——计算单元的保护面积（m^2）；

U——A 类或 B 类火灾场所单位灭火级别最大保护面积（m^2）；

K——修正系数（表 4-3）。

表 4-3　修正系数 *K* 取值表

计算单元	K	计算单元	K
未设室内消火栓系统和灭火系统	1.0	设有室内消火栓系统和灭火系统	0.5
设有室内消火栓系统	0.9	甲、乙、丙类液体储藏区	0.3
设有灭火系统	0.7		

③ 计算单元中每个灭火器设置点的最小需配灭火级别计算公式为

$$Q_e=\frac{Q}{N} \tag{3-2}$$

式中：Q_e——计算单元中每个灭火器设置点的最小需配灭火级别（A 或 B）；

N——计算单元中的灭火器设置点数（个）。

4.1.4　常见问题及注意事项

在使用和维护灭火器时，需要注意一些常见问题和注意事项，以确保灭火器在火灾发生时能够正常工作，保障人员安全。以下是常见问题及注意事项：

（1）灭火器压力不足

原因：灭火器未定期检查，压力逐渐下降。

注意事项：定期检查灭火器的压力表，确保其压力在正常范围内；每月至少检查一次灭火器的压力，并记录检查结果。

（2）灭火器过期

原因：灭火器未定期更换或重新充装。

注意事项：查看灭火器上的有效期标签，确保其在有效期内；定期更换或重新充装灭火器，确保其始终处于有效状态。

（3）灭火器位置不合理

原因：灭火器放置位置不显眼或不易取用。

注意事项：将灭火器放置在显眼且易于取用的位置，如走廊、楼梯间、出口等；确保灭火器周围没有障碍物，便于快速取用。

（4）灭火器类型选择不当

原因：未根据火灾类型选择合适的灭火器类型。

注意事项：根据场所的火灾类型选择合适的灭火器类型；A 类火灾（固体物质火灾）

适合用水基灭火器或干粉灭火器。

B类火灾（液体火灾）适合用二氧化碳灭火器或干粉灭火器。

C类火灾（气体火灾）适合用干粉灭火器。

（5）灭火器损坏

原因：灭火器受到物理损伤或腐蚀。

注意事项：定期检查灭火器的筒体和喷嘴，确保其完好无损；如发现灭火器损坏，应立即更换。

（6）安全销缺失

原因：安全销丢失或损坏。

注意事项：定期检查灭火器的安全销，确保其完好无损；安全销应始终保持在位，防止意外启动。

（7）操作人员不熟悉灭火器使用方法

原因：操作人员未接受培训或培训不足。

注意事项：对操作人员进行定期培训，确保他们熟悉灭火器的操作方法；每次更换灭火器或新增灭火器时，应对操作人员进行培训。

4.1.5　系统选用案例

某大型商业综合体（包括购物中心、写字楼、酒店等）需要配置灭火器，以确保在火灾初期阶段能够及时扑灭火灾，保障人员安全。

（1）场所特点

a. 购物中心：人员密集，易燃物品多，火灾类型主要为A类（固体物质火灾）和C类（气体火灾）。

b. 写字楼：办公区域，火灾类型主要为A类（固体物质火灾）。

c. 酒店：客房和厨房，火灾类型主要为A类（固体物质火灾）和B类（液体火灾）。

（2）灭火器选择

① 购物中心。

a. 火灾类型：A类（固体物质火灾）、C类（气体火灾）。

b. 灭火器选择：干粉灭火器适用于A类和C类火灾，能够快速扑灭初期火灾；二氧化碳灭火器适用于C类火灾、电器火灾，不导电，不会留下残留物。

c. 配置建议：在人员密集区域和易燃物品存放区域配置干粉灭火器；在电器设备区域配置二氧化碳灭火器。

② 写字楼。

a. 火灾类型：A类（固体物质火灾）。

b. 灭火器选择：水基灭火器适用于A类火灾，适用于办公室、图书馆等场所；干粉灭火器适用于A类火灾，适用于办公区域。

c. 配置建议：在办公区域配置水基灭火器和干粉灭火器；水基灭火器适用于大面积扑灭固体火灾，干粉灭火器适用于小范围扑灭初期火灾。

③ 酒店。

a. 火灾类型：A类（固体物质火灾）、B类（液体火灾）。

b. 灭火器选择：水基灭火器适用于 A 类火灾，适用于客房和公共区域；干粉灭火器适用于 A 类和 B 类火灾，适用于厨房等区域；二氧化碳灭火器适用于 B 类火灾，适用于厨房电器设备。

c. 配置建议：在客房和公共区域配置水基灭火器；在厨房和电器设备区域配置干粉灭火器和二氧化碳灭火器。

（3）具体配置方案

① 购物中心。

干粉灭火器：每 $50m^2$ 配置 1 具，放置在显眼且易于取用的位置。

二氧化碳灭火器：在电器设备区域配置，每 $100m^2$ 配置 1 具。

② 写字楼。

水基灭火器：每 $50m^2$ 配置 1 具，放置在显眼且易于取用的位置。

干粉灭火器：在电器设备区域配置，每 $100m^2$ 配置 1 具。

③ 酒店。

水基灭火器：每 $50m^2$ 配置 1 具，放置在显眼且易于取用的位置。

干粉灭火器：在厨房区域每 $20m^2$ 配置 1 具。

二氧化碳灭火器：在厨房电器设备区域每 $20m^2$ 配置 1 具。

（4）维护和管理

定期检查：每月检查一次灭火器的压力和有效期。记录每次检查的结果，确保有据可查。

（5）维护记录

每次检查和维护都要详细记录，包括检查日期、发现的问题和处理措施。

定期生成维护报告，汇总检查和维护情况，为后续工作提供参考。

（6）培训和演练

操作人员进行定期培训，确保他们熟悉灭火器的操作方法。

定期进行应急演练，确保人员熟悉应急操作流程，提高应急响应能力。

4.2 消火栓系统

4.2.1 消火栓系统组成

消火栓系统是一种专门设计用于保护数据中心建筑内设施免受火灾损害的消防供水系统。它确保在发生火灾时能够迅速提供足够的水量和水压，支持现场人员进行灭火作业。

消火栓系统由以下 6 部分组成：

① 消防水源：包括市政供水管网、地下水井或专设的消防水池等。

② 消防水泵：当外部水源压力不足时，通过设置增压泵来提高系统的供水压力。

③ 消防供水管道：将水源连接至数据中心内部各处消火栓的管道体系。

④ 增（稳）压设备：如消防气压罐，用于维持系统内的水压稳定。

⑤ 消防水泵接合器：便于外部消防车辆接入系统以增加供水能力。

⑥ 消防水箱：储存一定量的消防用水，以备紧急使用。

当发现火灾后，相关人员打开消火栓箱门，按动火灾报警按钮，向消防控制中心发出火灾报警信号。然后迅速拉出水带、水枪（或消防水喉），将水带头与消火栓出口接好，另一头与水枪接好，展开水带，开启消火栓手轮，握紧水枪（最好两人配合），通过水枪向着火点实施灭火。室内外消火栓给水系统示意图如图 4-1 所示。

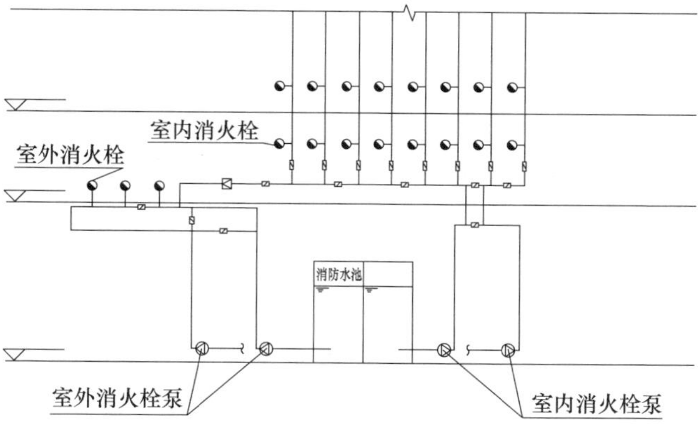

图 4-1　室内外消火栓给水系统示意图

4.2.2　消火栓系统分类及特点

消火栓系统是数据中心建筑物内或室外设置的一种固定灭火设施，用于提供消防用水。根据不同的分类方法，消火栓系统可以分为以下几类。

（1）按安装位置分类

① 室内消火栓系统：安装在建筑物内部的墙壁或其他结构上，通常配有水带、水枪等配件。

② 室外消火栓系统：安装在建筑物外部，为消防车提供水源。

（2）按供水方式分类

① 常高压消火栓系统：系统管网内的水压始终维持在一个较高的水平，可以直接连接水带进行灭火，不需要额外加压。适用于水源充足且能够提供稳定高压的情况。

② 临时高压消火栓系统：平时管网内的水压较低，在火灾发生时通过启动消防泵来提高水压。适用于水源压力不稳定或需要临时增压的情况。

③ 低压消火栓系统：在火灾发生时启动增压泵以提高水压。通常配备稳压泵来保持管道内的充水状态，确保在需要时立即可用。

对于数据中心园区建筑物而言，推荐采用低压消火栓系统，特别是当市政供水能满足设计流量需求时（如设计流量小于等于 20L/s）。如果超过此流量，则应采用两路供水以增加可靠性。

4.2.3　系统设置原则

（1）一般性原则

遵循国家或地方关于消防安全的标准和规范，确保系统设计符合相关法律法规要求。

根据数据中心的具体布局合理规划消火栓的数量和位置，确保覆盖所有关键区域，不留死角。

消火栓应设置在显眼且便于接近的地方，并保持周围无障碍物阻碍，以便于紧急情况下快速使用。

（2）室外消火栓设置原则

数据中心室外消火栓设置应符合现行国家标准《消防给水及消火栓系统技术规范》（GB 50974—2014）的规定。

建筑室外消火栓的数量应根据室外消火栓设计流量和保护半径经计算确定。保护半径不应大于 150m，每个室外消火栓的出流量宜按 10~15L/s 计算。

室外消火栓宜沿建筑周围均匀布置，不宜集中布置在建筑一侧；建筑消防扑救面一侧的室外消火栓数量不宜少于 2 个。

数据中心设有人防工程时，应在出入口附近设置室外消火栓，距出入口的距离不宜小于 5m，并不宜大于 40m。

数据中心停车场室外消火栓宜沿停车场周边设置，且与最近一排汽车的距离不宜小于 7m。

当数据中心采用高压或临时高压给水系统时，建议与室内消防给水系统共享资源，以优化成本和效率。独立的临时高压系统则需要设置稳压泵来维持系统内的水压和充水状态。

室外消防给水管网的设计应考虑环状布局以增强稳定性，至少有两条输水管线，保证即使一条失效也能满足消防需求。每段管道之间应安装阀门进行分隔，每段内不超过 5 个室外消火栓，并且管径不应小于 100mm。

（3）室内消火栓设置原则

数据中心室内环境温度通常不低于 4℃，应采用湿式室内消火栓系统。当局部场所室内环境温度低于 4℃时，应采取防冻措施。

设置室内消火栓的建筑，包括设备层在内的各层均应设置消火栓。室内消火栓系统管网应布置成环状，以提高系统的可靠性和稳定性。

当由室外生产生活消防合用系统直接供水时，合用系统除应满足室外消防给水设计流量以及生产和生活最大小时设计流量的要求外，还应满足室内消防给水系统的设计流量和压力要求。

室内消火栓竖管管径应根据竖管最低流量经计算确定，但不应小于 DN100（公称直径 100mm，GB/T 3091—2001）。消防给水管道的设计流速不宜大于 2. 5m/s。

室内消火栓给水管网宜与自动喷水等其他灭火系统的管网分开设置；当合用消防泵时，供水管路沿水流方向应在报警阀前分开设置。

室内消火栓的布置应满足同一平面有 2 支消防水枪的 2 股充实水柱同时达到任何部位。室内消火栓应设在走道、楼梯附近等明显易于取用的地点，消火栓间距应保证同层任何部位有两个消火栓的水枪充实水柱同时到达，以保证建筑物任何部位着火时，都能及时控制和扑救。

具体参数如下：

数据中心消火栓的布置间距不应大于 30m。

消防电梯前室应设置室内消火栓，并应计入消火栓使用数量。

消火栓栓口离地面高度宜为 1.10m，栓口出水方向宜向下或与设置消火栓的墙面相垂直。

同一建筑物内应采用统一规格的消火栓、水枪和水带。

消火栓的栓口直径应为 65mm，水带长度不宜超过 25m，水枪喷嘴口径不应小于 19mm。

消防软管卷盘应配置内径不小于 ϕ19mm 的消防软管，其长度宜为 30m。

4.2.4　常见问题及注意事项

（1）常见问题

漏水：管道接头、阀门等部位可能出现渗漏，导致水资源浪费和系统性能下降。

阀门故障：阀门可能因老化、腐蚀或操作不当而失效，影响系统的正常运行。

冬季冻结：在寒冷地区，管道中的水可能因低温而冻结，导致管道破裂或系统无法正常使用。

（2）注意事项

定期检查：定期对整个消火栓系统进行全面检查，特别是关注阀门和管道接头部位，及时发现并修复潜在问题。

防冻措施：在寒冷地区，采取有效的防冻措施，如使用保温材料包裹室外管道，安装电伴热系统，以防止管道因低温而破裂。

培训与演练：对相关人员进行培训，确保他们了解如何正确操作消火栓系统，并定期组织消防演练，提高应急响应能力。

4.2.5　系统选用案例

在为数据中心选择消火栓系统时，必须综合考虑当地的气象条件、自然环境以及数据中心的具体需求。以下以一家位于北方城市的数据中心为例，详细说明其选用方案。

① 气候条件：北方城市的冬季气温极低，可能导致管道中的水冻结，进而影响系统的正常运行。

② 设备保护：数据中心内部布满了敏感的电子设备，任何水渍都可能造成严重的二次损害。

③ 供水方式：采用加压供水方式，确保在紧急情况下能够迅速提供足够的水压和水量。

④ 设计方案：根据实际情况灵活调整设计方案，确保既能有效防火又能最大程度地保护敏感的 IT 基础设施不受损害。例如，在设计过程中，要充分考虑管道的布局、阀门的位置以及系统的维护便利性等因素。

⑤ 实时监控：除了物理层面的防护措施，还应结合自动报警系统和监控系统，以便在火灾初期就能及时发现并采取行动，进一步提高整体的安全性和可靠性。

4.3　自动喷水灭火系统

自动喷水灭火系统是现有的自动灭火系统中应用最成熟和灭火成功率最高的系统。预作用自动喷水灭火系统、湿式自动喷水灭火系统是数据中心常见的自动喷水灭火系统。

4.3.1 自动喷水灭火系统组成

自动喷水灭火系统（Automatic Sprinkler System）是一种自动化的消防系统，能够在火灾发生时自动启动，喷水灭火，从而控制火势并为人员疏散争取时间。

该系统通过温度敏感元件（如玻璃球或易熔合金）感应火灾，从而触发喷水动作。

自动喷水灭火系统由水源、增压设备、管道系统、喷水装置、报警装置、控制阀、报警控制盘、备用电源等组成。

4.3.2 自动喷水灭火系统分类及特点

自动喷水灭火系统是一种重要的消防设备，能够在火灾发生时自动启动喷水装置，扑灭初期火灾。根据其工作原理、操作方式和应用场景的不同，自动喷水灭火系统可以分为不同的类型。以下是几种常见的自动喷水灭火系统及其特点：

（1）湿式自动喷水灭火系统

① 简单可靠：系统中的管道始终充满水，一旦温度达到阈值，喷头即刻启动喷水。

② 反应速度快：能够迅速响应火灾，喷水灭火。

③ 成本较低：系统设计和安装相对简单，成本较低。

（2）干式自动喷水灭火系统

① 适用于低温环境：系统中的管道内没有水，适用于冷冻库、冷库等低温环境。

② 反应稍慢：需要等待空气加热后喷头才启动喷水。

③ 需要定期检查：系统内的压缩空气或氮气需要定期检查和维护，以确保系统可靠。

（3）预作用自动喷水灭火系统

① 双重保护：系统中管道内没有水，直到火灾确认后才充水。

② 适用于高风险场所：如档案馆、博物馆等，需要防止误喷。

③ 反应速度适中：需要确认火灾后才启动喷水，反应速度介于湿式和干式系统之间。

（4）雨淋式自动喷水灭火系统

① 快速反应：系统中的管道内没有水，火灾确认后立即充水喷洒。

② 适用于高风险场所：如化工厂、石油库等，需要快速喷水灭火。

③ 可能造成大量水损：由于系统启动后立即喷水，可能导致一定的水损。

（5）细水雾自动喷水灭火系统

① 高效节水：使用细水雾喷头，喷出细小水滴，高效灭火，节约水资源。

② 适用于精密设备：如数据中心、实验室等，对水损敏感的场所。

③ 反应速度快：能够迅速扑灭初期火灾。

4.3.3 自动喷水灭火系统设置原则

自动喷水灭火系统设置原则如下。

（1）符合规范和标准

确保系统设计和安装符合国家和地方的相关规范和标准，如《自动喷水灭火系统设计规范》（GB 50084—2017）等。

（2）全面覆盖

确保系统覆盖所有关键区域，包括人员密集场所、易燃易爆场所、高层建筑等。

（3）类型选择

根据不同场所的火灾类型选择合适的喷头类型。

如闭式喷头适用于一般场所，开式喷头适用于高风险场所。

（4）数量和位置

根据场所的面积和火灾风险，合理配置喷头的数量和位置。

确保喷头间距合理，覆盖所有关键区域。

（5）定期检查

定期检查喷头、管道和增压设备，确保其功能正常。

每月检查一次，确保喷头和管道无堵塞，增压设备正常运行。

（6）维护记录

每次检查和维护都要详细记录，包括检查日期、发现的问题和处理措施。

定期生成维护报告，汇总检查和维护情况，为后续工作提供参考。

（7）培训和演练

对操作人员进行定期培训，确保他们熟悉系统的操作和应急处理流程。

定期进行应急演练，确保人员熟悉应急操作流程，提高应急响应能力。

4.3.4 常见问题及注意事项

在设计和维护自动喷水灭火系统时，需要注意一些常见问题和注意事项，以确保系统的可靠性和有效性。

（1）系统误启动

原因：温度敏感元件误触发或系统部件故障。

注意事项：定期检查温度敏感元件和系统部件，确保其功能正常；定期进行系统测试，确保系统在需要时能够正确启动。

（2）系统误报警

原因：水流指示器或压力开关故障。

注意事项：定期检查水流指示器和压力开关，确保其功能正常；清洁喷头和管道，避免堵塞导致误报警。

（3）系统漏水

原因：喷头、管道或阀门损坏或老化。

注意事项：定期检查喷头、管道和阀门，确保其完好无损；定期更换老化部件，确保系统密封性。

（4）管道堵塞

原因：灰尘、杂质或其他异物堵塞管道。

注意事项：定期清洁管道，确保其畅通无阻；安装过滤器，减少杂质进入系统。

（5）喷头堵塞

原因：灰尘、杂质或其他异物堵塞喷头。

注意事项：定期清洁喷头，确保其畅通无阻；安装过滤器，减少杂质进入系统。

(6) 系统维护不足

原因：缺乏定期检查和维护。

注意事项：定期进行系统检查和维护，确保系统始终处于良好状态；每月检查一次喷头、管道和阀门，每季度检查一次增压设备和备用电源。

(7) 喷头位置不合理

原因：喷头安装位置不合理，未能覆盖关键区域。

注意事项：合理布置喷头，确保覆盖所有关键区域；遵循相关规范和标准，确保喷头间距合理。

(8) 备用电源不足

原因：备用电源容量不足或备用电源设备故障。

注意事项：定期检查备用电源设备，确保其容量足够并能正常工作；每季度检查一次备用电源设备，确保其功能正常。

(9) 系统联动失效

原因：联动控制设备故障或线路连接不良。

注意事项：定期检查联动控制设备和线路，确保连接可靠；定期进行系统联动测试，确保在紧急情况下能够及时启动相应的消防设备。

(10) 系统维护记录不完整

原因：未定期记录检查和维护情况。

注意事项：每次检查和维护都要详细记录，包括检查日期、发现的问题和处理措施；定期生成维护报告，汇总检查和维护情况，为后续工作提供参考。

4.3.5 系统选用案例

某大型数据中心需要配置自动喷水灭火系统，以确保在火灾初期能够快速响应并扑灭火灾，保障设备和数据安全。

① 系统选择。细水雾自动喷水灭火系统：适用于数据中心，高效灭火，减少水损。

② 系统设计。

a. 全面覆盖：在每个机房和关键设备区域配置细水雾喷头，确保覆盖所有关键区域。

b. 定期检查：每月检查一次喷头和管道，确保无堵塞和损坏。

c. 维护记录：每次检查和维护都要详细记录，确保有据可查。

d. 培训和演练：对操作人员进行定期培训，确保熟悉系统的操作方法；每半年进行一次应急演练，确保人员熟悉应急操作流程。

③ 配置案例。

a. 喷头配置：在每个机房配置细水雾喷头，每间隔 5m 配置一个喷头。

b. 管道布置：主干管道从中央供水系统延伸，分支管道到达各个区域。

c. 增压设备：在水源处配置增压泵，确保水压足够。

d. 备用电源：配置柴油发电机作为备用电源，确保在市电中断时系统仍能正常运行。

e. 报警装置：在中央控制室配置报警控制盘，接收报警信号并发出警报。

通过上述配置案例和设置原则，可以确保自动喷水灭火系统的可靠性和有效性，提高建筑的消防安全水平。

4.4　气体灭火系统

4.4.1　气体灭火系统组成

气体灭火系统是一种利用气体灭火剂来扑灭火灾的消防系统。它通过在防护区内释放特定的气体灭火剂，迅速降低火源周围的氧气浓度或吸收热量，从而达到灭火的目的。气体灭火系统具有高效、快速、无污染、不损坏物体等优点，特别适用于保护电子设备、档案资料、贵重物品等对水敏感或需要保持清洁的场所，广泛应用于数据中心等关键设施。

气体灭火系统由以下几部分组成：

① 灭火剂储存装置：包括储存容器、容器阀、安全泄压装置等。

② 输送管道：将灭火剂从储存装置输送到防护区。

③ 喷头：安装在防护区内，用于均匀喷射灭火剂。

④ 控制装置：包括自动控制、手动控制和机械应急操作装置。

⑤ 探测报警装置：用于检测火灾并发出警报信号。

⑥ 辅助设备：如通风设备、防火阀等。

当安装在防护区内的火灾探测器（如烟感探测器、温感探测器、火焰探测器等）检测到火灾信号时，会将信号传递给火灾报警控制器。火灾报警控制器接收到火灾信号后，根据预设程序启动灭火系统的自动控制装置。在紧急情况下，操作人员也可以通过手动控制装置启动灭火系统；如果自动和手动控制均失效，还可以使用机械应急操作装置启动灭火系统。控制系统打开储存容器的阀门，灭火剂通过输送管道和喷头均匀分布到防护区内。对于某些系统（如 IG-541 气体灭火系统），灭火剂在高压下储存，释放时通过管道快速输送至防护区。灭火剂通过物理作用（如稀释氧气浓度、吸热冷却）和化学作用（如中断燃烧链式反应）来扑灭火灾。灭火完成后，系统通过通风设备排出灭火剂，恢复防护区内的正常环境，并进行安全检查，确保无残留有害气体后方可重新进入。

4.4.2　气体灭火系统分类及特点

气体灭火系统包括七氟丙烷灭火系统和 IG-541 气体灭火系统。

七氟丙烷气体灭火系统，无色无味、不导电、无残留物，适用于油浸变压器室、带油开关的配电室、自备发电机房、通信机房和电子计算机房等防护区，如图 4-2 所示。

IG-541 混合气体灭火系统：绿色环保、无毒、无腐蚀性，适用于通信机房、电子计算机房内的电气设备火灾，如图 4-3 所示。

4.4.3　气体灭火系统设置原则

（1）一般性原则

遵循国家标准：符合《气体灭火系统设计规范》（GB 50370—2005）等相关标准。

合理布局：根据防护区的具体情况合理布置灭火系统，确保覆盖所有关键区域。

易于操作：控制装置应设在便于操作的位置，且标识清晰。

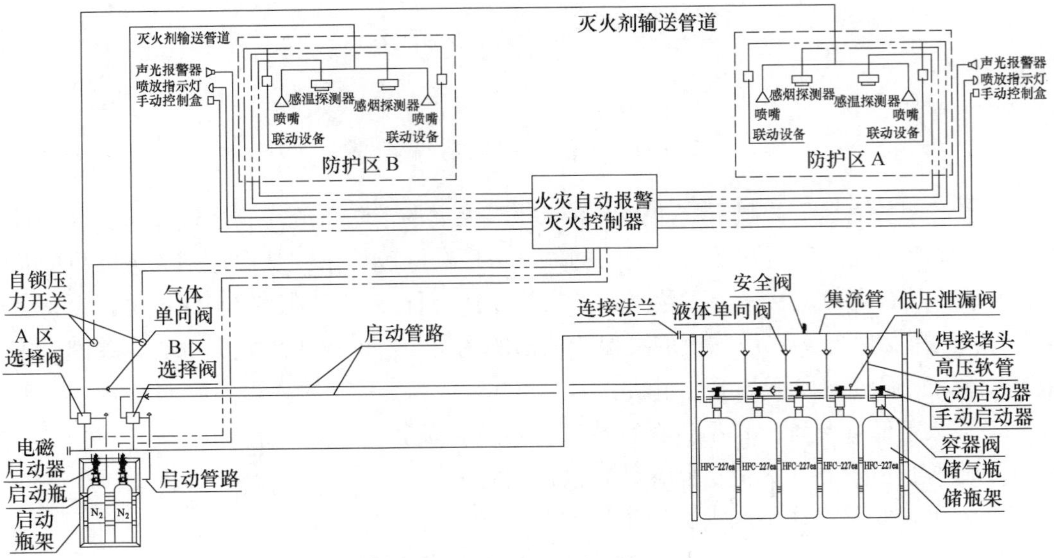

图 4-2　七氟丙烷气体灭火系统原理图

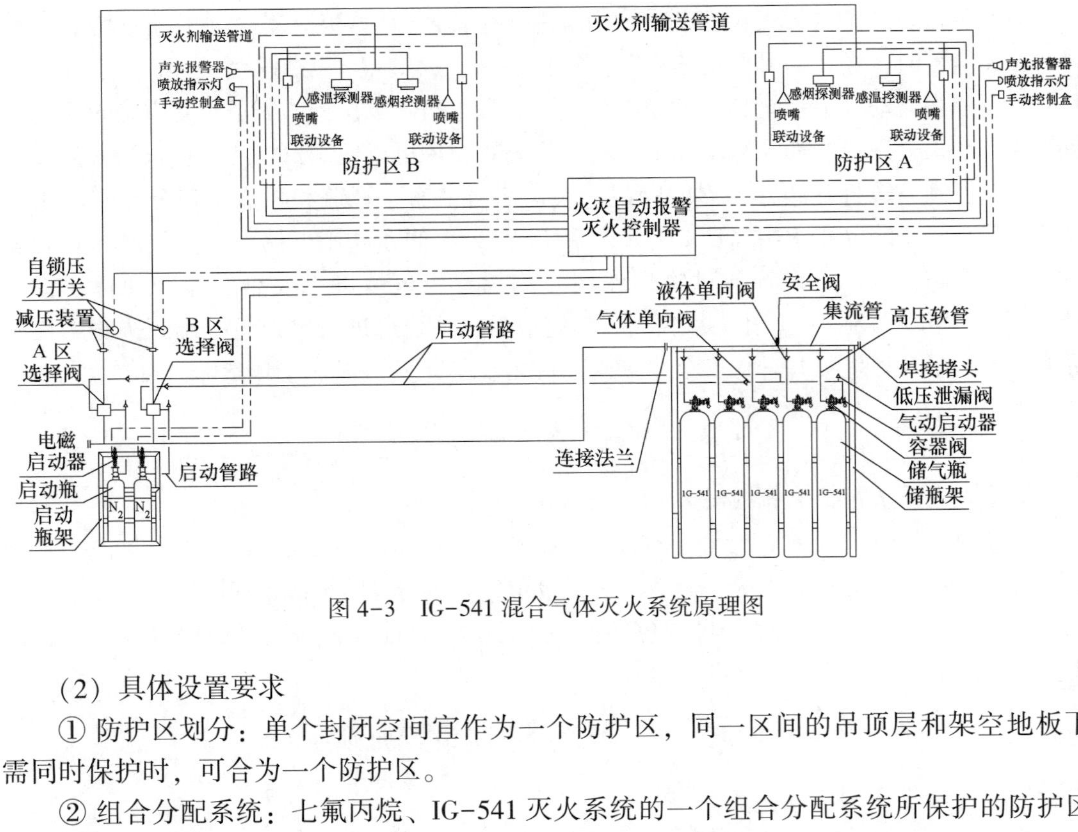

图 4-3　IG-541 混合气体灭火系统原理图

（2）具体设置要求

① 防护区划分：单个封闭空间宜作为一个防护区，同一区间的吊顶层和架空地板下需同时保护时，可合为一个防护区。

② 组合分配系统：七氟丙烷、IG-541 灭火系统的一个组合分配系统所保护的防护区不应超过 8 个。

③ 备用量设置：储存装置 72h 内不能重新充装恢复工作时，应按系统原储存量的 100% 设置备用量。

④ 预制灭火系统：充压压力不应大于2.5MPa，装置数量不宜超过10台。

⑤ 呼吸器配置：设有气体灭火系统的数据中心，应配置专用空气呼吸器或氧气呼吸器。

⑥ 泄压口设置：防护区应设置泄压口，泄压面积按相应气体灭火系统的设计规定计算。

⑦ 储瓶间布置：储瓶间应便于操作、维修，避免阳光直射，操作面距墙面或两操作面之间的距离不宜小于1.0m。

⑧ 火灾自动报警系统：防护区应设置火灾自动报警系统，选用灵敏度高的火灾探测器。

⑨ 启动方式：管网灭火系统应设自动控制、手动控制和机械应急操作三种启动方式；预制灭火系统应设自动控制和手动控制两种启动方式。

⑩ 应用方式：全淹没灭火系统和局部应用灭火系统，分别适用于不同类型的防护区。

4.4.4　常见问题及注意事项

（1）常见问题

泄漏：灭火剂储存容器或管道连接处可能出现泄漏。

阀门故障：阀门可能因老化、腐蚀或操作不当而失效。

误触发：误报警或误操作可能导致系统误启动。

（2）注意事项

定期检查：定期对系统进行全面检查，特别是阀门和管道接头部位。

防泄漏措施：采取有效的密封措施，防止灭火剂泄漏。

培训演练：对相关人员进行培训，确保员工正确操作灭火系统，并定期组织消防演练。

环境监测：监控防护区内的环境条件，确保灭火剂的有效性和安全性。

4.4.5　系统选用案例

某大型数据中心设置了气体灭火系统，在选择数据中心的气体灭火系统时，必须综合考量多个关键因素以确保系统的高效性和安全性。首先，鉴于数据中心内服务器和其他电子设备对环境条件的高度敏感性，所选气体灭火系统应无残留、不导电且对人体相对安全，如七氟丙烷或IG-541等灭火剂，既能迅速扑灭初期火灾又不会对设备造成二次损害。其次，考虑到数据中心持续运行的需求，系统需具备快速响应能力，在火灾发生时能够立即启动，最大限度减少停机时间和数据损失。再次，气体灭火系统的设计和安装必须严格遵守国家和地方的消防法规及技术标准，例如《火灾自动报警系统设计规范》（GB 50116—2013）和相关气体灭火系统标准，确保合规性和可靠性。最后，为了降低长期运营成本并提高维护便利性，应选择易于维护、具有冗余设计且经济高效的系统，同时结合智能控制系统实现自动化操作和实时监控，从而为数据中心提供全天候的安全保障。通过全面评估这些因素，可以为数据中心选择最适合的气体灭火系统，确保其在保护关键资产的同时不影响业务连续性。

4.5 细水雾灭火系统

4.5.1 细水雾灭火系统组成、工作原理

细水雾灭火系统主要以水为灭火介质，采用特殊喷头在压力作用下喷洒细水雾进行灭火或控火，是一种灭火效能较高、环保的水灭火系统。细水雾灭火系统能用于扑救相对封闭空间内的可燃固体表面火灾、可燃液体火灾和带电设备的火灾，可用于数据中心的主机房、控制室、变配电室、磁带库、发电机房等场所或设备的消防保护。细水雾灭火系统以其无污染，对人体无害，良好的灭火效能，安装、操作维护简便等优点，日益受到数据中心用户的青睐。

细水雾灭火系统由供水装置、过滤装置、控制阀、细水雾喷头等组件和供水管道组成。

采用自动控制方式时，火灾发生后，报警控制器收到两个独立的火灾报警信号，自动启动系统控制阀组和消防水泵并向系统管网供水，水雾喷头喷出细水雾，实施灭火。

细水雾灭火系统应用建议：

主机房、变配电室、电缆隧道、电缆夹层宜选择细水雾开式全淹没应用系统；柴油发电机房宜选择细水雾开式局部应用系统；细水雾灭火系统宜选用泵组系统。

数据中心的主机房、变配电室一般采用高压细水雾灭火系统，电缆隧道电缆夹层、柴油发电机房可采用高压或中压细水雾灭火系统。

4.5.2 系统分类、选型及应用要求

（1）系统分类

① 细水雾灭火系统按系统压力，分为高压细水雾灭火系统、中压细水雾灭火系统；按加压供水设备，分为瓶组式系统、泵组式系统；按喷头形式，分为开式系统、闭式系统；按系统应用范围，分为全淹没应用方式、局部应用方式。

a. 闭式细水雾灭火系统，由消防水箱或稳压泵、气压给水设备等稳压设施维持雨淋阀入口前管道内的充水压力，雨淋阀后的管道内平时无水或充以有压气体。发生火灾时，由火灾自动报警系统开启预作用报警阀的电磁阀，配水管道开始排气充水，使系统在闭式喷头动作前转换成湿式系统，系统管网的压力开关或高位消防水箱的流量开关直接启动消防水泵并在闭式喷头开启后立即喷水。

b. 开式系统应在接收到两个独立的火灾报警信号后自动启动，“接收到两个独立的火灾报警信号后自动启动”是指只有当两种不同类型或两个独立回路中同一类型的火灾探测器均检测出防护场所的火灾信号时，才能发出启动灭火系统的指令。在消防控制室内和防护区入口处，应设置系统手动启动装置。手动启动装置和机械应急操作装置应能在一处完成系统启动的全部操作，并应采取防止误操作的措施。手动启动装置和机械应急操作装置上应设置与所保护场所对应的明确标识。

c. 泵组系统应具有自动、手动控制方式。瓶组系统应具有自动、手动和机械应急控制方式。

② 细水雾灭火系统宜选用泵组系统。

③ 全淹没应用方式的开式系统，其防护区数量不应大于 3 个，单个防护区的容积和系统设计参数取定应符合现行国家标准《细水雾灭火系统技术规范》（GB 50898—2013）规定。

④ 闭式系统的作用面积不宜小于 140m^2，每套泵组所带喷头数量不应超过 100 只。

（2）系统特点

① 采用全淹没应用方式的开式系统，其单个防护区的容积，泵组系统不宜大于 3000m^2，瓶组系统不宜超过 260m^2，且瓶组系统所保护的防护区数量不宜超过 3 个。

② 采用局部应用方式的开式系统，其保护面积应按下列规定确定：

对于外形规则的保护对象，应为该保护对象的外表面面积。

对于外形不规则的保护对象，应为包容该保护对象的最小规则形体的外表面面积。

对于可能发生可燃液体流淌火灾或喷射火灾的保护对象，除应符合上述要求外，还应包括可燃液体流淌火灾或喷射火灾可能影响到的区域的水平投影面积。

③ 开式系统的设计响应时间不应大于 30s。采用全淹没应用方式的瓶组式系统，当同一防护区内采用多组瓶组时，各瓶组必须能同时启动，其动作响应时差不应大于 2s。

（3）系统设置原则

细水雾灭火系统的设置应遵循以下基本原则，以确保系统的安全性、有效性、经济性和合规性：

① 安全性：系统设计和安装需确保不会引入新的安全隐患。所有组件必须安全可靠，避免因系统故障引发次生灾害。

② 有效性：根据保护对象的具体需求选择合适的系统类型，并确保所选系统能够高效控制火势，满足预期的防火目标。

③ 经济性：在保证系统性能的前提下，综合考虑初期投资成本与长期维护费用，实现成本效益最大化。

④ 合规性：严格遵守国家相关法律法规及行业标准，如《细水雾灭火系统技术规范》（GB 50898—2013）等，确保系统设计符合规定要求。

⑤ 系统设计采用的产品及组件应符合现行国家标准《细水雾灭火系统及部件通用技术条件》（GB/T 26785—2011）等相关规定，确保其质量和性能达到要求。

⑥ 系统的选型与设计应基于对保护对象火灾危险性、火灾特性、设计防火目标、保护对象特征、环境条件以及喷头喷雾特性的综合分析，确保系统配置合理有效。

⑦ 全淹没应用方式的开式系统适用于：液压站、配电室、电缆隧道、电缆夹层、电子信息系统机房。

⑧ 局部应用方式的开式系统适用于：油浸变压器室、柴油发电机房、燃油锅炉房。

4.5.3　常见问题及注意事项

① 避免误操作：设置明确的操作指南并培训相关人员。

② 水源稳定性：保证有足够的水源供应以应对突发情况。

③ 环境适应性：考虑到安装地点的温度、湿度等因素可能影响系统性能。

4.5.4 系统选用案例

某大型数据中心设置了细水雾系统，由于数据中心内部存放大量高价值电子设备，对于安全措施的要求极高。因此，在选择细水雾灭火系统时通常会优先考虑高压泵组式的开式全淹没应用系统，因为这类系统不仅能够迅速响应火灾信号，而且具有较强的冷却能力和较小的损害风险，非常适合保护敏感的电子设备免受火灾侵害。同时，也需要注意按照《细水雾灭火系统技术规范》（GB 50898—2013）中的具体指导要求来进行设计与布置，确保满足安全标准的同时也能达到最佳的防火效果。

① 系统形式选择。数据中心推荐使用泵组系统，当采用闭式系统时不应采用瓶组系统。

② 全淹没应用方式的开式系统。当采用全淹没应用方式时，防护区内影响灭火效果的开口应在系统启动时联动关闭。若无法自动关闭，则应在开口上方增设喷头，以增强灭火效果。

③ 局部应用方式的开式系统。采用局部应用方式时，保护对象周围的气流速度不宜超过 3m/s。必要时，应采取挡风措施，以确保灭火剂的有效覆盖和作用。

项目 5 数据中心逃生救援与通信技术

数据中心逃生救援与通信技术包括机械防烟排烟系统、消防应急照明和疏散指示系统、消防专用电话系统和消防应急广播系统。

5.1 机械防烟排烟系统

5.1.1 机械加压送风系统

（1）组成及工作原理

机械加压送风系统是指在不具备自然通风条件的情况下，通过机械加压系统维持疏散通道（如楼梯间、前室）内的正压，阻止烟气侵入的设施。

其组成如下：

① 加压送风口：安装在楼梯间、前室等关键部位，用于引入新鲜空气。

② 送风管：连接送风机和送风口，确保空气流通。

③ 加压送风机：产生气流和压力差，用于控制烟气流动。

④ 风阀：调节风量和风向，确保系统正常运行。

⑤ 控制系统：包括火灾自动报警系统和联动控制装置，确保系统在火灾时自动启动。

其工作原理为：利用风机制造的压力梯度（防烟楼梯间>前室>走道>房间），防止烟气进入疏散路径，并确保各部分之间的压差适中，不影响疏散效率。

（2）系统要求及特点

① 系统要求：机械加压送风系统必须设置于防烟楼梯间、避难层、防烟楼梯间前室及消防电梯前室或合用前室。根据实际需求可选择性地为走道和房间配置。

② 特点：与火灾自动报警系统联动，具备多种启动方式（手动/自动/远程控制）。启动后能在规定时间内快速调整相关区域的风门状态，形成有效的压力屏障。配备测压装置和调节措施，确保合理的压力分布。消防控制设备需实时监控并显示系统组件的工作状态。

5.1.2 机械排烟系统

（1）组成及工作原理

机械排烟系统能够在不具备自然排烟条件时，将火灾中建筑房间、走道内的烟气和热量排出建筑，为人员安全疏散和开展灭火救援行动创造有利条件。

其组成如下：

① 挡烟垂壁：活动式或固定式挡烟垂壁，或挡烟隔墙、挡烟梁，用于控制烟气扩散。

② 排烟口：带有排烟阀的排烟口，用于排出烟气。

③ 排烟防火阀：防止烟气从空调和通风系统蔓延到其他非着火房间。

④ 排烟道：连接排烟口和排烟风机，确保烟气排出。

⑤ 排烟风机：将烟气通过排烟管道排至室外。

⑥ 排烟出口：将烟气排出建筑的出口。

其工作原理为：通常由火场人员手动控制或由感烟探测器将火灾信号传递给防烟排烟控制器，开启活动的挡烟垂壁将烟气控制在发生火灾的防烟分区内，并打开排烟口以及和排烟口联动的排烟防火阀，同时关闭空调系统和送风管道内的防火调节阀，防止烟气从空调和通风系统蔓延到其他非着火房间，最后由设置在屋顶的排烟机将烟气通过排烟管道排至室外。

（2）系统要求及特点

① 系统要求：当自然排烟条件不足时，应采用机械排烟方式。

② 系统特点如下：自动化程度高，支持多种启动模式。实现了排烟阀、排烟口、风机等设备间的协调运作。对于多分区系统，仅激活着火区的相关设备，提高效率。实时监测并反馈系统运行状态给消防控制室。

5.1.3 排烟补风系统

（1）组成及工作原理

排烟补风系统能够在机械排烟系统运行时，为排出某一区域空气的同时，引入另一部分空气，形成理想的气流组织，迅速排除烟气，有利于人员的安全疏散和消防救援。

其组成如下：

① 补风机：设置在专用机房内，用于引入新鲜空气。

② 补风管道：连接补风机和补风口，确保空气流通。

③ 补风口：安装在需要补风的区域，用于引入新鲜空气。

排烟补风系统的工作原理基于空气动力学和热力学的原理，旨在火灾发生时通过机械手段有效地排除建筑物内的烟气，并同时补充新鲜空气，以维持合理的气流组织，从而确保人员的安全疏散并支持灭火救援行动。

（2）系统要求

① 地下室和大于等于 $500m^2$ 的地上房间，必须设置补风系统。

② 小于 $500m^2$ 的房间和走道可以通过建筑结构自然补风。

③ 补风口与排烟口间距不小于 5m，水平布置。

④ 控制机械补风口的最大风速，不超过 10m/s；人员密集区不超过 5m/s；自然补风口不超过 3m/s。

（3）注意事项及常见问题

① 定期维护检查：确保所有组件处于良好工作状态，特别是风机、阀门和控制系统。

② 测试演练：定期进行功能测试和应急演练，验证系统的可靠性和响应速度。

③ 兼容性考虑：确保防烟排烟系统与其他消防设施之间良好的协同工作。

④ 遵守规范标准：严格按照国家现行的标准和技术指南进行设计、安装和使用，如《建筑防烟排烟系统技术标准》（GB 51251—2017）和《火灾自动报警系统设计规范》（GB 50116—2013）。

（4）系统选用案例

某大型数据中心设置了机械防烟排烟系统，在选择数据中心的防烟排烟系统时，必须综合考虑多个关键因素以确保系统的有效性和经济性。①由于数据中心内的服务器和其他电子设备对环境条件极为敏感，所选系统不仅要保障人员的安全疏散，还需防止烟雾和灭火剂对精密设备造成损害。②考虑到数据中心持续高效的冷却需求，防烟排烟系统应与现有的冷却系统兼容并协同工作，以维持适宜的工作温度。③鉴于数据中心可能位于建筑物内部或地下、疏散路径较长的特点，防烟排烟系统必须具备快速响应能力，能够在火灾发生时迅速启动并高效运作。④所选系统需严格遵守国家和地方的消防法规和技术标准，如《建筑防烟排烟系统技术标准》和《火灾自动报警系统设计规范》，确保合规性。⑤在长期运行和维护方面，应选择易于维护且成本效益高的系统，以降低总体拥有成本并提高系统的可靠性。通过全面评估这些因素，可以为数据中心构建一个既安全又高效的防烟排烟体系。

5.2　消防应急照明和疏散指示系统

5.2.1　消防应急照明和疏散指示系统组成及工作原理

消防应急照明和疏散指示系统（图5-1）是在发生火灾或其他紧急情况时，为人员疏散和继续工作的场所提供照明和疏散指示的建筑消防系统。该系统旨在确保在紧急情况下，人员能够迅速、安全地撤离建筑物，并为救援人员提供必要的照明支持。

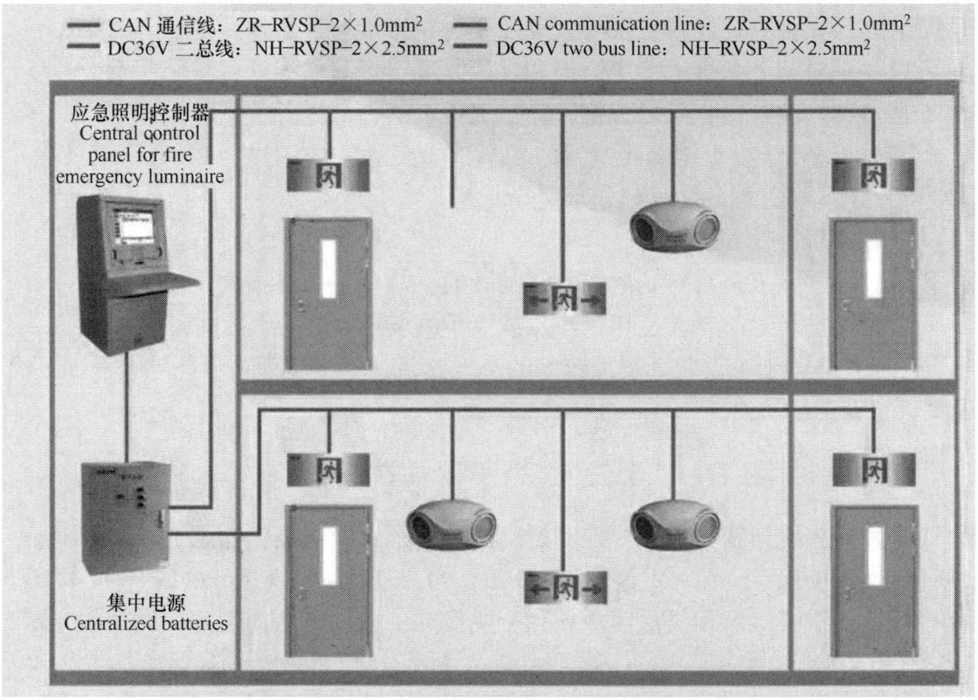

图5-1　消防应急照明和疏散指示系统图

其组成如下：

① 消防应急照明灯具：用于提供应急照明，确保在主电源中断时，疏散通道和安全出口等关键区域仍然有足够的光照。

② 消防应急标志灯具：用于指示安全出口和疏散路径，帮助人员快速找到最近的出口。

③ 控制装置：包括中央控制器、应急照明配电箱、集中电源等，用于管理和控制整个系统的工作状态。

④ 传感器和探测器：用于检测主电源中断或火灾信号，触发系统切换到应急模式。

常规状态时，系统由数据中心的主电源供电，灯具保持正常工作状态，标志灯具显示正常指示信息。

应急状态时，一旦检测到主电源中断或接收到火灾信号，系统自动切换到内置电池或备用电源，确保在紧急情况下持续运行。系统通过方向标志灯和出口标志灯等组件，清晰地标示安全出口的位置及最佳逃生路径。

系统支持集中控制和分散控制两种模式。集中控制型系统通过中央控制器实现对所有灯具的统一管理，分散控制型系统则允许各灯具独立完成从日常到应急状态的转换。系统具备定期自检功能，确保其始终处于最佳工作状态。

5.2.2 系统分类及特点

消防应急照明和疏散指示系统根据灯具的控制方式可分为集中控制型和非集中控制型。

（1）集中控制型系统特点

① 所有灯具由中央控制器统一管理和控制，便于维护和管理。

② 可以实现对整个系统的集中监控和远程管理，提高系统的可靠性和响应速度。

③ 支持多种控制策略，可以根据实际情况灵活调整。

适用范围：适用于设有消防控制室的场所，如大型数据中心、办公楼、医院等。特别适合需要高度协调和管理的大型建筑或复杂场所。

（2）非集中控制型系统特点

① 各灯具独立完成从日常到应急状态的转换，简化了系统结构。

② 安装和维护相对简单，适用于小型或简单的场所。

适用范围：适用于未设置消防控制室的小型建筑，如小型商店、住宅楼等；适合对系统管理要求较低的场所。

5.2.3 系统设置原则

① 简洁性：系统架构应简洁，控制逻辑简单明了，便于操作和维护。

② 可靠性：确保系统在火灾等紧急情况下的可靠运行，提高系统的稳定性和响应速度。

③ 合规性：符合国家相关法律法规和行业标准，如《消防应急照明和疏散指示系统》（GB 17945—2024）。

④ 智能化：结合现代信息技术，实现系统的智能化管理，提高系统的整体性能和用户体验。

5.2.4　要求、注意事项

(1) 节能环保

选择节能型光源和安全性高的蓄电池，减少环境污染，降低运营成本。

优先选择LED灯具，其能耗低、寿命长，适合长时间使用。

(2) 双电源配电

应急照明系统采用专用回路双电源配电，并在末端互投，确保连续供电时间不少于120min，提高系统的可靠性和安全性。

主电源和备用电源应定期进行切换测试，确保在紧急情况下能够顺利切换。

(3) 布线要求

布线应符合消防设计要求，具备足够的抗火灾能力。

导线应穿钢管或经阻燃处理的硬质塑料管暗埋于不燃烧体的结构层内，保护层厚度不宜小于30mm，确保布线的安全性和耐久性。

所有接线端子应牢固连接，避免松动和脱落。

(4) 照度要求

疏散通道：地面最低水平照度不应低于0.5lx，确保人员在紧急情况下能够看清疏散路径。

人员密集场所：地面最低水平照度不应低于1lx，确保人员能够快速、有序地疏散。

楼梯间：地面最低水平照度不应低于5lx，确保人员在上下楼梯时的安全。

(5) 控制方式

平时采用就地控制或由建筑设备监控系统统一管理，确保系统的正常运行。

火灾时由消防控制室自动控制强制点亮全部应急照明灯，确保紧急情况下的快速响应。

系统应具备远程监控和报警功能，一旦发生故障，能够及时通知管理人员进行处理。

5.2.5　系统选用案例

某大型数据中心设置了消防应急照明和疏散指示系统，对于大型数据中心，特别是设有消防控制室，且包含多个机房、办公区、走廊和楼梯间等区域的数据中心，选择合适的应急照明和疏散指示系统至关重要。为了确保在紧急情况下能够迅速切换到应急模式并保障人员安全，推荐采用由中央控制器统一管理和控制的集中控制型系统。设计时首先要根据防火分区和楼层划分独立的疏散单元，为每个机房、走廊、楼梯间等区域制定详细的疏散指示方案，遵循最短路径疏散原则，并针对需要借用相邻防火分区疏散的情况分别设计最短路径和避险疏散方案；选用符合国家标准和市场准入要求的应急照明控制器、集中电源、配电箱和灯具，优先考虑通过ISO认证和国家消防认证的产品以确保可靠性和性能；将中央控制器安装在消防控制室内，实现对系统的集中监控与管理，确保及时响应火灾事件；在专用机房内配置集中电源，为主电源和备用电源提供支持，保证所有灯具的正常工作；在每个疏散单元的关键位置安装应急照明灯具和标志灯具，确保紧急情况下的充足照明和清晰指引。通过这些精心设计的原则，可以构建一个高效可靠的消防应急照明和疏散指示系统，不仅能在紧急情况下发挥重要作用，保障人员生命安全，还能结合数据中心的先进管理模式，提升系统的智能化和自动化水平，增强数据中心的整体安全性和可靠性。

5.3 消防专用电话系统

5.3.1 消防专用电话系统组成

消防专用电话系统是对内及对外互相联系和及时报警的主要方式，特别是电话通信。该系统应作为独立的消防灭火通信联络和指挥调度的应急设施，确保在火灾发生时进行紧急联络呼叫、发布抢救命令和互相信息联系等过程中畅通无阻和正常运行。

其组成如下：

消防专用电话系统：用于消防控制室与建筑物中各部位之间的通话，由消防电话总机、消防电话分机、消防电话插孔构成（图 5-2）。

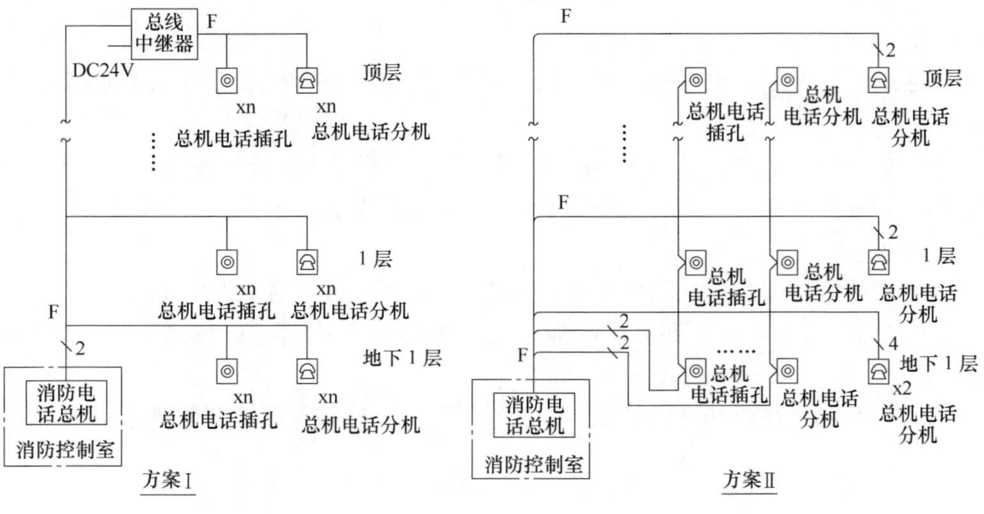

图 5-2　消防专用电话系统示意图

外线电话系统：设置在消防控制室、消防值班室或企业消防站等处，用于直接报警和外部通信。

通信线路：包括专用通信线路和备用通信线路，确保系统的可靠性和冗余性。

常规状态下系统由主电源供电，各组件保持正常工作状态，随时准备接收和发送信息。

应急状态时，一旦检测到火灾信号，系统自动切换到应急模式，确保所有通信设备正常运行。消防电话总机可以与各分机进行全双工语音通信，确保指挥调度的高效性和准确性。

消防通信系统应独立于其他通信系统，避免干扰和冲突，确保在紧急情况下能够迅速响应。

虽然消防通信系统是独立的，但可以与其他通信系统互为备用，以确保通信畅通无阻和运行安全可靠。

5.3.2　系统特点、适用范围、设置原则

（1）特点

专用独立：与普通电话系统分开，确保在紧急情况下不受其他通信系统的干扰。

全双工通信：消防电话总机与分机之间可以进行双向语音通信，提高通信效率。

快速响应：系统设计简洁，操作方便，确保在紧急情况下能够迅速建立通信联系。

（2）适用范围

消防控制室：设置消防电话总机，负责整个系统的管理和调度。

关键部位：消防水泵房、发电机房、配变电室、计算机网络机房、主要通风和空调机房、防排烟机房、灭火控制系统操作装置处或控制室、企业消防站、消防值班室、总调度室、消防电梯机房等关键部位应设置消防专用电话分机。

设有手动火灾报警按钮或消火栓按钮等处，宜设置电话插孔，以便紧急情况下快速通信。

（3）设置原则

① 独立性。消防通信系统应独立于其他通信系统，避免干扰和冲突，确保在紧急情况下能够迅速响应。

② 可靠性。系统应具备高可靠性和冗余性，确保在各种情况下都能正常运行。

③ 合规性。符合国家相关法律法规和行业标准，如《建筑防火通用规范》（GB 55037—2022）。

④ 智能化。结合现代信息技术，实现系统的智能化管理，提高系统的整体性能和用户体验。

5.3.3　要求、注意事项

（1）安装要求

消防电话总机：安装在消防控制室内，负责整个系统的管理和调度。

外线电话：设置在消防控制室、消防值班室或企业消防站等处，用于直接报警和外部通信。

消防电话分机：应固定安装在明显且便于使用的部位，并应有区别于普通电话的标识。

电话插孔：安装在建筑物各处，插上电话手柄就可以和消防电话总机通信。多线制消防专用电话系统中的每个电话分机也应与总机单独连接。电话插孔在墙上安装时，其底边距地面高度宜为1.3~1.5m。

手动报警按钮：设有手动火灾报警按钮或消火栓按钮等处，宜设置电话插孔，并宜选择带有电话插孔的手动火灾报警按钮。

避难层应每隔20m设置一个消防专用电话分机或电话插孔。

（2）布线要求

消防通信系统的通信线路应独立布线，避免与其他通信线路混用。

通信线路应采用耐火材料，确保在火灾情况下仍能正常工作。

线路应穿钢管或经阻燃处理的硬质塑料管暗埋于不燃烧体的结构层内，保护层厚度不宜小于 30mm。

5.4 消防应急广播系统

5.4.1 消防应急广播系统组成和工作原理

消防应急广播系统是一种在火灾等紧急情况下，通过预设的广播设备向建筑内的人员发布疏散指令和安全信息的系统。它能够确保在紧急情况下，人员能够及时获得正确的疏散信息，提高疏散效率和安全性。

(1) 系统组成

① 广播主机。

a. 功能：负责接收来自火灾报警控制器的信号，控制广播设备的启停，播放预设的疏散指令和安全信息。

b. 特点：通常具备录音功能，可以录制疏散指令和安全信息。

② 功放设备。

a. 功能：放大音频信号，确保广播声音清晰、响亮，覆盖整个广播区域。

b. 特点：具有足够的功率输出，以覆盖整个建筑的广播区域。

③ 扬声器。

a. 功能：将音频信号转换为声音，覆盖广播区域。

b. 特点：安装在各个楼层、走廊、大厅等关键位置，确保广播声音能够覆盖整个建筑。

④ 线路。

a. 功能：连接广播主机、功放设备和扬声器，确保音频信号能够传输到各个扬声器。

b. 特点：通常采用专用的广播线路，确保音频信号传输的稳定性和可靠性。

⑤ 电源。

a. 功能：为广播系统提供稳定的电源。

b. 特点：通常配备备用电源，确保在市电中断时，广播系统仍能正常工作。

⑥ 控制面板。

a. 功能：操作人员可以通过控制面板手动启动或停止广播系统。

b. 特点：通常安装在中央控制室或值班室，方便操作和监控。

⑦ 传输设备。

a. 功能：将广播信号从广播主机传输到各个扬声器。

b. 特点：可以是电缆、光纤或无线传输设备，根据实际情况选择。

消防应急广播系统通过广播主机、功放设备、扬声器、线路、电源和控制面板等组成，能够在火灾等紧急情况下，向人员发布疏散指令和安全信息，确保人员能够及时、有序地疏散。通过合理的系统设计和定期的维护检查，可以确保系统的可靠性和有效性，提高建筑的消防安全水平。

5.4.2　消防应急广播系统分类及特点

消防应急广播系统可以根据其功能和应用场景进行分类。以下是几种常见的分类及其特点。

（1）中央控制型消防应急广播系统

① 特点。

a. 集中控制：广播主机集中控制所有广播设备，便于统一管理和操作。

b. 多功能：除了播放疏散指令，还可以播放背景音乐、通知等。

c. 稳定可靠：通常配备备用电源，确保在市电中断时仍能正常工作。

d. 覆盖广泛：通过功放设备和扬声器的合理布置，可以覆盖整个建筑或区域。

② 适用场合。

a. 大型商业综合体（如购物中心、写字楼、酒店等）。

b. 高层建筑。

c. 重要公共设施（如机场、地铁站、医院等）。

（2）分散控制型消防应急广播系统

① 特点。

a. 局部控制：每个区域或楼层有自己的广播设备，独立控制。

b. 灵活性高：可以根据不同区域的需求进行局部调整。

c. 易于维护：故障排查和维修较为方便。

d. 成本较低：相对于中央控制型系统，成本较低。

② 适用场合。

a. 较小规模的建筑。

b. 人员密集程度较低的场所。

（3）智能化消防应急广播系统

① 特点。

a. 智能化控制：通过智能控制系统，可以根据火灾情况自动调整广播内容和覆盖范围。

b. 联动控制：与火灾报警系统、自动喷水灭火系统等联动，提高应急响应速度。

c. 数据分析：可以记录和分析广播数据，为后续改进提供依据。

d. 远程控制：可以通过网络进行远程控制和监控。

② 适用场合。

a. 高端商业综合体。

b. 大型公共设施。

c. 数据中心等对智能化要求较高的场所。

（4）多媒体消防应急广播系统

① 特点。

a. 多媒体功能：除了语音广播，还可以播放图像、视频等多媒体信息。

b. 互动性强：可以与人员进行互动，提高疏散效率。

c. 信息丰富：可以提供更多样化的信息，如安全提示、逃生路线等。

d. 技术先进：采用先进的音频和视频技术，提供更高质量的信息传播。

② 适用场合。

a. 大型展览馆。

b. 大型商场。

c. 高端写字楼。

5.4.3 消防应急广播系统设置原则

消防应急广播系统（图 5-3）应在消防控制室控制，并能实现自动播音（与火灾自动报警系统联动，分区播发预定的录音）和手动播音两种方式。火灾应急广播设备的用电，一类建筑应按一级负荷的要求供电，二类建筑应按二级负荷的要求供电。此外，还应设有直流备用电源，备用电源的容量应能保证网络在最大负荷下紧急广播 10~20min。在消防控制室应能手动或预设控制程序联动控制选择广播分区，启动或停止应急广播系统，并能监听消防应急广播。在通过传声器进行应急广播时，应自动对广播内容进行录音。

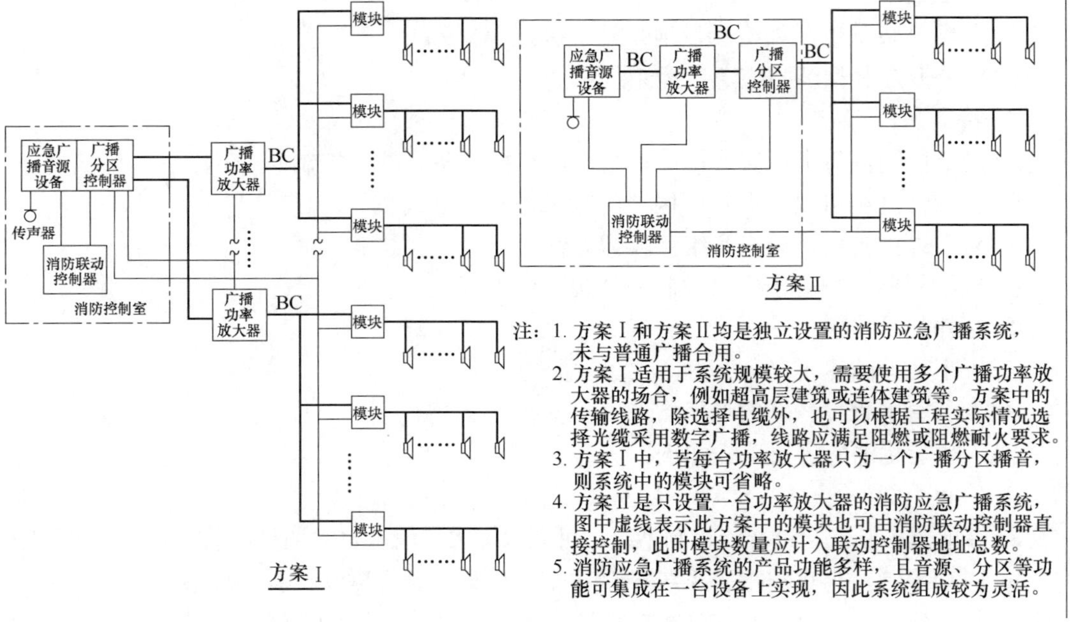

图 5-3　消防应急广播系统示意图

消防应急广播扬声器的设置，还应符合相关规定：

① 民用建筑内扬声器应设置在走道和大厅等公共场所，每个扬声器的额定功率不应小于 3W；其数量应该保证从一个防火分区内的任何部位到最近一个扬声器直线距离不大于 25m，走道末端距最近的扬声器距离不应大于 12.5m。

② 在环境噪声大于 60dB 的场所设置的扬声器，在其播放范围内最远点的播放声压级应高于背景噪声 15dB。

③ 壁挂扬声器的底边距地面高度应大于 2.2m。

5.4.4 常见问题及注意事项

在设计和维护消防应急广播系统时，需要注意一些常见问题和注意事项，以确保系统的可靠性和有效性。以下是常见问题及注意事项。

① 系统覆盖范围不足。

原因：扬声器布置不合理，覆盖范围不足。

注意事项：合理布置扬声器，确保广播声音覆盖所有关键区域。根据建筑结构和人员流动情况，选择合适的扬声器类型和安装位置。

② 广播声音质量差。

原因：功放设备功率不足，扬声器质量差，线路传输信号衰减。

注意事项：选择合适的功放设备和扬声器，确保音频信号传输稳定，避免线路老化或损坏。

③ 系统误启动或误报。

原因：广播主机或控制面板误操作，火灾报警系统误报。

注意事项：定期对操作人员进行培训，确保他们熟悉系统的操作流程。合理设置火灾报警系统的阈值，避免误报。

④ 系统联动失效。

原因：联动控制设备故障，线路连接不良。

注意事项：定期检查联动控制设备和线路，确保连接可靠。定期进行系统联动测试，确保在紧急情况下能够及时启动相应的消防设备。

⑤ 备用电源不足。

原因：备用电源容量不足，备用电源设备故障。

注意事项：定期检查备用电源设备，确保其容量足够并能正常工作。在市电中断时，备用电源应能迅速切换，确保广播系统仍能正常运行。

⑥ 维护记录不完整。

原因：未定期记录检查和维护情况。

注意事项：每次检查和维护都要详细记录，包括检查日期、发现的问题和处理措施。定期生成维护报告，汇总检查和维护情况，为后续工作提供参考。

⑦ 应急演练不足。

原因：未定期进行应急演练，人员不熟悉应急操作流程。

注意事项：定期进行应急演练，确保人员熟悉应急操作流程。对相关人员进行培训，提高应急响应能力。

⑧ 系统兼容性问题。

原因：不同品牌或型号的设备不兼容。

注意事项：在设计和采购设备时，选择兼容性好的设备，确保系统各部分能够协同工作。

5.4.5 系统选用案例

某大型商业综合体（包括购物中心、写字楼、酒店等），位于城市中心，占地面积大，人员密集，对消防安全有很高的要求。该综合体需要一个可靠的消防应急广播系统，以确保在火灾等紧急情况下，人员能够及时获得疏散指令和安全信息。

① 中央控制型消防应急广播系统。

a. 广播主机：设置在中央控制室，集中控制整个建筑的广播设备。

b. 功放设备：安装在各楼层的配电室，确保广播声音覆盖整个建筑。

c. 扬声器：安装在走廊、楼梯间、大厅等关键位置，确保广播声音覆盖所有区域。

d. 备用电源：配备柴油发电机作为备用电源，确保在市电中断时，系统仍能正常工作。

e. 控制面板：安装在中央控制室和值班室，方便操作和监控。

② 智能化控制。

a. 智能控制系统：通过智能控制系统，根据火灾情况自动调整广播内容和覆盖范围。

b. 联动控制：与火灾报警系统、自动喷水灭火系统等联动，提高应急响应速度。

c. 远程监控：通过网络进行远程监控，确保系统始终处于正常工作状态。

③ 维护和管理。

a. 定期检查：每月检查一次广播主机、功放设备和扬声器，确保其功能正常。每季度检查一次备用电源，确保其燃料充足，机油、冷却液等正常。

b. 维护记录：每次检查和维护都要详细记录，包括检查日期、发现的问题和处理措施。定期生成维护报告，汇总检查和维护情况，为后续工作提供参考。

c. 应急演练：每半年进行一次应急演练，确保人员熟悉应急操作流程。对相关人员进行培训，确保他们熟悉系统的操作和应急处理流程。

项目6 数据中心消防运维管理体系

6.1 消防值班日常管理体系

消防值班日常管理体系旨在通过规范人员资质、明确岗位职责、严格执行值班和巡检、管控动火操作及强化应急响应，确保数据中心的消防安全。下文从人员资质、岗位职责、值班管理等方面展开介绍。

6.1.1 人员资质

（1）职业定义

从事建（构）筑物消防设施运行、操作和维修、保养、检测等工作的人员。

（2）职业技能等级

本职业共设五个等级，其中消防设施监控操作职业方向分别为：五级/初级工、四级/中级工、三级/高级工、二级/技师；消防设施检测维修保养职业方向分别为：四级/中级工、三级/高级工、二级/技师、一级/高级技师。

（3）职业技能方向

每个等级按职业方向不同分为消防设施监控操作职业方向和消防设施检测维修保养职业方向。

（4）数据中心工作人员资质要求

根据2019年5月10日人力资源社会保障部、应急管理部关于颁布《消防设施操作员》国家职业技能标准的通知，于2020年1月1日起实施：持初级（五级）证书的人员可监控、操作不具备联动控制功能的区域火灾自动报警系统及其他消防设施；监控、操作设有联动控制设备的消防控制室和从事消防设施检测维修保养的人员，应持中级（四级）及以上等级证书。数据中心行业消防控制室基本均已配备联动型控制器，按此要求应配置中级及以上消防设施监控职业方向资质人员。

6.1.2 岗位职责

① 熟练掌握消防控制室内的设备设施的操作，如实记录消防设备的运行状况，包括但不限于报警信息、设备启停状态等。

② 看管好当班期间的公共财物，保证设备灵敏、完整、有效。

③ 发现主机报警时，应立即安排人员到达现场查明报警原因。如遇火情，严格按照中控室火灾报警处理流程执行。

④ 收到非主机报警的其他形式报警时，依据既定预案进行处理。

⑤ 值班过程中若遇到设备故障，应及时通知维保单位到场维修。记录故障详情，并

跟踪维修进度直至设备恢复正常运行。

⑥ 拥有检查消除火灾隐患的能力、具备组织扑救初期火灾的能力、具备组织人员疏散逃生的能力、具备开展消防宣传教育培训的能力。

⑦ 依据运维工作计划，完成消防培训、应急演练等周期性工作。

⑧ 积极配合上级的指导和安排，按时完成上级交办的各项工作任务。

6.1.3 值班管理

(1) 人员要求

值班人员必须通过相关职业技能鉴定并持证上岗。

消防控制室实行24h值班制度，每班次至少配备两名人员。

(2) 设备管理

管理当班期间的公共财物，确保设备正常运行，并记录设备运行状况。

(3) 交接班制度

严格执行交接班流程，确保所有必要信息得到准确传递，严禁在无人接替的情况下离开岗位。

(4) 操作与能力

熟练掌握消防设施的操作，包括但不限于自检、查询、屏蔽、复位、消音、打印等功能。

具备检查消除火灾隐患的能力、具备组织扑救初期火灾的能力、具备组织人员疏散逃生的能力、具备开展消防宣传教育培训的能力。

(5) 应急与故障响应

发现主机报警时，立即指派人员现场核实报警原因；遇火情时，严格按照灭火和疏散预案执行。

对于非主机报警，依据既定预案处理。

如遇设备故障，应及时通知维保单位到场维修，并持续跟进。

(6) 安全管理

禁止无关人员进入消防控制室或使用室内设备。

室内不得存放易燃易爆物品或与设备运行无关的物品。

严禁在消防控制室内进行与工作无关的活动。

6.1.4 巡检管理

(1) 巡检频次

按照数据中心要求的巡检频次进行巡检（每日不少于1次）。

(2) 巡查内容

① 消防系统设备检查。

检查消防系统设备外观是否完好。

检查消防系统设备工作环境是否符合安全要求。

检查消防系统设备工作状态是否正常。

检查消防系统设备运行状况是否稳定可靠。

检查消防系统设备配件及组件是否齐全并处于良好状态。

② 其他消防巡查内容：

检查消防车道是否畅通无阻。

检查疏散楼梯、疏散走道是否畅通，确保没有障碍物阻挡。

检查逃生自救设施配置是否齐全，并确保其完好可用。

检查消防安全标识是否正确、清晰可见。

检查用火用电管理情况，确保不存在安全隐患。

对其他可能影响消防安全的因素进行现场巡查。

（3）事件处理

对巡检期间发生的突发事件，立即按事件通报流程进行通报并做好相应记录。

6.1.5　动火管理

（1）动火作业要求

① 动火证审批。

持证上岗：动火作业人员必须持有有效的操作证书，其他参与人员需经过相关培训。

动火证申请与审批：动火作业必须经过严格的审批程序，取得动火证后才能进行作业。

② 作业前工作。

进行必要的安全教育和技术交底，确保所有作业人员了解作业的风险点和安全操作程序。

检查作业现场的安全条件，确保符合动火作业的要求。

设置警示标志，布置好必要的消防设施和应急物资。

③ 作业实施。

动火作业时必须有专职的现场监护员对作业情况进行监督。

动火作业人员严格按照操作规程进行作业。

④ 作业后工作。

动火作业结束后，必须彻底清理现场，确保没有遗留的火源。

对动火作业过程中的各项数据和情况进行记录，结束作业。

（2）安全注意事项

个人防护装备：动火作业人员应穿戴合适的个人防护装备，如防护服、防护眼镜、防护手套等。

通风条件：作业现场应保持良好的通风条件，防止有害气体积聚。

设备检查：使用的所有设备必须事先检查，确保其处于良好状态。

安全距离：动火作业与周围可燃物之间应保持足够的安全距离。

禁止吸烟：动火作业区域内严禁吸烟。

现场监督：动火作业期间，必须有专人负责现场监督，确保作业过程的安全。

6.1.6　应急管理

（1）火灾预防措施

① 建立健全消防管理制度。落实消防安全责任制，明确各级、各岗位消防安全责任

人及其职责。

制定本单位的消防安全制度、消防安全操作规程、灭火和应急疏散预案。

② 人员与设施配置。按照国家标准、行业标准配置消防设施、器材，设置消防安全标志。

设有消防控制室的，实行 24h 值班制度，每班不少于 2 人，并确保值班人员持证上岗。

建立专职或志愿消防队、微型消防站，加强队伍建设，确保人员培训和装备配备到位。

③ 防火检查与隐患管理。定期开展防火检查、巡查，及时消除火灾隐患。

严格审批涉及用火用电的施工项目，加强监管，确保安全。

建立消防档案，记录消防设施、隐患排查等情况。

确定消防安全重点部位，设置防火标志，实行严格管理。

④ 使用与维护。定期检测和维护消防设施，确保完好有效。

对建筑消防设施每年至少进行一次全面检测，确保完好有效，检测记录应当完整准确，存档备查。

确保各类设备的安装和使用符合安全标准，定期检查负载较大的用电设备，预防因设备故障引发的火灾。

保障疏散通道、安全出口、消防车通道畅通无阻。

确保防火防烟分区、防火间距符合消防技术标准。

建筑内门窗不得设置影响逃生和灭火救援的障碍物。

⑤ 培训与演练。组织进行有针对性的消防演练。

组织员工进行岗前消防安全培训。

加强员工的消防安全教育，提高消防安全意识。

经常性地进行防火宣传和教育培训，发挥全员参与的作用。

⑥ 先进技术应用。积极应用消防远程监控、电气火灾监测、物联网技术等技防物防措施。

利用安消一体化技术实现快速响应和精准判断，提高火灾预警和响应效率。

（2）火灾应急处理措施

① 一级火情（可控）。一级火情是指燃烧范围不大，火灾仅限于初始起火点附近，可以通过佩戴好防护用具并使用灭火器即可扑灭的火情。一级火情应急处理措施如下。

发现报警：值班人员发现消防主机报警后立即消音，并查看 CRT 显示的报警位置。

现场确认：立即安排人员携带应急包和通信器材前往现场确认火情。

确认火情：到达现场确认为某设备间冒烟、起火引发感烟探测器报警，判断火情可控。

反馈情况：使用通信器材将现场情况反馈至中控室。

通报领导：值班人员将事故发生的时间、起火介质、火情处置情况通报主管领导。

支援到场：支援人员携带应急包快速到达现场支援。

断电操作：对现场设备进行停电操作。

现场灭火：就近取用二氧化碳灭火器扑灭火情。

再次通报：将火情处置情况通报中控室。

排烟通风：启动排烟风机，排出烟气。

检查伤情：检查该区域是否有人员受伤，必要时拨打120。

检查受损情况：查看过火设备及周边设备受损情况，确认没有二次起火的火源。

现场保护：做好现场保护工作，对现场进行拍照取证，维持秩序，以便于后续调查分析火灾原因。

记录总结：将应急处置情况按照事件流程进行通报，并记录总结。

② 二级火情（可控）。二级火情，火灾范围迅速扩大，尚在可以控制的范围内。通过火灾应急扑救措施，启动消防灭火系统即可彻底扑灭的火情。二级火情应急处理措施如下。

发现报警：值班人员发现消防主机报警后立即消音，并查看CRT显示的报警位置。

现场确认：立即安排人员携带应急包和通信器材前往现场确认火情。

确认火情：到达现场确认为某设备间冒烟、起火引发感烟探测器报警，判断火情可控。

反馈情况：使用通信器材将现场情况反馈至中控室。

通报领导：值班人员将事故发生的时间、起火介质、火情处置情况通报主管领导。

支援到场：支援人员携带应急包快速到达现场支援。

断电操作：视情况对现场设备进行停电操作。

现场灭火：使用手提式灭火器未能有效控制火情，现场确认起火区域无人员滞留，关好防火分区门窗，启动消防灭火系统扑灭火情。

再次通报：将火情处置情况通报中控室。

排烟通风：启动排烟风机，排出烟气。

检查伤情：检查该区域是否有人员受伤，必要时拨打120。

检查受损情况：查看过火设备及周边设备受损情况，确认没有二次起火的火源。

现场保护：做好现场保护工作，对现场进行拍照取证，维持秩序，以便于后续调查分析火灾原因。

记录总结：将应急处置情况按照事件流程进行通报，并记录总结。

③ 三级火情（不可控）。启动消防灭火系统后，火情仍无法得到有效控制，火势开始发展，建筑物构件承载能力下降。三级火情应急处理措施如下。

发现报警：值班人员发现消防主机报警后立即消音，并查看CRT显示的报警位置。

现场确认：立即安排人员携带应急包和通信器材前往现场确认火情。

确认火情：现场确认起火介质、火情大小，判定火情较难控制。

反馈情况：将现场情况反馈至中控室，并启动现场火情不可控应急处置。

通报领导：将事故发生的时间、区域、燃烧介质通报主管领导，并确认启动不可控火灾应急预案。

人员疏散：启动正压送风系统和消防广播，释放门禁系统，引导人员进行疏散。

现场灭火：现场确认起火区域无人员滞留，关好防火分区门窗，启动自动灭火系统未能有效控制火情。

再次通报：将火情处置情况通报中控室。

拨打 119：经请示领导获批后立即拨打 119 火警电话，告知本单位的地址，燃烧物质有无危险物，火势大小，有无人员被困，报警人姓名及联系方式，指派人员到门口清理路障及引导。消防人员确认现场火情得到有效控制，可以进入火场。

排烟通风：工作人员视情况进入现场启动排烟风机。

检查伤情：检查该区域是否有人员受伤，必要时拨打 120。

检查受损情况：查看过火设备及周边设备受损情况，确认没有二次起火的火源。

现场保护：做好现场保护工作，对现场进行拍照取证，维持秩序，以便于后续调查分析火灾原因。

记录总结：将应急处置情况按照事件流程进行通报，并记录总结。

（3）应急疏散演练

数据中心进行应急演练的意义在于确保在面对突发事件时能够迅速、有效地采取措施，以保护人员安全、减少财产损失，并确保业务连续性。以下是数据中心进行应急演练的具体内容：

① 准备阶段。

制定计划：明确疏散的目标、参与人员的角色和职责。

风险评估：识别潜在的紧急情况类型。

规划路线：确定最安全、最快的疏散路线和集合点。

培训教育：对参与者进行必要的培训，确保他们了解演练的目的、流程以及自己的责任。

物资准备：检查消防设备、急救箱等应急物资是否完好可用。

② 实施阶段。

启动信号：通过警报器或其他方式发出疏散指令。

有序疏散：按照预定路线快速而有序地撤离至集合点。

清点人数：到达集合点后，迅速清点人数，确认所有人已安全撤离。

模拟救援：如果适用，可以模拟救援过程，比如使用担架转移伤员等。

信息传达：确保所有关键信息能够及时传递给相关负责人。

③ 评估与改进。

收集反馈：从参与者和观察者那里收集反馈。

分析问题：找出演练过程中存在的问题和不足之处。

总结经验：总结成功的经验和需要改进的地方。

持续改进：根据反馈调整计划，并定期进行演练以保持员工的警惕性和熟练度。

6.2 消防技术服务管理体系

6.2.1 单位资质

消防技术服务机构是指从事消防设施维护保养检测、消防安全评估等社会消防技术服务活动的企业。企业应在社会消防技术服务信息系统网站完成备案且满足以下从业条件，即可在全国范围内从事消防技术服务活动。

① 从事消防设施维护保养检测的消防技术服务机构，应当具备下列条件。

a. 取得企业法人资格；

b. 工作场所建筑面积不少于200m^2；

c. 消防技术服务基础设备和消防设施维护保养检测设备配备符合有关规定要求；

d. 注册消防工程师不少于2人，其中一级注册消防工程师不少于1人；

e. 取得消防设施操作员国家职业资格证书的人员不少于6人，其中中级技能等级以上的不少于2人；

f. 健全的质量管理体系。

② 从事消防安全评估的消防技术服务机构，应当具备下列条件。

a. 取得企业法人资格；

b. 工作场所建筑面积不少于100m^2；

c. 消防技术服务基础设备和消防安全评估设备配备符合有关规定要求；

d. 注册消防工程师不少于2人，其中一级注册消防工程师不少于1人；

e. 健全的消防安全评估过程控制体系。

③ 同时从事消防设施维护保养检测、消防安全评估的消防技术服务机构，应当具备下列条件。

a. 取得企业法人资格；

b. 工作场所建筑面积不少于200m^2；

c. 消防技术服务基础设备和消防设施维护保养检测、消防安全评估设备配备符合规定的要求；

d. 注册消防工程师不少于2人，其中一级注册消防工程师不少于1人；

e. 取得消防设施操作员国家职业资格证书的人员不少于6人，其中中级技能等级以上的不少于2人；

f. 健全的质量管理和消防安全评估过程控制体系。

6.2.2　人员资质

消防技术服务从业人员，是指依法取得注册消防工程师资格并在消防技术服务机构中执业的专业技术人员，以及按照有关规定取得相应消防行业特有工种职业资格，在消防技术服务机构中从事社会消防技术服务活动的人员。根据相关法律法规，消防技术服务从业人员可以分为两类：

（1）注册消防工程师（一、二级）

注册消防工程师是指通过全国统一考试并取得注册消防工程师资格证书，并依法注册后，从事消防技术咨询、消防安全评估、消防安全管理、消防安全技术培训、消防设施检测、火灾事故技术分析、消防设施维护、消防安全监测、消防安全检查等消防安全技术工作的专业技术人员。

（2）消防设施操作员（四级/中级工以上、消防设施检测维修保养方向）

消防设施操作员是指参加培训并通过职业技能鉴定在消防技术服务机构从事消防设施检测、维修、保养等工作专业技术人员。

6.2.3 对消防服务机构的要求

消防技术服务机构在消防安全领域扮演着重要角色，提供包括维护保养、维修、检测、咨询、评估等一系列专业服务的社会组织。具体要求如下：

① 消防技术服务机构应当符合国家规定的从业条件。

② 消防技术服务机构应当指派取得相应职业资格证书的从业人员从事维护保养服务。

③ 消防技术服务机构应当设立技术负责人，对本机构的消防技术服务实施质量监督管理，对出具的技术服务文件进行技术审核。技术负责人应当按照国家规定取得一级注册消防工程师资格。

④ 对每个维护保养检测项目，消防技术服务机构应当指定 1 名项目负责人，到项目现场进行消防技术服务。项目负责人应当按照国家规定取得注册消防工程师资格。

⑤ 消防技术服务机构应当按维护保养规范要求，对维护保养项目建筑消防设施提供维护保养服务。

⑥ 消防技术服务机构应对维护保养项目制定维护保养服务工作计划，明确项目负责人、列明消防设施的名称、维护保养的内容和周期。

⑦ 消防技术服务机构应按维护保养计划每月不少于 1 次对维护保养项目进行维护保养，填写建筑消防设施维护保养记录表，并出具维护保养报告。

⑧ 依法需要检定/校准用于建筑消防设施测试的仪器设备，应按有关规定进行定期检定/校准并提供有效证明文件。

项目 7 数据中心消防系统检测技术要求

7.1 消防供配电设施检测要求

消防供配电设施的检测内容应包括消防配电、自备发电机组的发电机和储油设施、主备电切换功能。

（1）消防配电

检测方法：核对消防配电方式，查看消防控制室及各消防设施最末一级配电箱的标志以及仪表、指示灯、开关和控制按钮。核对各相关部位的配电方式、配电箱的控制方式和操作程序

技术要求：消防控制室、消防水泵房、防烟和排烟风机房的消防用电设备及消防电梯等的供电，应在其配电线路的最末一级配电箱处设置自动切换装置。设有主、备电自动切换装置的消防设备配电箱，当主电源发生故障时，备用电源应能自动投入，且设备运行正常。消防设备配电箱应有区别于其他配电箱的明显标志，不同消防设备的配电箱应有明显区分标识。查看消防用电设备是否设置专用供电回路。配电箱上的仪表、指示灯应正常，开关及控制按钮应灵活、可靠。

（2）自备发电机组的发电机

检测方法：查看发电机铭牌、仪表和指示灯。采用自动控制方式启动发电机并用秒表计时，30s 后核对仪表的显示及其数据，观察机组的运行情况，试验时间不应超过 10min。采用手动控制方式启动发电机，查看输出指标及信号。查看发电机房的通风设施。对设置机械换气设备的机房，手动启动换气设备，观察其运行情况。

技术要求：仪表、指示灯及开关按钮等应完好，显示应正常。以自动控制方式启动时，达到额定转速并发电的时间不应大于 30s，发电机运行及输出功率、电压、频率、相位的显示均应正常；以手动方式启动时，各输出指标应正常。机房内的通风设施运行应正常。

（3）自备发电机组的储油设施

检测方法：查看油位计及油位，按发电机的用油量核对储油设施内的储油量；查看通气管及呼吸阀。根据机房的环境条件，核对燃油标号。

技术要求：储油设施内的油量应能满足发电机在设计连续供电时间内正常运行的用量，且储油间内的储油量不应大于 $1m^3$，液位显示应正常，储油间油箱通向室外的通气管及通气管上的呼吸阀应完好无锈蚀。燃油应能满足发电机在最不利环境下正常运行的要求。

7.2 火灾自动报警系统检测要求

(1) 火灾报警控制器

① 基本要求。

检测方法：直观检查。

技术要求：控制器应具有中文功能标注和信息显示。控制器应安装牢固，不应倾斜。端子板的每个接线端，接线不得超过 2 根。

② 控制器接地要求。

检测工具：游标卡尺、接地电阻测量仪。

检测方法：尺量、直观检查、仪表测量。

技术要求：控制器应有接地保护；接地应设明显的永久性标识。火灾自动报警系统采用专用接地装置时，其接地电阻值不应大于 4Ω。火灾自动报警系统采用共用接地装置时，其接地电阻值不应大于 1Ω。

③ 控制器电源设置要求。

检测方法：直观检查。

技术要求：火灾报警控制器应设交流电源和蓄电池备用电源。当交流电源断电时，能自动切换到备用电源。当交流电源恢复时，能自动转换到交流电源，电源的转换不应使控制器产生误动作。控制器的主电源应有明显的永久性标识。

④ 控制器基本功能。

检测工具：秒表、感烟（温）探测器功能试验器。

检测方法：结合设备运行功能，现场操作、核实。

技术要求：控制器的自检、消音、复位、屏蔽、历史记录查询、火警优先等功能应正常。一次报警功能，控制器应在 10s 内发出报警信号。二次报警功能，控制器应在 10s 内发出报警信号。控制器应能直接或间接地接收来自火灾探测器及其他报警触发器件的火灾报警信号，发出声、光报警信号，指示火灾发生部位，记录火灾报警时间，并予以保持，直至手动复位。火灾报警声信号应能手动消除，当再有火灾报警信号输入时，应能再次启动。控制器使用打印机记录火灾报警时间时，应打印出月、日、时、分等信息。当控制器内部、控制器与其连接的部件间产生故障时，应能在 100s 内发出与火灾报警信号有明显区别的故障声、光信号，故障声信号应能手动消除，再有故障信号输入时，应能再启动。控制器应显示发出报警信号部件或故障部件的类型和地址注释信息。

⑤ 消防联动控制器。

检测工具：秒表、感烟（温）探测器功能试验器。

检测方法：结合设备运行功能，现场操作、核实。

技术要求：消防联动控制器对消防给水灭火系统、防烟排烟系统、气体灭火系统、防火卷帘门、电动防火门、消防广播与火灾警报器、非消防用电切换、电梯等设备的控制，应符合自动控制系统的启、停功能正常，手动控制系统的启、停功能正常的要求。设置在消防控制室以外的消防联动控制设备的动作状态信号，均应在消防控制室显示。

（2）消防控制室图形显示装置

检测工具：感烟（温）探测器功能试验器。

检测方法：直观检查、结合探测器或联动设备功能测试。

技术要求：消防控制室图形显示装置的功能应符合现行国家标准《消防联动控制系统》（GB 16806—2006）的规定。图形显示功能：建筑总平面图显示功能；保护对象的建筑平面图显示功能；系统图显示功能。通信故障报警功能。消音功能。信号接收和显示功能。信息记录功能。复位功能。

（3）区域显示器

检测方法：结合探测器报警功能测试，查看区域显示器状态。

技术要求：区域显示器应能正确接收和显示火灾报警控制器发出的火灾报警信号。声报警信号应能手动消除，再次有火警信号输入时，应能再启动。

（4）点型感烟、感温火灾探测器

检测工具：感烟（温）探测器功能试验器。

检测方法：采用感烟（温）探测器功能试验器，检查探测器的报警和警报功能。

技术要求：火灾探测器外观完好，安装牢固。当被监视区域烟参数达到报警条件时，点型感烟火灾探测器应输出火灾报警信号。当被监视区域温度参数达到报警条件时，点型感温火灾探测器应输出火灾报警信号。

（5）线型感烟火灾探测器

检测工具：线型光束感烟探测器滤光片。

检测方法：采用线型光束感烟探测器滤光片和末端短接的方法，检查探测器的报警功能。

技术要求：火灾探测器外观完好，安装牢固。在不可恢复的探测器上模拟火警和故障，探测器应能分别发出火灾报警和故障信号。可恢复的探测器可采用专用检测仪器或模拟火灾的办法使其发出火灾报警信号，并在终端盒上模拟故障，探测器应能分别发出火灾报警和故障信号。

（6）火焰探测器和图像型探测器

检测工具：火焰探测器功能试验器。

检测方法：采用火焰探测器功能试验器，检查火焰探测器的报警功能。模拟火灾的方法在探测器监视区域内最不利处检查图像探测器的报警功能。

技术要求：当达到报警条件时，火灾探测器应输出火灾报警信号。

（7）吸气式感烟火灾探测器

检测工具：感烟探测器功能试验器、秒表。

检测方法：在采样管最末端（最不利处）采样孔加入试验烟，用秒表测量报警时间。根据说明书要求，改变探测器的采样管路气流，使探测器处于故障状态，用秒表测量故障报警时间。

技术要求：采样管应固定牢固，采样管和采样孔应设置明显的火灾探测器标识。探测器或其控制装置应在120s内发出火灾报警信号。探测器或其控制装置应在100s内发出故障信号。

（8）手动报警按钮

检测工具：秒表。

检测方法：触发按钮，查看火灾报警控制器的火警信号显示和按钮报警确认灯的动作情况。先复位手动按钮，后复位火灾报警控制器，查看火灾报警控制器信号显示和按钮报警确认灯的动作情况。

技术要求：手动报警按钮的外观整洁完好。应设置明显的永久性标识。应安装牢固，不应倾斜。手动火灾报警按钮的地址设置应与设计一致，火灾报警控制器应能接收、显示及复位手动火灾报警按钮的火灾报警及故障信息，且显示的探测器的地址信息应与设计文件一致。对可恢复的手动火灾报警按钮，施加适当的推力使报警按钮动作，报警按钮应发出火灾报警信号，检查火灾报警控制器接收及显示火灾报警信息情况。对不可恢复的手动火灾报警按钮应采用模拟动作的方法使报警按钮动作（当有备用启动零件时，可抽样进行动作试验），报警按钮应发出火灾报警信号，检查火灾报警控制器接收及显示火灾报警信息情况。使手动火灾报警按钮处于离线状态，检查火灾报警控制器故障信息显示情况。

（9）火灾警报器

检测工具：卷尺、激光测距仪、数字声级计。

检测方法：直观检查、仪器检测。

技术要求：火灾警报器安装应牢固可靠，表面不应有破损；操作火灾报警控制器或消防联动控制器使火灾声警报器启动，每个楼层或防火分区相邻两个火灾声警报器中间距地面 1.5~1.6m 处的声压级（A 计权）应大于 60dB，环境噪声大于 60dB 时，其声压级（A 计权）应高于背景噪声 15dB，带有语音提示功能的声警报器应能清晰播报语音信息。操作火灾报警控制器或消防联动控制器使火灾光警报器启动，在正常环境光线下，火灾光警报器的光信号应清晰可见。使消防联动控制器处于手动状态，依据消防设备联动控制逻辑设计的要求，手动控制火灾声警报器的启动，进行火灾声警报器的动作情况、带有语音提示功能的声警报语音的清晰情况、声警报时间功能检查。

7.3 极早期烟雾探测系统检测要求

（1）极早期控制器基本要求

检测方法：直观检查。

技术要求：控制器应具有中文功能标注和信息显示。控制器应安装牢固，不应倾斜。端子板的每个接线端，接线不得超过 2 根。

（2）控制器电源设置要求

检测方法：直观检查。

技术要求：极早期控制器应设交流电源和蓄电池备用电源。当交流电源断电时，能自动切换到备用电源。当交流电源恢复时，能自动转换到交流电源，电源的转换不应使控制器产生误动作。控制器的主电源应有明显的永久性标识。

（3）吸气式感烟火灾探测器

检测工具：感烟探测器功能试验器、秒表。

检测方法：在采样管最末端（最不利处）采样孔加入试验烟，用秒表测量报警时间。根据说明书要求，改变探测器的采样管路气流，使探测器处于故障状态，用秒表测量故障报警时间。

技术要求：采样管应固定牢固，采样管和采样孔应设置明显的火灾探测器标识。探测器或其控制装置应在120s内发出火灾报警信号。探测器或其控制装置应在100s内发出故障信号。

7.4　消防应急广播系统检测要求

（1）消防应急广播控制设备功能

检测工具：数字声级计。

检测方法：操作测试、直观检查。

技术要求：应具有自检功能。监听、显示、预设广播信息、通过传声器广播及录音功能。主、备电源的自动转换功能。消防联动控制器接收和显示消防应急广播控制设备的故障信息情况。音频输出回路：使任一个扬声器断路，其他扬声器的工作状态不受影响。

操作测试：将所有共用扬声器强行切换至应急广播状态，对扩音机进行全负荷试验，应急广播的语音应清晰，每两个扬声器中间距地面（1.5～1.6）m处的声压级（A计权）应在（65～105）dB，环境噪声大于60dB时，声警报的A计权声压级应高于背景噪声15dB。

（2）扬声器

检测工具：数字声级计。

检测方法：操作测试、直观检查。

技术要求：扬声器安装应牢固可靠，表面不应有破损。消防应急广播的语音应清晰。每两个扬声器中间距地面1.5～1.6m处的声压级（A计权）应在65～105dB。

操作测试：与消防应急广播控制设备间的广播信息传输线路断路，消防应急广播控制设备应在100s内发出故障信号，并显示出故障部位。

与消防应急广播控制设备间的广播信息传输线路短路，消防应急广播控制设备应在100s内发出故障信号，并显示出故障部位。

（3）联动控制功能

检测工具：秒表。

检测方法：操作测试、直观检查。

技术要求：火灾确认后，系统应能启动整个建筑内的消防广播扬声器；语音信息播放与火灾声警报的交替工作；具备手动控制插入优先功能。消防应急广播与普通广播或背景音乐广播合用时，应保证能在消防控制室将相关部位的扬声器和音响广播扩音机强制转入消防应急广播功能。

7.5　消防专用电话系统检测要求

（1）消防电话总机功能

检测方法：操作、直观检查。

技术要求：电话总机应有自检、消音、复位功能。电话总机的群呼、录音、记录和显示等功能。消防控制室的外线电话与另外一部外线电话模拟报警电话通话，语音应清晰。

使消防专用电话总机与一个消防专用电话分机或消防电话插孔间连接线断线，非故障消防专用电话分机应能与消防专用电话总机正常通话。消防联动控制器接收和显示消防专用电话总机的故障信息情况。

（2）消防专用电话分机

检测方法：操作、直观检查。

技术要求：消防专用电话分机应有明显的永久性标志。消防专用电话总机与消防专用电话分机互相呼叫与通话，总机应能显示每部专用电话分机的位置，呼叫音和通话语音应清晰。使消防专用电话总机与消防专用电话分机间连接线断线，消防电话主机应在100s内发出故障信号，并显示出故障部位。使消防专用电话总机与消防电话分机间连接线短路，消防电话主机应在100s内发出故障信号，并显示出故障部位（短路时显示通话状态除外）。

（3）电话插孔

检测方法：操作、直观检查。

技术要求：电话插孔、带电话插孔的手动报警按钮应有明显的永久性标志。消防专用电话总机与电话插孔互相呼叫与通话，呼叫音和通话语音应清晰。使消防专用电话总机与电话插孔间连接线断线，消防电话主机应在100s内发出故障信号。使消防专用电话总机与电话插孔间连接线短路，消防电话主机应在100s内发出故障信号。

7.6 电气火灾监控系统检测要求

（1）电气火灾监控器

检测工具：秒表。

检测方法：秒表检查系统响应时间，直观检查。

技术要求：监控设备应能接收来自探测器的监控报警信号，并在30s内发出声、光报警信号指示报警部位，记录报警时间，并予以保持，直至手动复位。当监控设备发生下述故障时，应能在100s内发出与监控报警信号有明显区别的声光故障信号。监控设备与探测器之间的连接线断路、短路。监控设备主电源欠压（如具有备用电源）。给备用电源充电的充电器与备用电源间连接线的断路、短路（如具有备用电源）。监控设备应有主电源和备用电源转换装置。当主电源断电时，能自动切换到备用电源。当主电源恢复时，能自动转换到主电源（如具有备用电源）。故障期间，非故障部位的功能不应受影响。

（2）剩余电流式电气火灾监控探测器

检测方法：操作、直观检查

技术要求：采用剩余电流发生器对监控探测器施加剩余电流，探测器的报警确认灯应在30s内点亮并保持。电气火灾监控器接收和显示探测器报警信号情况。监控探测器特有的其他功能。

（3）测温式电气火灾监控探测器

检测工具：秒表。

检测方法：操作、直观检查。

技术要求：采用发热试验装置给监控探测器加热，探测器的报警确认灯应在40s内点亮并保持。电气火灾监控器接收和显示探测器报警信号情况。检查监控探测器特有的其他功能。

（4）故障电弧电气火灾监控探测器

检测工具：秒表。

检测方法：操作、直观检查。

技术要求：操作故障电弧发生装置，在1s内产生9个及以下半周期故障电弧，探测器不应发出报警信号。操作故障电弧发生装置，在1s内产生14个及以上半周期故障电弧，探测器的报警确认灯应在30s内点亮并保持。探测器报警时应能发出声、光报警信号，并予以保持，直至手动复位。

7.7　消防供水设施检测要求

（1）水源

① 室外给水管网供水能力。

检测工具：卷尺、激光测距仪、数字坡度仪、安装数字压力表的消火栓测压接头。

检测方法：室外消火栓平时运行工作压力检测：在室外消火栓DN65接口上安装消火检测压接头，堵上闷盖，开阀、排气、读取稳定后的表压。不论环管支管，在最不利（距离市政供水接口最远）室外消火栓DN65接口上安装消火栓试压接口，开阀、排气、读取稳定后的表压值，不应小于0.14MPa。消防水池补水方式（环状/枝状市政供水，单点/多点引入）、补水管管径及连续补水能力与图纸的符合性查验、核实：仪表检测、直观检查。

技术要求：室外给水管网的进水管管径及供水能力应符合设计要求。

② 地表天然水源供水能力。

检测工具：卷尺、激光测距仪。

检测方法：根据有效水文资料核验天然水源枯水期最低水位、常水位和洪水位时消防取水设施的安全、可靠性是否符合设计要求。复核最低水位时是否在固定或移动消防泵或消防车的有效吸程内（最大吸水高度不应超过6.0m）。复核洪水位时取水口是否具备吸水条件，以及供取水的消防车道、回车场地的通过性。查看天然水源安全取水的措施，是否有防止冰凌、漂浮物、悬浮物等物质堵塞消防水泵及防止水生生物繁殖的管理技术措施。

技术要求：当采用地表天然水源作为消防水源时，其水位、水量、水质等应符合设计要求。

③ 地下水井供水能力。

检测工具：卷尺、激光测距仪。

检测方法：核查最近一年内的抽水试验记录或连续4h以上实际工况运行记录，根据地下水井抽水试验资料确定常水位、最低水位、出水量和探测水井水位的水位测试装置等技术参数和轴流深井泵（主备泵）及其电源（主备电）等装备应符合设计要求。

技术要求：根据地下水井抽水试验资料确定常水位、最低水位、出水量和水位测量装置等技术参数和装备应符合设计要求。

（2）高位消防水箱（水池）和消防水池

① 设置位置。

检测方法：对照设计，直观检查。

技术要求：设置位置应符合设计要求。

② 有效容积。

检测工具：卷尺、激光测距仪。

检测方法：结合有效图纸，通过测量其内壁尺寸和有效水深（浮球阀停止进水位置与泵放气孔的高差）复核其与设计的符合性。查验高位消防水箱的设计符合性和工作可靠性。如池体或箱体有无与设计图纸不一致的管道接入/接出，在管道上设置虹吸破坏孔和真空破坏器的孔径、位置等是否符合设计要求等。

技术要求：高位消防水箱、高位消防水池和消防水池等的有效容积及保证消防用水不作他用的设施等应符合设计要求。

③ 水位监测装置。

检测方法：查阅设计文件，观察水位监测装置形式是否符合设计要求，模拟高低限水位报警信号的可靠性。

技术要求：高位消防水箱、高位消防水池和消防水池等的水位监测及报警装置应具有：水位监测数据就地显示、消防控制室或值班室显示；设计最高、最低水位报警等功能。

④ 防冻设施。

检测方法：观察防冻设施（采暖设施、电伴热装置、门窗等）是否完好。

技术要求：查看水池、水箱及其相关附件的防冻设施是否完好。

⑤ 进出水管、通气管等附属设施。

检测工具：卷尺、激光测距仪。

检测方法：对照有效图纸，观察进出水管、通气管、溢流管、排水管的位置、管径、相对高差、排水方式等应符合设计要求。

技术要求：进出水管、通气管、溢流管、排水管等应符合设计要求，且溢流管、放空管应采用间接排水，与大气直接相通的管口应设可靠防虫网罩，检修口、爬梯位置设置合理，检修人员进出作业安全、方便；消防水池吸水井、吸（出）水管喇叭口、旋流防止器等设置位置应符合设计要求。

（3）消防水泵

① 泵体、管道、连接件及阀门、仪表等。

检测工具：压力表、超声波流量计、卷尺、激光测距仪。

检测方法：查阅设计文件，核对工作泵、备用泵的规格、型号、数量。核对吸水管、出水管的形式及出水管上的试水阀、防超压装置、水锤消除设施、止回阀、信号阀等的规格、型号、数量。查看吸水管、出水管上的控制阀是否可靠锁定在常开位置，并有明显标记。

技术要求：泵体上应有永久性的铭牌，且内容完整、清晰。水泵进出水口的阀门、软接头、偏心变径管等组件位置、方向、顺序等正确安装。水泵的进出口阀门应处于常开位置，标志牌的标示应准确、清晰。水泵上的压力表、试水阀及防超压装置等均应正常，且无损坏、锈蚀等现象。

② 水泵性能。

检测工具：压力表、超声波流量计。

检测方法：在水泵试验出口或回流管设置流量计，启动消防水泵，观察是否平稳运行，有无异常噪声、振动情况；启闭控制阀门，使待测消防泵以零流量、额定流量、1.5 倍的额定流量出流，观察压力表，分别记录每个流量下对应的压力值。核对与设计文件或标准要求的符合性。

技术要求：消防水泵运转应平稳，应无不良噪声和振动。采用固定和移动式流量计和压力表测试消防水泵的性能，水泵性能应满足设计要求。

（4）水泵控制与操作

① 控制柜。

检测方法：复核控制柜的规格型号、数量与设计要求的一致性，查验标识、按钮、指示灯等与设计的符合性，查验消防水泵控制柜是否处于自动启泵状态。

技术要求：消防水泵控制柜在平时应使消防水泵处于自动启泵状态。

② 启停泵功能。

检测方法：逐台核实消防泵手动、自动启泵功能和手动停泵功能。

技术要求：消防水泵应能手动启停和自动启动。消防水泵不应设置自动停泵的控制功能；消防控制柜或控制盘应设置专用线路连接的手动直接启泵按钮。

③ 启泵方式。

检测工具：秒表。

检测方法：逐台核实不同种类不同区域消防泵启动信号直接自动启动消防泵的可靠性。

技术要求：消防水泵应工频直接启泵。当功率较大时，宜采用星三角和自耦降压变压器启动，不宜采用有源器件启动。消防水泵应确保从接到启泵信号到水泵正常运转的自动启动时间不大于 2min。消防水泵出水干管上设置的压力开关、高位消防水箱出水管上的流量开关，或报警阀压力开关等开关信号应能直接自动启动消防水泵。消防水泵房内的压力开关宜引入消防水泵控制柜内。

④ 应急启泵功能。

检测方法：检查消防水泵就地强制启停泵按钮及按钮保护装置；控制柜前面板的明显部位应设置紧急时打开柜门的装置；消防水泵控制柜应在收到消防报警信号后 5min 内确保可以实现水泵的机械应急启泵功能。

技术要求：消防水泵应设置就地强制启停泵按钮，并应有保护装置。控制柜前面板的明显部位应设置紧急时打开柜门的装置。消防水泵控制柜应设置机械应急启泵功能。

⑤ 主备电源切换。

检测工具：秒表。

检测方法：查阅设计文件，是否按要求设置了主、备用电源自动切换装置，核实备用电源的类型（电力、内燃机）。主电源启动消防水泵，观察消防水泵应启动正常；关掉主电源，电力备用电源应在 2s 内自动切换，燃机动力备用电源应在 15s 内切换。

技术要求：主、备用电源自动切换装置的设置应符合设计要求。当采用主电源启动消防水泵时，消防水泵应启动正常。关掉主电源，主、备电源应能正常切换。消防水泵的双电源自动切换时间不应大于 2s，一路电源与内燃机动力的切换时间不应大于 15s。

⑥ 自动巡检功能。

检测工具：秒表。

检测方法：查看控制柜技术文件，由现场管理人员按设备操作规程完成自动、手动巡检操作，核实相关功能与技术要求的符合性。

技术要求：电动驱动消防水泵自动巡检时，巡检功能应符合下列规定。

a. 巡检周期不宜大于 7d，且应能按需要任意设定。

b. 以低频交流电源逐台驱动消防水泵，使每台消防水泵低速转动的时间不应少于 2min。

c. 当有启泵信号时，应立即退出巡检，进入工作状态。

d. 发现故障时，应有声光报警，并应有记录和储存功能。

e. 自动巡检时，应设置电源自动切换功能的检查。

f. 消防水泵准工作状态的自动巡检应采用变频运行，定期人工巡检应工频满负荷运行并出流。

(5) 稳压泵及气压水罐

① 设备配置。

检测工具：秒表。

检测方法：查看稳压泵及气压水罐的标识是否清晰，复核稳压泵及气压水罐的设置位置、规格型号与设计文件的符合性。

技术要求：稳压泵及气压水罐应有明确的标识，设置位置、规格型号等应符合设计要求。

② 控制方式。

检测工具：压力表。

检测方法：查看稳压泵的控制方式、确认稳压泵启/停压力设置是否符合设计要求。

技术要求：稳压泵的控制应由消防给水管网或气压水罐上设置的稳压泵自动启停泵压力开关或压力传感器控制，并设置就地强制启停泵按钮。稳压泵进出水管控制启闭的阀门应处在常开状态。

③ 主备电源切换。

检测工具：秒表。

检测方法：通过控制箱（柜）手动启停稳压泵，观察运行情况；关闭主电源，观察备用电源自动切换功能。

技术要求：稳压泵手动启停功能应正常。关闭主电源，主/备电源应正常切换。

(6) 减压阀

① 组件配置。

检测方法：查看减压阀及阀前过滤器的铭牌，复核其型号、规格、设计压力和设计流量与设计文件的符合性。

技术要求：减压阀及阀前过滤器的型号、规格、设计压力和设计流量应符合设计要求。

② 减压阀性能。

检测工具：压力表、超声波流量计。

检测方法：查看阀前、阀后的静水压力。按说明书要求设置流量计后，缓慢开启试验放水阀，在逐渐使流量达到额定流量和 1.5 倍额定流量的过程中观察减压阀和管道是否出现噪声明显增加或喘振现象以及阀前/阀后的静水压力、阀后动水压力是否符合设计文件要求。

技术要求：减压阀阀前、阀后的动、静压力应符合设计要求。减压阀在小流量、设计流量和 1.5 倍设计流量时不应出现噪声明显增加或管道喘振现象。

③ 减压阀水头损失。

检测工具：压力表、超声波流量计。

检测方法：在 1.5 倍额定流量时，查看阀后静压和动压之差是否符合设计要求，设计要求不明确时，出口动压应不小于 65% 的额定压力值。

技术要求：减压阀的水头损失应小于阀后设计静压和动压差。

（7）水泵接合器

① 组件外观及状态。

检测工具：压力表、卷尺、激光测距仪。

检测方法：查看是否有注明所属系统和区域的固定标志牌。转动手轮，查看控制阀是否常开，启闭是否灵活，止回阀方向是否正确。用卷尺测量水泵结合器与室外消火栓或消防水池的距离。对于严寒和寒冷地区，查看水泵接合器的防冻措施是否完好。

技术要求：水泵接合器上或其附近明显位置，应有注明所属系统和区域名称的标志牌，且内容完整、准确、清晰。控制阀应处于常开位置，且能灵活启、闭；止回阀的安装方向应正确，止回阀应能严密关闭。水泵结合器的位置应便于消防车安全供水，与消防水池或室外消火栓的距离应在 15~40m 之间。对于严寒和寒冷地区，水泵接合器的防冻措施应完好并符合设计要求。

② 充水试验。

检测工具：压力表、超声波流量计

检测方法：选择距离待测消防水泵接合器水力条件最不利的消火栓，在干管处设置流量计，采用消防车车载消防水泵（或其他能满足测试要求的供水设备）进行充水试验，达到最不利竖管设计出流量，观察最不利消火栓处压力表示值。

技术要求：水泵接合器应采用消防车车载消防水泵进行充水试验，且供水最不利点的压力、流量应符合设计要求。

7.8　消火栓系统检测要求

（1）室内消火栓系统

① 规格型号及设置场所。

检测工具：卷尺、激光测距仪。

检测方法：查看室内消火栓的设置场所、规格型号是否符合设计要求。

技术要求：室内消火栓的设置场所、规格、型号应符合设计要求，标识符合规范要求。

② 箱体及组件。

检测工具：卷尺、激光测距仪。

检测方法：查看消火栓箱有无标志、组件是否齐全，箱门开关是否灵活，开启角度是否符合要求。查看栓口的位置和方向，是否便于连接水带，用卷尺测量栓口距离楼地面的高度。

抽样比例：抽查消火栓总数数量10%，且每个供水分区不应少于2个。

技术要求：消火栓箱的组件应齐全，箱门应能灵活开、关，开启角度应符合要求；箱体外应有明显标志或区别色。消火栓的阀门应能灵活启、闭，且无泄漏，栓口的位置应便于连接水带，栓口的出水方向宜向下或与墙面垂直，栓口中心距地面的高度应便于操作且宜为1.1m。

③ 栓口压力。

检测工具：压力表、超声波流量计。

检测方法：采用消火栓系统试水检测装置，选择最不利点和最有利点处的消火栓，连接压力表及闷盖，开启消火栓，测量消火栓栓口的静水压力。按设计出水量开启消火栓，启动消防水泵，查看消火栓出口动水压力。

技术要求：消火栓栓口处的静水压力应符合设计要求。启动消防泵后，消火栓栓口处的出水压力应符合设计要求。

（2）室外消火栓系统

① 外观及状态。

检测工具：卷尺。

检测方法：查看消火栓的外观，核实设置位置的设计符合性，并作启闭操作检查。对于严寒和寒冷地区，查看室外消火栓的防冻措施和标识设置情况。

技术要求：消火栓上的阀门应能灵活启、闭。地下式消火栓应有明显标志，井内应无积水；设置位置符合规范要求。对于严寒和寒冷地区，其防冻措施应完好并符合设计要求。

② 栓口压力。

检测工具：压力表、卷尺。

检测方法：采用消火栓系统试水检测装置，选择最不利和最有利处的消火栓，连接压力表及闷盖，开启消火栓，分别测量消火栓栓口的静水压力和动水压力。

技术要求：消火栓栓口处的静水压力和动水压力应符合设计要求。

③ 系统功能。

检测工具：压力表、秒表。

检测方法：采用消火栓系统试水检测装置，选择最不利和最有利处的消火栓，连接压力表及闷盖，开启消火栓，记录主消防泵启动时间和达到设计工况的时间，消防泵启动时间应符合规定。

技术要求：消火栓系统的水枪或栓口开放后，应在规范允许的时段内启动消防水泵（临时高压系统），并保持栓口按设定水压持续出水。

④ 消火栓系统联动控制。

检测工具：秒表。

检测方法：操作触发报警设备，在控制室查看报警信号并观察消防泵启动情况。

技术要求：当建筑内无火灾自动报警系统、消防设计文件有要求的，启动消火栓按钮，消防水泵应直接启动。当有火灾自动报警系统时，应使任一报警区域的两只火灾探测器，或一只火灾探测器和一只手动火灾报警按钮发出火灾报警信号，同时使消火栓按钮动作启动消火栓按钮，消防控制室应收到报警信号，显示报警部位并联动启动消防水泵。消防水泵启动后，消火栓按钮处应有消防泵启动信号。

7.9　自动喷水灭火系统检测要求

（1）报警阀组

① 外观、型号。

检测方法：对照设计，直观检查。

技术要求：应有注明系统名称和保护区域的标志牌，设置位置、规格型号、组件应符合设计文件和产品标准要求。

② 控制阀。

检测方法：对照设计，直观检查。

技术要求：控制阀应全部开启，不采用信号阀时用锁具固定手轮，启闭标志应明显；采用信号阀时，反馈信号应正确。

③ 气压维持装置。

检测方法：开启报警阀处试验放水阀，查看空气压缩机和气压控制装置运行状态和启动、停止时的气压表示值。

技术要求：空气压缩机和气压控制装置状态应正常；压力表显示应符合设定值。

（2）喷头

检测方法：对照设计，直观检查。

技术要求：喷头设置场所、规格、型号、公称动作温度、响应时间指数（RTI）应符合设计要求。

（3）系统功能

① 湿式系统。

检测工具：数字声级计、卷尺、激光测距仪、超声波流量计、压力表、秒表。

检测方法：关闭报警阀系统侧控制阀，分别测试通过消防水泵出水干管上设置的压力开关、高位消防水箱出水管上的流量开关和报警阀组压力开关的模拟触发信号，能否自动启动消防水泵。开启最不利处末端试水装置的控制阀，查看启泵前、后压力表的示值，水流指示器、压力开关报警应正确，消防水泵和其他联动设备启动后的动作及其信号反馈情况。测量自开启末端试水装置至消防水泵启动运行的时间。关闭系统侧控制阀，按说明书要求设置流量计。打开系统流量压力检测装置放水阀，观察流量、压力。观察报警阀动作，测量并记录声强数据。

技术要求：湿式系统应由消防水泵出水干管上设置的压力开关、高位消防水箱出水管上的流量开关和报警阀组压力开关直接自动启动消防水泵。开启末端试水装置，出水压力不应低于 0.05MPa，水流指示器、报警阀、压力开关应动作。报警阀动作后，距水力警铃 3m 远处的声压级不应低于 70dB。应在开启末端试水装置后 5min 内自动启动消防水泵。消防控制设备应显示水流指示器、压力开关及消防水泵的反馈信号。

② 预作用系统。

检测工具：数字声级计、卷尺、激光测距仪、超声波流量计、压力表、秒表。

检测方法：关闭报警阀系统侧控制阀，分别测试通过消防水泵出水干管上设置的压力开关、高位消防水箱出水管上的流量开关和报警阀组压力开关的模拟触发信号，能否自动启动消防水泵。先后触发防护区内的两个火灾探测器，查看电磁阀、消防水泵、快速排气阀、水流指示器和压力开关的动作情况及信号反馈的情况。报警确认后 2min，打开末端试水装置，测量出水压力；测量自压力开关动作起，至消防水泵达到额定工况的时间。关闭系统侧控制阀，手动启动报警阀，水泵应自动启动，按说明书要求设置流量计；打开系统流量压力检测装置放水阀，观察流量、压力是否符合设计要求。观察报警阀动作，测量并记录声强数据。

技术要求：应能自动和手动启动预作用阀。自动控制的预作用系统应由火灾自动报警系统、消防水泵出水干管上设置的压力开关、高位消防水箱出水管上的流量开关和报警阀组压力开关直接自动启动消防水泵；预作用阀的手动启停功能应能通过联动控制器手动启停按钮和预作用阀组手动控制阀分别实现。火灾报警控制器确认火灾后，应自动启动预作用阀、排气阀入口电动阀及消防水泵。水流指示器、压力开关应动作，距水力警铃 3m 远处的声压级不应低于 70dB。火灾报警控制器确认火灾后 2min，末端试水装置的出水压力不应低于 0.05MPa。消防控制设备应显示电磁阀、电动阀、水流指示器及消防水泵的反馈信号。

③ 雨淋系统。

检测工具：数字声级计、卷尺、激光测距仪、超声波流量计、压力表、秒表。

检测方法：先后触发防护区内的两个火灾探测器，查看电磁阀、消防水泵、快速排气阀、水流指示器和压力开关的动作情况及信号反馈的情况。打开系统试验装置，测量出水压力。测量自压力开关动作起，至消防水泵达到额定工况的时间；测量自消防水泵启动至试验装置达到设计出水压力的时间；并联设置多台雨淋阀的系统，核对控制雨淋阀的逻辑关系。

关闭系统侧控制阀，分别测试手动启动和不同模拟触发信号控制的自动启泵功能，按说明书要求设置流量计。打开系统流量压力检测装置放水阀，观察流量、压力是否符合设计要求。

观察报警阀动作，测量并记录声强数据。

技术要求：应能自动和手动启动消防水泵和雨淋阀。雨淋系统和自动控制的水幕系统，消防水泵的自动启动方式应符合下列要求：

a. 当采用火灾自动报警系统控制雨淋报警阀时，消防水泵应由火灾自动报警系统、消防水泵出水干管上设置的压力开关、高位消防水箱出水管上的流量开关和报警阀组压力开关直接自动启动。

b. 当采用充液（水）传动管控制雨淋报警阀时，消防水泵应由消防水泵出水干管上设置的压力开关、高位消防水箱出水管上的流量开关和报警阀组压力开关直接启动。

c. 雨淋阀的手动启停功能应能通过联动控制器手动启停按钮和预作用阀组手动控制阀分别实现。

d. 当采用传动管控制的系统时，传动管泄压后，应联动消防水泵和雨淋阀。

e. 压力开关应动作，距水力警铃 3m 远处的声压级不得低于 70dB。

f. 消防控制设备应显示电磁阀、消防水泵与压力开关的反馈信号。

g. 并联设置多台雨淋阀组的系统，逻辑控制关系应符合设计要求。

（4）联动控制功能

① 湿式自动喷水灭火系统控制要求。

检测方法：对照设计，操作、直观检查。

技术要求：

a. 联动控制方式，应由湿式报警阀压力开关的动作信号作为触发信号，直接控制启动喷淋消防泵，联动控制不应受消防联动控制器处于自动或手动状态影响。

b. 手动控制方式，应将喷淋消防泵控制箱（柜）的启动、停止按钮用专用线路直接连接至设置在消防控制室内的消防联动控制器的手动控制盘，直接手动控制喷淋消防泵的启动、停止。

c. 水流指示器、信号阀、压力开关、喷淋消防泵的启动和停止的动作信号应反馈至消防联动控制器。

② 预作用自动喷水灭火系统联动控制。

检测方法：对照设计，操作、直观检查。

技术要求：

a. 联动控制方式，应由同一报警区域内两只及以上独立的感烟火灾探测器或一只感烟火灾探测器与一只手动火灾报警按钮的报警信号，作为预作用阀组开启的联动触发信号。由消防联动控制器控制预作用阀组的开启，使系统转变为湿式系统；当系统设有快速排气装置时，应联动控制排气阀前的电动阀的开启。

b. 手动控制方式，应将喷淋消防泵控制箱（柜）的启动和停止按钮、预作用阀组和快速排气阀入口前的电动阀的启动和停止按钮，用专用线路直接连接至设置在消防控制室内的消防联动控制器的手动控制盘，直接手动控制喷淋消防泵的启动、停止及预作用阀组和电动阀的开启。

c. 水流指示器、信号阀、压力开关、喷淋消防泵的启动和停止的动作信号，有压气体管道气压状态信号和快速排气阀入口前电动阀的动作信号应反馈至消防联动控制器。

③ 雨淋系统联动控制。

检测方法：对照设计，操作、直观检查。

技术要求：

a. 联动控制方式，应由同一报警区域内两只及以上独立的感温火灾探测器或一只感温火灾探测器与一只手动火灾报警按钮的报警信号，作为雨淋阀组开启的联动触发信号。应由消防联动控制器控制雨淋阀组的开启。

b. 手动控制方式，应将雨淋消防泵控制箱（柜）的启动和停止按钮、雨淋阀组的启动和停止按钮，用专用线路直接连接至设置在消防控制室内的消防联动控制器的手动控制盘，直接手动控制雨淋消防泵的启动、停止及雨淋阀组的开启。

c. 水流指示器，压力开关，雨淋阀组、雨淋消防泵的启动和停止的动作信号应反馈至消防联动控制器。

7.10 水喷雾灭火系统检测要求

（1）雨淋报警阀组

① 规格型号。

检测工具：卷尺。

检测方法：对照设计，直观检查。

技术要求：设置位置、规格型号、数量应符合设计文件和产品标准要求。

② 雨淋阀组件。

检测工具：卷尺。

检测方法：对照设计，直观检查。

技术要求：应设置试验控制阀，水源控制阀、试验控制阀应锁定在常闭位置，水力警铃的安装位置应正确。

③ 喷头。

检测方法：对照设计，直观检查

技术要求：喷头的数量、规格型号应符合设计要求和产品标准。

（2）联动控制功能

① 模拟灭火功能。

检测工具：数字声级计、卷尺、激光测距仪、超声波流量计、压力表、秒表。

检测方法：系统处于自动状态下，关闭试验控制阀，按说明书要求设置流量计。按设计文件要求触发与火灾自动报警系统连锁或联动控制的探测部件后，观察火灾自动报警控制器是否收到正确的压力开关报警信号，是否能在设计时间内启动消防水泵和其他消防联动控制设备，并收到正确的反馈信号。打开系统流量压力检测装置放水阀，测试的流量、压力是否符合设计要求。断开主电源，用秒表计时，观察备用电源正常切换的时间。

技术要求：系统处于自动状态下，按设计文件要求触发与火灾自动报警系统连锁或联动控制的探测部件后，结果应符合下列规定。

a. 压力信号反馈装置应能正常动作，并应能在动作后启动消防水泵及与其联动的相关设备，可正确发出反馈信号。

b. 距水力警铃 3m 远处警铃的声压不应小于 70dB。

c. 系统的分区控制阀应能正常开启，并可正确发出反馈信号。

d. 系统的流量、压力均应符合设计要求。

e. 消防水泵及其他消防联动控制设备应能正常启动，并应有反馈信号显示。

f. 主、备电源应能在规定时间内正常切换。

② 灭火功能（模拟试验）。

检测工具：压力表、超声波流量计、秒表。

检测方法：系统处于自动状态下，开启试验控制阀，按说明书要求设置流量计。按设计文件要求触发与火灾自动报警系统连锁或联动控制的探测部件后，观察火灾自动报警控制器是否收到正确的压力开关报警信号，是否能在设计时间内启动消防水泵和其他消防联动控制设备，并收到正确的反馈信号。测试系统实际喷射的流量、压力是否符合设计要求。观察自启动系统给水设施起，至系统最不利点水雾喷头喷出水雾的时间是否符合设计要求。断开主电源，测量备用电源正常切换的时间。

技术要求：系统处于自动状态下，开启试验控制阀，进行实际喷射试验，除符合模拟灭火功能检测要求外，系统响应时间，水雾覆盖保护对象情况应符合设计要求。

7.11　细水雾灭火系统检测要求

（1）储气瓶组和储水瓶组

① 设备配置。

检测方法：对照设计，直观检查。

技术要求：瓶组的规格型号、数量、安装位置、固定方式和标志应符合设计文件要求，储存容器在有效检验周期内。

② 安装。

检测方法：对照设计，尺量和直观检查。

技术要求：瓶组的安装、固定和支撑应稳固，且固定支、框架应进行防腐处理。瓶组容器阀上的压力表应朝向操作面，安装高度和方向应一致。

③ 充装量和储存压力。

检测方法：对照设计，称重、用液位计或压力计测量。

技术要求：储水容器内水的充装量和储气容器内氮气或空气的储存压力应符合设计要求。

④ 应急操作装置。

检测方法：对照设计，直观检查。

技术要求：瓶组的机械应急操作处的标志应符合设计要求。应急操作装置应有铅封的安全销或保护罩。

（2）控制阀

① 阀件配置。

检测方法：对照设计，直观检查。

技术要求：控制阀的规格型号、数量、安装位置、固定方式应符合设计要求。

② 分区控制阀锁定装置。

检测方法：直观检查。

技术要求：分区控制阀前后的阀门均应处于常开位置，应有明显启闭标志和可靠锁定设施，并应具有启闭信号状态的信号反馈功能。

③ 试水阀。

检测方法：尺量和直观检查，手动操作试水阀检查。

技术要求：闭式系统试水阀的安装位置应便于安全的检查、试验。

④ 开式系统动作检测。

检测方法：手动和自动启动分区控制阀，直观检查阀门启闭反馈情况。

技术要求：开式系统的分区控制阀应处于全部关闭状态，分区控制阀前后的阀门应处于常开状态。开式系统分区控制阀组应能采用手动和自动方式可靠动作。系统控制阀的启/闭标志应明显，分区控制阀应具有启闭状态的信号反馈功能。

⑤ 闭式系统动作检测。

检测方法：将处于常开位置的分区控制阀手动关闭，直观检查。

技术要求：闭式系统的分区控制阀处于全部开启状态且应为带开关锁定或开关指示的阀组。分区控制阀前后的阀门应处于常开状态。闭式系统分区控制阀组应能采用手动方式可靠动作。系统控制阀的启/闭标志应明显，分区控制阀应具有启闭状态的信号反馈功能。

（3）喷头

① 喷头配置。

检测方法：对照设计，直观检查。

技术要求：喷头的数量、规格型号及闭式喷头的公称动作温度等，应符合设计要求。

② 模拟联动试验。

检测工具：秒表。

检测方法：利用模拟信号试验和系统流量压力检测装置通过泄放试验，直观检查。

技术要求：每个系统都应进行模拟联动试验。动作信号反馈装置应能正常动作，并应能在动作后启动泵组或开启瓶组及与其联动的相关设备，可正确发出反馈信号。开式系统的分区控制阀应能正常开启，并可正确发出反馈信号。系统流量、压力均应符合设计要求。泵组或瓶组及其他消防联动控制设备应能正常启动，反馈信号正常。主备电源应能在规定时间内正常切换。

③ 冷喷试验（模拟）。

检测方法：自动启动系统，采用秒表直观检查。

技术要求：开式系统应进行冷喷试验，除应符合模拟联动试验要求外，其响应时间应符合设计要求。

7.12 气体灭火系统检测要求

（1）设置类型

检测方法：查看系统设置类型是否符合设计文件要求。

技术要求：系统设置类型应符合设计要求。

（2）防护区疏散设施

① 疏散门。

检测方法：从防护区门内推开疏散门至最大程度，查看释放后是否能自行关闭严密。

技术要求：防护区门应向疏散方向开启，门窗能自行关闭，用于疏散的门必须能从防护区门内打开。

② 疏散指示。

检测方法：对照设计，直观检查。

技术要求：防护区的疏散指示标志和应急照明装置的位置、数量、规格应符合设计要求。防护区内和入口处的声光报警装置、气体喷放指示灯、入口处的安全标志的位置、数量、规格应符合设计要求。专用的空气呼吸器或氧气呼吸器的位置、数量、规格应符合设计要求。

③ 排气泄压措施。

检测方法：对照设计，直观检查。

技术要求：无窗或固定窗扇的地上防护区和地下防护区的排气装置的位置、数量、规格应符合设计要求。门窗设有密封条的防护区的泄压装置的位置、数量、规格应符合设计要求。

（3）储瓶装置间

① 应急照明。

检测方法：对照设计，直观检查。

技术要求：应急照明装置的位置、数量、规格应符合设计要求。

② 排气泄压措施。

检测方法：对照设计，直观检查。

技术要求：无窗或固定窗扇的地上、地下储瓶间的排气装置的位置、数量、规格应符合设计要求。

（4）灭火剂储存容器

① 一般规定。

检测方法：对照设计，核对气瓶钢印、合格证、准入证明。

技术要求：灭火剂储存容器的位置、数量、规格应符合设计要求。

② 压力和储量。

检查方法：具有压力显示功能的储罐或瓶组，压力表正面应朝向操作面且其压力显示应正常，压力值应在绿色区域内；带有称重装置的储罐，其称重装置应正常，并应有原始重量标记。对照设计，直观检查。

技术要求：储存容器内的灭火剂充装量、储存压力和备用量应符合设计要求。储存容器应在有效的检验周期内。灭火剂储存容器的固定方式、安装质量应符合设计要求。

（5）集流管

① 安全泄放装置。

检测方法：对照设计，直观检查。

技术要求：安全泄放装置的泄放方向不应朝向操作面。

② 流向/标识。

检测方法：对照设计，直观检查。

技术要求：连接储存容器与集流管间的单向阀的流向指示箭头应指向介质流动方向。集流管外表面宜涂红色油漆。

（6）选择阀及信号反馈装置

① 流向/标识。

检测方法：对照设计，直观检查。

技术要求：选择阀应无机械性损伤，流向指示箭头应指向介质流动方向，选择阀上应设置标明防护区或保护对象名称或编号的永久性标志牌，进口产品应有明确的中文标识，并应便于观察。

② 操作机构。

检测工具：卷尺、激光测距仪

检测方法：对照设计，直观检查和尺量。

技术要求：选择阀的机械应急手动操作机构，应安装在操作面一侧，当安装高度超过1.7m时应采取便于操作的措施，并有标明对应防护区或保护对象名称的永久标志，进口产品应有明确的中文标识。

（7）阀驱动装置应急操作标识

检测方法：对照设计，直观检查。

技术要求：驱动气瓶的机械应急手动操作处，应有标明对应防护区或保护对象名称的永久标志（进口产品应有明确的中文标识），并应便于观察，手动操作装置的铅封应完好。

（8）喷嘴

检测方法：对照设计，直观检查。

技术要求：喷嘴的数量、规格型号、安装位置和方向，应符合设计要求。

（9）系统功能

① 模拟启动功能。

检测工具：秒表。

检测方法：

a. 手动模拟启动检查：按下手动启动按钮，观察相关动作信号及联动设备动作是否正常（如发出声、光报警，启动输出端的负载响应，关闭通风空调、防火阀等）。人工使压力信号反馈装置动作，观察相关防护区门外的气体喷放指示灯是否正常。

b. 自动模拟启动检查：将灭火控制器的启动输出端与灭火系统相应防护区驱动装置连接。驱动装置应与阀门的动作机构脱离。也可以用1个启动电压、电流与驱动装置的启动电压、电流相同的负载代替。人工模拟火警使防护区内任意一个火灾探测器动作，观察单一火警信号输出后，相关报警设备动作是否正常（如警铃、蜂鸣器发出报警声等）。人工模拟火警使该防护区内另一个火灾探测器动作，观察复合火警信号输出后，相关动作信号及联动设备动作是否正常（如发出声、光报警，启动输出端的负载响应，关闭通风空调、防火阀等）。

技术要求：系统功能检测时，应进行模拟启动试验。按抽样比例和检测方法进行1次模拟启动功能的检查，检查结果应符合设计文件和标准要求。延迟时间与设定时间相符，响应时间满足要求。有关声、光报警信号正确。联动设备动作正确。驱动装置动作可靠。

② 模拟喷气功能。

检测工具：秒表。

检测方法：

a. 模拟喷气试验条件应符合下列规定。

（a）IG-541混合气体灭火系统应采用其充装的灭火剂进行模拟喷气试验。试验采用的储存容器数应为选定试验的防护区或保护对象设计用量所需容器总数的5%，且不得少于1个。

（b）卤代烷灭火系统模拟喷气试验不应采用卤代烷灭火剂，宜采用氮气进行。氮气或压缩空气储存容器与被试验的防护区或保护对象用的灭火剂储存容器的结构、型号、规格应相同，连接与控制方式应一致，氮气或压缩空气的充装压力按设计要求执行。氮气或压缩空气储存容器数不应少于灭火剂储存容器数的20%，且不得少于1个。模拟喷气试验宜采用自动启动方式。

b. 模拟喷气功能的检查方法。

（a）人工模拟火警使防护区内任意 1 个火灾探测器动作，观察单一火警信号输出后，相关报警设备动作是否正常（如警铃、蜂鸣器发出报警声等）。

（b）人工模拟火警使该防护区内另一个火灾探测器动作，观察复合火警信号输出后，相关动作信号及联动设备动作是否正常（如发出声、光报警，关闭通风空调、防火阀驱动装置响应等）。

技术要求：系统功能检测时，应进行模拟喷气试验。按抽样比例和检测方法进行 1 次模拟喷气功能的检查，检查结果应符合设计文件和标准要求。延迟时间与设定时间相符，响应时间满足要求。有关声、光报警信号正确。有关控制阀门工作正常。信号反馈装置动作后，气体防护区门外的气体喷放指示灯应工作正常。储存容器间内的设备和对应防护区或保护对象的灭火剂输送管道无明显晃动和机械性损坏。

试验气体能喷入被试防护区内或保护对象上，且应能从每个喷嘴喷出。

③ 模拟切换功能。

检测工具：秒表。

检测方法：参照使用说明书的操作方法，将系统使用状态从主用量灭火剂储存容器切换为备用量灭火剂储存容器的使用状态。然后按模拟喷气检测方法进行，结果应与模拟喷气试验相同。

技术要求：系统功能检测时，应对设有灭火剂备用量的系统进行模拟切换操作试验，并符合设计文件和标准要求。

④ 主、备用电源进行切换。

检测工具：秒表。

检测方法：将系统切换到备用电源，按模拟启动检测方法进行试验，并符合设计文件和标准要求。

技术要求：系统功能检测时，应对主、备用电源进行切换试验，并符合设计文件和标准要求。

（10）气体灭火控制器功能

① 基本功能。

检测工具：秒表。

检测方法：对照设计，直观检查。

技术要求：自检功能、消音功能、复位功能。与声光报警器、驱动部件、现场启动和停止按键（按钮）之间的连接线断路/短路，控制器能在 100s 内发出故障信号。与备用电源之间的连线断路/短路，控制器能在 100s 内发出故障信号。给控制器输入设定的启动控制信号，控制器应有启动输出，并发出声、光启动信号。输入启动模拟反馈信号，控制器应在 10s 内接收并显示。检查控制器的延时功能，设定的延时时间应符合设计要求。主、备电源的自动转换功能。控制器处于自动控制状态，手动插入操作，手动插入操作应优先。

② 手动、自动转换功能。

检测方法：对照设计，直观检查。

技术要求：防护区内、外的手动、自动控制状态显示装置能准确显示系统的手动或自动控制方式的状态信息。消防联动控制器能准确接收及显示系统的手动或自动控制方式的状态信息。

③ 手动控制功能。

检测方法：对照设计，直观检查。

技术要求：在防护区疏散出口的门外应设置气体灭火装置的手动启动和停止按钮，手动启动按钮按下时，气体灭火控制器应执行如下联动操作。

a. 关闭防护区域的送（排）风机及送（排）风阀门。

b. 停止通风和空气调节系统及关闭设置在该防护区域的电动防火阀。

c. 联动控制防护区域开口封闭装置的启动，包括关闭防护区域的门、窗。

d. 启动气体灭火装置，气体灭火控制器可设定不大于30s的延迟喷射时间。

e. 启动设置在防护区入口处表示气体喷洒的声光警报器。

f. 手动停止按钮按下时，气体灭火控制器应停止正在执行的联动操作。

g. 气体灭火控制器上应设置对应于不同防护区的手动启动和停止按钮，手动启动按钮按下时，气体灭火控制器应执行联动设计要求；手动停止按钮按下时，气体灭火控制器应停止正在执行的联动操作。

h. 联动控制及反馈信号，应反馈至消防联动控制器。

④ 联动控制功能。

检测方法：对照设计，操作、直观检查。

技术要求：

a. 气体灭火控制器直接连接火灾探测器时，气体灭火系统的自动控制方式应符合下列规定。

（a）应由同一防护区域内两只独立的火灾探测器的报警信号、一只火灾探测器与一只手动火灾报警按钮的报警信号或防护区外的紧急启动信号，作为系统的联动触发信号，探测器的组合宜采用感烟火灾探测器和感温火灾探测器。

（b）气体灭火控制器在接收到满足联动逻辑关系的首个联动触发信号后，应启动设置在该防护区内的火灾声光警报器，且联动触发信号应为任一防护区域内设置的感烟火灾探测器、其他类型火灾探测器或手动火灾报警按钮的首次报警信号；在接收到第二个联动触发信号后，应发出联动控制信号，且联动触发信号应为同一防护区域内与首次报警的火灾探测器或手动火灾报警按钮相邻的感温火灾探测器、火焰探测器或手动火灾报警按钮的报警信号。

（c）气体灭火防护区出口外上方应设置表示气体喷洒的火灾声光警报器，指示气体释放的声信号应与该保护对象中设置的火灾声警报器的声信号有明显区别。启动气体灭火装置的同时，应启动设置在防护区入口处表示气体喷洒的火灾声光警报器；组合分配系统应首先开启相应防护区域的选择阀，然后启动气体灭火装置。

b. 气体灭火控制器不直接连接火灾探测器时，气体灭火系统的自动控制方式应符合下列规定：

（a）气体灭火系统的联动触发信号应由火灾报警控制器或消防联动控制器发出。

（b）气体灭火系统的联动触发信号和联动控制均应符合设计规定。

（c）气体灭火装置启动及喷放各阶段的联动控制及系统的反馈信号，应反馈至消防联动控制器。系统的联动反馈信号应包括下列内容：气体灭火控制器直接连接的火灾探测器的报警信号。选择阀的动作信号。压力开关的动作信号。

（d）在防护区域内设有手动与自动控制转换装置的系统，其手动或自动控制方式的工作状态应在防护区内、外的手动和自动控制状态显示装置上显示，该状态信号应反馈至消防联动控制器。

7.13　防烟排烟系统检测要求

（1）控制柜

检测方法：现场操作、直观检查。

技术要求：外观完好，安装牢固，应有注明系统名称和编号的标志；仪表、指示灯显示应正常，开关及控制按钮应灵活可靠；应有手动、自动切换功能且能可靠切换。

（2）风机

检测方法：现场操作、直观检查。

技术要求：位置正确，安装牢固；风机的铭牌清晰。风机上应有注明系统名称和编号的清晰标志，传动皮带的防护罩、新风入口的防护网应完好。应能现场手动启动和消防控制室手动启动，启动运转平稳，叶轮旋转方向正确，无异常振动与声响，动作信号应在消防控制室显示。

（3）送风口、排烟阀或排烟口

检测方法：现场操作、直观检查。

技术要求：送风口、排烟阀或排烟口表面应平整，安装位置正确、安装牢固。应具有现场手动开启和消防控制室手动开启功能，应能正常开启和复位，阀门关闭严密，启闭不卡滞，动作信号应在消防控制室显示。

（4）排烟防火阀

检测方法：现场操作、直观检查。

技术要求：外观完好，安装牢固，进行手动关闭、复位试验，阀门动作应灵敏、可靠，关闭应严密。排烟风机入口处的总管上设置的排烟防火阀在280℃时应自行关闭，并应连锁关闭排烟风机和补风机，设备动作的反馈信号正确。

（5）挡烟垂壁、排烟窗

检测工具：卷尺。

检测方法：现场操作、直观检查。

技术要求：活动挡烟垂壁、自动排烟窗外观完好，安装牢固，应具有现场手动开启和消防控制室手动开启功能，应能正常开启和复位，动作不卡滞，动作信号应在消防控制室显示。

（6）风管

检测方法：直观检查。

技术要求：风管表面应平整、无损坏；风管的连接以及风管与风机的连接，应无明显缺陷。

(7) 支吊架

检测方法：直观检查。

技术要求：风管的支、吊架外观完好，应安装牢固。

(8) 机械防烟系统余压值

检测工具：数字微压计。

检测方法：在保护区域的顶层、中间层及最下层模拟火灾，打开送风口，联动启动加压送风机，当封闭楼梯间、防烟楼梯间、前室、合用前室、消防电梯前室及封闭避难层(间) 门全闭时，测试该层的防烟楼梯间、前室、合用前室、消防电梯前室及封闭避难层(间) 与走道间的压差。

技术要求：从走廊到前室再到楼梯间的余压值应依次呈递增分布。前室、合用前室、消防电梯前室、封闭避难层（间）的余压值应为 25～30Pa。防烟楼梯间余压值应为 40～50Pa。

(9) 风口风速

检测工具：数字风速仪。

检测方法：

测量风口的风速：a. 小截面风口（风口面积小于 0.3m^2)，可采用 5 个测点。b. 当风口面积大于 0.3m^2 时，对于矩形风口，按风口断面的大小划分成若干个面积相等的矩形，测点布置在每个小矩形的中心，小矩形每边的长度为 200mm 左右；对于条形风口，在高度方向上至少安排两个测点，沿其长度方向上可取 4～6 个测点；对于圆形风口，至少取 5 个测点，测点间距≤200mm。c. 若风口气流偏斜时，可临时安装一截长度为 0.5～1.0m，断面尺寸与风口相同的短管进行测定。

按式（7-1）计算风口的平均风速：

$$V_p=(V_1+V_2+V_3+\cdots+V_n)/n \tag{7-1}$$

式中：V_p——风口平均风速，单位为 m/s；

V_1、V_2、V_3、…、V_n——各测点风速，单位为 m/s；

n——测点总数。

技术要求：机械加压系统送风口的风速不宜大于 7m/s。机械排烟系统排烟口的风速不宜大于 10m/s。机械补风口的风速不宜大于 10m/s，人员密集场所补风口的风速不宜大于 5m/s。

(10) 排烟量

检测工具：计算器。

检测方法：

按式（7-2）计算排烟量：

$$L=3600V_p\cdot F \tag{7-2}$$

式中：L——排烟量或补风量，单位为 m^3/h；

V_p——排烟口或补风口平均风速，单位为 m/s；

F——排烟口或补风口的有效面积，单位为 m^2。

将待测防烟分区内的全部排烟风口风量相加或按公式计算待测防烟分区单位面积的排烟量，与设计参数相比较。

技术要求：排烟量符合相关规范和设计要求；补风量不应小于排烟量的50%。

（11）加压送风系统联动（自动）控制功能

检测工具：秒表。

检测方法：对照设计，现场操作和直观检查。

技术要求：将消防联动控制器设置在自动状态下，使用专用工具人为触发加压送风口所在防火分区内的两只独立的火灾探测器或一只火灾探测器与一只手动火灾报警按钮发出报警信号，15s内应开启该防火分区楼梯间的全部加压送风机，应开启该防火分区内着火层及其相邻上下层前室及合用前室的常闭送风口，同时开启加压送风机。系统中任一常闭加压送风口开启时，加压风机应能自动启动。相应的反馈信号应正确。

（12）机械排烟系统联动控制功能

检测工具：秒表。

检测方法：对照设计，现场操作和直观检查。

技术要求：将消防联动控制器设置在自动状态下，使用专用工具人为触发同一防烟分区内的两只独立的火灾探测器或一只火灾探测器和一只手动火灾报警按钮发出火灾报警信号；相应防烟分区的活动挡烟垂壁15s内全部动作，60s内下降到设计高度；15s内排烟阀或排烟口开启、排烟风机启动；60s内或小于烟气充满储烟仓时间内自动排烟窗开启到符合要求的位置；15s内有补风要求的补风系统应启动；30s内自动关闭与排烟无关的通风、空调系统。当任何一个常闭排烟阀或排烟口开启时，相应的排烟风机和有补风要求的补风系统应联动启动。相应的反馈信号应正确。

7.14　应急照明与疏散指示系统检测要求

（1）消防应急照明

① 基本要求。

检测方法：直观检查。

技术要求：应固定牢固，外观完好，手动试验状态时指示灯正常。照明方向无遮挡。

② 备用电源的连续供电时间、照度。

检测工具：数字照度计、卷尺、激光测距仪、秒表。

检测方法：切断正常供电电源，在排除干扰光源的条件下，消防控制室、消防水泵房、自备发电机房、配电室、防排烟机房以及发生火灾时仍需正常工作的消防设备房设置的备用照明，使用照度计测量作业面最不利处的最低照度；其他场所在地面照明最不利处（如走道取与走道中线的交点）测量。达到规定的应急工作状态持续时间时，重复测量上述测点的照度。

技术要求：切断正常供电电源后，疏散走道、疏散通道应急照明的最低水平照度不应低于1.0lx；楼梯间、前室或合用前室、避难走道，不应低于5.0lx。在工作状态下，总建筑面积大于100000m^{2}的公共建筑和总建筑面积20000m^{2}的地下、半地下建筑，不应少于1.0h；其他建筑，不应少于0.5h。消防控制室、消防水泵房、自备发电机房、配电室、防排烟机房以及发生火灾时仍需正常工作的消防设备房应设置备用照明，其作业面的最低照度不应低于正常照明的照度，且不低于下列规定：

a. 消防控制室不应低于300lx。

b. 自备发电机房、电源设备室、配电室不应低于200lx。

c. 变压器室、防排烟机房、消防水泵房不应低于100lx。

（2）消防疏散指示标志

① 基本要求。

检测工具：卷尺、激光测距仪。

检测方法：直观和尺量检查。

技术要求：消防疏散指示标志安装应固定牢固，外观完好，手动试验时状态指示灯正常。疏散方向指示应正确、清晰无遮挡。

② 应急时间、照度。

检测工具：数字照度计、卷尺、激光测距仪、秒表。

检测方法：测量灯具光源应急点亮、熄灭的响应时间。切断正常供电电源，在排除干扰光源的条件下，在灯光疏散指示标志前的通道中心处，用照度计测量地面照度。达到规定的应急工作状态持续时间时，重复测量上述测点的照度。

技术要求：火灾状态下，灯具光源应急点亮、熄灭的响应时间不应大于设计要求，切断正常供电电源后，灯光疏散指示标志状态正常，通道最不利点地面中心的水平照度不应低于1.0lx。在工作状态下，不低于设计持续时间时，通道最不利点地面中心的水平照度仍不应低于1.0lx。

③ 集中控制型系统手动应急启动功能。

检测方法：手动操作应急照明控制器的一键启动按钮，检查应急照明控制器发出启动信号的情况。对照疏散指示方案，检查该区域灯具光源的点亮情况。检查集中电源或应急照明配电箱的工作状态。

技术要求：系统内所有的非持续型照明灯的光源应应急点亮、持续型灯具的光源应由节电点亮模式转入应急点亮模式。集中电源应转入蓄电池电源输出、应急照明配电箱应切断主电源的输出。

④ 非集中控制型系统手动应急启动功能。

检测方法：手动操作集中电源或应急照明配电箱的应急启动按钮，检查集中电源或应急照明配电箱的工作状态，检查该区域灯具光源的点亮情况。

技术要求：系统的手动应急启动功能应符合下列规定。

a. 灯具采用集中电源供电时，手动操作集中电源的应急启动控制按钮，集中电源应转入蓄电池电源输出，其所配接的所有非持续型照明灯的光源应应急点亮、持续型灯具的光源应由节电点亮模式转入应急点亮模式。

b. 灯具采用自带蓄电池供电时，手动操作应急照明配电箱的应急启动控制按钮，应急照明配电箱应切断主电源输出，其所配接的所有非持续型照明灯的光源应应急点亮、持续型灯具的光源应由节电点亮模式转入应急点亮模式。

⑤ 联动控制功能。

检测工具：感烟（温）探测器功能试验器、秒表。

检测方法：操作检查。

技术要求：将消防联动控制器设置在自动状态下，使用专用工具人为触发同一防火分区内的两只独立的火灾探测器或一只火灾探测器与一只手动火灾报警按钮的报警信号，消防应急照明和疏散指示系统应能联动启动，系统全部投入应急状态的启动时间不应大于 5s。

7.15　防火分隔设施检测要求

（1）防火卷帘

① 外观质量。

技术要求：防火卷帘的钢质帘面及卷门机、控制器等金属零部件的表面不应有裂纹、压坑及明显的凹凸、锤痕、毛刺等缺陷。防火卷帘无机纤维复合帘面，不应有撕裂、缺角、挖补、倾斜、跳线、断线、经纬纱密度明显不匀及色差等缺陷。

② 防火封堵。

检测方法：直观检查。

技术要求：防火卷帘、防护罩等与楼板、梁和墙、柱之间的空隙，应采用防火封堵材料等封堵，封堵部位的耐火极限不应低于防火卷帘的耐火极限。

③ 控制装置。

检测方法：直观检查。

技术要求：防火卷帘的控制器和手动按钮盒应分别安装在防火卷帘内外两侧的墙壁上，当卷帘一侧为无人场所时，可安装在一侧墙壁上，安装应牢固可靠，其底边距地面高度宜为 1.3~1.5m，且应符合设计要求。控制器和手动按钮盒应安装在便于识别的位置，且应标出上升、下降、停止等功能。手动操作防火卷帘控制器上的按钮和手动按钮盒上的按钮，可控制防火卷帘的上升、下降、停止。设有备用电源的防火卷帘，其控制器应有主、备电源转换功能。主、备电源的工作状态应有指示，主、备电源的转换不应使防火卷帘控制器发生误动作。

④ 运行功能。

检测工具：卷尺、激光测距仪、数字声级计。

检测方法：用钢卷尺、激光测距仪。测量双帘面卷帘的两个帘面之间的高度差。在防火卷帘运行中，用声级计在距卷帘表面的垂直距离 1m、距地面的垂直距离 1.5m 处，水平测量三次，取其平均值。

技术要求：防火卷帘运行时，帘面在导轨内运行应平稳，不应有脱轨和明显的倾斜现象。双帘面卷帘的两个帘面应同时升降，两个帘面之间的高度差不应大于 50mm。防火卷帘启、闭运行的平均噪声不应大于 85dB。

⑤ 防火卷帘控制器功能。

检测方法：对照设计，操作和直观检查。

技术要求：手动操作防火卷帘控制器的按钮，检查防火卷帘控制器发出控制信号情况；检查防火卷帘的动作情况；检查控制器接收及显示防火卷帘的联动反馈信号情况；检查消防联动控制器接收及显示防火卷帘控制器的控制信号和防火卷帘的联动反馈信号情况。手动操作防火卷帘两侧的按钮，检查防火卷帘控制器发出控制信号情况；检查控制器接收及显示防火卷帘的联动反馈信号情况；检查消防联动控制器接收及显示防火卷帘控制器的控制信号和防火卷帘的联动反馈信号情况。使防火卷帘控制器的电源处于故障状态，检查消防联动控制器的故障信息显示情况。使防火卷帘控制器与其连接的外接部件的线路断/短路，检查消防联动控制器接收和显示防火卷帘控制器的故障信息情况。

⑥ 联动控制功能。

检测工具：钢卷尺、感烟（温）探测器功能试验器。

检查方法：用分别触发两个相关火灾探测器的方式控制防火卷帘的升降，查看火灾探测器的报警情况、防火卷帘的运行情况及其运行的反馈情况。

技术要求：

a. 疏散通道上设置的防火卷帘联动控制方式为：防火分区内任两只独立的感烟火灾探测器或任一只专门用于联动防火卷帘的感烟火灾探测器的报警信号应联动控制防火卷帘下降至距楼板面 1.8m 处；任一只专门用于联动防火卷帘的感温火灾探测器的报警信号应联动控制防火卷帘下降到楼板面。

b. 非疏散通道上设置的防火卷帘的联动控制方式为：防火卷帘所在防火分区内任两只独立的火灾探测器的报警信号，作为防火卷帘下降的联动触发信号，应联动控制防火卷帘直接下降到楼板面。

c. 探测器的报警信号、防火卷帘的动作信号应向火灾报警控制器正确反馈。

（2）防火门

① 外观质量。

检查方法：直观检查。

技术要求：每樘防火门均应在其明显部位设置永久性标牌，并应标明产品名称、型号、规格、耐火性能及商标、生产单位（制造商）名称和厂址、出厂日期及产品生产批号、执行标准等。防火门的门框、门扇及各配件表面应平整、光洁，并应无明显凹痕或机械损伤。

② 自闭功能。

检测方法：最大限度开启常闭防火门后释放，查看门扇自行关闭顺序。

技术要求：常闭防火门应安装闭门器等，双扇和多扇防火门应安装顺序器；双扇和多扇防火门开启后应能按顺序关闭。

③ 手动启闭。

检测工具：测力计。

检测方法：在防火门两侧分别用测力计手动开启防火门后释放，检查开启力。关闭后观察是否存在反弹、翘角、卡阻现象。

技术要求：防火门在关闭后应从任何一侧手动开启。除特殊情况外，防火门门扇的开启力不应大于 80N。防火门安装完成后，其门扇应启闭灵活，并应无反弹、翘角、卡阻和关闭不严现象。

④ 防火密封。

检测方法：直观检查。

技术要求：防火门门框与门扇、门扇与门扇的缝隙处嵌装的防火密封件应牢固、完好。

⑤ 防火插销。

检测方法：直观检查。

技术要求：防火插销应安装在双扇门或多扇门相对固定一侧的门扇上。

⑥ 常开防火门手动控制功能。

检测方法：直观检查。

技术要求：常开防火门，接到现场手动发出的关闭指令后，应自动关闭，并应将关闭信号反馈至消防控制室。常开防火门，接到消防控制室手动发出的关闭指令后，应自动关闭，并应将关闭信号反馈至消防控制室。

⑦ 未设置防火门监控系统的常开防火门联动控制功能。

检测方法：直观检查。

技术要求：常开防火门，其任意一侧的火灾探测器报警后，应自动关闭，并应将关闭信号反馈至消防控制室。

⑧ 防火门监控器功能。

检测工具：秒表。

检测方法：对照设计，操作和直观检查。

技术要求：自检功能。防火门监控器与释放器、门磁开关间连接线断路/短路时，防火门监控器能在100s内发出故障信号。防火门监控器备用电源与充电器之间的连接线断/短路时，防火门监控器能在100s内发出故障信号。消音功能。输入设定的联动控制信号，防火门监控器应在30s内输出启动信号，点亮启动总指示灯。输入启动释放器（或门磁开关）的模拟反馈信号，控制器应在10s内接收并显示，10s内未收到要求的反馈信号时，应使启动光信号闪亮，并显示相应释放器的部位，保持至监控器收到反馈信号。主、备电源的自动转换功能。使受防火门监控器监测的常闭防火门处于半关闭状态，防火门监控器应在100s内发出故障报警信号。

⑨ 防火门监控系统联动控制功能。

检测方法：对照设计，操作和直观检查。

技术要求：应使防火门监控器与消防联动控制器相连接，使消防联动控制器处于自动控制工作状态。使报警区域内符合联动控制触发条件的两只火灾探测器，或一只火灾探测器和一只手动火灾报警按钮发出火灾报警信号。消防联动控制器应发出控制防火门闭合的启动信号，点亮启动指示灯。防火门监控器应控制报警区域内所有常开防火门关闭。防火门监控器应接收并显示每一樘常开防火门完全闭合的反馈信号。消防控制器图形显示装置应显示火灾报警控制器的火灾报警信号、消防联动控制器的启动信号和受控设备的动作反馈信号，且显示的信息应与控制器的显示一致。

（3）防火窗

① 外观质量。

检测方法：直观检查。

技术要求：每樘防火窗均应在其明显部位设置永久性标牌，并应标明产品名称、型号、规格、生产单位（制造商）名称和地址、产品生产日期或生产编号、出厂日期、执行标准等。防火窗表面应平整、光洁，并应无明显凹痕或机械损伤。

② 防火密封。

检测方法：直观检查。

技术要求：有密封要求的防火窗，其窗框密封槽内镶嵌的防火密封件应牢固、完好。

③ 手动控制功能。

检测方法：手动试验，直观检查。

技术要求：活动式防火窗，现场手动启动防火窗窗扇启闭控制装置时，活动窗扇应灵活开启，并应完全关闭，同时应无启闭卡阻现象。活动式防火窗，接到消防控制室发出的关闭指令后，应自动关闭，并应将关闭信号反馈至消防控制室。

④ 联动控制功能。

检测方法：用专用测试工具，使活动式防火窗任一侧的火灾探测器发出模拟火灾报警信号，观察防火窗动作情况及消防控制室信号显示情况。

技术要求：活动式防火窗，其任意一侧的火灾探测器报警后，应自动关闭，并应将关闭信号反馈至消防控制室。

7.16 灭火器检测要求

(1) 一般要求

检测方法：对照设计，直观检查。

技术要求：灭火器选用类型、设置数量及放置地点符合设计要求，应当设置的位置无漏设、少设和选型不当。

(2) 设置地点

检测方法：对照设计，直观检查。

技术要求：灭火器应设置在明显和便于取用的地点，且放置地点不得影响人员的安全疏散。

(3) 有效期

检测方法：对照设计，直观检查。

技术要求：灭火器应在有效使用期内，压力表指针应在绿色区域范围内，经过维修的灭火器应有维修标志。

(4) 外观

检验方法：直观检查。

技术要求：灭火器筒体无明显锈蚀和凹凸等损伤，手柄、插销、铅封、压力表等部件齐全完好，灭火器标识应清晰、完整。

7.17 消防电梯检测要求

(1) 迫降按钮

检测方法：对照设计，操作检查。

技术要求：设置在首层的消防电梯迫降按钮，应具有易碎透明保护罩；触发迫降按钮后，能控制消防电梯下降至首层，此时其他楼层的控制按钮不能控制消防电梯停靠，只能在轿厢内控制。

(2) 对讲电话

检测方法：与控制室通话检查。

技术要求：轿厢内的专用对讲电话通话应正常、音质清晰。

(3) 运行时间

检测工具：秒表。

检测方法：系统设置在自动状态，电梯迫降完成后，进入轿厢，操作轿厢按键，选择顶层，秒表计时从轿厢门关闭瞬间至电梯到达顶层停车为止。

技术要求：电梯从首层至顶层的运行时间不应大于 60s。

(4) 联动控制功能

检测方法：对照设计，操作和直观检查。

技术要求：应使消防联动控制器与电梯的控制设备相连接，接通电源，使消防联动控制器处于自动控制工作状态。应根据系统联动控制逻辑设计文件的规定，对电梯的联动控制功能进行测试并记录，系统的联动控制功能应符合下列规定。

应使报警区域符合电梯联动控制触发条件的火灾探测器、手动火灾报警按钮发出火灾报警信号。

消防联动控制器应按设计文件的规定发出信号控制电梯停于首层或转换层。

消防联动控制器应接收并显示电梯停于首层或转换层动作的动作反馈信号，显示设备的名称和地址注释信息，且控制器显示的地址注释信息应符合《火灾自动报警系统设计规范》(GB 50166—2013) 的规定。

消防控制器图形显示装置应显示火灾报警控制器的火灾报警信号、消防联动控制器的启动信号、受控设备的动作反馈信号，且显示的信息应与控制器的显示一致。

项目 8　数据中心消防系统维保技术要求

8.1　消防供配电设施维保技术要求

（1）检查内容

每月应查验双电源自动切换装置安装牢固情况，标志标识状态和主、备电源工作状态。

每半年应进行双电源自动切换装置自动切换功能试验。自动控制方式下，手动切断消防主电源，观察备用消防电源的投入及指示灯的显示。手动控制方式下，在低压配电室应先切断消防主电源，后闭合备用消防电源，观察备用消防电源的投入及指示灯的显示。

每半年应检查发电机自动启动功能。自动控制方式，分别空载和带载启动发电机并用秒表计时，30s 后核对仪表的显示及数据、观察机组的运行状况。

每月应检查发电机和储油箱外观，储油箱油位。

每月应检查并测试机房通风设施。

（2）维护要求

每年应清洁双电源自动切换装置内外机箱、电缆及进出线表面灰尘和油污。

每年应清洁发动机及附属设备。用干布或浸柴油的干抹布揩去机身、涡轮增压器、气缸盖罩壳、空气滤清器等表面上的油渍、水和灰尘；擦净或用压缩空气吹净充电发电机、散热器、风扇等表面上的灰尘。

每年应检查装置、支架和紧固件，存在锈蚀的应及时维护、锈蚀严重的应更换。

8.2　火灾自动报警系统维保技术要求

（1）检查内容

每月应检查火灾报警控制器的工作状态，检查火灾报警控制器的火警、故障、反馈、监管、动作、屏蔽等相关信息。

每月应检查火灾报警控制器、消防联动控制器、火灾显示盘、CRT 图形显示器、可燃气体报警控制器等安装牢固情况，外观和状态显示。

每月应检查火灾报警控制器的自检、消音、复位、故障报警、火灾报警、联动控制等功能和打印机状态是否正常。

每季度应查验 25% 的火灾探测器的安装和周围环境；在试验烟气或温度，减光片、试验光源、测试气体作用下动作，向火灾报警控制器输出火警信号，并启动探测器报警确认灯。

每季度应查验 25% 手动火灾报警按钮的安装和周围环境；手动按下手动火灾报警按钮，向火灾报警控制器输出火警信号，并启动手动火灾报警按钮报警确认灯。

（2）维护要求

每年应对火灾报警控制器及联动控制器进行内外机柜除尘、紧固接线端子。

每年应对端子箱、模块箱进行内外机柜除尘。

每季度应对备用电源进行 1~2 次充放电试验。

每年应检查设备、支架和紧固件，存在锈蚀的应及时维护。

8.3　极早期烟雾探测系统维保技术要求

（1）检查内容

每月应检查极早期控制器的工作状态。

每月应检查极早期控制器安装牢固情况、外观和状态显示。

每月应检查极早期控制器的自检、消音、复位、故障报警、火灾报警等功能和打印机状态是否正常。

每季度应查验 25% 的极早期烟雾探测器及采样管的安装和周围环境；在试验烟气作用下动作，向极早期控制器输出火警信号并启动控制器报警确认灯。

（2）维护要求

每年应对管路采样的吸气式感烟火灾探测器的采样管道进行不少于 1 次清洗吹扫。

每年应清洁极早期控制器。

每季度应对备用电源进行 1~2 次充放电试验。

每年应检查设备、支架和紧固件，存在锈蚀的应及时维护。

8.4　消防应急广播系统维保技术要求

（1）检查内容

每月应检查消防应急广播主机的工作状态。

每季度查验消防应急广播扬声器的安装牢固情况，用话筒播音，检查监听效果和扬声器的音质。

每半年在自动状态模拟火灾确认条件下，检查启动消防应急广播的程序和区域以及警报装置和扬声器音质。

（2）维护要求

每季度应对备用电源进行 1~2 次充放电试验。

每半年应清洁应急广播系统主机和不少于 50% 的扬声器。

每年应清洁消防广播主机内外机柜。

每年应检查设备、支架和紧固件，存在锈蚀的应及时维护。

8.5　消防专用电话系统维保技术要求

（1）检查内容

每月应检查消防电话总机的工作状态，用重点场所消防电话分机与消防控制室进行通话。

每月用插孔电话对不少于 10% 的电话插孔与消防控制室进行通话，查验通话效果。

(2) 维护要求

每半年应清洁消防电话总机和消防专用电话。

每季度应对备用电源进行 1~2 次充放电试验。

每年应清洁消防电话总机内外机柜。

每年应检查设备、支架和紧固件，存在锈蚀的应及时维护。

8.6 电气火灾监控系统维保技术要求

(1) 检查内容

每月应检查电气火灾监控器的工作状态。

每月应检查电气火灾监控器安装牢固情况，外观和状态显示。

每月应检查电气火灾监控器的自检、消音、复位、故障报警、主备电自动转换、火灾报警等功能和打印机状态是否正常。

每季度应查验 25% 的探测器的安装和周围环境；在试验装置作用下动作，向电气火灾监控器输出火警信号并启动监控器报警确认灯。

(2) 维护要求

每年应清洁电气火灾监控器机柜。

每年应对端子箱、模块箱进行内外机柜除尘。

每季度应对备用电源进行 1~2 次充放电试验。

每年应检查设备、支架和紧固件，存在锈蚀的应及时维护。

8.7 自动喷水灭火系统维保技术要求

(1) 检查内容

每月应检查报警阀组及管道安装、外观和铭牌。检查报警阀组的控制阀开启程度，查看启闭标志，检查信号阀反馈信号。不采用信号阀时，检查锁具固定阀位情况。检查报警阀组件及连接管阀门标识。检测报警阀安装位置、环境和排水设施。检查报警阀组功能。

消防联动控制器设置在手动状态下，开启湿式报警阀组的试水阀，查看报警阀、水力警铃动作情况，压力开关动作直接启动喷淋泵情况。

消防联动控制器设置在手动状态下，预作用及雨淋自动喷水灭火系统报警阀测试，关闭系统侧控制阀（防止水流入系统侧），查看水力警铃鸣响，压力开关动作直接启动喷淋泵情况。

缓慢开启干式报警阀试验阀小流量排气，空气压缩机启动后关闭试验阀，查看空气压缩机的运行情况、核对启停压力是否符合设计要求。

系统采用传动管控制时，核对传动管压力显示是否符合设定值。

每月应检查信号阀外观和状态（常开），关闭/开启信号阀，关闭信号阀后，检查火灾报警控制器显示阀门关闭和地址信息。

每季度应查看水流指示器外观和标志，模拟水流指示器动作，查看火灾报警控制器显示水流指示器动作信号和地址信息。

每月应查看不少于10%的喷头，一年内全部查看完毕，查看喷头安装、外观和周围环境。

每月查看末端试水装置和试水阀安装位置及排水设施；查看末端试水装置和试水阀压力表显示。

每年应对自动灭火系统的功能进行以下全覆盖测试：

湿式系统功能测试：分别检查并记录每组报警阀最不利点处末端试水装置的压力表显示值；消防联动控制器设置在手动状态下，开启报警阀最不利点处末端试水装置，在消防水泵房或报警阀室查看湿式报警阀动作、水力警铃鸣响和压力开关动作直接启动喷淋消防泵情况。在消防控制室查看水流指示器报警、压力开关动作报警和喷淋消防泵启动的反馈信号。

预作用系统功能测试：关闭预作用报警阀出口控制阀，先后触发防护区域内的两只相关火灾探测器或一只火灾探测器和一只手动报警按钮，检查预作用阀电磁阀、排气阀入口电动阀、压力开关、消防水泵的动作情况；在消防控制室查看消防控制设备是否显示电动阀、压力开关及消防水泵的反馈信号。系统功能试验完毕后，必须将系统恢复到正常工作状态。

雨淋系统（水喷雾系统）功能测试：试验前关闭雨淋阀出口控制阀，在消防控制室手动启动雨淋阀的电磁阀，查看雨淋阀动作、水力警铃鸣响、压力开关动作和直接启动消防水泵情况。在消防控制室查看压力开关和消防水泵的动作信号。自动状态下，先后触发防护区内两个相关火灾探测器或一只火灾探测器和一只手动报警按钮，查看雨淋阀动作、水力警铃鸣响、压力开关动作和直接启动消防水泵情况。在消防控制室查看压力开关和消防水泵的动作信号。

（2）维护要求

每年应对消防管网主要阀门进行1次开启和关闭操作。

每年应对阀门丝杆加黄油润滑。

每半年应对报警阀及组件的外观进行1次清洁，对排水设施进行杂物清理。

每年应检查设备、管道及支架，存在锈蚀的应及时维护。

8.8 消防供水设施维保技术要求

（1）检查内容

每月应检查消防水池水位显示装置及消防水池水位，设置有消防水池液位自动报警装置的，应查看信号传送到报警控制器的情况。每月测试最高、最低水位报警功能并查看补水设施状态。寒冷地区检查防冻措施。

每月应检查消防水箱水位显示装置及水位，液位计角阀状态；设置有消防水箱液位自动报警装置的，应每月查看信号传送到报警控制器的情况。每月查看补水设施状态和消防水箱出口阀门状态和标志，启动消防水泵，查看消防水箱水位。

每月应查看稳压泵、气压水罐和稳压泵控制柜安装和外观，分别手动启动主稳压泵和备用稳压泵，查看运行状态；查验水泵控制柜工作状态，检查电接点压力表的压力设定值和管网压力。检查稳压泵进、出口阀门开启程度、标志和状态。

每月应检查消防水泵控制柜安装牢固情况、外观；检查是否有注明所属系统及编号的标志和系统的工作状态。手动分别启动消防水泵主泵和备用泵，观察消防水泵运行情况，并手动停止。模拟主泵故障，查看自动切换启动备用泵情况。消防控制室远程启动、停止每台消防水泵，查看水泵运行、停止信号反馈情况。

每月应查看消防水泵及消防管道安装、外观和铭牌状态；每月查看消防水泵及消防管道标志；查看消防水泵和进、出口阀门的标志。转动阀门手轮，检查每个阀门开启程度。查看消防水泵进、出口管道上压力表状态。

每月应查看水泵接合器标志、外观状态，转动手轮查看控制阀开启程度和外观状态；每月检查地下水泵接合器环境状况。

每月应打开试验消火栓或末端试水装置，查看消防供水设施自动启动状态。

（2）维护要求

每季度应检查稳压泵控制柜和消防水泵控制柜内电器元件有无松动、烧损现象，及时紧固或更换。

每年清洁稳压泵控制柜和消防水泵控制柜的内外机柜。

每半年应清洁稳压泵、气压水罐、消防水泵及消防管道。

每年应对消防水泵传动机构和阀门丝杆进行润滑处理。

每年应对水泵接合器闷盖和阀门丝杆加黄油润滑。

每年应对消防管网主要阀门进行 1 次开启和关闭操作。

每年应检查设备、管道及支架，存在锈蚀的应及时维护。

8.9 消火栓系统维保技术要求

（1）检查内容

每月应检查不少于 10% 的消火栓箱，一年内应检查所有消火栓箱。应查看消火栓箱安装和外观，查看标志、箱内组件、箱门和消火栓箱周边环境。

每季度应检查室内外消火栓系统管网的安装、外观和管道阀门标识以及寒冷地区管网采取防冻措施情况。

每月应检查室外消火栓安装、外观、组件，开启和关闭室外消火栓。每月检查地下消火栓标识和井内环境。

每季度应对消火栓系统进行静压和动压测试。静压测试：使用消火栓系统试水检测装置，分别选择最不利处消火栓和最有利处消火栓，连接压力表及关闭闷盖，开启消火栓，分别测量栓口静水压力并记录。动压试验：选择最不利点处消火栓连接消火栓系统试水检测装置进行试水试验，查看消防水泵房内消防水泵启动和反馈信号，测量并记录最不利点处消火栓的出水压力。

（2）维护要求

每年应对地下消火栓闷盖和阀门丝杆加黄油润滑。

每年应对消防管网主要阀门进行 1 次开启和关闭操作。

每年应对旋转式消火栓的转动部位加机油或黄油润滑。

每月应清洁不少于10%的消火栓箱外部和箱内组件，一年内对应全部清洁完毕。

每年应检查设备、管道及支架，存在锈蚀的应及时维护。

8.10　水喷雾系统维保技术要求

（1）检查内容

每月应检查报警阀组及管道安装、外观和铭牌，以及压力表显示。检查报警阀组的控制阀开启程度，查看启闭标志，检查信号阀反馈信号。不采用信号阀时，检查锁具固定阀位情况。检查报警阀组件及连接管阀门标识。检测报警阀安装位置、环境和排水设施。检查报警阀组功能：

在消防联动控制器设置在手动状态下，进行报警阀测试，关闭系统侧控制阀（防止水流入系统侧），查看水力警铃鸣响，压力开关动作直接启动喷淋泵情况。

系统采用传动管控制时，核对传动管压力显示是否符合设定值。

每月应检查信号阀外观和状态（常开），关闭/开启信号阀，关闭信号阀后，检查火灾报警控制器显示阀门关闭和地址信息。

每月应查看不少于10%的喷头，一年内全部查看完毕，查看喷头安装、外观和周围环境。

每年应对水喷雾系统进行功能测试：试验前关闭雨淋阀出口控制阀，在消防控制室手动启动雨淋阀的电磁阀，查看雨淋阀动作、水力警铃鸣响、压力开关动作和直接启动消防水泵情况。在消防控制室查看压力开关和消防水泵的动作信号。系统处于自动状态下，开启试验控制阀，按说明书要求设置流量计。按设计文件要求触发与火灾自动报警系统连锁或联动控制的探测部件后，观察火灾自动报警控制器是否收到正确的压力开关报警信号，是否能在设计时间内启动消防水泵和其他消防联动控制设备，并收到正确的反馈信号。测试系统实际喷射的流量、压力是否符合设计要求。

（2）维护要求

每年应对消防管网主要阀门进行1次开启和关闭操作。

每年应对阀门丝杆加黄油润滑。

每半年应对报警阀及组件的外观进行1次清洁，对排水设施进行杂物清理。

每年应检查设备、管道及支架，存在锈蚀的应及时维护。

8.11　细水雾系统维保技术要求

（1）检查内容

每月应检查细水雾灭火控制器、火灾探测器、水泵控制柜、声光警报装置、系统动作指示灯安装、外观和工作状态。

每月应查看储水箱和储水容器的水位及储气容器内的气体压力。

每月应查看连接管、集流管、安全泄放装置、分区控制阀、阀驱动装置、喷头、信号反馈装置、减压阀等全部系统组件安装、外观、铭牌，检查手动操作装置的防护罩、铅封和安全标志。

每月应检查分区控制阀的启闭状态。

每季度应检查细水雾灭火控制器联动控制功能。

每季度应查看储存装置间的设备、灭火剂输送管道和支、吊架的安装、外观以及喷头孔口和喷头周围环境。

每年应对每个防护区进行 1 次模拟启动试验。

(2) 维护要求

每半年应更换不少于 1 次储水箱内的水，储水容器内的水按要求定期更换。

每年应检查接线情况，清洗储水箱、过滤器。

每年应清洁细水雾灭火控制器的内外机柜。

每年应清洁储存装置间的设备及装置。

每年应检查设备、管道及支架，存在锈蚀的应及时维护。

8.12 气体灭火系统维保技术要求

(1) 检查内容

每月应检查灭火控制器、火灾探测器、紧急启停按钮、声光警报装置、气体释放灯等安装外观和工作状态。

检查气体灭火控制器主备电切换功能、防护区内泄压装置和事故排风装置。

每月应检查灭火剂储瓶及启动瓶安装、外观、铭牌和标志。每月检查灭火剂储瓶及启动瓶压力。

每月应检查启动电磁阀安装情况、外观、导线连接和运输安全销。

每月应检查灭火剂储存容器及容器阀、单向阀、连接软管、集流管、选择阀、安全泄放装置和启动管路的固定牢固情况和外观。

每月应查看灭火剂输送管道和支、吊架及喷头安装、外观和喷头周围环境。

每季度应对气体灭火控制器进行功能测试。

每年应对每个防护区进行 1 次模拟启动试验。

(2) 维护要求

每年应清洁气体灭火控制器内外机柜。

每年应清洁气体灭火剂储存容器和喷头等设备。

每年应检查设备、管道及支架，存在锈蚀的应及时维护。

8.13 防烟排烟系统维保技术要求

(1) 检查内容

每月应查看防烟、排烟风机控制柜的安装是否牢固，查验外观和周围环境；检查标志和仪表、指示灯的状态以及手/自动转换开关的状态。

每月应查看防烟、排烟风机安装和外观；每季度对防烟、排烟风机进行一次功能测试和供电线路检查。

每月应检查风管和支、吊架的外观和固定情况。

每月应检查挡烟垂壁外观和固定情况，每季度应对挡烟垂壁进行 1 次功能测试和供电线路检查。

每月应检查电动排烟窗外观和固定情况，每季度应对电动排烟窗进行 1 次功能测试和供电线路检查。

每月应检查送风阀或送风口、排烟阀或排烟口的外观和固定情况，每半年应对全部送风阀或送风口、排烟阀或排烟口进行自动和手动启动试验 1 次。

每月应检查排烟防火阀外观，每半年应对排烟防火阀进行手动启动试验 1 次。

每年应对防烟系统进行 1 次联动试验和性能检测。

每年应对机械排烟系统进行 1 次联动试验和性能检测。

（2）维护要求

每年应清洁防烟排烟风机控制柜。

每季度检查风机控制柜内电器元件有无松动、烧损现象，及时紧固或更换。

每半年应对风机传动机构、叶轮、风机轴承进行润滑处理。

每年应清洁送风口、风机进风口和排烟口。

每年应对送风阀、排烟阀、排烟防火阀、防火调节阀等传动机构进行润滑处理。

每年应检查设备、管道及支架，存在锈蚀的应及时维护。

8. 14　应急照明与疏散指示系统维保技术要求

（1）检查内容

每月应检查应急照明灯具和疏散指示标志的安装、外观和周边环境，检查电源指示灯。

每月应系统进行 1 次手动应急启动功能检查。

每月应对每台灯具进行 1 次蓄电池电源供电状态下的应急工作持续时间检查。

每年应对每一防火分区进行 1 次火灾状态下的自动应急启动功能检查。

（2）维护要求

每年应对应急照明集中电源和应急照明灯具和疏散指示标志进行 1 次全面清洁。

每年应对灯具蓄电池电源供电状态下的应急工作持续时间进行测试，不符合要求的应及时更换。

8. 15　防火分隔设施维保技术要求

（1）检查内容

每月应查看防火门安装、外观和标识，查看防火门组件和状态，检查防火门周围环境。

每月应检查不少于 10% 的防火门，一年内检查完毕。

每季度应检查 25% 的常开防火门，一年内检查所有常开防火门。

每月应检查防火卷帘门控制箱安装、外观和工作状态指示。

每月应检查防火卷帘外观及组件。

每月应检查防火卷帘与楼板、梁、墙、柱之间的空隙防火封堵情况。

每季度应手动控制防火卷帘操作按钮控制防火卷帘的升降，查看防火卷帘运行，升降到位情况；每季度模拟探测器报警的火灾状态或消防控制室手动控制防火卷帘控制模块，检查防火卷帘自动降落和反馈信号。

每季度应查看防火窗和电动防火阀外观、开启复位和关闭时的严密性。每季度检查防火窗防火密封条。

（2）维护要求

每年应清洁防火卷帘控制箱，检查防火卷帘控制箱内电器元件有无松动、烧损现象，及时紧固或更换。

每年应对防火门合页加涂黄油润滑 1 次。

每季度应检查防火门闭门器，如有速度过快或过慢现象应及时调整调节螺丝。

每季度应清理防火卷帘门导轨内杂物，并加涂黄油润滑 1 次。

每季度应对卷帘门传动链条链轮等装置加注润滑油 1 次。

每年应对电动防火阀、电动排烟窗的转动部位加注润滑油 1 次。

每年应对检查出现的不符合现象进行维护或更换。

8.16　灭火器维保技术要求

（1）检查内容

每月应查看灭火器外观、筒体和组件。

每月应查看灭火器铭牌或“灭火器维修合格证”、压力表指针；对二氧化碳灭火器每月核查其重量。

每月应查看灭火器的设置位置、标志、铭牌，灭火器箱开启情况。

每年应核查灭火器的规格型号、数量和摆放位置。

（2）维护要求

每半年应清洁灭火器灰尘。发现有锈蚀、胶管老化、压力不正常、达到使用年限的及时维护或更换。

8.17　消防电梯维保技术要求

（1）检查内容

每月应检查消防电梯迫降按钮保护罩，每年触发首层的迫降按钮，查看运行情况。

每季度检查消防电梯轿厢内专用对讲电话外观和通话情况。

每年应采取手动或自动控制方式对消防电梯进行迫降功能测试，检查动作和反馈信号。

每半年应检查消防电梯井排水泵外观和控制箱供电和接线情况，测试排水功能。

（2）维护要求

每半年应清洁消防电梯井排水泵控制箱，检查排水泵及固定支架，如有锈蚀或异常，及时维护或更换。

每年应对消防电梯排水泵进行擦洗、除污、润滑等操作，并清理排水井内杂物。

项目 9　数据中心消防系统故障常规应急策略

9.1　消防供配电设施故障常规应急策略

（1）初始响应

确认故障：通过监控系统确认具体的故障信息。

消音处理：如果系统发出警报声，应立即按下消音键中止警报声，以免干扰后续的操作。

（2）故障定位与隔离

主电源故障：检查主电源，确认是否有外部供电中断；检查主电源开关，确认是否跳闸。

备用电源故障：检查备用电源，确认发电机是否启动；检查电池，确认电池是否正常工作。

控制线路故障：检查线路，确认是否有短路或断路；检查接线端子，确认是否松动。

配电箱故障：检查配电箱，确认是否有损坏或异常发热；检查断路器，确认是否跳闸。

末端切换装置故障：检查切换装置，确认是否正常工作；检查接线，确认接线是否完好。

（3）应急处理

设备隔离：如果故障是由单个设备引起的，可以暂时将该设备从系统中隔离出来。

线路排查：如果是线路故障，应仔细检查线路连接和绝缘情况，必要时进行断开测试。

手动操作：如果自动控制系统故障，可以尝试手动操作设备。

故障排除：修复或更换损坏的部件、清理或更换故障线路、调整或更换断路器。

（4）启动备用系统

如果系统中有备用设备，可以启动备用系统保证基本的功能。

（5）手动供电

在系统故障期间，可以安排人员手动操作开关，确保关键设备的供电。

（6）专业维修

如果自行无法解决故障，应及时联系专业的设备厂家进行检查和修复。

（7）系统恢复

修复完成后，进行全面的系统测试，确保所有设备都能正常运行。

（8）训练与演练

定期进行应急响应训练和演练，确保所有相关人员熟悉应急程序。

（9）预防措施

定期检查消防供配电设施的状态，建立检修和维护管理制度，及时发现并解决问题。加强日常巡检，确保所有设备处于良好状态。

9.2 火灾自动报警系统故障常规应急策略

（1）初始响应

确认故障：首先确认报警系统的故障类型，是单个设备故障还是大面积故障。

按消音键：如果系统发出警报声，应先按消音键中止警报声，以免干扰后续的操作。

查看故障信息：检查控制器显示的故障信息，了解故障的具体位置和类型。

（2）故障定位与隔离

故障定位：根据控制器提供的故障信息，定位故障的具体位置。

设备隔离：如果故障是由单个设备引起的，可以暂时将该设备从系统中隔离出来。

线路排查：如果是线路故障，应仔细检查线路连接和绝缘情况，必要时进行断线测试。

（3）应急处理

① 电源故障。

主电故障：确认是否发生市电停电，否则检查主电源的接线熔断器是否发生断路。

备电故障：检查备用电池的连接器及接线；如果备用电池连续工作时间超过 8h 后，也可能因电压过低而报备电故障。

② 探测器故障。

检查探测器是否与底座脱落、接触不良。

检查报警总线是否与底座接触不良。

检查报警总线是否开路或接地性能不良造成短路。

检查探测器是否本身损坏。

检查探测器通信接口板是否故障。

③ 其他设备故障。

如果是单个设备故障，多数是设备问题；如果是成片故障，多数是线路问题。

可以暂时将故障设备屏蔽隔离，待修复后再取消屏蔽隔离。

（4）现场巡视

在系统故障期间，安排专人进行现场巡逻，以便及时发现火情。

（5）专业维修

当发生故障的原因不明或无法恢复时，应联系厂家进行维修。

（6）系统恢复

修复完成后，进行全面的系统测试，确保所有设备都能正常运行。

（7）培训与演练

定期进行应急响应培训和演练，确保所有相关人员熟悉应急程序。

（8）预防措施

定期检查报警系统的状态，建立检修和维护管理制度，及时发现并解决问题。

9.3　极早期烟雾探测系统故障常规应急策略

（1）初始响应

确认故障：通过监控系统确认具体的故障类型和位置。

消音处理：如果系统发出警报声，应立即按下消音键中止警报声，以免干扰后续的操作。

查看故障信息：检查控制器显示的故障信息，了解故障的具体位置和类型。

（2）故障定位与隔离

① 电源问题处理。

检查电源线路：如有破损应及时更换。

检查电池：如需要请更换新电池。

确保电压稳定：并且符合设备要求。

② 通讯故障处理。

检查通信线路：确认是否连接正常。

检查地址码：对于进口产品，确认地址码是否正确。

③ 传感器故障处理。

清洁感烟室的灰尘：对于国产产品，通常需要拆下探测器进行清洁。

判断底座或探头故障：对于进口产品，可以通过更换相邻探头来判断是底座还是探头故障。

④ 误报处理。

使用过滤器：过滤灰尘颗粒以减少误报。

调整报警阈值：在不影响安全的前提下，适当降低灵敏度。

（3）应急处理

设备隔离：如果故障是由单个设备引起的，可以暂时将该设备从系统中隔离出来。

线路排查：如果是线路故障，应仔细检查线路连接和绝缘情况，必要时进行断开测试。

手动操作：如果自动控制系统故障，可以尝试手动操作设备。

故障排除：更换电池，如果电池老化则更换新电池。调整灵敏度设置，根据实际情况调整报警阈值。清洁传感器，如果传感器脏污，则进行清洁。重新设置地址码，对于进口产品，确认地址码是否正确。

（4）启动备用系统

如果系统中有备用设备，可以启动备用系统保证基本的功能。

（5）手动复位

对于点型烟雾报警器，如果现场环境已恢复，通常在控制器主机上进行复位操作即可消除故障。

（6）专业维修

如果自行无法解决故障，应及时联系专业的设备厂家进行检查和修复。

（7）系统恢复

修复完成后，进行全面的系统测试，确保所有设备都能正常运行。

（8）训练与演练

定期进行应急响应训练和演练，确保所有相关人员熟悉应急程序。

（9）预防措施

定期检查极早期烟雾探测系统的状态，建立检修和维护管理制度，及时发现并解决问题。

加强日常巡检，确保所有设备处于良好状态。

9.4 消防应急广播系统故障常规应急策略

（1）初始响应

确认故障：通过控制器或监控界面确认具体故障类型和位置。

消音处理：如果广播系统误发警报声，应立即按下消音键中止警报声，以免干扰后续的操作。

（2）故障定位

① 广播无声。

检查广播主机：确认广播主机是否有输出信号。

检查扬声器：检查扬声器是否损坏或连线是否松动。

② 个别部位广播无声。

检查扬声器：确认扬声器是否完好。

检查连线：确认扬声器连线是否牢固。

③ 不能强制切换到事故广播。

检查继电器：确认切换模块的继电器是否正常工作。

检查线圈和触点：确认继电器线圈和触点是否完好。

④ 无法实现分层广播。

检查切换装置：确认分层广播切换装置是否正常。

检查连线：确认连线是否正确且牢固。

⑤ 消防电话不能正常通话。

检查电话本身：确认电话是否完好。

检查电话总机：确认电话总机是否正常工作。

检查线路：确认电话线路是否连接良好。

（3）应急处理

更换设备：如果发现某个部件损坏，应立即更换新的部件。

修复连线：如果发现连线松动或损坏，应及时修复。

重启系统：有时候重启整个系统可以解决一些临时性的故障。

调整设置：如果故障是由于设置不当造成的，调整相关的设置。

（4）手动播报

在系统故障期间，可以通过人工方式进行紧急信息的传播，确保人员安全。

（5）专业维修

如果自行无法解决故障，应及时联系专业的设备厂家进行检查和修复。

(6) 系统恢复

修复完成后，进行全面的系统测试，确保所有设备都能正常运行。

(7) 训练与演练

定期进行应急响应训练和演练，确保所有相关人员熟悉应急程序。

(8) 预防措施

定期进行系统维护和检查，确保所有设备处于良好状态。

对于关键部件，考虑设置冗余备份，提高系统的可靠性和稳定性。

9.5 消防专用电话系统故障常规应急策略

(1) 初始响应

确认故障：通过控制器或监控界面确认具体故障类型和位置。

消音处理：如果电话系统发出持续警报声，应立即按下消音键中止警报声，以免干扰后续的操作。

(2) 故障定位

① 电话主机故障。

空载电压跳变：检查电话主机输出电压是否稳定。

空载下电话呼入报故障：检查电话主机的输出电压是否正常。

② 线路故障。

总线短路：检查电话线路是否存在短路情况。

线路绝缘性差：检查线路的绝缘性能。

③ 分机故障。

硬件故障：检查分机内部是否出现故障，更换备件。

通信故障：检查分机接线是否出现松动脱落，重新接线。

(3) 应急处理

① 维修前准备。

关闭消防电话总机电源。

标识好拆下的线路。

② 重点排查。

检查接线端子箱及分线盒等易出故障部位。

检查可能出现漏水的部位，例如空调口、给排水管附近。

分段检修：若总线绝缘性很差，需进行分段检修。

更换设备：如果发现某个部件损坏，应立即更换新的部件。

修复连线：如果发现连线松动或损坏，应及时修复。

重启系统：重启整个系统可以解决一些临时性的故障。

(4) 专业维修

如果自行无法解决故障，应及时联系专业的设备厂家进行检查和修复。

(5) 系统恢复

修复完成后，进行全面的系统测试，确保所有设备都能正常运行。

（6）训练与演练

定期进行应急响应训练和演练，确保所有相关人员熟悉应急程序。

（7）预防措施

定期进行系统维护和检查，确保所有设备处于良好状态。

对于关键部件，考虑设置冗余备份，提高系统的可靠性和稳定性。

9.6 电气火灾监控系统故障常规应急策略

（1）初始响应

确认故障：通过控制器或监控界面确认具体的故障类型和位置。

消音处理：如果系统发出警报声，应立即按下消音键中止警报声，以免干扰后续的操作。

查看故障信息：检查控制器显示的故障信息，了解故障的具体位置和类型。

（2）故障定位与隔离

① 电源故障。

检查主电源：确认是否发生市电停电，否则检查主电源的接线熔断器是否发生断路。

检查备用电源：检查备用电池的连接器及接线；如果备用电池连续工作时间过长，也可能因电压过低而报备电故障。

② 探测器故障。

检查探测器：确认探测器是否与底座脱落、接触不良。

检查探测器：确认探测器是否本身损坏。

检查报警总线：确认报警总线是否与底座接触不良。

检查报警总线：确认报警总线是否开路或接地性能不良造成短路。

检查探测器通信接口板：确认探测器通信接口板是否故障。

③ 通信故障。

检查线路：确认线路是否短路或断路。

检查连接：确认连接线是否松动。

检查地址设置：确认探测器地址是否重复。

检查设备：确认设备是否损坏。

④ 传感器故障。

检查互感器：确认互感器是否未连接或接触不良。

检查互感器：确认互感器是否损坏。

⑤ 误报警。

检查接线：确认是否将同一回路火、零线一起穿过互感器。

检查接地线：确认是否将接地线穿过互感器。

检查重复接地：确认穿过互感器的零线是否重复接地。

（3）应急处理

设备隔离：如果故障是由单个设备引起的，可以暂时将该设备从系统中隔离出来。

线路排查：如果是线路故障，应仔细检查线路连接和绝缘情况，必要时进行断线测试。

(4) 启动备用系统

如果系统中有备用设备，可以启动备用系统保证基本的功能。

(5) 手动监控

在系统故障期间，安排专人进行现场巡逻，以便及时发现火情。

(6) 专业维修

如果自行无法解决故障，应及时联系专业的设备厂家进行检查和修复。

(7) 系统恢复

修复完成后，进行全面的系统测试，确保所有设备都能正常运行。

(8) 训练与演练

定期进行应急响应训练和演练，确保所有相关人员熟悉应急程序。

(9) 预防措施

定期检查报警系统的状态，建立检修和维护管理制度，及时发现并解决问题。

9.7　消防供水设施故障常规应急策略

(1) 初始响应

确认故障：通过监控系统确认具体的故障类型和位置。

消音处理：如果系统发出警报声，应立即按下消音键中止警报声，以免干扰后续的操作。

查看故障信息：检查控制器显示的故障信息，了解故障的具体位置和类型。

(2) 故障定位与隔离

① 水泵故障。

检查电源：确认水泵电源是否正常。

检查机械部分：确认水泵轴承是否磨损或损坏。

检查控制系统：确认控制系统是否正常。

② 管道故障。

检查管道：确认管道是否有泄漏或堵塞。

检查阀门：确认阀门是否开启或关闭状态是否正确。

③ 控制系统故障。

检查传感器：确认压力传感器等是否正常工作。

检查控制电路：确认控制电路是否完整无损。

④ 储水设施故障。

检查水位：确认储水池或水箱的水位是否正常。

检查溢流和排放：确认溢流和排放系统是否正常工作。

(3) 应急处理

① 设备隔离：如果故障是由单个设备引起的，可以暂时将该设备从系统中隔离出来。

② 线路排查：如果是管道故障，应仔细检查管道连接和绝缘情况，必要时进行断开测试。

③ 手动操作：如果自动控制系统故障，可以尝试手动操作供水设施。

(4) 启动备用系统

如果系统中有备用设备，可以启动备用系统保证基本的功能。

(5) 手动供水

在系统故障期间，可以安排人员手动开启消火栓或其他供水设施，确保消防用水的供应。

(6) 专业维修

如果自行无法解决故障，应及时联系专业的设备厂家进行检查和修复。

(7) 系统恢复

修复完成后，进行全面的系统测试，确保所有设备都能正常运行。

(8) 训练与演练

定期进行应急响应训练和演练，确保所有相关人员熟悉应急程序。

(9) 预防措施

定期检查供水设施的状态，建立检修和维护管理制度，及时发现并解决问题。

加强日常巡检，确保所有设备处于良好状态。

9.8 消火栓系统故障常规应急策略

(1) 初始响应

确认故障：通过监控系统确认具体的故障类型和位置。

消音处理：如果系统发出警报声，应立即按下消音键中止警报声，以免干扰后续的操作。

查看故障信息：检查控制器显示的故障信息，了解故障的具体位置和类型。

(2) 故障定位与隔离

① 消火栓无法打开。

检查转动部件：确认是否有粘连或锈蚀现象。

检查阀杆：确认阀杆是否断裂。

检查排水阀：确认排水阀是否堵塞。

② 消火栓打开时没有水。

检查检修井闸阀：确认是否被误关闭。

检查系统管路分段控制阀：确认是否被误关闭。

检查供水管道：确认是否有水。

③ 消火栓出水口平时有水渗出。

检查消火栓是否关闭严密。

检查阀板处是否有异物卡住。

检查阀板橡胶垫是否老化。

检查排水阀是否通畅。

④ 消火栓出水压力不足。

检查管网渗漏：确认是否有严重渗漏。

检查临时高压系统的消防水泵是否启动。

检查消防水泵出水管路阀门是否完全开启。

检查消防水泵试水管路阀门是否误开启。

检查出水管路泄压阀是否起跳泄水。

检查稳压设施的压力设定是否正确。

（3）应急处理

设备隔离：如果故障是由单个设备引起的，可以暂时将该设备从系统中隔离出来。

线路排查：如果是管道故障，应仔细检查管道连接和绝缘情况，必要时进行断开测试。

手动操作：如果自动控制系统故障，可以尝试手动操作供水设施。

故障排除：修复粘连或锈蚀的部件。更换断裂的阀杆。疏通堵塞的排水阀。打开误关闭的闸阀或分段控制阀。排查供水管道无水的原因。清理阀板异物。更换阀板橡胶垫。修复渗漏严重的管网。启动消防水泵。保持消防水泵出水管路阀门全开。关闭消防水泵试水管路阀门。修复或更换泄压阀。调整稳压设施的压力设定。

（4）启动备用系统

如果系统中有备用设备，可以启动备用系统保证基本的功能。

（5）手动供水

在系统故障期间，可以安排人员手动开启消火栓或其他供水设施，确保消防用水的供应。

（6）专业维修

如果自行无法解决故障，应及时联系专业的设备厂家进行检查和修复。

（7）系统恢复

修复完成后，进行全面的系统测试，确保所有设备都能正常运行。

（8）训练与演练

定期进行应急响应训练和演练，确保所有相关人员熟悉应急程序。

（9）预防措施

定期检查消火栓系统的状态，建立检修和维护管理制度，及时发现并解决问题。

加强日常巡检，确保所有设备处于良好状态。

9.9　自动喷水灭火系统故障常规应急策略

（1）初始响应

确认故障：通过监控系统确认具体的故障类型和位置。

消音处理：如果系统发出警报声，应立即按下消音键中止警报声，以免干扰后续的操作。

查看故障信息：检查控制器显示的故障信息，了解故障的具体位置和类型。

（2）故障定位与隔离

① 管网不能保压。

检查放水阀：确认是否未关紧。

检查止回阀：确认是否不能阻止水流倒流。

检查湿式报警阀：确认阀芯是否关不紧。

检查管道：确认是否有锈蚀或磨损导致渗漏。

② 稳压泵启动频繁。

检查管网：确认是否不能正常保压。

检查压力设定：确认稳压泵的启动压力设定是否合理。

③ 湿式报警阀组漏水。

检查排水阀门：确认是否未完全关闭。

检查阀瓣密封垫：确认是否老化或损坏。

检查系统侧管道接口：确认是否有渗漏。

检查报警管路测试控制阀：确认是否渗漏。

检查阀瓣组件与阀座：确认是否有污垢或杂物阻挡而密封不严。

④ 喷头动作后立即喷水。

检查喷头：确认是否损坏或堵塞。

检查温度感应元件：确认是否损坏或失灵。

（3）应急处理

设备隔离：如果故障是由单个设备引起的，可以暂时将该设备从系统中隔离出来。

线路排查：如果是管道故障，应仔细检查管道连接和绝缘情况，必要时进行断开测试。

手动操作：如果自动控制系统故障，可以尝试手动操作供水设施。

故障排除：关紧放水阀门。更换阀瓣密封垫。检查系统侧管道接口渗水点，更换密封垫或相关部件。更换报警管路测试控制阀。放水冲洗阀体、阀座，清除污垢和杂物。拆卸报警阀阀体，检查阀瓣组件和阀座，必要时更换相关部件。检查喷头，确认是否需要更换。

（4）启动备用系统

如果系统中有备用设备，可以启动备用系统保证基本的功能。

（5）手动供水

在系统故障期间，可以安排人员手动开启消火栓或其他供水设施，确保消防用水的供应。

（6）专业维修

如果自行无法解决故障，应及时联系专业的设备厂家进行检查和修复。

（7）系统恢复

修复完成后，进行全面的系统测试，确保所有设备都能正常运行。

（8）训练与演练

定期进行应急响应训练和演练，确保所有相关人员熟悉应急程序。

（9）预防措施

定期检查自动喷水灭火系统的状态，建立检修和维护管理制度，及时发现并解决问题。

加强日常巡检，确保所有设备处于良好状态。

9.10　水喷雾系统故障常规应急策略

（1）初始响应

确认故障：通过监控系统确认具体的故障类型和位置。

消音处理：如果系统发出警报声，应立即按下消音键中止警报声，以免干扰后续的操作。

查看故障信息：检查控制器显示的故障信息，了解故障的具体位置和类型。

（2）故障定位与隔离

① 泵组不工作。

检查电源：确认电源是否正常。

检查电机：确认电机是否正常运转。

检查控制器：确认控制器是否正常工作。

② 水压不足。

检查水源：确认水源是否正常。

检查水管：确认水管是否有堵塞。

检查喷嘴：确认喷嘴是否有堵塞。

③ 喷嘴不工作。

检查喷嘴：确认喷嘴是否有堵塞或损坏。

检查控制器：确认控制器是否正常工作。

④ 喷雾效果不佳。

检查喷嘴位置：确认喷嘴位置是否适当。

检查水压：确认水压是否足够。

检查喷嘴：确认喷嘴是否堵塞。

⑤ 泵组噪声大。

检查安装：确认泵组是否安装不当。

检查泵组：确认泵组是否损坏。

（3）应急处理

设备隔离：如果故障是由单个设备引起的，可以暂时将该设备从系统中隔离出来。

线路排查：如果是管道故障，应仔细检查管道连接和绝缘情况，必要时进行断开测试。

手动操作：如果自动控制系统故障，可以尝试手动操作供水设施。

故障排除：修复或更换损坏的部件。清理堵塞的喷嘴。调整喷嘴的位置。调整水压。重新安装泵组。

（4）启动备用系统

如果系统中有备用设备，可以启动备用系统保证基本的功能。

（5）手动供水

在系统故障期间，可以安排人员手动开启消火栓或其他供水设施，确保消防用水的供应。

（6）专业维修

如果自行无法解决故障，应及时联系专业的设备厂家进行检查和修复。

（7）系统恢复

修复完成后，进行全面的系统测试，确保所有设备都能正常运行。

（8）训练与演练

定期进行应急响应训练和演练，确保所有相关人员熟悉应急程序。

（9）预防措施

定期检查水喷雾系统的状态，建立检修和维护管理制度，及时发现并解决问题。

加强日常巡检，确保所有设备处于良好状态。

9.11 细水雾系统故障常规应急策略

（1）初始响应

确认故障：通过监控系统确认具体的故障类型和位置。

消音处理：如果系统发出警报声，应立即按下消音键中止警报声，以免干扰后续的操作。

查看故障信息：检查控制器显示的故障信息，了解故障的具体位置和类型。

（2）故障定位与隔离

① 电气故障。

检查电源线：确认是否接触不良。

检查电源电压：确认是否超出允许范围。

检查电动装置：确认是否烧毁或短路。

② 分区控制阀故障。

检查操作便利性：确认是否设置在不便操作的位置。

检查误操作：确认是否有非授权人员误操作。

检查阀芯：确认是否有杂质卡死。

检查高压球阀：确认是否有渗漏。

③ 进水电磁阀故障。

检查进水压力：确认是否低于最低要求。

检查滤芯：确认是否需要清洗或更换。

检查电磁阀：确认是否有异物堵塞。

（3）应急处理

设备隔离：如果故障是由单个设备引起的，可以暂时将该设备从系统中隔离出来。

线路排查：如果是线路故障，应仔细检查线路连接和绝缘情况，必要时进行断开测试。

手动操作：如果自动控制系统故障，可以尝试手动操作设备。

故障排除：如果接触不良，压紧电源接线。如果超出允许范围，调整电压。如果阀芯内混入杂质，清洗阀芯。如果电动装置烧毁或短路，更换电动装置。如果高压球阀渗漏，更换密封垫。如果手柄紧定螺钉松动，拧紧手柄紧定螺钉。如果O形密封圈损坏，更换O形密封圈。如果进水电磁阀被异物堵塞，清洗或更换滤芯。如果进水电磁阀内部堵塞，清理进水电磁阀。

（4）启动备用系统

如果系统中有备用设备，可以启动备用系统保证基本的功能。

（5）手动供水

在系统故障期间，可以安排人员手动开启消火栓或其他供水设施，确保消防用水的供应。

（6）专业维修

如果自行无法解决故障，应及时联系专业的设备厂家进行检查和修复。

（7）系统恢复

修复完成后，进行全面的系统测试，确保所有设备都能正常运行。

（8）训练与演练

定期进行应急响应训练和演练，确保所有相关人员熟悉应急程序。

（9）预防措施

定期检查细水雾系统的状态，建立检修和维护管理制度，及时发现并解决问题。

加强日常巡检，确保所有设备处于良好状态。

9.12 气体灭火系统故障常规应急策略

（1）初始响应

确认故障：通过监控系统确认具体的故障类型和位置。

消音处理：如果系统发出警报声，应立即按下消音键中止警报声，以免干扰后续的操作。

查看故障信息：检查控制器显示的故障信息，了解故障的具体位置和类型。

（2）故障定位与隔离

① 电气故障。

检查电源线：确认是否接触不良。

检查电源电压：确认是否超出允许范围。

检查电动装置：确认是否烧毁或短路。

② 控制面板故障。

检查面板指示灯：确认是否有异常状态。

检查显示屏：确认是否有错误信息。

③ 管路泄漏。

检查管路连接处：确认是否有松动或泄漏。

检查阀门：确认是否关闭严密。

④ 启动装置故障。

检查启动瓶：确认压力是否正常。

检查启动管路：确认是否有堵塞。

⑤ 储气瓶故障。

检查储气瓶压力：确认是否在正常范围内。

检查储气瓶连接：确认是否牢固。

(3) 应急处理

设备隔离：如果故障是由单个设备引起的，可以暂时将该设备从系统中隔离出来。

线路排查：如果是线路故障，应仔细检查线路连接和绝缘情况，必要时进行断开测试。

手动操作：如果自动控制系统故障，可以尝试手动操作设备。

故障排除：如果接触不良，压紧电源接线。如果超出允许范围，调整电压。如果电动装置烧毁或短路，更换电动装置。如果管路连接处松动，拧紧管路连接。如果阀门损坏，更换损坏的阀门。如果启动瓶压力不足，联系设备厂家进行处置，补充启动瓶压力。如果启动管路堵塞，清洗启动管路。如果储气瓶压力不足，联系设备厂家进行处置，补充储气瓶压力。如果储气瓶损坏，更换储气瓶。

(4) 启动备用系统

如果系统中有备用设备，可以启动备用系统保证基本的功能。

(5) 专业维修

如果自行无法解决故障，应及时联系专业的设备厂家进行检查和修复。

(6) 系统恢复

修复完成后，进行全面的系统测试，确保所有设备都能正常运行。

(7) 训练与演练

定期进行应急响应训练和演练，确保所有相关人员熟悉应急程序。

(8) 预防措施

定期检查气体灭火系统的状态，建立检修和维护管理制度，及时发现并解决问题。加强日常巡检，确保所有设备处于良好状态。

9.13 防烟排烟系统故障常规应急策略

(1) 初始响应

确认故障：通过监控系统确认具体的故障类型和位置。

消音处理：如果系统发出警报声，应立即按下消音键中止警报声，以免干扰后续的操作。

查看故障信息：检查控制器显示的故障信息，了解故障的具体位置和类型。

(2) 故障定位与隔离

① 风机故障。

检查电源：确认是否断电或电源故障。

检查电机：确认是否过热或损坏。

检查启动控制柜：确认是否处于正确的工作状态。

② 阀门故障。

检查阀门控制：确认是否能正常开启或关闭。

检查机械连接：确认是否松动或损坏。

检查电磁阀：确认是否正常工作。

③ 线路故障。

检查线路连接：确认是否有断路或短路。

检查模块：确认是否有故障。

（3）应急处理

设备隔离：如果故障是由单个设备引起的，可以暂时将该设备从系统中隔离出来。

线路排查：如果是线路故障，应仔细检查线路连接和绝缘情况，必要时进行断开测试。

手动操作：如果自动控制系统故障，可以尝试手动操作设备。

故障排除：如果风机不能手动启动，调整风机控制柜为手动状态。如果电源故障，用万用表检测三相电。如果控制柜故障，检查并维修风机控制柜。如果电动机故障，维修或更换电动机。如果线路故障，维修专用线路。如果设备本身故障，维修设备。如果模块故障，更换损坏的模块。如果联动编程错误，重新编写联动公式。如果远程手动不能启动，将多线手动控制单元设置为手动允许状态。如果远程手动不能启动，将风机控制柜设置为自动状态。如果排烟阀打不开，检查排烟阀控制机械。如果排烟阀手动打不开，检查手动操作机构。如果排烟机不启动，检查机械系统及控制部分各器件系统连线等。

（4）启动备用系统

如果系统中有备用设备，可以启动备用系统保证基本的功能。

（5）手动操作

在系统故障期间，可以安排人员手动开启或关闭排烟阀等设备。

（6）专业维修

如果自行无法解决故障，应及时联系专业的设备厂家进行检查和修复。

（7）系统恢复

修复完成后，进行全面的系统测试，确保所有设备都能正常运行。

（8）训练与演练

定期进行应急响应训练和演练，确保所有相关人员熟悉应急程序。

（9）预防措施

定期检查防烟排烟系统的状态，建立检修和维护管理制度，及时发现并解决问题。

加强日常巡检，确保所有设备处于良好状态。

9.14　应急照明与疏散指示系统故障常规应急策略

（1）初始响应

确认故障：通过监控系统确认具体的故障类型和位置。

消音处理：如果系统发出警报声，应立即按下消音键中止警报声，以免干扰后续的操作。

查看故障信息：检查控制器显示的故障信息，了解故障的具体位置和类型。

（2）故障定位与隔离

① 主电源故障。

检查市电供电：确认是否有电力供应。

检查电源线：确认是否接触不良。

检查熔丝：确认是否熔断。

② 灯具故障。

检查灯具连接线：确认是否开路或短路。

检查灯具：确认是否损坏。

③ 备用电源故障。

检查充电器与备电之间的连接线：确认是否开路、短路或接触不良。

检查电池：确认是否正常工作。

④ 控制器故障。

检查控制器与灯具之间的连接线：确认是否开路、短路或接触不良。

检查控制器与备用电源之间的连接线：确认是否开路、短路或接触不良。

检查控制器与应急电源之间的连接线：确认是否开路、短路或接触不良。

(3) 应急处理

设备隔离：如果故障是由单个设备引起的，可以暂时将该设备从系统中隔离出来。

线路排查：如果是线路故障，应仔细检查线路连接和绝缘情况，必要时进行断开测试。

手动操作：如果自动控制系统故障，可以尝试手动操作设备。

故障排除：如果电源线接触不良，检查并修复电源线。如果熔丝熔断，更换熔丝。如果灯具之间的连接线故障，检查并修复灯具连接线。如果灯具损坏，更换损坏的灯具。如果连接线故障，检查并修复充电器与备电之间的连接线。如果电池故障，更换电池。如果连接线故障，检查并修复控制器与灯具之间的连接线。如果连接线故障，检查并修复控制器与备用电源之间的连接线。如果连接线故障，检查并修复控制器与应急电源之间的连接线。重启控制器：有时简单的重启可以解决问题。

(4) 启动备用系统

如果系统中有备用设备，可以启动备用系统保证基本的功能。

(5) 手动操作

在系统故障期间，可以安排人员手动开启或关闭应急照明灯。

(6) 专业维修

如果自行无法解决故障，应及时联系专业的设备厂家进行检查和修复。

(7) 系统恢复

修复完成后，进行全面的系统测试，确保所有设备都能正常运行。

(8) 训练与演练

定期进行应急响应训练和演练，确保所有相关人员熟悉应急程序。

(9) 预防措施

定期检查应急照明与疏散指示系统的状态，建立检修和维护管理制度，及时发现并解决问题。

加强日常巡检，确保所有设备处于良好状态。

9.15 防火分隔系统故障常规应急策略

(1) 初始响应

确认故障：通过监控系统确认具体的故障类型和位置。

消音处理：如果系统发出警报声，应立即按下消音键中止警报声，以免干扰后续的操作。

查看故障信息：检查控制器显示的故障信息，了解故障的具体位置和类型。

（2）故障定位与隔离

① 防火卷帘门系统。

检查感烟探测器：确认是否正常工作。

检查感温探测器：确认是否正常工作。

检查控制按钮：确认是否正常工作。

检查电机：确认是否正常工作。

检查限位开关：确认是否正常工作。

检查卷帘门控制柜：确认是否正常工作。

② 防火门系统。

检查门扇：确认是否损坏。

检查闭门器：确认是否正常工作。

检查顺序器：确认是否正常工作。

检查释放器：确认是否正常工作。

检查门锁：确认是否正常工作。

③ 防火墙及其他固定分隔设施。

检查结构完整性：确认是否有裂缝或损坏。

检查密封性：确认是否有漏风或漏水现象。

（3）应急处理

设备隔离：如果故障是由单个设备引起的，可以暂时将该设备从系统中隔离出来。

线路排查：如果是线路故障，应仔细检查线路连接和绝缘情况，必要时进行断开测试。

手动操作：如果自动控制系统故障，可以尝试手动操作设备。

故障排除：如果感烟探测器故障，检查并修复感烟探测器。如果感温探测器故障，检查并修复感温探测器。如果控制按钮故障，检查并修复控制按钮。如果电机故障，检查并更换电机。如果限位开关故障，检查并修复限位开关。如果控制柜故障，检查并修复卷帘门控制柜。如果门扇损坏，检查并修复门扇。如果闭门器故障，检查并更换闭门器。如果顺序器故障，检查并更换顺序器。如果释放器故障，检查并更换释放器。如果门锁故障，检查并更换门锁。如果防火墙或其他固定分隔设施有损坏，修复结构完整性。如果发现有漏风或漏水现象，增强密封性。

（4）启动备用系统

如果系统中有备用设备，可以启动备用系统保证基本的功能。

（5）手动操作

在系统故障期间，可以安排人员手动关闭防火门或防火卷帘门。

（6）专业维修

如果自行无法解决故障，应及时联系专业的设备厂家进行检查和修复。

（7）系统恢复

修复完成后，进行全面的系统测试，确保所有设备都能正常运行。

（8）训练与演练

定期进行应急响应训练和演练，确保所有相关人员熟悉应急程序。

（9）预防措施

定期检查防火分隔系统的状态，建立检修和维护管理制度，及时发现并解决问题。

加强日常巡检，确保所有设备处于良好状态。

9.16 灭火器故障常规应急策略

（1）初始响应

确认故障：首先确认具体是哪种类型的故障，比如是否无法打开、灭火器外观破损、压力表损坏等。

查看故障信息：检查灭火器外观。

是否有明显的损坏迹象，以及压力表指示的状态。

（2）故障定位与隔离

检查阀门：确认是否锈蚀或卡阻。

检查压杆/刀杆：确认是否过短、变形或刀口不锋利。

检查装配位置：确认压杆或刀杆是否正确安装。

检查压把：确认是否变形。

压力表损坏：检查压力表，确认是否损坏或指针不在正常范围内。

超过有效期：检查生产日期，确认是否超过使用期限。

无压力：检查压力损失，确认是否因密封件老化或阀门问题导致。

（3）专业维修

如果自行无法解决故障，应及时联系专业的设备厂家进行检查和修复。

（4）预防措施

定期检查灭火器的状态，建立检修和维护管理制度，及时发现并解决问题。

加强日常巡检，确保灭火器处于良好状态。

9.17 消防电梯故障常规应急策略

（1）迫降按钮故障

紧急响应：立即通知设备厂家前来检查和维修迫降按钮，确保能够正常工作。

临时措施：如果迫降按钮暂时无法修复，可考虑使用电梯内部的紧急下降功能（如果有的话），或者手动操作电梯回到安全楼层。

预防措施：定期检查迫降按钮的工作状态，确保其可靠性。

（2）对讲电话故障

紧急通讯：如果对讲电话失效，应确保有备用的通信手段，例如通过手机或其他通信设备保持与外界的联系。

快速响应：立即通知设备厂家修复对讲电话，并在修复之前安排专人负责接听求救电话。

定期维护：定期检查对讲电话系统，确保功能正常。

（3）排水泵故障

紧急排水：如果可能的话，立即启动备用排水泵，或者采取其他措施尽快排除积水。

维修排水系统：通知设备厂家对排水泵及整个排水系统进行检查和维修。

定期检查：定期检查排水泵的工作状态，确保正常工作。

（4）联动控制功能故障

手动操作：在联动控制系统失效的情况下，可以采用手动操作方式控制电梯的运行。

快速响应：立即通知设备厂家进行检查，找出故障原因并尽快修复。

预防措施：定期对联动控制系统进行测试，确保其正常运作。

（5）预防措施

培训与演练：定期组织员工进行消防演习，确保每个人都了解在紧急情况下如何使用消防电梯和其他消防设施。

标识清晰：确保所有的消防设备和出口标志都清晰可见，易于辨认。

备份计划：制定备份计划，确保即使某个系统出现故障，也有替代方案可供使用。

项目 10　消防档案管理

数据中心消防运维服务项目应当建立消防档案，制定档案管理制度，安排专人负责管理，消防技术服务档案资料保管期限应满足 6 年要求。

消防技术服务档案包含以下资料：

（1）项目基础文档

① 运维项目服务合同。

② 消防设施基本信息表（包括但不限于消防设施的类型、数量、状态等）。

③ 建（构）筑物竣工后的图纸（总平面布局图、建筑消防设施平面布置图、建筑消防设施系统图及安全出口布置图、重点部位位置图等）。

④ 消防设施一览表（包括消防设施的类型、数量、状态等内容）。

⑤ 消防系统控制逻辑关系说明。

⑥ 设备使用说明书。

（2）运营管理文档

① 消防安全管理规章制度（应急灭火和疏散预案、系统操作规程、维护保养制度）。

② 消防安全组织结构图（包括消防安全责任人、管理人、专职、义务消防人员等内容）。

③ 消防安全培训记录（包括灭火和应急疏散预案的演练记录）。

④ 值班情况、消防安全检查及巡查记录。

⑤ 设备运行状况记录。

⑥ 接报警记录。

⑦ 火灾处理情况记录。

（3）技术与维护文档

① 消防运维工作计划。

② 消防设施检查及维护保养记录。

③ 消防设施故障维修记录表。

④ 有效保存的测试打印记录。

⑤ 建筑消防设施维护保养报告。

⑥ 建筑消防设施检测报告。

附录 A　现行主要消防规范标准

《数据中心基础设施施工及验收规范》（GB 50462—2024）
《数据中心设计规范》（GB 50174—2017）
《数据中心基础设施运行维护标准》（GB/T 51314—2018）
《建筑防火通用规范》（GB 55037—2022）
《自动喷水灭火系统设计规范》（GB 50084—2017）
《自动喷水灭火系统施工及验收规范》（GB 50261—2017）
《消防给水及消火栓系统技术规范》（GB 50974—2014）
《建筑防烟排烟系统技术标准》（GB 51251—2017）
《消防应急照明和疏散指示系统技术标准》（GB 51309—2018）
《火灾自动报警系统设计规范》（GB 50116—2013）
《火灾自动报警系统施工及验收标准》（GB 50166—2019）
《消防联动控制系统》（GB 16806—2006）
《气体灭火系统设计规范》（GB 50370—2005）
《气体灭火系统施工及验收规范》（GB 50263—2007）
《细水雾灭火系统技术规范》（GB 50898—2013）
《水喷雾灭火系统技术规范》（GB 50219—2014）
《建筑灭火器配置设计规范》（GB 50140—2005）
《建筑灭火器配置验收及检查规范》（GB 50444—2008）
《建筑内部装修设计防火规范》（GB 50222—2017）
《建筑钢结构防火技术规范》（GB 51249—2017）
《防火卷帘、防火门、防火窗施工及验收规范》（GB 50877—2014）
《建筑消防设施的维护管理》（GB 25201—2010）
《城市消防远程监控系统技术规范》（GB 50440—2007）
《建设工程施工现场消防安全技术规范》（GB 50720—2011）
《社会单位灭火和应急疏散预案编制及实施导则》（GB/T 38315—2019）
《给水排水管道工程施工及验收规范》（GB 50268—2008）
《建筑内部装修防火施工及验收规范》（GB 50354—2005）
《城市消防规划规范》（GB 51080—2015）
《柜式气体灭火装置》（GB 16670—2006）
《气体灭火系统及部件》（GB 25972—2010）
《推车式灭火器》（GB 8109—2023）
《民用建筑电气设计标准》（GB 51348—2019）
《固定消防给水设备　第 1 部分：消防气压给水设备》（GB 27898. 1—2011）

《固定消防给水设备　第 2 部分：消防自动恒压给水设备》（GB 27898. 2—2011）
《固定消防给水设备　第 3 部分：消防增压稳压给水设备》（GB 27898. 3—2011）
《固定消防给水设备　第 4 部分：消防气体顶压给水设备》（GB 27898. 4—2011）
《固定消防给水设备　第 5 部分：消防双动力给水设备》（GB 27898. 5—2011）
《电气火灾监控系统　第 1 部分：电气火灾监控设备》（GB 14287. 1—2014）
《电气火灾监控系统　第 2 部分：剩余电流式电气火灾监控探测器》（GB 14287. 2—2014）
《电气火灾监控系统　第 3 部分：测温式电气火灾监控探测器》（GB 14287. 3—2014）
《电气火灾模拟试验技术规程》（GB/T 27902—2011）
《电子工程建设术语标准》（GB/T 50780—2013）
《通用用电设备配电设计规范》（GB 50055—2011）
《防火门监控器》（GB 29364—2012）
《建筑给水排水及采暖工程施工质量验收规范》（GB 50242—2002）
《消防水枪》（GB 8181—2005）
《消防软管卷盘》（GB 15090—2005）
《消防技术文件用消防设备图形符号》（GB/T 4327—2008）
《消防设备电源监控系统》（GB 28184—2011）
《细水雾灭火系统及部件通用技术条件》（GB/T 26785—2011）

附录B 数据中心主要功能用房消防设施配置表

<table>
<tr><th rowspan="2">消防系统</th><th colspan="3">主机房</th><th rowspan="2">变配电室、不间断电源系统和电池室</th><th rowspan="2">柴油发电机房</th></tr>
<tr><th>A级</th><th>B级</th><th>C级</th></tr>
<tr><td>火灾自动报警系统</td><td colspan="5">应</td></tr>
<tr><td>极早期烟雾探测系统</td><td colspan="2">宜</td><td>可</td><td>可</td><td>—</td></tr>
<tr><td>电气火灾监控系统</td><td colspan="5">应</td></tr>
<tr><td>疏散指示系统</td><td colspan="5">应</td></tr>
<tr><td>消火栓系统</td><td colspan="5">应</td></tr>
<tr><td>自动喷水灭火系统</td><td>可（当两个或两个以上数据中心互为备份时）</td><td colspan="2">可</td><td>—</td><td>—</td></tr>
<tr><td>气体灭火系统</td><td colspan="3">宜</td><td>宜</td><td>可</td></tr>
<tr><td>细水雾灭火系统</td><td colspan="5">可</td></tr>
<tr><td>水喷雾灭火系统</td><td colspan="3">—</td><td>—</td><td>宜</td></tr>
<tr><td>建筑灭火器</td><td colspan="5">应</td></tr>
<tr><td>防排烟系统</td><td colspan="3">视数据中心建筑类型、房间建筑面积设置（采用自动喷水灭火系统时）</td><td></td><td></td></tr>
</table>

参考文献

[1] 中国勘察设计协会电气分会，中国建筑节能协会电气分会，中国建设科技集团智慧建筑研究中心. 智慧数据中心电气设计手册. 北京：机械工业出版社，2021.08.

[2] 中华人民共和国住房和城乡建设部，中华人民共和国国家质量监督检验检疫总局. 数据中心基础设施施工及验收标准：GB 50462—2024. 北京：中国计划出版社，2024.09.

[3] 中国建筑标准设计研究院有限公司. 数据中心工程设计及安装 18DX009. 北京：中国计划出版社，2018.07.

[4] 中华人民共和国住房和城乡建设部，中华人民共和国国家质量监督检验检疫总局. 火灾自动报警系统设计规范：GB 50116—2013. 北京：中国计划出版社，2014.03.

[5] 中国建筑标准设计研究院：国家建筑标准设计图集 火灾自动报警系统设计规范 图示 14X505-1. 北京：中国计划出版社，2014.09.

[6] 中华人民共和国住房和城乡建设部，中华人民共和国国家质量监督检验检疫总局. 数据中心设计规范：GB 50174—2017. 北京：中国计划出版社，2018.01.

[7] 中华人民共和国住房和城乡建设部，国家市场监督管理总局. 火灾自动报警系统施工及验收标准：GB 50166—2019. 北京：中国计划出版社，2020.01.

[8] 中华人民共和国国家质量监督检验检疫总局，中国国家标准化管理委员会. 消防控制室通用技术要求：GB 25506—2010. 北京：中国标准出版社，2011.07.

[9] 中华人民共和国人力资源和社会保障部，中华人民共和国应急管理部. 消防设施操作员. 北京：中国劳动社会保障出版社，2019.06.

[10] 中华人民共和国应急管理部. 社会消防技术服务管理规定. 中华人民共和国应急管理部令第 7 号 [EB/OL].（2021-09-23）[2025-03-17]. https：//www. mem. gov. cn/gk/zfxxgkpt/fdzdgknr/202109/t20210923_ 398961. shtml.